PEQUENA GRAMÁTICA
DO PORTUGUÊS BRASILEIRO

Conselho Acadêmico
Ataliba Teixeira de Castilho
Carlos Eduardo Lins da Silva
Carlos Fico
Jaime Cordeiro
José Luiz Fiorin
Magda Soares
Tania Regina de Luca

Proibida a reprodução total ou parcial em qualquer mídia
sem a autorização escrita da editora.
Os infratores estão sujeitos às penas da lei.

A Editora não é responsável pelo conteúdo deste livro.
Os Autores conhecem os fatos narrados, pelos quais são responsáveis,
assim como se responsabilizam pelos juízos emitidos.

Consulte nosso catálogo completo e últimos lançamentos em **www.editoracontexto.com.br**.

PEQUENA GRAMÁTICA
DO PORTUGUÊS BRASILEIRO

Ataliba T. de Castilho
Vanda Maria Elias

Copyright © 2011 dos Autores

Todos os direitos desta edição reservados à
Editora Contexto (Editora Pinsky Ltda.)

Capa
Alba Mancini

Projeto gráfico e diagramação
Gustavo S. Vilas Boas

Preparação de textos
Lilian Aquino

Revisão
Evandro Lisboa Freire

Dados Internacionais de Catalogação na Publicação (CIP)
(Câmara Brasileira do Livro, SP, Brasil)

Castilho, Ataliba T. de
Pequena gramática do português brasileiro / Ataliba T. de
Castilho, Vanda Maria Elias. – 1. ed., 6ª reimpressão. –
São Paulo : Contexto, 2022.

Bibliografia.
ISBN 978-85-7244-714-0

1. Português – Gramática I. Elias, Vanda Maria. II. Título.

12-02015   CDD-469.5

Índice para catálogo sistemático:
1. Gramática : Português brasileiro : Linguística   469.5

2022

EDITORA CONTEXTO
Diretor editorial: *Jaime Pinsky*

Rua Dr. José Elias, 520 – Alto da Lapa
05083-030 – São Paulo – SP
PABX: (11) 3832 5838
contexto@editoracontexto.com.br
www.editoracontexto.com.br

SUMÁRIO

APRESENTAÇÃO 13

1. O QUE SE ENTENDE POR LÍNGUA
Estudando a língua portuguesa 17

1.1 O Vocabulário:
nascimento e morte das palavras. Consultando um dicionário 20

1.2 A Semântica: o sentido das palavras e das construções 23

1.3 O Discurso: as estratégias da conversação e a organização do texto 30
    1.3.1 Escolha do tópico textual, ou seja, escolha do assunto 30
    1.3.2 Predicação do tópico textual 34
    1.3.3 Monitoramento da construção do texto 34
    1.3.4 Descontinuação do tópico 34
    1.3.5 Tópicos + predicações = unidade discursiva 35
    1.3.6 Ligação das unidades discursivas 36

1.4 A Gramática: a sílaba, a palavra, a sentença. Duas direções
dos estudos gramaticais 37
    1.4.1 A sílaba 37
    1.4.2 A palavra 39
    1.4.3 A sentença 40
    1.4.4 Duas direções dos estudos gramaticais 42

Sumarizando: o que é uma língua. Métodos para seu estudo 44

2. ESTRUTURA FONOLÓGICA E MORFOLÓGICA DA PALAVRA

Estudando a palavra 47

2.1 A Fonética e a produção dos sons. Transcrição fonética 47

    2.1.1 A produção dos sons 48

    2.1.2 A transcrição fonética 53

2.2 A Fonologia e o estudo dos fonemas 55

    2.2.1 Conceitos fonológicos 56

    2.2.2 O subsistema vocálico 60

    2.2.3 O subsistema consonantal 60

    2.2.4 O subsistema silábico 62

2.3 A Morfologia e o estudo dos morfemas 64

    2.3.1 Morfemas radicais e morfemas afixais 64

    2.3.2 Quadro dos morfemas nominais 68

    2.3.3 Quadro dos morfemas verbais 69

2.4 A palavra e suas classes 78

Sumarizando 79

3. O PRONOME

O que é o pronome? 81

3.1 O pronome pessoal 87

3.2 O pronome possessivo 101

3.3 O pronome demonstrativo 108

3.4 O quantificador indefinido 116

3.5 O pronome relativo 125

Sumarizando 128

4. O VERBO

O que é o verbo? 129

4.1 Propriedades gramaticais do verbo: formas do verbo 129

    4.1.1 Características fonológicas do verbo 129

    4.1.2 Características morfológicas do verbo 131

    4.1.3 Características sintáticas do verbo 134

4.1.4 Tipologia verbal: verbo e transitividade 136
    4.1.4.1 Verbos intransitivos impessoais 138
    4.1.4.2 Verbos monotransitivos 139
    4.1.4.3 Verbos bitransitivos 140
    4.1.4.4 Verbos tritransitivos 141
    4.1.4.5 Verbos suporte 142
4.1.5 Concordância verbal 147
4.1.6 Colocação do verbo na sentença 151
4.1.7 Elipse do verbo 152

4.2 Propriedades semânticas do verbo 157
4.2.1 Correlação entre tipologia sintática
e tipologia semântica do verbo 157
4.2.2 Categorias semânticas do verbo 160
    4.2.2.1 Aspecto verbal 161
    4.2.2.2 Tempo verbal 163
        4.2.2.2.1 Tempos verbais do indicativo 166
        4.2.2.2.2 Tempos verbais do subjuntivo 172
    4.2.2.3 Voz verbal 174
    4.2.2.4 Modo verbal 176
        4.2.2.4.1 O indicativo 177
        4.2.2.4.2 O subjuntivo 178
        4.2.2.4.3 O imperativo 178
        4.2.2.4.4 O condicional: modo ou tempo? 181
        4.2.2.4.5 Auxiliares modais 184

4.3 Propriedades textuais do verbo 184
4.3.1 Verbo apresentacional e inserção de tópico discursivo 184
4.3.2 Tempo presente, descrição e argumentação.
Tempos do passado e narração 185

Sumarizando 191

5. O ARTIGO, O SUBSTANTIVO E O ADJETIVO
Para começo de conversa 193

5.1 O artigo 197
O que é o artigo? 197
5.1.1 Propriedades gramaticais do artigo 198

5.1.2 Propriedades semânticas do artigo.................................203
5.1.3 Propriedades textuais do artigo.................................205

5.2 O substantivo.................................207
O que é o substantivo?.................................207
 5.2.1 Propriedades gramaticais do substantivo.................................211
  5.2.1.1 Nominalização.................................215
  5.2.1.2 Concordância nominal.................................221
 5.2.2 Propriedades semânticas do substantivo.................................222
 5.2.3 Propriedades textuais do substantivo.................................224

5.3 O adjetivo.................................228
O que é o adjetivo?.................................228
 5.3.1 Propriedades gramaticais do adjetivo.................................231
 5.3.2 Propriedades semânticas do adjetivo.................................235
 5.3.3 Propriedades textuais do adjetivo.................................242

Sumarizando.................................244

6. O ADVÉRBIO
O que é o advérbio?.................................245

6.1 Propriedades gramaticais do advérbio.................................255
 6.1.1 Funções do advérbio na sentença.................................258
 6.1.2 Advérbio e transitividade.................................264
 6.1.3 Colocação do advérbio.................................265

6.2 Propriedades semânticas do advérbio.................................267
 6.2.1 Advérbios predicadores.................................268
 6.2.2 Advérbios verificadores.................................271
 6.2.3 Advérbios dêiticos.................................272

6.3 Propriedades textuais do advérbio.................................276

Sumarizando.................................277

7. A PREPOSIÇÃO
O que é a preposição?.................................279

7.1 Propriedades gramaticais da preposição.................................290
 7.1.1 Escopo da preposição.................................291
 7.1.2 Tipos estruturais de sintagma preposicional.................................292

7.1.3 Funções sentenciais dos sintagmas preposicionais.................292

7.1.4 Verbos e seleção de preposições.................296

7.2 Propriedades semânticas da preposição 298

7.2.1 Preposições do eixo horizontal.................299

7.2.2 Preposições do eixo vertical.................300

7.2.3 Preposições do eixo transversal.................301

7.2.4 Preposições do eixo continente/conteúdo.................302

7.2.5 Preposições do eixo longe/perto.................303

7.3 Propriedades textuais da preposição.................308

7.3.1 Construções de tópico preposicionadas.................308

7.3.2 Preposições e conectividade textual.................309

Sumarizando.................312

8. MINISSENTENÇA, SENTENÇA SIMPLES, SENTENÇA COMPLEXA

Retomando o papo.................313

8.1 A minissentença e sua tipologia.................315

8.1.1 Minissentença nominal.................319

8.1.2 Minissentença adjetival.................320

8.1.3 Minissentença adverbial.................321

8.1.4 Minissentença preposicional.................321

8.2. A sentença simples e sua tipologia.................324

8.2.1 Propriedades textuais da sentença simples: sentença simples e atos de fala.................326

8.2.2 Propriedades sintáticas das sentenças simples.................332

8.2.2.1 Construções de tópico.................335

8.2.2.2 Absolutivo.................337

8.2.2.3 Sujeito.................338

8.2.2.4 Complementos.................341

8.2.2.5 Adjuntos.................344

8.3 A sentença complexa e sua tipologia.................347

8.3.1 Sentenças complexas coordenadas.................352

8.3.1.1 Coordenada aditiva.................353

8.3.1.2 Coordenada adversativa.................354

8.3.2 Sentenças complexas subordinadas..............357

    8.3.2.1 Subordinadas substantivas..............359

        8.3.2.1.1 A sentença matriz..............360

        8.3.2.1.2 A sentença substantiva..............362

    8.3.2.2 Subordinadas adjetivas..............366

    8.3.2.3 Subordinadas adverbiais..............371

        8.3.2.3.1 Causais..............374

        8.3.2.3.2 Condicionais..............375

        8.3.2.3.3 Finais..............376

        8.3.2.3.4 Concessivas..............377

        8.3.2.3.5 Temporais..............378

8.3.3 Sentenças complexas correlatas..............380

    8.3.3.1 Correlatas aditivas..............384

    8.3.3.2 Correlatas alternativas..............385

    8.3.3.3 Correlatas comparativas..............387

    8.3.3.4 Correlatas consecutivas..............388

Sumarizando: de onde vieram as conjunções que ligam as sentenças?....390

9. O TEXTO

O que é um texto?..............393

9.1 Transcrição textual..............394

9.2 Tópico discursivo: unidade discursiva, parágrafo..............398

9.3 Inserção do tópico textual. Quadro tópico..............400

    9.3.1 Inserção de tópico novo..............401

    9.3.2 Derivação referencial: como um substantivo "puxa" outro..............405

    9.3.3 Estratégias de estruturação da informação..............407

9.4 Reformulação do quadro tópico: repetição e paráfrase..............411

    9.4.1 Repetição..............412

    9.4.2 Paráfrase..............413

9.5 Descontinuação do quadro tópico: parentetização e digressão..............415

    9.5.1 Parentetização..............416

    9.5.2 Digressão..............416

9.6 Conexão textual..............417

9.7 Gêneros textuais..............420

9.8 Texto, leitura e sentido..............425

Sumarizando..............436

10. HISTÓRIA E DIVERSIDADE DO PORTUGUÊS BRASILEIRO

Introdução 437

10.1 Breve história social do português brasileiro 438
    10.1.1 Os colonos portugueses 438
    10.1.2 Os indígenas 442
    10.1.3 Os africanos 443
    10.1.4 Os migrantes europeus 445

10.2 Principais mudanças gramaticais do português brasileiro 447
    10.2.1 Modificações no quadro dos pronomes 447
    10.2.2 Modificações na morfologia 448
    10.2.3 Modificações na sintaxe 448

10.3 Diversidade do português brasileiro 449
    10.3.1 Variação geográfica: dialetos do português brasileiro 450
    10.3.2 Variação sociocultural:
        português culto *versus* português popular 453
    10.3.3 Variação individual:
        português formal *versus* português informal 460
    10.3.4 Variação de canal:
        português falado *versus* português escrito 462
    10.3.5 Variação temática:
        português corrente *versus* português técnico 463

Sumarizando: a hora e a vez do português brasileiro 465

BIBLIOGRAFIA 467

OS AUTORES 473

APRESENTAÇÃO

Este livro é dedicado aos professores de Língua Portuguesa interessados na variedade brasileira, aos alunos de Letras e Pedagogia, aos alunos do ensino médio e a todos os brasileiros que queiram refletir sobre a língua que falamos. Afinal, nossa língua é a oitava mais falada no mundo. Sobre ela assenta a nossa identidade como povo.

Três eixos articulam a obra: a observância dos Parâmetros Curriculares Nacionais, Língua Portuguesa, elaborados em 2000, a incorporação das pesquisas desenvolvidas nos últimos trinta anos sobre o português brasileiro, agora trazidas à sala de aula, e a convicção de que o ensino da língua portuguesa é muito mais uma reflexão sobre ela do que outra coisa.

Os Parâmetros Curriculares apresentam uma orientação básica:

> O caráter sociointeracionista da linguagem verbal aponta para uma opção metodológica de *verificação do saber linguístico do aluno*, como ponto de partida para a decisão daquilo que será desenvolvido, tendo como referência o valor da linguagem nas diferentes esferas sociais. (grifos nossos)

E mais adiante:

> O trabalho do professor centra-se no objetivo de *desenvolvimento e sistematização da linguagem interiorizada pelo aluno*, incentivando a verbalização da mesma e o domínio de outras utilizadas em diferentes esferas sociais. (grifos nossos)

14 Pequena gramática do português brasileiro

Essas afirmações resolvem o que poderia parecer um paradoxo: como vamos ensinar uma língua que os alunos já conhecem bem, pelo menos na modalidade falada? O fato é que não vamos ensinar essa língua do mesmo modo como ensinaríamos uma língua estrangeira. O que faremos é desvendar o conhecimento que temos sobre ela, conhecimento que está guardado em nossas mentes. O trabalho do professor de Português é caminhar junto com seus alunos nesse percurso de descobertas.

É evidente que podemos e devemos ensinar a modalidade escrita, e também como se deve manejar o idioma em sua modalidade culta, padrão. Essa é a língua do Estado, de que devemos nos apropriar, pois ela promove socialmente seus usuários. Não deixamos isso de lado, pelo contrário: estamos convencidos de que a reflexão sobre a língua abre um caminho de maior eficiência nessa direção. Ao mesmo tempo que expressamos nosso conhecimento sobre o português brasileiro, reconhecemo-nos como falantes do português brasileiro.

Esta não é uma gramática tradicional, de uma língua supostamente engessada. Não oferecemos aqui, como é usual nos manuais de língua portuguesa, respostas a perguntas que os alunos não formularam. No lugar disso, invertemos o jogo, começando pela formulação de perguntas, para as quais juntos buscaremos as respostas. O tratamento da língua materna tem esse objetivo maior entre seus falantes: provocar a indagação, desenvolver o espírito crítico que se espera de cidadãos de uma democracia.

Para atingir esses objetivos, começamos por mostrar o que se entende por uma língua natural, formulando no capítulo 1 uma teoria sobre o português brasileiro. Com base nessa teoria, partimos para a aventura de identificar e explicar a estrutura de nossa língua, desenvolvendo um percurso que parte da organização fonológica e morfológica das palavras, no capítulo 2, passa pelo exame de suas classes, nos capítulos 3 a 7, desembocando na estrutura da sentença e do texto, nos capítulos 8 e 9. Fomos dos domínios linguísticos menores para os domínios maiores. Para concluir, repassamos questões relevantes sobre a formação histórica do português brasileiro.

Se quiserem, professores e alunos podem inverter esse percurso, começando pelo texto, passando pela sentença, depois pelas classes de palavras, chegando finalmente à sua estrutura fonológica e morfológica. Nesse caso, eles terão caminhado dos domínios linguísticos maiores para os domínios menores. Um conjunto de informações cruzadas, espalhadas pelos capítulos, facilitará a caminhada dos estudantes, qualquer que seja o percurso escolhido.

Essa estratégia deu a esta gramática uma caracterização toda especial. Em lugar de apresentar a língua como uma espécie de "prato feito", em que tudo é previsível, sem graça, optamos por raciocinar, pensar, analisar e revelar o conhecimento que temos sobre a nossa língua.

Perguntamos a nós mesmos e aos nossos leitores como nossa mente tem elaborado continuamente o português brasileiro. Uma indagação dessas não tem nada de trivial. Trocamos as chatices do dia a dia pelo prazer do desafio e da descoberta, estabelecendo com professores e alunos um diálogo continuado, em que perguntas são formuladas, respostas são buscadas, as quais inevitavelmente nos levarão a novas perguntas, pois é assim que se faz ciência.

O objetivo desse comportamento é muito claro: procuramos desenvolver o raciocínio científico em nossos alunos, arrastando-os para o prazer da descoberta.

Todos os capítulos são providos de propostas de atividade, organizadas de forma a fixar os achados, ampliando-os. Afinal, a matéria-prima para essas indagações é barata e abundante, pois todos nós trazemos o português brasileiro em nossas cabeças.

No final de cada capítulo, são indicados trabalhos que servirão ao aprofundamento dos temas versados, ao sabor dos interesses de cada classe.

Sejam bem-vindos!

Ataliba T. de Castilho
Vanda Maria Elias

Este livro tem sua origem na Nova gramática do português brasileiro, *em que foram estabelecidas as bases gramaticais da língua falada em nosso país por quase 200 milhões de cidadãos. Já esta versão não tem caráter acadêmico, como necessariamente a outra possui, e ganhou um viés operacional, prático, que pode ser verificado pela vastidão de exemplos apresentados, assim como pelas sugestões de atividades apresentadas ao longo de cada capítulo.*

A configuração final da obra não é fruto apenas do trabalho dos autores, mas de todo um círculo de leitores críticos, professores universitários e do ensino médio, assim como de nossos editores. Embora a responsabilidade final do livro seja nossa, as sugestões, observações e críticas feitas no decorrer do ano que levamos para redigir esta obra foram fundamentais para torná-la a gramática que gostaríamos de ter conhecido, quando estudantes, e depois, como professores.

Os autores

O QUE SE ENTENDE POR LÍNGUA

ESTUDANDO A LÍNGUA PORTUGUESA

Você decerto já ouviu dizer que a língua portuguesa é muito difícil. Mas será mesmo? O que seria uma língua difícil? Uma língua que não conseguimos aprender nem falar? Ou seria uma língua mal descrita e mal explicada, e que por isso parece difícil?

Vamos testar isso. Você vai andando pela rua e escuta esta conversa entre dois estudantes do ensino médio, um dos quais, designado por **Loc 1** (= **locutor 1**), conta para o **Loc 2** uma viagem de estudos à praia:

Exemplo: Transcrição de uma conversa

Loc 1 – *eu estive na... em Cumaná... é uma praia... é um lugar... um litoral muito bonito que aliás é muito parecido com o nosso litoral norte... sabe? e... fiquei lá durante três meses e nesse tempo todo eu conheci bastante o povo de lá... que é bem diferente e... bem diferente de nós...*

[

Loc 2 – *sei*

[

Loc 1 – *eles são por exemplo esse lá... é nessa praia que pertence à Universidade... como aqui na nossa Oceanográfica também pertence à USP e... toda a Universidade detesta ir pra praia... sabe...*

[

Loc 2 – *ah... é ?*

[

Loc 1 – *então é coisa ((inaudível))... e todo o curso foi feito ali... inclusive nós saímos assim durante... fazer compras de material e tudo isso e... ah... e conhecemos toda a região referente... sabe? bem bonito... colorido o fundo do mar lá... é... num existe e... e... e a água é muito transparente... sabe... muito coral...*

Loc 2 – *que curso ocê foi fazer?*

Loc 1 – *o... o curso mesmo era só Oceanografia Biológica... aliás Física... mas eles complementavam porque a maior parte do pessoal só conhecia assim a Bi/... a Biológica... né... nessa nova parte entra Biologia...*

(Fonte: Adaptado do Projeto da Norma Urbana Culta, D2 SP 167.)

Essa é uma conversa banal, dessas que a gente pode ouvir a qualquer momento. Mas, você deve ter estranhado a transcrição dessa conversa, não? É que para estudar a língua falada, precisamos adotar algumas normas de transcrição, diferentes da transcrição ortográfica da língua escrita.

A primeira decisão é anotar tudo o que foi falado, aí incluídas as repetições, as hesitações, palavras começadas e não terminadas, sobreposição de vozes etc. Alguns sinais remetem a essas características da oralidade, como, por exemplo:

Recolhemos nesta gramática exemplos da língua falada documentados pelo Projeto da Norma Urbana Linguística Culta (= Nurc). Adotamos as seguintes siglas para identificar a entrevista de onde procede o exemplo: D2 = diálogo entre dois informantes; DID = entrevista com um só informante; EF = elocução formal. Segue-se a localização do inquérito (SP = São Paulo; POA = Porto Alegre; RJ = Rio de Janeiro; SSA = Salvador; REC = Recife) e seu número de arquivo. Assim, um exemplo identificado como "D2 SP 167" significa que ele procede de um diálogo entre dois informantes, gravado em São Paulo, tendo recebido no arquivo respectivo o número 167.

O que se entende por língua **19**

✓ as siglas Loc 1 e Loc 2 remetem aos interlocutores:

> **Loc 1** – *eu estive na... em Cumaná... é uma praia... é um lugar... um litoral muito bonito que aliás é muito parecido com o nosso litoral norte... sabe? e... fiquei lá durante três meses e nesse tempo todo eu conheci bastante o povo de lá... que é bem diferente e... bem diferente de nós...*
>
>   [
>
> **Loc 2** –   *sei*

✓ as reticências indicam que houve uma pausa:

> **Loc 1** – *eles são por exemplo esse lá... é nessa praia que pertence à Universidade... como aqui na nossa Oceanográfica também pertence à* USP *e... toda a Universidade detesta ir pra praia... sabe...*

✓ os colchetes reúnem os trechos falados ao mesmo tempo:

> **Loc 1** – *eles são por exemplo esse lá... é nessa praia que pertence à Universidade... como aqui na nossa Oceanográfica também pertence à* USP *e... toda a Universidade detesta ir pra praia... sabe...*
>
>   [
>
> **Loc 2** –   *ah... é ?*
>
>   [

✓ a barra inclinada assinala uma palavra que foi começada e não concluída, como *Bi/*, por exemplo:

> **Loc 1** – *o... o curso mesmo era só Oceanografia Biológica... aliás Física... mas eles complementavam porque a maior parte do pessoal só conhecia assim a Bi/... a Biológica... né... nessa nova parte entra Biologia...*

Examinando com cuidado esse pequeno trecho de conversa, descobriremos que os dois amigos mostraram nesse papo um enorme conhecimento da língua portuguesa, que aprenderam em casa mesmo, antes de frequentar a escola. Tá achando que não? Então façamos uma análise desse trecho, formulando perguntas sobre as palavras que eles usaram, o sentido das palavras usadas, o modo como organizaram sua conversa e os modos como estruturaram as palavras e as dispuseram no interior das sentenças.

As respostas a essas perguntas revelarão o conhecimento vocabular, textual, semântico e gramatical dos interlocutores. Vamos ver isso mais de perto.

Mas antes, uma pequena observação. Você já sabe que para fazer qualquer pesquisa, em qualquer domínio científico, precisamos ter perguntas. A ciência começa quando você tenta encontrar as respostas. Refletir sobre nossa língua é fazer ciência. Voltaremos a este ponto no final deste capítulo.

> **QUERO MAIS**
> Para uma introdução aos estudos linguísticos, consulte:
> GIL, Beatriz Daruj; CARDOSO, Elis de Almeida; CONDÉ, Valéria Gil (orgs.). *Modelos de análise linguística.* São Paulo: Contexto, 2009.
> FIORIN, José Luiz (org.). *Introdução à Linguística.* São Paulo: Contexto, 2002-2003, 2 v.

1.1 O VOCABULÁRIO: NASCIMENTO E MORTE DAS PALAVRAS. CONSULTANDO UM DICIONÁRIO

Retome o trecho da conversa transcrita (p. 18) e faça uma lista das palavras que os falantes usaram. Vamos fazer de conta que você está escrevendo um dicionário. Observando apenas o que o Loc. 1 disse em seu primeiro **turno**, veja aqui as palavras que ele usou, omitindo-se as palavras repetidas:

Turno: participação numa conversa pelo falante com direito à voz.

eu	praia	parecido		E	tempo	que
estive	um	com		fiquei	todo	bem
na...	lugar	o		lá	conheci	diferente
em	muito	nosso		durante	bastante	de
Cumaná	bonito	litoral		três	povo	nós
é	que	norte		meses	de	
uma	aliás	sabe?		nesse	lá	

O Loc. 1 usou 40 palavras diferentes em alguns segundos de conversa! Isso mostra que ele dispõe de um conhecimento lexical extenso, sem o qual teria sido impossível começar a narrar sua viagem para o Loc. 2.

Complete o exercício e levante todo o vocabulário usado pelos dois amigos. Você acaba de descobrir que, ao aprender uma língua, aprendemos palavras, aprendemos um **Vocabulário**.

Palavras nascem e morrem. Os dicionários etimológicos mostram a origem das palavras. No caso do português brasileiro, predominam as palavras de origem latina, já que nossa língua descende do latim vulgar (ver capítulo 10). Outras são criadas no interior da língua, por transformação de palavras que já existem. É o caso, por exemplo, dos usos atuais de *tipo* e *de repente* em expressões como *tipo assim*, *que tal ir pro cinema?*, *de repente pode até ser legal!* Observe como Chico Buarque fez uso da expressão "tipo assim" no trecho da música a seguir:

> **Tipo um baião**
> Chico Buarque
> [...]
> Meu coração
> Que você sem pensar
> Ora brinca de inflar
> Ora esmaga
> Igual que nem
> Fole de acordeão
> Tipo assim num baião
> Do Gonzaga
>
> Fonte: BUARQUE, Chico. *Chico*. Biscoito Fino, 2011, CD.

Também na língua ocorre a invenção de palavras que não existiam antes, os *neologismos*. Basta pensarmos nas muitas palavras criadas nesses tempos de inovações tecnológicas como, por exemplo, *googalização* em

> Especialista em história cultural critica 'googalização' do mundo, a onipresença e a onipotência da empresa que criou o serviço.
>
> Fonte: VINES, Juliana. Site de busca é o novo Deus. *Folha de S.Paulo*, 24 maio 2011. Equilíbrio, p. 4.

Mas as palavras também morrem, desaparecem de nosso uso. Para mandar alguém ir depressa a dado lugar, dizia-se: *Ide aginha!* O *ide* ainda sobrevive, mas *aginha* desapareceu, virou um *arcaísmo*.

ATIVIDADE 1

Muitas vezes encontramos uma palavra cujo sentido desconhecemos. Nessa hora, nada melhor do que consultar um dicionário. As palavras são registradas ali por ordem alfabética. Chama-se *verbete* cada palavra registrada, seguida de sua classe gramatical, sentidos que libera, e exemplos tirados de textos. Os verbetes têm a seguinte organização:
1. Forma padrão da palavra: como grafá-la, como pronunciá-la.
2. Classificação gramatical da palavra.
3. Etimologia e primeira datação em que a palavra aparece atestada.
4. Definição lexicográfica: os sentidos são numerados, indo do mais comum para o mais raro. Outras informações semânticas: sinônimos, antônimos, hipônimos, hiperônimos; a ramificação dos sentidos: homônimos, polissemia.

5. Informações morfológicas: flexão, composição, derivação (identificação do radical e dos afixos).
6. Informações sintáticas: estruturas organizadas por essa palavra ou aquelas em que ela aparece.
7. Remissão a outros verbetes, associados analogicamente.
8. Exemplificação, buscando-se a abonação em textos.

Identifique esses elementos no verbete:

> **amar** v. (1124) **1** *t.d. e pron.* demonstrar amor a ⟨*amava-a muito*⟩ ⟨*sempre se amaram*⟩ **2** *pron.* ter demasiado amor-próprio **3** *t.d.* ter grande afeição ou devoção por; adorar ⟨*a. a Deus, a pátria*⟩ **4** *t.d. e pron.* praticar o ato sexual (com) ⟨*amava-a todas as noites*⟩ ⟨*amaram-se a tarde inteira*⟩ **5** *t.d.* gostar muito de; apreciar ⟨*ama trabalhar*⟩ **6** *t.d.fig.* dar-se bem com; gostar ⟨*as plantas amam a chuva*⟩ ⊙ ETIM lat. *amo,as,ávi,átum,áre* 'amar, querer bem etc.' ⊙ SIN/VAR ver sinonímia de *adorar, afeiçoar(-se)* e *venerar* ⊙ ANT ver antonímia de *afeiçoar(-se)* e *venerar* ⊙ HOM amo(1ªp.s.) / *amo*(s.m.); ama(3ªp.s.), amas(2ªp.s.) / *ama*(s.f.) e pl.; amara(1ª3ªp.s.), amaram(3ªp.pl.), amaras(2ªp.s.), amarem(3ªp.pl.), amares(2ªp.s.), amaremos(1ªp.pl.) / *amara, amaram, amaras, amarem, amares, amaremos* (fl.amarar); amasse(1ª3ªp.s.), amassem(3ªp.pl.), amasses(2ªp.s.) / *amasse, amassem, amasses*(fl.amassar) ⊙ PAR amáramos(1ªp.pl.), amáreis(2ªp.pl.) / *amaramos, amareis*(fl.amarar); amásseis (2ªp.pl.), amássemos(1ªp.pl.) / *amasseis, amassemos*(fl.amassar); amem(3ªp.pl.) / *amém*(adv.interj.s.m.)
>
> HOUAISS, Antônio; VILLAR, Mauro de Salles. *Dicionário Houaiss da língua portuguesa*. Rio de Janeiro: Objetiva, 2009, p. 109.

Mas teriam as palavras as mesmas propriedades? Antes que você pergunte o que vem a ser "propriedades", vamos esclarecer. **Propriedades**, aqui, é o mesmo que **características**.

As palavras dispõem de muitas propriedades. Vamos começar pelo sentido que elas representam. Esse é o domínio da **Semântica**.

Olharemos depois como organizamos as palavras no texto. Esse é o domínio do **Discurso**.

Finalmente, observaremos a estrutura das palavras e as maneiras como as dispomos na sentença. Esse é o domínio da **Gramática**. Então, vamos lá.

> **QUERO MAIS**
> ALVES, Ieda Maria. *Neologismos*: criação lexical. 3. ed. São Paulo: Ática, 1990/2007.
> ILARI, Rodolfo. *Introdução ao estudo do léxico*: brincando com as palavras. São Paulo: Contexto, 2002.
> ILARI, Rodolfo; BASSO, Renato. *O Português da gente*: a língua que estudamos, a língua que falamos. São Paulo: Contexto, 2006.
> VIARO, Mário Eduardo. *Por trás das palavras*: manual de etimologia do português. São Paulo: Globo, 2003.

1.2 A SEMÂNTICA: O SENTIDO DAS PALAVRAS E DAS CONSTRUÇÕES

Se você retornar à lista da página 20, acreditamos que lhe será fácil identificar o sentido de palavras tais como *praia*, *lugar*, *muito bonito*, *litoral* ou então *estive*, *fiquei*, *conheci* etc.

Entretanto, o que quer dizer *é*, *eu*, *nós*, *lá*, *em*, *o*, *um*, *que*, *aliás*, *de*, *nesse*, se compararmos estas palavras com as anteriores?

Note que *praia* designa sempre uma parte do litoral, aquela faixa habitualmente feita de areia que separa a água da terra. Mas, será que *eu*, *nós*, *lá* etc. dispõem de um sentido igualmente estável? O que quer dizer *eu*?

> Diante de uma pergunta como essa, você, leitor, certamente vai nos dizer: *Se você mesmo não sabe o que é, como vou saber?*

Oba! Em sua observação brincalhona você acaba de achar a resposta! Note que trocou *eu* por *você*, visto que *eu* indica a pessoa que está falando, e *você* a pessoa para quem estamos falando. Quando você está falando e usa a palavra *eu*, está se referindo a você mesmo, mas quando eu estou falando e uso a palavra *eu*, estou me referindo a mim mesmo, não a você.

Quer mais um exemplo? Vamos ler o texto a seguir:

São Paulo, janeiro de 2005.

Caro Francisco,

Pessoa inteligente que é, queria que
lesse esses três contos que deixo neste
envelope. Por favor, dê sua opinião. Meu
e-mail é ola@tudobem.com e para mim
é muito importante um retorno seu.
Prefiro anonimato, não por timidez, mas
por querer que sua avaliação seja feita
exclusivamente com base nos textos, sem
nenhuma associação comigo.

Abraço e no aguardo,

Eu

Fonte: PINSKY, Luciana. *Sujeito oculto e demais graças do amor*. Rio de Janeiro: Record, 2008, p. 11.

No texto, a pessoa que fala e dirige a sua fala a outro, no caso, Francisco, assina *Eu*. Ao fazê-lo assim, atinge o seu propósito: garante-se no anonimato e deixa o seu interlocutor no mínimo curioso, tudo isso justamente porque conhece a instabilidade de sentido da palavra. O *eu* será sempre a pessoa que fala, mas a questão que se coloca é: quem é a pessoa que está falando? E olhando a questão sob esse prisma, sabemos, você e eu, que as respostas podem ser tantas quantas forem as pessoas que fizerem uso da palavra, não é mesmo?

Isso não acontece quando usamos, por exemplo, a palavra *praia*, porque com essa palavra representamos sempre a mesma realidade. Por outras palavras, *eu* e *você* não têm a mesma estabilidade semântica que *praia*, *lugar*, *litoral*, *estar*, *ser*, *ficar*, *conhecer*. No primeiro caso, dependemos da situação de fala para perceber o sentido de *eu*, *você*. O mesmo se aplica a *nós*, *vocês*, *a gente*, *lá*, *aqui*, *ontem*, *hoje* etc.

Reconhecemos, para concluir, que há pelo menos dois sentidos básicos nas palavras:
1. um sentido independente do contexto interacional, conhecido tecnicamente como **sentido referencial**;
2. um sentido dependente do contexto interacional, conhecido tecnicamente como **sentido dêitico**.

Lidamos de um modo perfeitamente natural com tudo isso, produzindo sentidos estáveis e sentidos contextualizados. Quer dizer que ao aprender uma língua aprendemos seu **Vocabulário**, mas também sua **Semântica**, ou seja, o sentido das palavras. Esse conhecimento é denominado **Semântica lexical**.

ATIVIDADE 2

Vamos parar para pensar um pouco mais sobre o sentido das palavras?

1. Leia o trecho a seguir da música "Logo eu?" de Chico Buarque.
2. Justifique na história a alteração no uso dos pronomes **eu/ela**.

Logo eu?

[...]

A minha amada
Diz que é pra eu deixar de férias
Pra largar a batucada
E pra pensar em coisas sérias
E qualquer dia
Ela ainda vem pedir, aposto
Pra eu deixar a companhia
Dos amigos que mais gosto

Fonte: BUARQUE, Chico. *Chico Buarque de Hollanda – vol. 2*, 1967.

ATIVIDADE 3

Quantas vezes nos pegamos no dia a dia pensando no sentido das palavras? Pois é... isso até já foi motivo de crônica como, por exemplo, a que segue:

Em breve no dicionário

RIO DE JANEIRO – O taxista fala pelo rádio com a central e diz que está "tripulado". Ou seja, tem um passageiro. É um conteúdo novo para o verbo tripular, que, até há pouco, nos dicionários, significava "prover um veículo do pessoal necessário para os serviços e manobras". Donde bastaria ao táxi ter um motorista para estar tripulado. Essa inversão de sentido é até divertida.

Outro dia, no aeroporto de Congonhas, o sistema de som anunciou que, como o Santos Dumont estava fechado para pouso, meu avião iria "divergir" para o Galeão. Estranhei, mas, pensando melhor, concluí: Está certo. Divergir é afastar-se progressivamente, desviar-se – e só depois discordar, dissentir.

Mas confesso que embatuquei quando a companhia aérea informou que os voos xis e ipsilone seriam "fusionados" – fundidos num só. Em casa, fui ao dicionário e aprendi: fusionar existe, e é o mesmo que fundir. Então, ótimo: divergir e fusionar não estão errados. São apenas pernósticos. Não tão pernósticos, claro, quanto dizer que a estrada tal é "pedagiada" – ou seja, cobra pedágio.

> Bem ou mal, a língua não para, e velhas palavras ganham sangue novo segundo a necessidade. "Aparelho", por exemplo, sempre foi um engenho, utensílio ou peça para determinado fim. E "aparelhar", a disposição desse objeto para uso. Em outros tempos, no entanto, "aparelho" foi também um local destinado a esconderijo ou ponto de reuniões de um grupo clandestino.
>
> Pois temos agora, derivado dele, o novo verbo "aparelhar": a tomada de órgãos do Estado por um grupo político-ideológico, sem preocupação com a qualificação técnica dos nomeados para geri-los e com a consequente (e já visível) deterioração de seus serviços. Exemplos disso, por enquanto, são os Correios, a Agência Nacional de Aviação Civil (Anac), a Receita Federal e a Casa Civil. Em breve num dicionário perto de você.
>
> Fonte: CASTRO, Ruy. Em breve no dicionário. *Folha de S.Paulo*, 22 set. 2010. Opinião, p. A2.

Que tal, agora, você produzir a sua própria crônica sobre o sentido das palavras? Como fazer? É simples. Siga as orientações.
1. Preste atenção a conversas entre amigos, familiares, colegas de trabalho, ou, então, a textos de jornais, revistas ou redes sociais.
2. Anote em sua agenda palavras encontradas nesses textos que apresentam um sentido novo.
3. Consulte os sentidos dessas palavras registrados em dicionário.
4. Agora, explique o sentido das palavras no contexto em que foram usadas.
5. Produza sua crônica aproveitando esse rico material e apresente a sua produção para colegas e professor.

Continuando a nossa conversa, é bom destacar que, além do sentido das palavras, aprendemos também o significado das expressões, ou seja, o significado do conjunto de palavras.

Vemos aqui desde o **sentido proposicional**, ou seja, o que queremos dizer com uma sentença, até a criação de um sentido que não se encontra em cada uma das palavras, consideradas separadamente. Vamos entender melhor isso fazendo a leitura do texto:

~ Ana banana (2 semanas atrás)
Eu to num amor eterno com esse esmalte... quero logo usar meus azuis pra repetir ele!

Ai, e agora já deu de chover, né? ._.
Aqui na minha cidade o rio encheu com as chuvas... eu só vi as fotos e agora a sujeirada que ficou, a água chegou em lugares que nunca achei que fosse chegar! @_@

Triste isso =/

Fonte: *Flickr Guga – Blueberries*, 24 jan. 2011. Disponível em: <http://www.flickr.com/photos/estela_martins/5385087749/>. Acesso em: 8 fev. 2011.

Quando alguém diz Ai, e agora já **deu de chover**, né?, entendemos que o sentido lexical de *dar* não apareceu aqui, pois ninguém está transferindo a outrem a posse de algum objeto, como seria o caso de deu salva-vidas pro pessoal escapar da inundação.

Quando o verbo dar se constrói com um verbo no infinitivo (no caso, chover) ele passa a significar "começar".

Esse sentido não é lexical, é **composicional**, pois deriva da composição de *dar + infinitivo*. Além da Semântica lexical, nós aprendemos que também existe a **Semântica composicional**.

ATIVIDADE 4

1. Qual o sentido composicional da expressão dei pra achar destacada na fala do primeiro balão?

Fonte: DAVIS, Jim. Garfield. *Folha de S.Paulo*, 21 set. 2010. Ilustrada, p. E9.

Imagine agora outra situação. Você foi a uma festa de aniversário, comeu uma fatia de bolo, e foi logo falando para a dona da festa:

– Esse bolo tá bom demais!

Se a dona da festa estiver de bom humor vai lhe dar logo outra fatia de bolo. Depois de regalar-se com essa fatia extra, você começa a raciocinar sobre o evento. E nota que a benemérita entendeu no seu comentário:

(1) o **sentido lexical** de cada uma das palavras que você usou;
(2) o **significado proposicional** dessa sentença, ou seja, o bolo tá bom;
(3) a **significação inferencial** da sentença, pois você insinuou que gostaria de comer mais bolo, ou seja, quero mais bolo.

A **Semântica pragmática** estuda essas significações geradas no contexto interacional. Se você produzisse a sentença anterior, espiando um bolo exposto na vitrina da confeitaria, não teríamos a situação discursiva que deu lugar à inferência, e você ficaria no prejuízo.

No quadro a seguir, apresentamos de forma resumida o que foi explicado:

> ➢ Sentido → o que as palavras querem dizer. **Semântica lexical**.
> ➢ Significado → o que os conjuntos de palavras e as sentenças querem dizer. **Semântica composicional**.
> ➢ Significação → o que se depreende de palavras e sentenças usadas durante uma interação. **Semântica pragmática**.

ATIVIDADE 5

Leia o quadrinho:

Nele, chama a atenção o enunciado *Não tenho dinheiro nem para comer na cantina da faculdade* produzido pelo *Garoto-sombra* em "tradução" a *Faço questão de cozinhar minhas refeições*.

Com base no que estudamos sobre o sentido das palavras independente do contexto de interação e o sentido dependente do contexto de interação, realize a proposta de atividade em que você é convidado a atuar como o *Garoto-sombra*. Siga as orientações:

1. Em casa, na escola, no trabalho, na estrada, na rua, no elevador, em estabelecimentos comerciais etc., deparamo-nos com avisos. Anote em seu caderninho alguns desses avisos.
2. Explicite o significado proposicional e a significação inferencial dos avisos selecionados.

Veja exemplo abaixo e boa atividade!

Significado proposicional: *Fumar causa doenças.*
Significação inferencial: *Não fume.*

QUERO MAIS
ILARI, Rodolfo; GERALDI, João Wanderley. *Semântica*. São Paulo: Ática, 1985.
ILARI, Rodolfo. *Introdução à semântica*: brincando com a gramática. 5. ed. São Paulo: Contexto, 2001.

1.3 O DISCURSO: AS ESTRATÉGIAS DA CONVERSAÇÃO E A ORGANIZAÇÃO DO TEXTO

Voltemos àquela conversa dos dois estudantes do ensino médio apresentada no início deste capítulo. Observamos no exemplo que os dois amigos foram construindo um texto, à medida que o papo se desenvolvia. A construção de um texto envolve diversas estratégias, que são negociadas enquanto falamos.

Dada a importância da conversação em todas as línguas, elas criaram em sua gramática a classe dos PRONOMES, que representam as pessoas do discurso.

O termo *pessoas do discurso* indica tanto as pessoas mesmo, ou seja, a primeira (que é a que fala), a segunda (que é a que escuta), quanto o assunto, o tópico da conversa, que é a terceira pessoa. No capítulo 3 vamos explicar melhor o que são as pessoas do discurso.

1.3.1 ESCOLHA DO TÓPICO TEXTUAL, OU SEJA, ESCOLHA DO ASSUNTO

Há sempre um falante que toma a palavra e dá início à conversação. Para tanto, escolhe um assunto. Quer ver como acontece? Leia o texto:

Conversa branca

Tomada elétrica é assunto? Você já ouviu, em elevador ou sala de espera, pessoas conversando sobre tomadas elétricas? E sobre mitocôndrias? Eu já. Assim que cheguei de Olinda, há muitos anos, ouvir gente falando sobre o trânsito era como ouvir gente falando sobre tomadas ou sobre análise sintática. No entanto, com o tempo, você se acostuma. E comentar o trânsito passa a ser tão natural que você até desenvolve uma opinião sobre o tema, para usar em coquetéis e reuniões de trabalho.

Outro dia, meu grande colega Ricardo Freire escreveu uma crônica brilhante sobre o trânsito. Foi o pódio do assunto. O Riq, que descobre hotéis na Patagônia, que desempacota Nova York e já viajou num jegue cearense por todo o oeste da Índia, não escolheu falar de nada disso, elegendo, em seu lugar, o trânsito de São Paulo. Em vez de achar estranho, achei ótimo. Dei risadas. Já sou paulistano.

Há cidades com assuntos ainda menos prováveis. Numa canoa que desafia o Rio Negro, fala-se de livros de Milton Hatoum como quem comenta a novela. Estive em uma destas embarcações, entre índios com camisas puídas do Flamengo, comendo jaraqui frito. O papo entre os curumins eram os livros do grande autor manauara. Pensei em dizer que também leio o Milton, mas qual a novidade? Ririam de mim. Milton Hatoum é o trânsito da Amazônia.

Em Recife se fala de tubarões. Em Olinda, do preço das coisas. Na Bahia se fala da Bahia, ou seja, de tudo. No Rio se fala se vai dar praia, dos túneis, dos morros. Do perigo se fala pouco. Da Barra se fala muito.

E se há cidades de um assunto só, há pessoas. Gente que só fala de doença, conheço vinte (não reclamo, pior é quem só fala de saúde). Gente que só fala de desgraça, tem vinte e três, minto, vinte e duas (morreu uma semana passada, num terremoto horrível).

Já um amigo tagarela de Ariano Suassuna detesta que falem do que ele não entende. Assim não consegue entrar na conversa. Fica então esperando uma brecha para entrar por onde der, como quem vai a um show sem ingresso e torce para haver cambista. Quando não dá, apela para um truque infalível. No meio do papo alheio, grita de repente: "OUVIRAM UM TIRO?" A mesa se cala atenta, e naturalmente responde que não, não ouviram tiro algum. Ao que o amigo de Ariano emenda: "por falar em tiro, rapaz, outro dia eu estava..." e põe na roda o assunto que quer.

Por falar em trânsito, e esse calor hein?

Fonte: LAURENTINO, André. Conversa branca. *O Estado de S. Paulo*, 6 nov. 2009. Guia, p. 114.

Quando o interlocutor <u>não</u> é nosso conhecido, costumamos começar o papo falando sobre assuntos gerais, como o tempo, o trânsito, algum esporte, ou algum assunto do momento. Em pontos de ônibus, num banco, na escola, é comum ouvir coisas como:

– *Mas que calor, hein?*
– *Pra que time você torce?*
– *Você viu a última inundação? Imagine que no meu bairro...*

Essas observações mostram o interesse em começar uma conversa. Se rolar, rolou. Mas quando o interlocutor é conhecido, aquele que toma a palavra propõe logo **um assunto**, ou *tópico textual*.

No primeiro exemplo deste capítulo (p. 18), **o tópico** escolhido foi uma viagem a Cumaná, no litoral. O tópico é usualmente introduzido por verbos especializados, chamados **verbos apresentacionais**, que aparecem destacados nos exemplos:

Texto 1

🕒 sexta-feira, 16 de maio de 2008

MAIO

SESC
RIO DE JANEIRO

O Espaço Cultural Arte.com Cursos e Produções Artísticas nesse mês de maio fechou uma parceria de muito sucesso com o SESC. Trata-se do seguinte: todos os alunos do Arte.com terão direito a ingressos para assistir aos eventos pagos que acontecem no Sesc de São Gonçalo. São espetáculos de teatro (adulto e infantil), dança, música e muito mais. Você que é aluno do Arte.com não perca tempo, passe imediatamente na secretaria pegue o caderno programático do Sesc e informe-se sobre seus ingressos. Não perca a oportunidade de assistir gratuitamente a todos esses eventos maravilhosos.

Fonte: *Blog Arte.com*, 16 maio 2008. Disponível em: <http://www.artepontocomltda.blogspot.com/>. Acesso em: 20 nov. 2010.

Texto 2

Existem vários tipos de sabiá: laranjeira, una (ou preto), branco, da mata, poça etc. O sabiá-laranjeira foi eleito como ave-símbolo do Brasil porque faz parte da cultura nacional: aparece na poesia e na música e convive com as pessoas no campo e na cidade.

Fonte: SALERNO, Silvana. *Viagem pelo Brasil em 52 histórias*. São Paulo: Companhia das Letrinhas, 2006, p. 126.

Texto 3

Fonte: DUQUIAN. É um problema cultural. *Blog Sedentário & Hiperativo*, 12 maio 2010. Disponível em: <http://www.sedentario.org/>. Acesso em: 4 fev. 2011.

Podemos também omitir o verbo, lançando mão de algumas **palavras que se especializaram na introdução de um tópico textual**. Elas aparecem grifadas nestes exemplos:

Texto 1

Aí Ó ! - Aneel reajusta tarifas em 5 distribuidoras da CPFL
Por Badi

SÃO PAULO, 1º de fevereiro (Reuters) – A Agência Nacional de Energia Elétrica (Aneel) anunciou nesta terça-feira reajustes nas tarifas de distribuição de energia elétrica de cinco empresas do interior paulista, todas controladas pela CPFL Energia (**CPFE3**).

Fonte: *Badi*. Disponível em: <http://ribeiraodoapagao.wordpress.com/>. Acesso em: 13 dez. 2010.

Texto 2

MEU LCD MOLHOU

Segunda, 20 de Outubro de 2008, 11:06 h

Gente, preciso de ajuda.
Troquei o pc de lugar e tinha uma goteira...
Ta, foi uma besteira, mas o caso é que meu lcd tava bem embaixo, e qdo choveu molhou, e agora ta com uma manchona preta que não sai de jeito nenhum.
Alguém tem uma solução?
PS: ja tentei deixar desligado um dia inteiro, deixar ligado o dia inteiro, usar um secador, nada funciona!!!!
heeeeeeeeeeeeeeeeeeeeeeeeeeeeeeeeeeeeeelp!!!!

Fonte: Meu LCD molhou. *Fórum Baixaki*, 20 out. 2008. Disponível em: <http://www.baixakijogos.com.br/forum>. Acesso em: 17 jul. 2010.

Texto 3

Em tempo

- Não existe hoje no futebol brasileiro um clube que melhor trate seus ídolos do que o Botafogo. Seja no camarote dedicado a eles lá no Engenhão, seja na inauguração das estátuas no estádio, nas camisas comemorativas, etc. Existem outras iniciativas legais, principalmente com Roberto e Zico ocupando as posições que ocupam e a camisa atual do Vasco que remonta ao primeiro título brasileiro em 74. Porém o Botafogo está bem à frente.

- Por exemplo, no domingo Maicossuel, Mendonça e Gonçalves: três ídolos de três diferentes gerações alvinegras, estiveram no Engenhão recebendo torcedores, tirando fotos e conversando.

Fonte: ROMA, Vitor. O melhor jogo do ano no melhor futebol do Brasil. *Blog Bola pra quem sabe*, 24 ago. 2010. Disponível em: <http://www.bolapraquemsabe.com.br/>. Acesso em: 30 ago. 2010.

A conversação e a estrutura do texto são assuntos tão importantes que vamos voltar a eles no capítulo 9.

1.3.2 PREDICAÇÃO DO TÓPICO TEXTUAL

Introduzido o tópico, precisamos discorrer sobre suas características, predicando-o. Voltando mais uma vez à conversa entre os dois jovens em nosso primeiro exemplo, observamos as seguintes predicações do tópico "viagem a Cumaná":

> – **Fiquei** lá.
> – A praia **pertence** ao Instituto Oceanográfico da USP.
> – **Conheci** o povo de lá.
> – Todo mundo **detesta** ir pra praia.
> – **Fiz** um curso lá.

A caracterização do tópico constitui o comentário textual, também denominado tecnicamente pela palavra **rema**.

1.3.3 MONITORAMENTO DA CONSTRUÇÃO DO TEXTO

De tempos em tempos, nos dirigimos ao interlocutor, para ver se ele está seguindo a conversa. Utilizamos para isso expressões tais como **sabe? viu? entendeu? compreendeu?**

Embora sejam interrogativas, o parceiro de conversação sabe que não é necessário responder, bastando sinalizar de vez em quando que "está ligado", como é o caso do **ah... é?** do Loc 2, no trecho:

> Loc 1 – eles são por exemplo esse lá... é nessa praia que pertence à Universidade... como aqui na nossa Oceanográfica também pertence à USP e... toda a Universidade detesta ir pra praia... sabe...
>
> Loc 2 –   [
>   ah... é ?
>   [

As expressões de monitoramento são conhecidas como **marcadores textuais**.

1.3.4 DESCONTINUAÇÃO DO TÓPICO

Desistimos, com frequência, de prosseguir elaborando um mesmo tópico, objetivando introduzir outro tópico textual. Nesses casos, ou vamos em frente, ou desistimos da empreitada. Observe, por exemplo, que o Loc 1 parecia disposto a falar de outro tópico:

> Loc 1 – *eles são por exemplo esse lá... é nessa praia que pertence à Universidade... como aqui na nossa Oceanográfica também pertence à USP e... toda a Universidade detesta ir pra praia... sabe...*

Ficamos sem saber do que ele ia falar, quando usou a expressão *por exemplo*. Isso mostra que, ao longo de uma conversa, ocorrem descontinuidades, pois nem sempre seguimos linearmente na organização de um texto. Há idas e voltas, o que é normal numa conversa.

Já na língua escrita corrente, isso não costuma ocorrer, pois o leitor não encontraria marcadores textuais que sinalizariam a descontinuação do tópico. A estratégia é habitual na língua escrita literária, por exemplo, se o escritor estiver tentando caracterizar uma personagem um tanto ambígua, dessas que não sabem se vão ou se ficam, se querem ou se desistem.

1.3.5 TÓPICOS + PREDICAÇÕES = UNIDADE DISCURSIVA

Observe agora que a cada tópico discursivo e suas respectivas qualificações corresponde uma unidade. Vamos chamá-la de **unidade discursiva**.

No exemplo apresentado no início deste capítulo, ocorreram quatro delas, correspondendo aos turnos do Loc. 1:

- ✓ na primeira unidade, fala-se da praia de Cumaná;
- ✓ na segunda, informa-se que a praia pertence à universidade;
- ✓ na terceira, diz-se que são dados cursos nesse local;
- ✓ na quarta, cita-se um desses cursos, o de Oceanografia Física.

Note que a identificação das unidades discursivas decorre de uma interpretação do que foi dito. Portanto, não se pode dizer que a cada "falada" de um locutor corresponde uma unidade discursiva. Muitas vezes, uma unidade é construída por dois locutores, como você pode ver neste exemplo:

> Loc. 1 – *E aí... depois de tanto aperto...*
> [
> Loc. 2 –   *já sei... ele desistiu de seguir adiante.*

1.3.6 LIGAÇÃO DAS UNIDADES DISCURSIVAS

Outra estratégia de construção textual consiste em utilizarmos **marcadores de conexidade textual** (como *e aí*, *e então*, *agora*, *mas*) para ligar as unidades discursivas. O mesmo acontece quando usamos conjunções para ligar sentenças. Isso aconteceu na conversa entre os dois adolescentes (p. 18) quando foram usadas as formas *então*, *inclusive*:

> Loc 1 –   *então é coisa ((inaudível))... e todo o curso foi feito ali... inclusive nós saímos assim durante... fazer compras de material e tudo isso e... ah... e conhecemos toda a região referente... sabe? bem bonito... colorido o fundo do mar lá... é... num existe e... e... e a água é muito transparente... sabe... muito coral...*

Esses marcadores asseguram a continuada predicação do tópico que está sendo desenvolvido.

Tópico, descontinuação de tópico, predicação de tópico, ligação de tópicos constituem o **Discurso**, que é outro dos sistemas linguísticos que operamos quando adquirimos uma língua.

QUERO MAIS

CASTILHO, Ataliba T. de. *Língua falada e ensino do português*. São Paulo: Contexto, 1998/2005.

KOCH, Ingedore. *A coesão textual*. São Paulo: Contexto, 1992.

KOCH, Ingedore. *A inter-ação pela linguagem*. São Paulo: Contexto, 1992.

KOCH, Ingedore. *O texto e a construção dos sentidos*. São Paulo: Contexto, 1997.

KOCH, Ingedore. *Desvendando os segredos do texto*. São Paulo: Cortez, 2002.

KOCH, Ingedore; ELIAS, Vanda Maria. *Ler e compreender*: os sentidos do texto. São Paulo: Contexto, 2006.

MARCUSCHI, Luiz Antonio. *Análise da conversação*. São Paulo: Ática, 1986.

1.4 A GRAMÁTICA: A SÍLABA, A PALAVRA, A SENTENÇA. DUAS DIREÇÕES DOS ESTUDOS GRAMATICAIS

Outro sistema é a gramática, ensinada tão exclusivamente em nossas escolas, que, muitas vezes, as pessoas confundem língua com gramática. Mas agora você já sabe que a língua é mais que sua gramática.

A gramática se limita ao estudo das estruturas linguísticas. Para estudar as estruturas linguísticas precisamos percorrer pelo menos três tópicos: a sílaba, a palavra e a sentença.

1.4.1 A SÍLABA

Notamos que as palavras se compõem de segmentos menores (designados tecnicamente por *sílabas*), formados por **vogais** [V], **consoantes** [C] e **semiconsoantes** [S], sequenciadas numa dada ordem.

As vogais aparecem no núcleo da sílaba, e as consoantes e semiconsoantes aparecem em sua periferia, com a diferença de que as semiconsoantes formam ditongos.

Observe as palavras *bonito* e *praia*.

Em *bonito*, há três sílabas, estruturadas sempre assim: [consoante + vogal].

$$\begin{array}{ccccc} \text{bo} & - & \text{ni} & - & \text{to} \\ /\ \backslash & & /\ \backslash & & /\ \backslash \\ \text{C} \quad \text{V} & & \text{C} \quad \text{V} & & \text{C} \quad \text{V} \end{array}$$

Já em *praia*, temos duas sílabas, *prai-a*.

A primeira sílaba [prai-] tem a estrutura [C + C + V + S], e a segunda sílaba [-a] tem apenas uma vogal, estruturando-se como [V].

$$\begin{array}{cc} \text{p r a i} & - \ \text{a} \\ /\ /\ /\ / & \quad \backslash \\ \text{C C V S} & \quad \text{V} \end{array}$$

Como vemos, há sempre uma vogal no centro das sílabas. Quando produzimos as sílabas de uma palavra, levamos em conta sua estrutura:

- [V], como em *é*,
- [CV], como em *pé*,
- [VC], como na primeira sílaba de *apto*, e
- [CCVS], como na primeira sílaba de *praia*.

Quando aprendemos nossa língua, aprendemos também que há uma ordem em que vogais, consoantes e semiconsoantes aparecem no interior da sílaba. Se mudássemos essa ordem, teríamos coisas incompreensíveis, como
*obinoto em lugar de *bonito*,
*aiarp em lugar de *praia*.

Se mudássemos a ordem das sílabas no interior das palavras, teríamos outras tantas coisas estranhas, como *tonibo, *nitobo, *botoni etc.

Que aprendemos com isso?
1. Que as palavras têm sílabas.
2. Que as sílabas têm vogais, consoantes e semiconsoantes.
3. Que as vogais, consoantes e semiconsoantes obedecem a uma ordem de sequenciamento no interior das sílabas.
4. Que as sílabas também obedecem a uma ordem de sequenciamento no interior das palavras.

ATIVIDADE 6

1. Reforçando o que vimos sobre a importância da ordem de sequenciamento dos elementos que compõem a sílaba, sugerimos a leitura do texto:

> Lamandro que é lamandro base lafar camaco
>
> **30 de setembro – dia mundial do tradutor**
>
> "Çovê base lafar guinlagem camaco?" A conversa normalmente começa assim. O que se segue é um grande ponto de interrogação estampado na cara. Ou uma resposta rápida: "Mis, lafo medais". Não tem muito segredo. O truque é simples: troque a primeira letra da segunda sílaba com a da primeira. Assim, sílaba vira lísaba e palavra riva laprava. Gepou o cariocínio?
> O camaco surgiu num contexto de resistência cultural em Itabira, Minas Gerais. No fim do século 19, a cidade possuía muitos habitantes estrangeiros falantes da língua inglesa, recrutados pelas empresas que exploravam minério na região. Como os operários não entendiam o

inglês, resolveram criar uma variação do português que tornaria impossível a compreensão não só de seus chefes estrangeiros, como também dos compatriotas. Quem tinha a malandragem do camaco conseguia se comunicar com seus pares sem que outros os entendessem.

Com o tempo, a língua deixou de pertencer a um grupo restrito e foi sendo apropriada por todos que se sentiam parte da "resistência" da cidade. Durante a década de 1960 e 1970, os boêmios e intelectuais itabiranos tinham como ponto de encontro o bar Cinédia. Era lá onde podiam manter longas conversas em camaco e passá-lo adiante para as novas gerações.

Escrever em camaco é difícil. Para facilitar, é necessário escrever como se pronuncia e fazer a adequação sonora da palavra. Por isso o "você" no início do texto ganhou uma cedilha e virou "çovê". A tishória iof toncada, aroga gerpunto vonamente: base lafar a guilagem camaco?

Fonte: ROSA, Sergio. Lamandro que é lamandro base lafar camaco. *Brasil. Almanaque de cultura popular.* São Paulo, n. 137, ano 12, set. 2010, p. 9. Disponível em: <http://www.almanaquebrasil.com.br/>. Acesso em: 27 out. 2010.

Certamente, o texto nos faz pensar em outras produções desse tipo. Você se lembra de alguma?

Em caso afirmativo, descreva "essa língua" e explicite a regra que orientou sua formação e compreensão.

Se não, trabalhando em grupo, invente com seus colegas uma língua, assim como fizeram os operários de Itabira. Apresente o produto de sua invenção aos colegas dos outros grupos, a fim de que descrevam a regra subjacente à construção da nova língua.

O estudo das consoantes, vogais, semiconsoantes e sílabas é feito pela **Fonologia**, uma das partes da Gramática, da qual trataremos no capítulo 2.

1.4.2 A PALAVRA

Vamos agora ultrapassar o limite das sílabas, detendo-nos no limite das palavras, com o objetivo de identificar sua estrutura.

Compare *praia* com *estive*. Se procurarmos nos textos as formas que a palavra *praia* exibe, poderemos encontrar pelo menos cinco formas:

praias (= mais de uma praia)
praiano (= situado numa praia)
praieiro (= o que vive numa praia)
praiona (= praia grande)
prainha (= praia pequena)

40 Pequena gramática do português brasileiro

Mas, se desenvolvermos a mesma observação para *estive*, encontraremos uma quantidade muito maior de formas, como *estou*, *estava*, *estarei*, *estaria*, *estar*, *estando*, *estado* etc., sendo que cada uma dessas formas pode mudar de acordo com a pessoa, como em *eu estou*, *você está*, *ele está*, *nós estamos*, *eles estão*, e assim por diante.

Conjugue esse verbo em todos os seus tempos, modos e pessoas, e conte quantas formas um verbo pode apresentar. Compare com as cinco formas de praia. Quem saiu ganhando nessa competição, os substantivos ou os verbos?

Quando aprendemos o português, aprendemos que muitas palavras (não todas!) têm um **radical** e uma terminação. Aprendemos também a combinar determinados radicais com determinadas terminações. Tanto assim é que não aplicamos a terminação *-s* de *praias* às formas verbais *estive*, *estando* (ninguém diria **estives*, **estandos*), nem, ao contrário, a terminação *-va* de *estava* a substantivos como **praiava*, **lugarava*, **bonitava* etc.

> **Radical:** elemento formador da palavra (morfema) que contém o significado básico da palavra e é comum a todas as palavras de uma mesma família.

Aprendemos que o uso das terminações leva em conta as classes das palavras:
– **substantivos** como *praia*, *lugar*, adjetivos como *bonito*, podem receber *-s*;
– **verbos** como *estar*, *ficar*, podem receber *-va*, *-ndo*, como em *estava*, *estando*, *ficava*, *ficando* etc.

Também aprendemos que algumas classes de palavras não podem receber as terminações dos substantivos e dos verbos, como *eu*, *com*, *em*, *de*, *aliás*, *lá*, *durante*. Ninguém sai por aí falando **eus estive lá*, **cons os litorais*, *os povos de *lás*, *diferentes *des vocês*. Imagine, então, **euva*, **eundo* etc.!

Note, também, que há uma ordem na colocação das terminações *-s* e *-va*, que aparecem sempre no final da palavra, tanto assim que você não diria **spraia* por *praias*, nem **vaestá* por *estava*.

O estudo das formas vocabulares e de sua combinação é feito pela **Morfologia**, outra parte da Gramática a que daremos especial atenção no capítulo 2.

1.4.3 A SENTENÇA

Continuando nossa investigação, ultrapassemos agora o limite das palavras, observando como elas se combinam no interior das sentenças. Notaremos que algumas palavras têm a propriedade de reunir outras, formando as sentenças, como *estive*, em *eu estive em Cumaná*. Essas palavras são os **verbos**.

Porque **os verbos formam sentenças**, apresentam uma riqueza morfológica maior que as outras, que não formam sentenças, como *praia*, *lugar* etc. Os substantivos são escolhidos pelos verbos para formar uma sentença. Mas os verbos não são escolhidos por substantivos, nas sentenças aceitáveis de nossa língua.

Do mesmo modo que na Fonologia e na Morfologia (ver capítulo 2), também aqui aprendemos que há uma ordem de colocação das palavras, o que nos permite dizer *eu estive em Cumaná*, porém, não *em eu Cumaná estive*.

> ✓ O estudo da formação das sentenças como um padrão próprio de combinação das palavras e da sua ordem de colocação na sentença é desenvolvido pela **Sintaxe**, que é a terceira parte da Gramática. Estudaremos a Sintaxe a partir do capítulo 3.
>
> Resumindo:
> ✓ **Fonologia**, **Morfologia** e **Sintaxe** compõem o campo da **Gramática**. A Gramática estuda as estruturas regulares, previsíveis.
> ✓ Quando aprendemos uma língua, além do **Vocabulário**, do **Discurso** e da **Semântica**, aprendemos também sua **Gramática**.
> Tudo isso acontece nos primeiros anos de vida, antes de entrarmos na escola.

> Nesta altura, você poderá estar se perguntando:
> – Bem, então uma língua como o português brasileiro é formada por quatro sistemas: o Vocabulário, a Semântica, o Discurso e a Gramática. Mas qual desses sistemas é o mais importante, qual deles comanda os outros? No mínimo você vai dizer que é a Gramática.
>
> Essa é outra crendice ancestral, em que sempre se identificou a língua com a gramática. Por conta disso, língua e gramática acabaram por se confundir. Certo? Errado.

A língua é a mais complexa das capacidades humanas; por isso mesmo, é impossível reduzi-la a uma só dimensão, a um só sistema linguístico. Identificar língua a gramática pode até ser mais confortável, dado o conhecimento acumulado por essa disciplina, mas isso não explicará toda a complexidade de que uma língua é feita.

Quem sabe uma representação gráfica poderia nos ajudar a entender esse raciocínio. Assim, em vez de dizer que língua = gramática, vamos acolher esta outra representação, em que língua é:

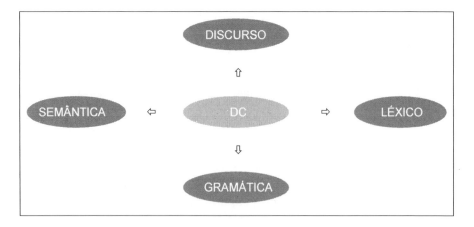

Esse desenho quer significar que
(i) o centro das línguas é ocupado pelo **Dispositivo Conversacional** (= DC), que comanda os sistemas;
(ii) os quatro sistemas são autônomos uns em relação aos outros, ou seja, as categorias de um não determinam, não comandam as categorias de outro;
(iii) eventuais correspondências entre essas categorias serão tratadas como interfaces, coincidências, não como determinação entre elas.

1.4.4 DUAS DIREÇÕES DOS ESTUDOS GRAMATICAIS

Nesta seção, vamos detalhar um pouco mais o que se tem entendido por gramática. Os outros sistemas não precisam ficar com inveja.

Andando por aí, você pode encontrar várias definições de gramática. Fiquemos com duas:

(1) "A gramática é um conjunto de sons que podemos gravar, de palavras e de sentenças cuja estrutura podemos descrever, recolhendo tudo num livro chamado *gramática*; em seguida, podemos produzir algumas generalizações."

(2) "A gramática é a disciplina que nos ensina a falar e a escrever corretamente, valendo-nos sempre do padrão culto."

A resposta (1) refere-se à **Gramática Descritiva**.
A resposta (2) refere-se à **Gramática Prescritiva** ou **Normativa**.

Vejamos mais de perto essas duas percepções.

A **Gramática Descritiva** identifica as classes de sons, de sílabas, de palavras e de sentenças. Ela distribui essas classes em estruturas hierárquicas, como indicado a seguir:

Sintaxe	Sintagmas (= agrupamentos de palavras) e Sentenças
Morfologia	Palavra: radical e terminações
Fonologia	Sons (vogal, consoante, semivogal) Sílaba

Esse quadro deve ser entendido assim: do ponto de vista da **Gramática Descritiva**, o sistema gramatical se compõe de três subsistemas:

(i) **Fonologia**, subsistema em que se descreve a combinatória dos fonemas no interior da sílaba e das sílabas no interior das palavras.

(ii) **Morfologia**, subsistema em que se descreve a combinatória dos morfemas no interior das palavras, levando em conta suas propriedades fonológicas.

(iii) **Sintaxe**, subsistema em que se descreve a combinatória das palavras no interior dos sintagmas e dos sintagmas no interior da sentença, levando em conta suas propriedades morfológicas.

A **Gramática Prescritiva**, também conhecida como **Gramática Normativa**, preocupa-se unicamente com a variedade culta da língua, retratando como as pessoas escolarizadas falam e escrevem.

São dois os objetos da **Gramática Prescritiva**: o ensino da norma gramatical e o da ortografia.

Por que apenas a variedade padrão é considerada nesse tipo de Gramática? Isso se deve ao fato de que as sociedades humanas são restritivas a respeito da variação linguística, promovendo uma das variáveis, a culta, e discriminando a outra, a popular. O Estado e seu aparato de ensino são sensíveis a esse fato, por isso a escola – que é uma das representações do Estado – privilegia em suas práticas a chamada variedade padrão. Acredita-se que a promoção da cidadania assenta em seu domínio do padrão privilegiado socialmente.

Essa prática, em princípio sensível a um dado antropológico, tem tido, infelizmente, um efeito perverso em nosso país: a consideração nada razoável de que, dentre as diferentes variedades que convivem numa língua, só tem interesse a variedade culta.

Entretanto, se colocarmos a variedade padrão numa perspectiva científica, como uma variedade linguística entre outras, tudo bem, a ciência voltará a respirar aliviada. E teremos menos preconceitos linguísticos entre nós.

Este livro vai concentrar sua atenção na **descrição gramatical**. Você, leitor, será convidado a raciocinar com os autores, não a seguir decisões previamente tomadas. Não se faz ciência com um montão de certezas, e sim com um conjunto de perguntas, para as quais procuraremos respostas, sabendo de antemão que, em matéria de linguagem, mais de uma resposta correta é perfeitamente aceitável, desde que o raciocínio tenha sido consistente.

SUMARIZANDO: O QUE É UMA LÍNGUA. MÉTODOS PARA SEU ESTUDO

Em suma, podemos descrever uma língua como o português brasileiro como um conjunto de sistemas captados pela seguinte fórmula:

Língua = Vocabulário + Semântica + Discurso + Gramática

Cada sistema é caracterizado por dispor de um conjunto de *categorias* ou *classes*, isto é, por um conjunto de regularidades que se repetem, que recorrem, permitindo a construção de generalizações.

As línguas são altamente criativas, estabelecendo categorias para cada sistema. É assim que conseguimos pensar e nos comunicar com os outros. Neste livro, vamos dar maior atenção às categorias gramaticais. Mas, antes disso, vamos destacar dois pontos:

(1) A incrível capacidade humana de adquirir todas essas categorias na fase de aprendizagem da língua materna.

(2) Nossa capacidade de operar simultaneamente com todas elas, construindo nosso pensamento e comunicando-nos com o próximo.

SE CONSEGUIMOS APRENDER TUDO ISSO QUANDO ÉRAMOS CRIANÇAS, SERÁ VERDADE MESMO QUE O PORTUGUÊS É UMA LÍNGUA DIFÍCIL?

Para estudar o português brasileiro, precisaremos tomar as seguintes decisões:

O que se entende por língua 45

1) Materiais de estudo

Em qualquer ciência, precisamos de materiais para seu estudo. O estudo do português brasileiro não foge a isso. Os materiais para o estudo linguístico são abundantes e gratuitos. Podemos gravar conversas, recortar artigos, crônicas e notícias publicadas em jornais e revistas ou, ainda, selecionar textos produzidos nas redes sociais, além, é claro, dos textos literários.

2) Hipóteses de trabalho

De posse de algum material, teremos agora de estabelecer algumas hipóteses de trabalho. Observe que o botânico estuda materiais que estão na natureza. Ele os recolhe, estuda sua morfologia, avalia suas patologias, se for o caso, e os classifica. Seu objeto de estudos é externo a ele.

O estudioso de uma língua como o português brasileiro não trabalha assim, pois a língua está guardada em nossas mentes. Não sendo possível tirá-la de lá, temos de imaginar como ela é, formulando hipóteses. Quando dizemos que as palavras têm propriedades semânticas, discursivas e gramaticais (= sintáticas, morfológicas e fonológicas), estamos criando hipóteses sobre elas, "fatiando-as", por assim dizer, observando sua distribuição nos textos. No estudo das línguas, as hipóteses criam o objeto científico.

3) Unidades de análise

De acordo com a hipótese formulada, o próximo passo será estabelecer uma unidade de análise. O botânico separa numa árvore a raiz, o caule, os ramos, as folhas. Depois, recorta cada unidade dessas, para estudá-la "por dentro", buscando o que não está evidente.

O estudioso das línguas age da mesma forma, desdobrando a hipótese que ele formulou antes. Assim, se propusermos que na língua sob análise há palavras, já identificamos uma unidade de análise. Se nosso interesse for a reunião das palavras, teremos outras unidades, o sintagma, a sentença. Se nosso interesse se concentrar na palavra isoladamente considerada, e se postularmos que ela é um somatório de sons significantes, teremos o fonema como uma unidade de análise. Mas se quisermos ultrapassar essa unidade, ficando abaixo da sentença, proporemos os morfemas como unidades de análise. Para dar uma de *Jack, o Estripador*, temos de hipotetizar previamente sobre as unidades de uma língua, traçando, assim, um plano de análise. Nesta altura, podemos ir dos recortes de língua mais extensos, como um texto, até sua unidade mínima, o fonema. Ou agir ao contrário, indo do fonema para o morfema, deste para o sintagma, deste para a sentença, até atingirmos finalmente o texto. Escolha seu ritmo de análise, e somente depois comece seu trabalho.

4) Transcrição dos materiais

Agora, precisaremos tomar outra decisão: como vamos transcrever as unidades sob análise, de forma a deixar claro o que estamos estudando? Na introdução deste capítulo, vimos algumas coisas sobre a transcrição da língua falada – e vamos retornar a esse ponto ao longo de todo este livro.

5) Redação do trabalho de análise

O estudo das línguas encerra uma característica muito curiosa: é que sua análise vai se completando, vai se tornando mais clara, à medida que você escreve o que observou. Às vezes não conseguimos pôr no papel tudo o que observamos: isso quer dizer que teremos de desenvolver mais essas observações, a ideia ainda está verde. Só quando uma ideia está clara é que ela poderá ser apanhada pela língua escrita. O normal, portanto, é um vaivém entre os materiais, sua descrição, primeira redação, volta aos materiais, nova tentativa de descrição, nova redação, e assim por diante.

Nesta altura, já deve ter ficado claro para você que estudar a gramática do português brasileiro não se limita a *ler uma gramática*. Estudá-la significa pesquisá-la, utilizando a metodologia indicada anteriormente. Atividades e projetinhos de pesquisa serão apresentados neste livro, para tornar as observações sobre o português brasileiro uma tarefa prazerosa, a ser desenvolvida em sala de aula, numa atuação conjunta professor-aluno.

Seja bem-vindo(a)!

> **QUERO MAIS**
>
> CASTILHO, Ataliba T. de. *Nova gramática do português brasileiro*. São Paulo: Contexto, 2010.

ESTRUTURA FONOLÓGICA E MORFOLÓGICA DA PALAVRA

ESTUDANDO A PALAVRA

Estudaremos neste capítulo a estruturação fonológica e morfológica das palavras do português brasileiro. A partir do capítulo 3, estudaremos a sintaxe das palavras.

2.1 A FONÉTICA E A PRODUÇÃO DOS SONS. TRANSCRIÇÃO FONÉTICA

Fonética e **Fonologia** são duas disciplinas distintas. A **Fonética** estuda os sons concretamente produzidos em nosso aparelho fonador. A **Fonologia** estuda os sons com valor distintivo, enquanto unidades abstratas, organizando um dos subsistemas da Gramática.

A Fonética apresenta os seguintes ramos:
- ✓ **Fonética Articulatória**, que estuda a produção dos sons.
- ✓ **Fonética Acústica**, que estuda as propriedades físicas dos sons.

Neste capítulo, será dada preferência à abordagem articulatória da Fonética, tratando do aparelho fonador, da classificação dos sons e da transcrição fonética.

2.1.1 A PRODUÇÃO DOS SONS

A expressão "aparelho fonador" é imprópria, pois, de fato, o homem dispõe de um sistema respiratório, utilizado secundariamente para a produção dos sons linguísticos.

Quando o ar entra e sai dos pulmões sem interrupções – temos as **vogais**; quando há alguma obstrução na sua passagem – temos as **consoantes**.

Os sons da fala humana resultam quase todos da ação de certos órgãos sobre a corrente de ar vinda dos pulmões. Para que o som linguístico exista, é necessário que haja:

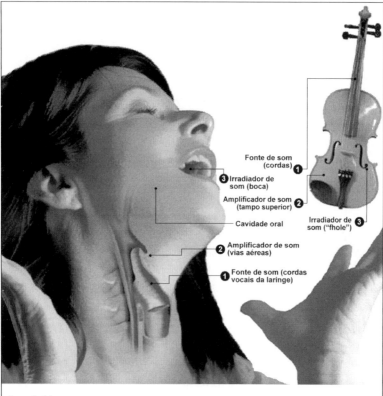

Sons da fala.
Fonte: FALSETTI, Sandro. Nós e os instrumentos. *Galileu*, abr. 2008. Disponível em: <http://revistagalileu.globo.com>. Acesso em: 17 fev. 2011.

✓ a corrente de ar;
✓ um obstáculo que impeça de algum modo a passagem da corrente de ar;
✓ uma caixa de ressonância.

O "aparelho fonador" tem as seguintes partes:

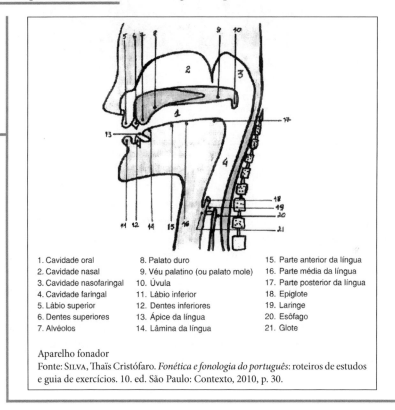

Aparelho fonador
Fonte: SILVA, Thaïs Cristófaro. *Fonética e fonologia do português*: roteiros de estudos e guia de exercícios. 10. ed. São Paulo: Contexto, 2010, p. 30.

(1) os pulmões, os brônquios e a traqueia, que fornecem a corrente de ar, matéria-prima da fonação;
(2) a laringe, onde se localizam as cordas vocais, que produzem os sons utilizados na fala;
(3) as cavidades da faringe, da boca e das fossas nasais, que funcionam como caixa de ressonância dos sons produzidos pelas cordas vocais;
(4) os lábios, a língua e os dentes (sobretudo os frontais superiores), chamados frequentemente de articuladores, que entram na distinção dos sons em vários tipos.

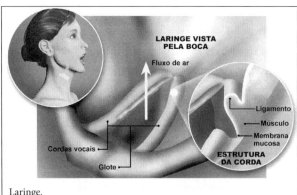

Laringe.
Fonte: FALSETTI, Sandro. Nós e os instrumentos. A mecânica das cordas vocais. *Galileu*, abr. 2008. Disponível em: <http://revistagalileu.globo.com>. Acesso em: 17 fev. 2011.

Na produção dos sons, o ar, saindo dos pulmões, alcança a traqueia e atinge a laringe passando pela glote, onde encontra seu primeiro obstáculo – as cordas vocais – que são dois pequenos músculos que podem vibrar ou não. As cordas vocais podem estar abertas ou fechadas. Quando estão abertas, o ar passa livremente em direção à faringe e ao nariz, por onde sai. Quando estão fechadas, o espaço entre elas é reduzido, ficando uma estreita passagem para o ar, o que produz um bloqueio, e isso ocasiona uma pressão na corrente de ar, que faz essas cordas vibrarem.

✓ Sons produzidos quando as cordas vocais vibram são chamados **sonoros**.
✓ Sons produzidos quando elas não vibram são chamados **surdos**.

O som [v] é sonoro, e o som [f] é surdo. A diferença entre sons sonoros e surdos é importante em todas as línguas conhecidas.

Você pode testar a diferença entre sons sonoros e sons surdos. Tape os ouvidos e pronuncie as sílabas *va* e *fa*: a consoante sonora de *va* é audível antes mesmo de sua pronúncia. Isso não acontece com *fa*.

Logo acima da laringe está a faringe, cuja parte superior apresenta uma encruzilhada, oferecendo duas aberturas para o ar que sai dos pulmões: a cavidade bucal e a cavidade nasal. Nesse cruzamento se localiza o véu palatino, que é uma aba muscular que se movimenta para fechar ou não a cavidade nasal.

Quando o véu palatino fecha a cavidade nasal, a corrente de ar sai pela cavidade bucal e os sons produzidos se chamam **orais**. Quando ele está em repouso, as duas aberturas estão abertas, e a corrente de ar sai tanto pela boca como pelo nariz, produzindo os sons **nasais**. Sons como [m, n, ɲ] e [ã], em palavras como *mesa*, *nado*, *lenha* e *lã*, são chamados sons nasais.

É na cavidade bucal que se produz a maior parte dos movimentos articulatórios que diferenciam os sons. Os órgãos que permitem esses movimentos articulatórios são chamados articuladores. Há dois tipos de articuladores:
✓ os ativos, que estão localizados na parte inferior da cavidade bucal,
✓ e os passivos, que se localizam na parte superior da cavidade bucal.

Os articuladores ativos se movem em direção aos articuladores passivos; do movimento de um articulador em direção ao outro surgem os pontos em que os sons são articulados e os lugares em que há bloqueio da corrente de ar.
A parte superior da cavidade bucal é assim constituída:
✓ alvéolos, uma pequena protuberância que está localizada imediatamente atrás dos dentes superiores;

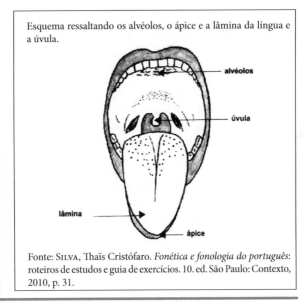

Esquema ressaltando os alvéolos, o ápice e a lâmina da língua e a úvula.

Fonte: SILVA, Thaïs Cristófaro. *Fonética e fonologia do português*: roteiros de estudos e guia de exercícios. 10. ed. São Paulo: Contexto, 2010, p. 31.

✓ palato duro, uma placa óssea recoberta de tecido que está localizada na parte da frente do céu da boca;
✓ palato mole (ou véu palatino), uma aba muscular que fecha ou não a cavidade nasal e se localiza na parte traseira do céu da boca;
✓ úvula (ou campainha), um pequeno apêndice localizado no fim do palato mole.
Na parte inferior da cavidade bucal localiza-se a língua, que pode ser dividida em quatro partes:
✓ ponta da língua;
✓ parte da frente da língua;
✓ dorso da língua;
✓ fundo da língua.

Os dentes superiores frontais são os que têm maior importância na articulação dos sons; quando se usa o termo *dentes*, geralmente se está referindo a estes e não aos dentes de modo geral.

E, finalmente, os lábios, o lábio inferior e o lábio superior. O inferior é mais flexível e se articula contra os dentes superiores ou contra o lábio superior. Os lábios podem se estirar, se arredondar ou avançar para a articulação dos sons.

Os **sons linguísticos** assim produzidos são classificados em vocálicos, consonantais e semivocálicos.

Os **sons vocálicos** "podem ser considerados como sons formados pela vibração das cordas vocais (portanto, *sons sonoros*) e modificados segundo a forma das cavidades supralaríngeas, que devem estar sempre abertas ou entreabertas à passagem do ar" (Cunha e Cintra, 1985: 33).

Os **sons consonantais** podem ser considerados segundo tenha havido uma obstrução no canal bucal (*sons oclusivos*) ou não (*sons fricativos*).

Os **sons semivocálicos** ou **semiconsonantais** não são nem vocálicos (porque não figuram no núcleo silábico), nem consonantais (porque não exibem a mesma combinatória das consoantes).

Há duas semiconsoantes no português brasileiro: o **iode**, [y], que figura em *rei*, *vário*, e o **vau**, [w], que figura em *meu*, *quatro*.

Os **sons vocálicos** podem ser classificados assim:
- ✓ quanto ao grau de abertura: altas/médias/baixas;
- ✓ quanto à zona de articulação: anteriores ou palatais/centrais/posteriores ou velares;
- ✓ quanto à posição dos lábios: arredondadas/não arredondadas;
- ✓ quanto ao papel das cavidades bucal e nasal: orais/nasais;
- ✓ quanto ao timbre: tônicas/átonas. Denomina-se traço articulatório cada uma dessas propriedades fonéticas.

Quadro 1: Vogais do português brasileiro

Alta anterior	Média anterior aberta	Média anterior fechada	Central baixa	Média posterior fechada	Média posterior aberta	Alta posterior
[i]						[u]
	[ɛ]				[ɔ]	
		[e]		[o]		
			[a]			

Os **sons consonantais** podem ser classificados assim:
- ✓ quanto à passagem do ar: oclusivos, fricativos, nasais, laterais, vibrantes;
- ✓ quanto à zona de articulação: labiais, dentais, palatais, velares;
- ✓ quanto à vibração das cordas vocais: surdos, sonoros.

Essas propriedades fonéticas são igualmente chamadas traços articulatórios.

Quadro 2: Consoantes do português brasileiro

	OCLUSIVAS		FRICATIVAS		NASAIS	LATERAIS	VIBRANTES
	surdas	sonoras	surdas	sonoras			
Labiais	[p]	[b]	[f]	[v]	[m]		
Dentais	[t]	[d]	[s]	[z]	[n]	[l]	[r]
Velares	[k]	[g]					[R]
Palatais			[ʃ]	[ʒ]	[ɲ]	[ʎ]	

Quadro 3: Semiconsoantes do português brasileiro

Alta anterior palatizada (iode)	[y]
Alta posterior velarizada (vau)	[w]

2.1.2 A TRANSCRIÇÃO FONÉTICA

A transcrição ortográfica não reflete a variação dos sons. Examinemos alguns casos:
- ✓ a letra *e* representa o som [e] em *este* e o som [ɛ] em *esta*;
- ✓ a letra *o* representa o som [o] em *olho* e o som [ɔ] em *olhos*;
- ✓ a letra *g* antes de *e, i* representa o som fricativo sonoro palatal [ʒ], como em *gemido, rígido*;
- ✓ a mesma letra antes de *a, o, u* representa o som oclusivo sonoro velar [g], como em *gato, gota, legume*, e assim por diante.

Para uma representação acurada dos sons foi preciso criar a *transcrição fonética*, que é um conjunto de símbolos denominado **alfabeto fonético**, apresentados sempre entre colchetes. O alfabeto fonético internacional (AFI) é o mais difundido. Você poderá baixá-lo acessando as páginas das sociedades de foneticistas.

O alfabeto internacional de fonética (revisado em 1993, atualizado em 1996*)

Consoantes (mecanismo de corrente de ar pulmonar)

	bilabial	labiodental	dental	alveolar	pós-alveolar	retroflexa	palatal	velar	uvular	faringal	glotal
Oclusiva	p b			t d		ʈ ɖ	c ɟ	k g	q ɢ		ʔ
Nasal	m	ɱ		n		ɳ	ɲ	ŋ	ɴ		
Vibrante	B			r					ʀ		
Tepe (ou flepe)				ɾ		ɽ					
Fricativa	ɸ β	f v	θ ð	s z	ʃ ʒ	ʂ ʐ	ç ʝ	x ɣ	χ ʁ	ħ ʕ	h ɦ
Fricativa lateral				ɬ ɮ							
Aproximante		ʋ		ɹ		ɻ	j	ɰ			
Aprox. lateral				l		ɭ	ʎ	L			

Em pares de símbolos tem-se que o símbolo da direita representa uma consoante vozeada. Acredita-se ser impossível as articulações nas áreas sombreadas.

Consoantes (mecanismo de corrente de ar não pulmonar)

Cliques	Implosivas vozeantes	Ejectivas
ʘ bilabial	ɓ bilabial	ʼ como em
ǀ dental	ɗ dental/alveolar	pʼ bilabial
ǃ pós-alveolar	ʄ palatal	tʼ dental/alveolar
ǂ palatoalveolar	ɠ velar	kʼ velar
ǁ lateral alveolar	ʛ uvular	sʼ fricativa alveolar

Vogais

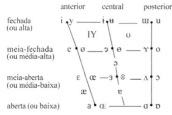

Quando os símbolos aparecem em pares aquele da direita representa uma vogal arredondada.

Outros símbolos

- ʍ fricativa labiovelar desvozeada
- w aproximadamente labiovelar vozeada
- ɥ aproximadamente labiopalatal vozeada
- ʜ fricativa epiglotal desvozeada
- ʢ fricativa epiglotal vozeada
- ʡ oclusiva epiglotal
- ɕʑ fricativas vozeadas epiglotal
- ɺ flepe alveolar lateral
- ɧ articulação simultânea de ʃ e x
- k͡p t͡s

Suprassegmentos

- ˈ acento primário
- ˌ acento secundário
  ˌfoʊnəˈtɪʃən
- ː longa   eː
- ˑ semilonga   eˑ
- ˘ muito breve   ĕ
- . divisão silábica ɹi.ækt
- | grupo acentual menor
- ‖ grupo entonativo principal
- ‿ ligação (ausência de divisão)

Tons e acentos nas palavras

Nível	Contorno
ȅ ou ˥ muito alta	ê ou ˩˥ ascendente
é ou ˦ alta	ê ˥˩ descendente
ē ˧ média	ě ˩˧˥ alto ascendente
è ˨ baixa	ȅ ˥˧˩ baixo ascendente
ȅ ˩ muito baixo	ȇ ˧˩˥ ascendente-descendente etc.
↓ downstep	↗ ascendência global
↑ upstep	↘ descendência global

Diacríticos Pode-se colocar um diacrítico acima de símbolos cuja representação seja prolongada na parte inferior, por exemplo ŋ̊

̥ desvozeado	n̥ d̥	̤ voz. sussurrado	b̤ a̤	̪ dental	t̪ d̪
̬ vozeada	s̬ t̬	̰ voz tremulante	b̰ a̰	̺ apical	t̺ d̺
ʰ aspirada	tʰ dʰ	̼ linguolabial	t̼ d̼	̻ laminal	t̻ d̻
̹ mais arred.	ɔ̹	ʷ labializado	tʷ dʷ	̃ nasalizado	ẽ
̜ menos arred.	ɔ̜	ʲ palatalizado	tʲ dʲ	ⁿ soltura nasal	dⁿ
̟ avançado	u̟	ˠ velarizado	tˠ dˠ	ˡ soltura lateral	dˡ
̠ retraído	e̠	ˤ faringalizado	tˤ dˤ	̚ soltura não audível	d̚
̈ centralizada	ë	̴ velarizada ou faringalizada	ɫ		
̽ centraliz. média	ĕ	̝ levantada	e̝ (ɹ̝ = fricativa bilabial vozeada)		
̩ silábica	n̩	̞ abaixada	e̞ (β̞ = aproximante alveolar vozeada)		
̯ não silábica	e̯	̘ raiz da língua avançada	e̘		
˞ roticização	ɚ a˞	̙ raiz da língua retraída	e̙		

* A Associação Internacional de Fonética gentilmente autorizou a reprodução desta Tabela Fonética.

Fonte: SILVA, Thaïs Cristófaro. *Fonética e fonologia do português*: roteiro de estudos e guia de exercícios. 10. ed. São Paulo: Contexto, 2010. p. 41.

Atividade 1

Observe em conversas com seus amigos, ou assistindo programas de televisão ou vídeos na internet, como nós brasileiros pronunciamos os seguintes sons:

[r] simples nas palavras *arara, falar, cobra*.
[r] múltiplo nas palavras *roda, rua, carro, parreira*.
[t] e [d] nas palavras *tia, tábua, dia, dado, cidade, dente*.
[e] e [o] nas palavras *covarde, noturno, neblina, recruta, chover*.

> **Quero mais**
> Castilho, Ataliba T. de. *Nova gramática do português brasileiro*. São Paulo: Contexto, 2010, capítulo 4.
> Ferreira Netto, Waldemar. *Introdução à fonologia da língua portuguesa*. 2. ed. rev. São Paulo: Paulistana, 2011, capítulo "Produção dos sons na língua portuguesa".

2.2 A FONOLOGIA E O ESTUDO DOS FONEMAS

Enquanto a **Fonética** estuda os *fones*, a **Fonologia** estuda os *fonemas*, que são sempre transcritos entre barras inclinadas. Para qualquer estudo fonológico é indispensável partir do conteúdo fonético, articulatório e/ou acústico para determinar quais são as unidades distintivas de cada língua.

Atividade 2

No quadro a seguir, vemos que a palavra *tomate* pode ser pronunciada de diferentes modos. Identificamos aí vários **fones** da vogal átona [o] e da consoante [t] fazendo uma análise fonética.

Fonte: *Blog Gramaticando*, 12 nov. 2008. Disponível em: <http://gramaticasimples.blogspot.com/2008/11/fontica-e-fonologia-os-sons-da-fala.html>. Acesso em: 17 fev. 2011.

Agora, seguindo o modelo, apresente outros exemplos de variação de pronúncia de uma palavra, identificando em sua análise fonética os fones.

Para a análise fonológica, observamos os dados de outro ponto de vista, pois, como unidades da Fonologia, os fonemas são definidos por seu contraste com outros fonemas, e não apenas por particularidades em sua execução fonética.

Individualmente considerados, os fonemas são unidades privadas de significado, porém, a distinção entre palavras assenta nos fonemas que as compõem. Assim, dizemos que em português /p/ e /b/ são fonemas porque é neles que se assenta a distinção entre *pata* e *bata*. Observe que nessas palavras todos os sons são iguais, salvo o primeiro; dizemos, então, que *pata* e *bata* formam um **par mínimo**. Identificamos os fonemas através da organização de pares mínimos.

2.2.1 CONCEITOS FONOLÓGICOS

Os seguintes conceitos são fundamentais para o entendimento do que é fonema e de como a Fonologia opera no português brasileiro:

Estrutura fonológica e morfológica da palavra **57**

- **Traços distintivos**

Os fonemas são realizados por vários traços articulatórios, mencionados nos quadros anteriores, mas apenas um, denominado **traço distintivo**, nos permite separar um fonema de outro, o que nos ajuda na apreensão do sentido das palavras.

Assim, tanto /p/ quanto /b/ são *oclusivos* e *labiais*, mas apenas o primeiro é *surdo*, o segundo é *sonoro*. Reconhecemos que em português os traços de surdez/sonoridade são distintivos, pois permitem distinguir /p/ de *pata* de /b/ de *bata*.

A presença ou a ausência dos traços distintivos opõe, por sua vez, um dado fonema a todos os demais fonemas da língua. Em português, são distintivos:

✓ entre as vogais, os traços de oralidade/nasalidade, anterioridade/centra-lidade/posterioridade, entre outros;

✓ entre as consoantes, os traços de oclusão/fricção, surdez/sonoridade, labialidade/não labialidade, entre outros.

ATIVIDADE 3

Organize um campeonato com seus colegas, para ver quem identifica pares mínimos que se serviram dos traços distintivos citados para diferenciar as palavras.

- **Alofones**

O fonema pode variar na sua realização. Sabemos que /t/ e /d/ são fonemas, porque é sobre eles que se apoia a distinção entre *tia* e *dia*. Entretanto, a palavra *tia* pode ser dita sem palatização do [t], como em ['tia], ou com palatização dessa consoante, como em ['tʃia]; de um jeito ou de outro, não há prejuízo para a compreensão dessa palavra.

Dizemos que [t] e [tʃ] são **alofones** de /t/, ou seja, diferentes sons que reali-zam o mesmo fonema. O alofone é a manifestação material do fonema, que é uma unidade abstrata. O mesmo ocorre com /o/ em *tomate*, que apresenta os alofones [o] e [u], e /t/, que apresenta os alofones [t], [tʃ], como vimos no exemplo da página anterior.

A identificação do quadro fonológico de uma língua implica a redução de um número ilimitado de variantes a um número limitado de invariantes, que são os fonemas. O quadro fonológico deve ser acompanhado dos alo-

58 Pequena gramática do português brasileiro

fones de cada fonema. Assim, os fonemas /t/ e /d/ apresentam os alofones posicionais, quando seguidos da vogal alta /i/, no exemplo antes analisado. O fonema /r/:

✓ em posição pós-vocálica, como em *verbo*, pode ter uma realização *vibrante* como em ['verbu], ou *retroflexa*, o chamado r caipira, como em ['veℝbu];

✓ em posição inicial de sílaba, com em *rei*, pode ter uma realização *vibrante anterior*, como em ['rey], *vibrante posterior*, como em ['Rey], ou mesmo *expirada surda*, como em ['hey].

> ## ATIVIDADE 4
>
> Comparando o português brasileiro do Nordeste ao do Sudeste e Sul, relacione os fonemas cuja execução mais diferencia essas variedades regionais de nossa língua.

- **Neutralização**

Há neutralização fonológica quando o contexto acarreta a supressão das oposições entre dois ou mais fonemas; diz-se, então, que uma oposição foi anulada ou neutralizada.

A oposição entre /e/ e /ɛ/, e entre /o/ e /ɔ/ é amplamente funcional em posição tônica, como você notou através das atividades indicadas; entretanto, quando em posição pretônica, essas vogais perdem seu contraste. Com isso, os sete fonemas vocálicos se reduzem nessa posição a cinco: /a/, /e/, /i/, /o/, /u/. Em posição átona final ocorrem novas neutralizações, deixando de distinguir-se os fonemas /e/ e /i/ e /o/ e /u/. Com isso, as cinco vogais átonas se reduzem a três nessa posição: /a/, /i/, /u/.

A neutralização não altera o significado das palavras, como se vê em:

✓ *dente*, que pode ser dito ['denti] ou ['dente];

✓ *puro*, que pode ser dito ['puro] ou ['puru].

> ## ATIVIDADE 5
>
> Tomando um parágrafo de um texto qualquer como material de estudo, separe as vogais tônicas das vogais átonas (nesse caso, subdividindo as localizadas antes da vogal tônica e as localizadas no final de palavra) e verifique se é verdadeira a afirmação acima. Quantifique seus dados, e descubra o percentual de vogais tônicas e de vogais átonas identificadas. Procure explicar os resultados assim obtidos.

Estrutura fonológica e morfológica da palavra 59

- **Funções dos fonemas**

Os fonemas desempenham as seguintes funções:

– **Função diferencial ou distintiva**: é sobre os fonemas que repousa o sistema diferenciador das palavras. Essa função decorre do fato de ser o fonema uma unidade de contraste. Graças aos fonemas, distinguimos palavras como *farpa/carpa*, *pote/bote*, *pode/bode*, e assim por diante.

> – Já pensou o bode que seria tentar "fritar uma farpa", por algum tipo de transtorno fonológico? Simule outros transtornos desse tipo, brincando com pares mínimos do português brasileiro, devidamente contextualizados.

– **Função demarcativa**: você já deve ter observado que falamos "tudo grudado", como em [usmi'ninos]. Na língua escrita, separamos esse contínuo fonético de acordo com suas classes de palavras, como em *os meninos*. Percebemos a separação entre as palavras graças à <u>função demarcativa</u> dos fonemas.

   ✓ A Fonética por si só não nos permitiria entender o que estamos fazendo quando falamos.

   ✓ A Fonologia explicou as coisas, e, assim, podemos separar as unidades significativas (palavras e sintagmas) na cadeia da fala, operando sem dificuldades com o *continuum* da fala.

- **Vogais nasais e ditongos**

O português brasileiro apresenta a particularidade de ter utilizado a **nasalação** para a criação de fonemas distintos.

Antes de mais nada, deve-se distinguir a **nasalação fonética**, puramente mecânica, daquela que ocorre nas vogais [u], [i] e [e] quando seguidas de consoante nasal (como em *uma*, *cimo* e *tema*), da **nasalação fonológica**, de valor distintivo (como em *junta/juta*, *cinto/cito*, *lenda/leda*), em que se nota claramente um efeito distintivo; dizemos que nestas últimas palavras ocorrem os fonemas nasais /ũ/, /ĩ/ e /ẽ/.

Os ditongos em português brasileiro são entidades fonologicamente distintas das vogais, pois contrastamos pares mínimos como *pá/pai/pau*, *lê/lei/leu*, *dó/dói*, *cal/qual*.

Vejamos agora qual é o quadro dos **fonemas vocálicos** e dos **fonemas consonantais** no português brasileiro.

60 Pequena gramática do português brasileiro

2.2.2 O SUBSISTEMA VOCÁLICO

Quadro 4: Fonemas vocálicos do português brasileiro

/i/			/u/
	/ɛ/		/ɔ/	
	/e/	/o/	
	/a/		

Os seguintes itens lexicais do exemplo 1 (p. 18) do capítulo 1 permitem postular os **fonemas vocálicos** apresentados no Quadro 4:

- Comutando *estive* com *estava* são identificados /i/ e /a/ tônicos.
- Comutando *estive* com *esteve* são identificados /i/ e /e/ tônicos.
- Comutando *nós* com *nos* (em *nós sabemos/nos disseram*) são identificados /ɔ/ e /o/, aquele, tônico, e este, átono.
- Comutando *esta* com *este* são identificados /ɛ/ e /e/ tônicos.
- Comutando *todo* com *tudo* são identificados /o/ e /u/ tônicos.

> **ATIVIDADE 6**
>
> Verifique a utilização dos contrastes entre /ɛ/, /e/, /i/, /ɔ/, /o/, /u/ na construção morfológica dos pronomes pessoais e demonstrativos e na conjugação do verbo. Consulte, para isso, a seção 2.2.2 deste capítulo, e o capítulo 3.

2.2.3 O SUBSISTEMA CONSONANTAL

Quadro 5: Fonemas consonantais do português brasileiro

/p/	/t/	/k/
/b/	/d/	/g/
/f/	/s/	/ʃ/
/v/	/z/	/ʒ/
/m/	/n/	/ɲ/
/l/		/λ/
/r/		/R/
/y/		/w/

Os seguintes itens lexicais fundamentam a identificação dos fonemas consonantais do Quadro 5:

- Comutando *pode* com *bode* são identificados /p/ e /b/.
- Comutando *pode* com *pote* são identificados /d/ e /t/.
- Comutando *costa* com *gosta* são identificados /k/ e /g/.
- Comutando *faca* com *vaca* são identificados /f/ e /v/.
- Comutando *faca* com *faça* são identificados /k/ e /s/.
- Comutando *caça* com *casa* são identificados /s/ e /z/.
- Comutando *azar* com *achar* são identificados /z/ e /ʃ/.
- Comutando *acha* com *haja* são identificados /ʃ/ e /ʒ/.
- Comutando *mata* com *nata* são identificados /m/ e /n/.
- Comutando *mana* com *manha* são identificados /n/ e /ɲ/.
- Comutando *lama* com *lhama* são identificados /l/ e /λ/.
- Comutando *caro* com *carro* são identificados /r/ e /R/
- Comutando *pai* com *pau* são identificados /y/ e /w/.

Para fazer as descobertas contidas nos Quadros 4 e 5, operamos com os **pares mínimos**, ou seja, com duas palavras iguais em tudo menos num segmento; formado o par, identificaremos os fonemas sobre os quais se fundamenta a distinção fonológica entre as palavras.

Esses quadros mostram também que os **fonemas** se compõem de várias classes, a saber:

✓ as vogais (fonemas que aparecem no núcleo silábico);

✓ as consoantes (fonemas que aparecem nas margens da sílaba);

✓ as semiconsoantes (fonemas que aparecem nas margens da sílaba, caso de /y/ e /w/, reunidos por isso mesmo no quadro das consoantes).

Nunca é demais repetir que:

✓ para a organização dos quadros dos **fones**, estudamos o funcionamento do **aparelho fonador**;

✓ para a organização dos quadros dos **fonemas**, estudamos as distinções que podem ser estabelecidas através da formação dos **pares mínimos**.

2.2.4 O SUBSISTEMA SILÁBICO

As **sílabas** são unidades fonológicas constituídas por:
✔ uma margem esquerda ou *ataque silábico*;
✔ um núcleo vocálico;
✔ e uma margem direita ou *coda*.
Nem todas as sílabas preenchem necessariamente todos esses constituintes, de que apenas o núcleo é obrigatório.
O quadro a seguir traz alguns exemplos de sílabas:

Quadro 6: Estrutura da sílaba

Exemplo	Margem esquerda ou ataque silábico	Núcleo	Margem direita ou coda
há	-	/a/	-
pá	/p/	/a/	-
paz	/p/	/a/	/s/
pau	/p/	/a/	/w/
pai	/p/	/a/	/y/
pré	Grupo pr-	/ɛ/	-

Observando a distribuição dos fonemas no interior da sílaba, descobre-se que eles obedecem a uma ordem de colocação:
✔ as vogais figuram no núcleo;
✔ as consoantes simples figuram em sua margem esquerda, ocorrendo restrições para os grupos consonantais;
✔ apenas as consoantes /l/, /s/ e /r/ figuram na margem direita, como em *azul*, *pés*, *ver*.

Vogais e **consoantes** não são intercambiáveis na língua portuguesa, pois estas nunca podem figurar no núcleo silábico.
A seguinte regra descritiva dá conta da estrutura da sílaba:

> **Sílaba → Margem esquerda (consoante/semiconsoante) +**
> **Núcleo (vogal) + Margem direita (consoante/semiconsoante)**

As sílabas terminadas por vogal são chamadas **abertas**, predominando estatisticamente sobre as sílabas terminadas por consoante ou semiconsoante, chamadas **fechadas** ou **travadas**.

Desde o latim vulgar se registra uma tendência à abertura das sílabas, ou seja, à perda da consoante situada na margem direita da sílaba. O português deu continuidade a essa tendência, tendo adotado duas soluções:

- ✓ o português brasileiro omite a consoante que figura na coda silábica: compare o português popular *os menino* com o português culto *os meninos*, *falá* por *falar* etc.;

- ✓ o português europeu agrega a essa consoante uma vogal paragógica: confira *falári* por *falar*, *comêri* por *comer* etc.

> **Paragoge:** adição de segmento no final da palavra, como em *ante* > *antes*.

É impressionante constatar que, com tão escassos materiais (7 fonemas vocálicos orais tônicos, 5 fonemas vocálicos nasais e 21 fonemas consonantais), a língua portuguesa constrói centenas de milhares de palavras! Ou seja, de um número pequeno de unidades fonológicas chega-se a um número enorme de unidades lexicais.

ATIVIDADE 7

1. Retomando o material utilizado na atividade 3, separe agora as sílabas das palavras, (i) identificando sua estrutura; (ii) verificando quantas são abertas (ou seja, terminam por vogal) e quantas são fechadas (ou seja, terminam por consoante ou por semiconsoante). Que tipo silábico predomina no português brasileiro?

2. Várias mudanças ocorrem no interior do sistema fonológico de nossas palavras. Identificamos aí as seguintes tendências:
   (i) omissão da vogal e da sílaba átonas (como em *está* → *tá*, *até* → *té* etc.);
   (ii) transformação dos ditongos em vogais (como em *eu/ou* → *o*, em *eu contei* → *o contei, ouro* → *oro, ei* → *e*, em *pedreira* → *pedrera*);
   (iii) agrupamento de sílabas, como em *que eu* → *queu*; aplicando a tendência anterior, *cou* se transforma em *co*.
   Com base nesse conhecimento, explique as seguintes sentenças publicadas por José Simão na *Folha de S.Paulo*, em 19/11/2011: *On co tô? Don co vim? Pron co vô? Quem co sô?*

> **Quero mais**
>
> Ferreira Netto, Waldemar. *Introdução à fonologia da língua portuguesa*. 2. ed. rev. São Paulo: Paulistana, 2011, capítulo "Formação da fonologia da língua portuguesa".
>
> Silva, Thaïs Cristófaro. *Fonética e fonologia do português*. São Paulo: Contexto, 1999.
>
> Silva, Thaïs Cristófaro. *Exercícios de fonética e fonologia*. São Paulo: Contexto, 2003.

2.3 A MORFOLOGIA E O ESTUDO DOS MORFEMAS

2.3.1 MORFEMAS RADICAIS E MORFEMAS AFIXAIS

O morfema é a unidade mínima significativa da estrutura gramatical. Diferentemente dos fonemas, os morfemas veiculam um sentido.

Os morfemas são também definidos como segmentos maiores que o fonema e menores que a palavra, visto que a palavra pode encerrar mais de um morfema. Ele é realizado por meio de *morfes*, ou *alomorfes*.

Voltando ao exemplo 1 do capítulo 1 (p. 18), notamos que as palavras aí utilizadas apresentam uma parte fixa e outra variável. A partir de *conheço* poderíamos obter por comutação *conheci*, *conhecemos*, *conhecia* etc., o que permite identificar:

✓ <*conhes-*>, que é **morfema radical** da palavra *conheço*;

✓ {-o}, {-i}, {-mos}, {-ia}, que são os **morfemas afixais** dessa palavra.

Os **morfemas radicais** integram listas abertas e os **morfemas afixais** integram listas fechadas. Tomando o segmento *pertence*, constatamos que ele poderia compor uma série semelhante, obtendo-se *pertenço*, *pertenci*, *pertencemos*, *pertencia*. Concluímos que <*pertens-*> e <*conhes-*> são morfemas radicais.

Os morfemas radicais são transcritos entre colchetes angulados, os morfemas afixais são transcritos entre chavetas. O dicionário recolhe os itens que integram as listas abertas; a gramática recolhe os itens que integram as listas fechadas.

Outros segmentos do exemplo (1) do capítulo 1 contêm igualmente morfemas radicais associados a morfemas afixais, como *praia* (confira *praias*), *lugar* (confira *lugares*), *bonito* (confira *bonita*, *bonitas*, *bonitos*), em que a <prai->, <lugar-> e <bonit-> foram agregados os morfemas {-a} e {-s}.

Prosseguindo no exercício de comutação, constata-se que os morfemas afixais assim identificados não se combinam livremente com os morfemas radicais:

não é possível obter *conheços (como em bonitos), nem *lugaro, *lugari, *lugaremos, *lugaria etc., como em conheço, conheci, conheceremos, conheceria etc.

Disso se conclui que os morfemas radicais se realizam concretamente como classes de palavras diferentes; conhecer e pertencer integram uma mesma classe, denominada verbo, que se combina com {-o}, {-i}, {-mos}, {-ia}; praia e lugar integram uma classe distinta, denominada substantivo, que se combina com {-s}.

Essa conclusão se impõe a partir de argumentos puramente morfológicos, sem a intervenção de raciocínios semânticos do tipo "verbos indicam ações", "substantivos indicam coisas".

Se nos limitarmos agora aos itens que integram a classe de praia, isto é, à classe dos substantivos, identificaremos, por exemplo, material, pessoal, central, em que reconhecemos um morfema radical, como <materi->, e um morfema afixal, como {-al}.

A comutação nos autoriza a afirmar que esses itens se relacionam com matéria, pessoa, centro. Dizemos que eles integram a mesma classe de praia porque podem receber um {-s}, feitas algumas adaptações: confira materiais, pessoais, centrais.

Constatamos, em contrapartida, que os morfemas afixais {-s} e {-al} integram classes diferentes de afixos, visto que {-s} se aplica a qualquer radical nominal (cf. praias, lugares, bonitas), ao passo que {-al} apresenta sérias restrições de combinação, pois não podemos obter *praial, *lugaral, *bonital.

Idêntica observação pode ser feita a propósito de {-ol}, de espanhol, {-ês}, de francês e {-eiro}, de brasileiro. Tais segmentos, aparentados semanticamente por serem patronímicos, nada têm em comum do ponto de vista morfológico, visto que não temos *espanhês/*espanheiro, nem *françol/*franceiro, nem mesmo *brasilol/*brasilês. Portanto, a semântica "não manda" na morfologia, nem esta "manda" naquela. Foi o que dissemos no capítulo 1: não há determinações entre os sistemas linguísticos.

Essas constatações apontam para uma divisão entre:

- ✓ **morfemas afixais regulares**, que seguem padrões identificáveis e previsíveis, denominados **morfemas gramaticais**;
- ✓ **morfemas afixais irregulares**, que seguem padrões não previsíveis, denominados **morfemas derivacionais**.

Como já se disse anteriormente, os **morfemas gramaticais** integram a **gramática** de uma língua, e os **morfemas lexicais**, seu **dicionário**.

Se recolhêssemos e analisássemos o repertório dos morfemas gramaticais do português brasileiro, notaríamos que eles compreendem os

Pequena gramática do português brasileiro

✓ morfemas segmentais,
✓ morfemas suprassegmentais,
✓ morfonemas;
✓ morfemas zero.

> – Complicado? Não é não, você opera no dia a dia com todos esses morfemas, que passamos a caracterizar.

(1) Morfemas segmentais são aqueles cuja execução se desenvolve na sequência linear da cadeia da fala. Eles compreendem:

   (i) os morfemas afixos, ou seja, prefixos como {des-} e sufixos como {-er}, em *desfazer*;

   (ii) as vogais temáticas dos substantivos ({-a}, como em *mesa*, {-o}, como em *muro*, {-e}, como em *pente*) e dos verbos ({-a}, como em *falar*, {-e}, como em *comer*, e {-i}, como em *partir*);

   (iii) os morfemas-vocábulo, como os verbos auxiliares, que atribuem a um verbo pleno as categorias de modo, como em *deve falar*, tempo, como em *vai falar*, e aspecto, como em *está falando*.

(2) Morfemas suprassegmentais são aqueles que transcendem a linearidade do enunciado. Temos aqui

   (i) o acento, por meio do qual distinguimos *falara ~ falará*, *canto ~ cantamos*; nesse caso, o que distingue as pessoas do verbo é cumulativamente a mudança do acento no radical <cant-> e a presença do morfema sufixo {-mos};

   (ii) a pausa, silêncio entre uma palavra e outra, que permite distinguir *hábil idade* de *habilidade*, *fácil idade* de *facilidade*, nos conhecidos exemplos de Mattoso Câmara Jr. (1942/1954);

   (iii) a entoação, que nos permite distinguir a afirmação da exclamação e da pergunta, como em *Você vai*, em comparação com *Você vai!* e *Você vai?*

(3) Morfonemas são os morfemas que aproveitam distinções fonológicas entre vogais posteriores como /u/ ~ /o/ ~ /ɔ/ e vogais anteriores como /i/ ~ /e/ ~ /ɛ/ para promover distinções gramaticais:

   (i) entre classes de palavras, como adjetivo *azedo*, com /e/, verbo *azedo*, com /ɛ/;

Estrutura fonológica e morfológica da palavra 67

(ii) entre masculino e feminino: *grosso* ~ *grossa*, *porco* ~ *porca*, *ele* ~ *ela*, *este* ~ *esta* ~ *isto*, *aquele* ~ *aquela* ~ *aquilo*;

(iii) entre singular e plural: *ovo* ~ *ovos*, *fogo* ~ *fogos*, *osso* ~ *ossos*, *jogo* ~ *jogos*;

(iv) entre pessoas do verbo: *devo* ~ *deves*, *bebo* ~ *bebes*, *movo* ~ *moves*, *fiz* ~ *fez*;

(v) entre tempos verbais: *faz* ~ *fez*.

(4) Morfema zero é o aproveitamento da ausência de marca material para expressar um valor gramatical. É o caso de *falo*, decomponível no morfema radical <fal-> e no morfema número pessoal {-o}, deixando-se um lugar vazio na parte do verbo que poderia ter recebido um morfema modo-temporal, como {-va}, que aparece em *falavas*, por exemplo.

Diremos que a ausência do morfema modo-temporal em *falo* caracteriza o presente do indicativo. Numa língua como a portuguesa, sabemos que a presença de um signo material pode ser dispensada, contentando-se ela com um silêncio. Na língua, como na vida, a ausência do som, o silêncio, também é significativa.

Como realizações concretas, os alomorfes estão sujeitos à variação. Por exemplo, a execução do morfema de plural {-s} pode comportar dois alomorfes: [s] em ambiente surdo, [z] em ambiente sonoro: compare *as facas* com *as vacas*.

Concluiremos que {-s} se realiza através de dois alomorfes fonologicamente condicionados. O mesmo ocorre com *falava* ~ *faláveis*, *falará* ~ *falarei*, em que {-va} e {-ra} apresentam dois alomorfes, {-ve} e {-re}, condicionados pelos morfemas número-pessoais {-ys} e {-y}, respectivamente (ver seções mais adiante).

Examinando agora *falava*, *bebia*, *partia*, notamos que, embora essas formas remetam à mesma categoria de TEMPO, elas não são intercambiáveis, pois só por brincadeira você dirá *falia*, *bebava*, *partiva*, esta última, por acaso, o imperfeito do indicativo arcaico de *partir*.

Ampliando o campo de observação, verifica-se que {-va} é selecionado por verbos que integram a primeira conjugação, caracterizada pela vogal temática {-a-}, ao passo que {-ia} é selecionado por verbos que integram a segunda e a terceira conjugações, caracterizadas pelas vogais temáticas {-e} e {-i-}. Concluiremos que esses morfemas são morfologicamente condicionados.

68 Pequena gramática do português brasileiro

> ## ATIVIDADE 8
>
> Continue a segmentar enunciados em morfemas, identificando suas proprieda-des. Vejamos se nossas listas combinam:
>
> (1) **Propriedade de recorrência**: os morfemas gramaticais integram um inventá-rio fechado, e os morfemas lexicais, um inventário aberto. Sendo poucos, os morfemas gramaticais têm alta frequência de uso. Sendo muitos, os morfemas lexicais têm baixa frequência de uso.
>
> (2) **Propriedade da cumulação**: um mesmo morfema representa mais de uma categoria. Em *falo*, {-o} representa cumulativamente a primeira pessoa e o número singular; em *falava*, {-va} representa a pessoa, o tempo e o modo. Já pensou se o português brasileiro dispusesse de morfemas distintos para cada categoria? Seria difícil dominar uma língua assim, com uma morfologia tão complicada!
>
> (3) **Propriedade de redundância**: uma mesma categoria pode ter representações morfológicas distintas. Em *firo*, a primeira pessoa do singular é indicada re-dundantemente pela vogal [i] do radical (compare com *feres*) e pelo morfema-sufixo {-o} (compare com *fira*).

Lembremo-nos, ainda, dos morfemas das formas nominais do verbo: {-r} do infinitivo, {-do/-to} do particípio e {-ndo} do gerúndio. Dentre essas formas, apenas o infinitivo pode combinar-se com os morfemas número-pessoais, como em *falarem*, *falarmos*) etc. O gerúndio ensaiou ir pelo mesmo caminho (como na forma dialetal *falândomos disso*) e o particípio ficou completamente de fora. Para não entrar em depressão, este se combina com os morfemas de gênero e número, como se vê em *falado*, *falada*, *falados*, *faladas*, o que é impossível no caso do infinitivo e do gerúndio.

2.3.2 QUADRO DOS MORFEMAS NOMINAIS

O substantivo e o verbo constituem as categorias sintáticas de base, sem as quais não se constrói uma sentença. Já a Gramática de João de Barros (1540/1971: 293) o reconhecia: "E como pera o jogo de enxedrez se requerem dous reis [...] assi tôdalas linguagens têm dois reis, diferentes em gênero, e concordes em ofício: a um chamam Nome e ao outro Verbo".

Quadro 7: **Morfemas nominais sufixais**

Morfemas nominais	
Gênero	Número
{-a}	{-s}

2.3.3 QUADRO DOS MORFEMAS VERBAIS

Do ponto de vista morfológico, são identificadas como **verbos** as classes que dispõem de um **radical** e de **morfemas flexionais sufixais** específicos.

O **radical** dos verbos compreende a **raiz** e a **vogal temática**. O português dispõe de três vogais temáticas (= vt), que configuram três conjugações:

1) **vt** {a}, de que resultam os verbos da primeira conjugação (= C1);

2) **vt** {e}, de que resultam os verbos da segunda conjugação (= C2);

3) **vt** {i}, de que resultam os verbos da terceira conjugação (= C3).

Quadro 8: **Classes temáticas do verbo**

C1: *andar*	Raiz <*and*> + vt {*a*}, de que resulta o radical *anda* + smt* {*r*}
C2: *vender*	Raiz <*vend*> + vt {*e*}, de que resulta o radical *vende* + smt {*r*}
C3: *partir*	Raiz <*part*> + vt {*i*}, de que resulta o radical *parti* + smt {*r*}

* smt = sufixo modo-temporal

Os morfemas flexionais compreendem os **sufixos modo-temporais** (smt), que se aplicam ao radical, seguidos dos **sufixos número-pessoais** (snp [P1, P2, P3, P4, P5, P6]), que se aplicam aos sufixos modo-temporais.

Os sufixos modo-temporais foram reunidos no Quadro 9.

Quadro 9: **Morfemas sufixais modo-temporais do português brasileiro: formas verbais simples**

TEMPOS	ESTRUTURAS MORFOLÓGICAS	EXEMPLOS
		INDICATIVO
1. Presente	Rad + SMT {Ø} + SNP	VERBO *FALAR*
		Eu falo, você fala (ou *tu falas*), *ele fala*
		Nós falamos (ou *a gente fala*)
		Vocês falam, eles falam
		VERBO *VENDER*
		Eu vendo, a gente vende (ou *tu vendes*), *ele vende*
		Nós vendemos (ou *a gente vende*)
		Vocês vendem, eles vendem
		VERBO *PARTIR*
		Eu parto, você parte (ou *tu partes*), *ele parte*
		Nós partimos (ou *a gente parte*)
		Vocês partem, eles partem
		VERBO *SER*
		Eu sou, você é (ou *tu és*), *ele é*
		Nós somos (ou *a gente é*)
		Vocês são, eles são
		VERBO *VIR*
		Eu venho, você vem (ou *tu vens*), *ele vem*
		Nós vimos (ou *a gente vem*)
		Vocês vêm, eles vêm
		VERBO *IR*
		Eu vou, você vai (ou *tu vais*), *ele vai*
		Nós vamos (ou *a gente vai*)
		Vocês vão, eles vão

Estrutura fonológica e morfológica da palavra 71

2. Pretérito perfeito simples	Rad + SMT {ra}[P6] + SNP	**VERBO** *FALAR*
		Eu falei, você falou (ou tu falaste), ele falou
		Nós falamos (ou a gente falou)
		Vocês falaram, eles falaram
		VERBO *VENDER*
		Eu vendi, você vendeu (ou tu vendeste), ele vendeu
		Nós vendemos (ou a gente vendeu)
		Vocês venderam, eles venderam
		VERBO *PARTIR*
		Eu parti, você partiu (ou tu partiste), ele partiu
		Nós partimos (ou a gente partiu)
		Vocês partiram, eles partiram
		VERBO *SER*
		Eu fui, você foi (ou tu foste), ele foi
		Nós fomos (ou a gente foi)
		Vocês foram, eles foram
		VERBO *VIR*
		Eu vim, você veio (ou tu vieste), ele veio
		Nós viemos (ou a gente veio)
		Vocês vieram, eles vieram
		VERBO *IR*
		Eu fui, você foi (ou tu foste), ele foi
		Nós fomos (ou a gente foi)
		Vocês foram, eles foram
3. Pretérito imperfeito	Rad + SMT {va[C1]/ ia[C2+C3]} + SNP	**VERBO** *FALAR*
		Eu falava, você falava (ou tu falavas), ele falava
		Nós falávamos (ou a gente falava)
		Vocês falavam, eles falavam
		VERBO *VENDER*
		Eu vendia, você vendia (ou tu vendias)
		Nós vendíamos (ou a gente vendia)
		Vocês vendiam, eles vendiam
		VERBO *PARTIR*
		Eu partia, você partia (ou tu partias), ele partia
		Nós partíamos (ou a gente partia)
		Vocês partiam, eles partiam
		VERBO *SER*
		Eu era, você era (ou tu eras), ele era
		Nós éramos (ou a gente era)
		Vocês eram, eles eram
		VERBO *VIR*
		Eu vinha, você vinha (ou tu vinhas), ele vinha
		Nós vínhamos (ou a gente vinha)
		Vocês vinham, eles vinham
		VERBO *IR*
		Eu ia, você ia (ou tu ias), ele ia
		Nós íamos (ou a gente ia)
		Vocês iam, eles iam

4. Pretérito mais-que-perfeito	Rad + SMT {ra} + SNP	**VERBO** *FALAR*
		Eu falara, você falara (ou *tu falaras*), *ele falara*
		Nós faláramos (ou *a gente falara*)
		Vocês falaram, eles falaram
		VERBO *VENDER*
		Eu vendera, você vendera (ou *tu venderas*), *vendera*
		Nós vendêramos (ou *você vendera*)
		Vocês venderam, eles venderam
		VERBO *PARTIR*
		Eu partira, você partira (ou *tu partiras*), *ele partira*
		Nós partíramos (ou *a gente partira*)
		Vocês partiram, eles partiram
		VERBO *SER*
		Eu fora, você fora (ou *tu foras*), *ele fora*
		Nós fôramos (ou *a gente fora*)
		Vocês foram, eles foram
		VERBO *VIR*
		Eu viera, você viera (ou *tu vieras*), *ele viera*
		Nós viéramos (ou *a gente veio*)
		Vocês vieram, eles vieram
		VERBO *IR*
		Eu fora, você fora (ou *tu foras*), *ele fora*
		Nós fôramos (ou *a gente fora*)
		Vocês foram, eles foram
5. Futuro do presente	Rad + SMT {re$^{P1, P4}$/rá$^{P2, P3}$/rã$^{P5, P6}$} + SNP	**VERBO** *FALAR*
		Eu falarei, você falará (ou *tu falarás*), *ele falará,*
		Nós falaremos (ou *a gente falará*)
		Vocês falarão, eles falarão
		VERBO *VENDER*
		Eu venderei, você venderá (ou *tu venderás*), *ele venderá*
		Nós venderemos (ou *a gente venderá*)
		Vocês venderão, eles venderão
		VERBO *PARTIR*
		Eu partirei, você partirá (ou *tu partirás*), *ele partirá*
		Nós partiremos (ou *a gente partirá*)
		Vocês partirão, eles partirão
		VERBO *SER*
		Eu serei, você será (ou *tu serás*), *ele será*
		Nós seremos (ou *a gente será*)
		Vocês serão, eles serão
		VERBO *VIR*
		Eu virei, você virá (ou *tu virás*), *ele virá*
		Nós viremos (ou *a gente virá*)
		Vocês virão, eles virão
		VERBO *IR*
		Eu irei, você irá (ou *tu irás*), *ele irá*
		Nós iremos (ou *a gente irá*)
		Vocês irão, eles irão

6. Futuro do pretérito	Rad + SMT {ria}	VERBO *FALAR*
		Eu falaria, você falaria (ou tu falarias), ele falaria
		Nós falaríamos (ou a gente falaria)
		Vocês falariam, eles falariam
		VERBO *VENDER*
		Eu venderia, você venderia (ou tu venderias) ele venderia
		Nós venderíamos (ou a gente venderia)
		Vocês venderiam, eles venderiam
		VERBO *PARTIR*
		Eu partiria, você partiria (ou tu partirias), ele partiria
		Nós partiríamos (ou a gente partiria)
		Vocês partiriam, eles partiriam
		VERBO *SER*
		Eu seria, você seria (ou tu serias), ele seria
		Nós seríamos (ou você seria)
		Vocês seriam, eles seriam
		VERBO *VIR*
		Eu viria, você viria (ou tu virias), ele viria
		Nós viríamos (ou a gente viria)
		Vocês viriam, eles viriam
		VERBO *IR*
		Eu iria, você iria (ou tu irias), ele iria
		Nós iríamos (ou a gente iria)
		Vocês iriam, eles iriam

SUBJUNTIVO		
1. Presente	Rad + SMT {e^{C1}/ a^{C2+C3}} + SNP	VERBO *FALAR*
		Eu fale, você fale (ou tu fales), ele fale
		Nós falemos (ou a gente fale)
		Vocês falem, eles falem
		VERBO *VENDER*
		Eu venda, você venda (ou tu vendas), ele venda;
		Nós vendamos (ou a gente venda)
		Vocês vendam, eles vendam
		VERBO *PARTIR*
		Eu parta, você parta (ou a gente parta), ele parta
		Nós partamos (ou a gente parta)
		Vocês partam, eles partam
		VERBO *SER*
		Eu seja, você seja (ou tu sejas), ele seja
		Nós sejamos (ou a gente seja)
		Vocês sejam, eles sejam
		VERBO *VIR*
		Eu venha, você venha (ou tu venhas), ele venha
		Nós venhamos (ou a gente venha)
		Vocês venham, eles venham
		VERBO *IR*
		Eu vá, você vá (ou tu vás), ele vá
		Nós vamos (ou a gente vá)
		Vocês vão, eles vão

74 Pequena gramática do português brasileiro

2. Pretérito imperfeito	Rad + SMT {se} + SNP	VERBO *FALAR* *Eu falasse, você falasse (ou tu falasses), ele falasse* *Nós falássemos (ou a gente falasse)* *Vocês falassem, eles falassem*
		VERBO *VENDER* *Eu vendesse, você vendesse (ou tu vendesses), ele vendesse* *Nós vendêssemos (ou a gente vendesse)* *Vocês vendessem, eles vendessem*
		VERBO *PARTIR* *Eu partisse, você partisse (ou tu partisses), ele partisse* *Nós partíssemos (ou a gente partisse)* *Vocês partissem, eles partissem*
		VERBO *SER* *Eu fosse, você fosse (ou tu fosses), ele fosse* *Nós fôssemos (ou a gente fosse)* *Vocês fossem, eles fossem*
		VERBO *VIR* *Eu viesse, você viesse (ou tu viesses), ele viesse* *Nós viéssemos (ou a gente viesse)* *Vocês viessem, eles viessem*
		VERBO *IR* *Eu fosse, você fosse (ou tu fosses), ele fosse* *Nós fôssemos (ou a gente fosse)* *Vocês fossem, eles fossem*
3. Futuro	Rad + SMT {r} + SNP	VERBO *FALAR* *Eu falar, você falar (ou tu falares), ele falar* *Nós falarmos (ou a gente falar)* *Vocês falarem, eles falarem*
		VERBO *VENDER* *Eu vender, você vender (ou tu venderes), ele vender* *Nós vendermos (ou a gente vender)* *Vocês venderem, eles venderem*
		VERBO *PARTIR* *Eu partir, você partir (ou tu partires), ele partir* *Nós partirmos (ou a gente partir)* *Vocês partirem, eles partirem*
		VERBO *SER* *Eu for, você for (ou tu fores), ele for* *Nós formos (ou a gente for)* *Vocês forem, eles forem*
		VERBO *VIR* *Eu vier, você vier (ou tu vieres), ele vier* *Nós viermos (ou a gente vier)* *Vocês vierem, eles vierem*
		VERBO *IR* *Eu for, você for (ou tu fores), ele for* *Nós formos (ou a gente for)* *Vocês forem, eles forem*

Estrutura fonológica e morfológica da palavra | 75

IMPERATIVO		
1. Afirmativo	Rad + SMT {Ø}[P2] Rad + SMT {y/í/des}[P5]	VERBO *FALAR*
		Fala tu; fale você
		Falai vós
		VERBO *VENDER*
		Vende tu, venda você
		vendei vós
		VERBO *PARTIR*
		Parte tu, parta você
		parti vós
		VERBO *SER*
		Sê tu, seja você
		Sede vós
		VERBO *VIR*
		Vem tu, venha você
		Vinde vós
		VERBO *IR*
		Vai tu, vá você
		Ide vós
2. Negativo	Rad + SMT {e[C 1, P2, P5]/ a[C 2 + C3, P2, P5]} + SNP	VERBO *FALAR*
		Não fale
		VERBO *VENDER*
		Não venda
		VERBO *PARTIR*
		Não parta
		VERBO *SER*
		Não seja
		VERBO *VIR*
		Não venha
		VERBO *IR*
		Não vá
FORMAS NOMINAIS DO VERBO		
1. Infinitivo simples	Rad + SMT {r} + SNP	*Falar; vender; partir*
		Ser, vir, ir
2. Particípio	Rad + SMT {do/to}	*Falado; vendido; partido; posto*
		Sido, vindo, ido
3. Gerúndio	Rad + SMT {ndo}	*Falando; vendendo; partindo*
		Sendo, vindo, indo

76 Pequena gramática do português brasileiro

Quadro 10: Morfemas sufixais número-pessoais do português brasileiro: formas verbais simples

PESSOA	MORFEMA	EXEMPLOS
1.Primeira pessoa do singular (P1)	{o}/{y/í}	*Eu falo, eu falei* *eu vendo, eu vendi* *eu parto, eu parti*
2.Segunda pessoa do singular (P2)	{Ø}/{s}/{ste}	*Tu falas; vendes; partes* *Você/o senhor fala; vende; parte*
3. Terceira pessoa do singular (P3)	{Ø}	*Ele fala; vende; parte*
4. Primeira pessoa do plural (P4)	{mos/Ø}	*Nós falamos; vendemos; partimos* *A gente fala; vende; parte*
5. Segunda pessoa do plural (P5) [no português brasileiro, só no registro extremamente formal]	{ys/ís}/{stes}/{ditongo nasal grafado -am, -em}	*Vós falais; vendeis; partis* *Vós falastes; vendestes; partistes*
6. Terceira pessoa do plural (P6)	{ditongo nasal grafado -am, -em}	*Eles falam; vendem; partem*

Observação: Na fala formal, substituímos *você*, *vocês*, por o *senhor*, os *senhores*. Como o pronome pessoal *vós* praticamente desapareceu no português brasileiro, deverão desaparecer também os morfemas da P5.

Atividade 9

Recorte no jornal dois textos: um com predominância de sequências narrativas e outro, de sequências argumentativas (veja o capítulo 9). Em seguida, faça uma estatística dos tempos verbais simples usados nesses textos. Por fim, responda: (1) qual é o tempo mais frequente em cada texto? (2) como interpretar os tempos verbais predominantes nos textos que selecionou?

O português dispõe também dos **morfemas-vocábulo**, que compreendem os verbos auxiliares *ser*, *estar*, *ter*, *haver* e *ir*, *vir*, *poder*, *dever*, entre outros. Os verbos auxiliares aparecem à esquerda das formas nominais do verbo (= particípio, infinitivo e gerúndio), formando as **perífrases**, que expressam as categorias de voz, tempo, aspecto e modo.

Quadro 11: Perífrases verbais

CATEGORIA	VERBO AUXILIAR + FORMA NOMINAL	EXEMPLOS
1. Voz passiva perifrástica	*Ser, estar* + particípio	*Sou falado, fui falado etc.* *Sou vendido, foi vendido etc.* *Sou partido, fui partido etc.*
2. Tempos compostos do passado	*Ter, haver* + particípio	*Tenho falado, tinha falado etc.* *Tenho vendido, tinha vendido etc.* *Tenho partido, tinha partido etc.*
3. Futuro perifrástico	*Ir, vir* + infinitivo	*Vou falar, ia falar etc.* *Vou vender, ia vender etc.* *Vou partir, ia partir etc.*
4. Aspecto imperfectivo	*Estar, ir* + gerúndio	*Estou falando, vou falando, estava falando, ia falando etc.* *Estou vendendo, vou vendendo, estava vendendo, ia vendendo etc.* *Estou partindo, vou partindo, estava partindo, ia partindo etc.*
5. Perífrases modais	*Poder, dever* + infinitivo	*Posso falar, devo falar, podia falar, devia falar etc.* *Posso vender, devo vender, podia vender, devia vender etc.* *Posso partir, devo partir, podia partir, devia partir etc.*

O número de perífrases verbais excede as do Quadro 11, que mostra as mais frequentes. Observe que no caso dos tempos compostos do passado, damos preferência ao verbo *ter*; *haver* praticamente desapareceu nessas formas, resistindo ainda no mais-que-perfeito do indicativo, como em *eu lhe havia falado sobre o assunto*.

Podemos utilizar mais de um verbo auxiliar, criando **perífrases complexas** tais como *tinha sido falado, tinha vindo falar, posso estar falando, vou estar enviando*.

78 Pequena gramática do português brasileiro

ATIVIDADE 10

Perífrases complexas de gerúndio têm gozado de grande preferência, ultimamente. Ouvimos a toda hora *vou estar te mandando* um torpedo, *não se preocupe, vou estar te enviando o livro ainda hoje* etc. Algumas pessoas "explicam" esses usos como uma influência do presente progressivo do inglês, como em *I am going to send you the book*. O diabo é que, para aceitar essa explicação, todos os brasileiros teriam de ser fluentes em inglês, a ponto de importarem expressões da respectiva gramática. Como você não vai nessa onda, faça o seguinte: construa sentenças com a perífrase simples (*vou te mandar* um torpedo, *vou enviar a mercadoria ainda hoje* etc.), depois compare-a com as perífrases complexas anteriores e verifique se ambas dizem a mesma coisa, com a mesma expressividade. Agora você já está pronto para explicar o aumento de uso das perífrases complexas de gerúndio, mesmo que não seja fluente em inglês.

2.4 A PALAVRA E SUAS CLASSES

Vimos neste capítulo que as palavras são formadas a partir de morfemas. Algumas delas combinam o morfema radical a um morfema afixal. Outras dispõem apenas do morfema radical, não podendo flexionar-se. É o caso de *eu*, *através*, *aliás*, *com*, *não*, *e*, *durante*, *três* etc. A palavra, portanto, pode ser definida como uma unidade que associa um conjunto de morfemas, ou que é formada por um único morfema.

Por outro lado, o modo como organizamos as palavras é em tudo semelhante ao que acontece com a sílaba, o sintagma e a sentença. A seguinte regra descritiva capta esse fato:

Estrutura da palavra → Margem esquerda (morfema prefixal) + Núcleo (morfema radical) + Margem direita (morfema sufixal).

ATIVIDADE 11

Com fundamento nessa regra, retire palavras do exemplo que aparece no início do capítulo 1 (p. 18) e as analise, perguntando-se qual é o tipo estrutural mais frequente no português brasileiro.

Um dos resultados de análises desse tipo foi o reconhecimento das duas grandes subclasses de palavras, indicadas no Quadro 12, a seguir: a das **palavras**

Estrutura fonológica e morfológica da palavra **79**

variáveis e a das **palavras invariáveis**. Foi lenta a identificação das classes de palavras na história das ideias linguísticas, e o leitor poderá dar-se conta disso consultando manuais de introdução à Linguística. Atualmente, há certa unanimidade em considerar que o português dispõe das seguintes classes de palavras:

Quadro 12: Classes de palavras no português

Palavras variáveis	Palavras invariáveis
Verbo	Advérbio
Substantivo	Preposição
Artigo	Conjunção
Pronome	
Adjetivo	

O critério de descrição das palavras adotado no Quadro 12 foi sua estrutura morfológica. Outro critério, adotado pela Sintaxe, é classificar as palavras de acordo com sua combinatória com outras palavras: veremos isso do capítulo 3 ao 7 desta gramática.

SUMARIZANDO

Aprendemos neste capítulo que a estrutura fonológica e morfológica das palavras do português brasileiro pode ser representada pelas seguintes regras descritivas:

1. **Sílaba** → Margem esquerda (consoante) + Núcleo (vogal) + Margem direita (consoante).
2. **Palavra** → Margem esquerda (morfema prefixal) + Núcleo (morfema radical) + Margem direita (morfema sufixal).

Essas regras descritivas também se aplicam aos sintagmas e às sentenças, que estudaremos nos próximos capítulos.

Vimos também que as palavras podem ser variáveis ou invariáveis. As primeiras se compõem de radical + afixos. As segundas se compõem apenas do radical.

Os afixos podem ser dispostos antes do radical (= prefixos) ou depois do radical (= sufixos). Quando há regularidade/previsibilidade no uso dos sufixos, temos casos de **flexão** (como na indicação do gênero e do número de substantivos e adjetivos, e do número, da pessoa e do tempo dos verbos). Quando não se observa essa regularidade, temos casos de **derivação**.

Além dos morfemas-sufixo, temos também os morfemas-vocábulo, que organizam as perífrases verbais simples e complexas.

Você deve estar estranhando a falta das interjeições. Como veremos nos capítulos a seguir, as palavras funcionam nas sentenças como sujeito, complemento, adjunto, conjunção. Ora, as **interjeições** não desempenham essas funções. Elas serão tratadas aqui como **marcadores conversacionais**.

Mas fique tranquilo, porque todas as classes de palavras serão estudadas nos capítulos 3 a 7 desta gramática.

> ### QUERO MAIS
> BASÍLIO, Margarida. *Formação e classes de palavras no português do Brasil.* São Paulo: Contexto, 2004.
> CAGLIARI, Luiz Carlos. *Questões de morfologia e fonologia.* Campinas: Edição do Autor, 2002.
> CÂMARA JR., Joaquim Mattoso. *Estrutura da língua portuguesa.* Petrópolis: Vozes, 1970.
> GONÇALVES, Carlos Alexandre. *Iniciação aos estudos morfológicos:* flexão e derivação em português. São Paulo: Contexto, 2011.
> ILARI, Rodolfo. *Introdução ao estudo do léxico:* brincando com as palavras. São Paulo: Contexto, 2002.
> ROSA, Maria Carlota. *Introdução à morfologia.* São Paulo: Contexto, 2006.

E agora que você estudou o arranjo fonológico e morfológico das palavras do português brasileiro, talvez deseje saber qual é a origem delas. Chama-se **Etimologia** o estudo da origem das palavras. Você só terá a ganhar se ler:

> VIARO, Mário Eduardo. *Etimologia.* São Paulo: Contexto, 2011.

O PRONOME

O QUE É O PRONOME?

Vimos no capítulo 1 que nossa língua se compõe de quatro sistemas: o **Vocabulário**, a **Semântica**, o **Discurso** e a **Gramática**. A partir deste capítulo, começaremos a estudar as classes de palavras, estudadas nas gramáticas e recolhidas nos dicionários.

Quando aprendemos as palavras de uma língua, identificamos espontaneamente suas propriedades, o que nos permite dividi-las em *classes*. Na fase da aquisição do português, nos atrapalhamos um pouco e misturamos suas propriedades, dizendo, por exemplo, *o comida tá ruinho* (mudando o gênero de *comida* e alterando o adjetivo *ruim*), *fazeva muito frio lá* (trocando a terminação do imperfeito do indicativo), e assim por diante.

Nossa família nos corrige, para que aprendamos como os adultos utilizam as palavras de acordo com sua morfologia e como as distribuem na sentença. Assim, vamos entendendo como as palavras são organizadas em classes, tomando em conta os sistemas de que é feita uma língua.

– Quer dizer que meus pais sabem o que é a Morfologia?
– Como todo falante, eles dispõem de um conhecimento intuitivo sobre o que é a Fonologia, a Morfologia e a Gramática. Nosso trabalho na escola é apenas explicitar esse conhecimento, sem o qual ninguém conseguiria falar.

O português brasileiro dispõe das seguintes classes de palavras:

Pronome
Verbo
Substantivo
Artigo
Adjetivo
Advérbio
Preposição
Conjunção

Neste capítulo, vamos nos concentrar nos **pronomes**. Mas, o que é um pronome?

Fonte: WATTERSON, Bill. O melhor de Calvin. *O Estado de S. Paulo*, 2 jul. 2011. Caderno 2+Música, p. D9.

Aproveitando o efeito de humor provocado pela leitura que acabamos de fazer da tirinha, vamos estudar seriamente os pronomes. E para começo de conversa, observe as palavras negritadas nos seguintes exemplos:

Exemplo 1

(a) *O menino chegou.*
(b) *Ele chegou. Eu também cheguei. Você desapareceu.*

Exemplo 2

(a) *Peguei a minha bicicleta. Peguei a tua bicicleta. Peguei a nossa bicicleta.*
(b) *Peguei a minha. Peguei a tua. Peguei a nossa.*

O pronome 83

Exemplo 3

> (a) *Comprei* **este** *computador.* **Esse** *computador não é meu.* **Aquele** *computador é da loja.*
> (b) *Comprei* **este**. **Esse** *não é meu.* **Aquele** *é da loja.*

Exemplo 4

> (a) *Você tem* **algum** *dinheiro aí para me emprestar? Ou será que você não tem* **nenhum** *dinheiro?*
> (b) *Você tem* **algum** *aí para me emprestar? Ou será que você não tem* **nenhum**?

Exemplo 5

> (a) *O filho da vizinha chegou ontem. O filho da vizinha é estudante.*
> (b) *O filho da vizinha* **que** *chegou ontem é estudante.*

No exemplo (1)

> (a) **O menino** *chegou.*
> (b) **Ele** *chegou.* **Eu** *também cheguei.* **Você** *desapareceu.*

ele retoma o substantivo **o menino**. **Eu** e **você** representam as pessoas envolvidas numa conversação, ou seja, as pessoas do discurso. Essas classes são denominadas **pronomes pessoais**.

No exemplo (2)

> (a) *Peguei a* **minha** *bicicleta. Peguei a* **tua** *bicicleta. Peguei a* **nossa** *bicicleta.*
> (b) *Peguei a* **minha**. *Peguei a* **tua**. *Peguei a* **nossa**.

as palavras **minha**, **tua**, **nossa** estabelecem uma relação entre as pessoas do discurso e o objeto *bicicleta*. Elas são denominadas **pronomes possessivos**.

Em (3)

> (a) *Comprei* **este** *computador.* **Esse** *computador não é meu.* **Aquele** *computador é da loja.*
> (b) *Comprei* **este**. **Esse** *não é meu.* **Aquele** *é da loja.*

as palavras **este**, **esse**, **aquele** esclarecem a posição ocupada pelo substantivo **computador** no espaço, tomando os interlocutores como ponto de referência. Elas são denominadas **pronomes demonstrativos**.

84 Pequena gramática do português brasileiro

Em (4)

> (a) *Você tem algum dinheiro aí para me emprestar? Ou será que você não tem nenhum dinheiro?*
> (b) *Você tem algum aí para me emprestar? Ou será que você não tem nenhum?*

as palavras algum e nenhum remetem a uma quantidade desconhecida de dinheiro que o interlocutor deve possuir. São denominadas **quantificadores indefinidos**.

Finalmente, em (5)

> (a) *O filho da vizinha chegou ontem. O filho da vizinha é estudante.*
> (b) *O filho da vizinha que chegou ontem é estudante.*

a palavra que retoma a expressão *o filho da vizinha*, ao mesmo tempo que funciona como conjunção, pois insere a sentença *que chegou ontem* na expressão nominal *o filho da vizinha*. Dada essa dupla função, a de pronome e a de conjunção, o pronome que foi denominado **pronome relativo**.

Os **pronomes pessoais**, os **possessivos**, os **demonstrativos**, os **quantificadores indefinidos** e os **relativos** integram a classe dos pronomes porque podem retomar um substantivo previamente enunciado, substituindo-o na sentença. O nome técnico dessa propriedade de retomada é *anáfora*. No caso dos pronomes pessoais, apenas o pronome de terceira pessoa, *ele*, é anafórico, ou seja, apenas esse pronome pode retomar alguma informação dada no texto.

Já os pronomes pessoais da primeira e da segunda pessoas, *eu* e *você*, designam os participantes de uma conversação. Juntamente com outras formas que têm a mesma função, elas são tecnicamente designadas palavras *dêiticas*. Na tirinha a seguir, destaca-se o uso do pronome dêitico *você*, que representa a pessoa com quem se fala. Veja:

Observe que o pronome *você* não retoma nenhuma informação, diferentemente do pronome *ele*; juntamente com *eu*, *você* apenas sinaliza as pessoas do discurso: *eu* representa a primeira pessoa (= aquela que fala), *você* representa a segunda pessoa (= aquela com quem se fala).

Isso quer dizer que os pronomes:
(i) retomam outra palavra, sendo **anafóricos**, ou
(ii) localizam no espaço (e no tempo) os participantes do discurso, sendo **dêiticos**.

Anáfora e dêixis são categorias semânticas que aparecem também em outras palavras não necessariamente pronominais, como veremos nos capítulos 5 e 6.

Em suma, todos os pronomes são anafóricos ou dêiticos, mas nem todas as expressões anafóricas ou dêiticas integram as classes dos pronomes. Quando falamos em **pronomes**, estamos pensando em **classes gramaticais**. Quando falamos em **anáfora** e em **dêixis**, estamos pensando em **classes semânticas**. Não há uma correspondência biunívoca, ou seja, uma relação um a um entre as classes gramaticais e as classes semânticas.

Observando mais de perto as classes dos pronomes, notaremos que:
i) essas palavras diferem por sua colocação na sentença, pois os **possessivos**, os **demonstrativos** e os **quantificadores indefinidos** podem aparecer **antes** ou **depois** dos substantivos;

ii) os pronomes pessoais e os relativos **não** podem aparecer nessa posição. Podemos dizer *minha bicicleta/bicicleta minha*, *este computador/computador este* etc., mas não dizemos **ele menino*, **que estudante*.

Isso quer dizer que **os possessivos, os demonstrativos** e **os quantificadores indefinidos** funcionam, cumulativamente, como especificadores das expressões nominais. E **os pronomes relativos**, como já vimos, também desempenham a função de conjunção.

Você acaba de aprender que os **pronomes** (e as palavras em geral) são **polifuncionais**, ou seja, exercem mais de uma função. Não se espante. Se não fosse assim, precisaríamos dispor de uma palavra específica (e de uma construção sintática específica) para cada função. Quem conseguiria operar com um vocabulário/uma gramática tão complicados? As línguas ficariam impraticáveis.

Vamos observar mais de perto esses pronomes.

ATIVIDADE 1

1. Leia a tirinha.

Fonte: WATTERSON, Bill. O melhor de Calvin. *O Estado de S. Paulo*, 3 fev. 2011. Caderno 2, p. D4.

2. Observe o uso de pronomes nas falas das personagens. Depois disso, indique se os pronomes são **dêiticos** ou **anafóricos**, justificando a sua resposta.

3.1 O PRONOME PESSOAL

No Quadro 1 a ser apresentado em seguida, veremos os pronomes pessoais ora em uso no **português brasileiro**, variedade em que essa classe passa por uma grande reestruturação.

As mudanças dos pronomes pessoais repercutem:

(i) na morfologia, simplificando as terminações verbais (ver capítulo 2, seção 2.3.3);

(ii) na sintaxe, simplificando as regras de concordância do sujeito com o verbo (ver capítulo 4, seção 4.1.5);

(iii) na representação do sujeito e dos complementos na sentença (ver capítulo 8, seção 8.2.2).

Na atualidade, este é o quadro dos pronomes pessoais no português brasileiro:

Quadro 1: Pronomes pessoais do português brasileiro

Pessoa	Português brasileiro formal		Português brasileiro informal	
	Sujeito	Complemento	Sujeito	Complemento
1ª pessoa singular	*Eu*	*Me, mim, comigo*	*Eu, a gente*	*Eu, me, mim, Prep + eu, mim*
2ª pessoa singular	*Tu, você, o senhor, a senhora*	*Te, ti, contigo, (Preposição +) o senhor, com a senhora*	*Você/ocê, /tu*	*Você/ocê/cê, te, ti, Preposição + você/ocê (= docê, cocê)*
3ª pessoa singular	*Ele, ela*	*O/a* (em desaparecimento), *lhe, se, si, consigo*	*Ele/ei, ela*	*Ele, ela, lhe, Prep + ele, ela*
1ª pessoa plural	*Nós*	*Nos, conosco*	*a gente*	*A gente, Prep + a gente*
2ª pessoa plural	*Vós* (de uso muito restrito), *os senhores, as senhoras, vocês*	*(Preposição +) os senhores, as senhoras*	*vocês/ocês/cês*	*vocês/ocês/cês, Preposição + vocês/ocês*
3ª pessoa plural	*Eles, elas*	*Os/as* (em desaparecimento), *lhes, se, si, consigo*	*eles/eis, elas*	*Eles/eis, elas, Preposição + eles/eis, elas*

Vejamos agora as tais alterações que levaram ao Quadro 1.

1. Primeira pessoa

Estudos têm mostrado que *nós* e *a gente* ocorrem com frequência maior na posição de sujeito. Primeira pessoa do plural, *nós* tem sido substituído pela expressão nominal indefinida *a gente*, em processo de pronominalização, como se vê nos exemplos 1 e 2.

Exemplo 1

(a) ***A gente*** não está sabendo bem como sair desta. (português padrão)
(b) ***Nós*** rimos muito ontem à noite, e aí ***a gente*** começou a nos entender. (português padrão)
(c) ***Nós*** riu muito ontem à noite, e aí ***a gente*** começamos a se entender. (português não padrão)

Exemplo 2

Fonte: QUINO. *Toda Mafalda*. São Paulo: Martins Fontes, 1999.

Na língua padrão, *a gente* se conjuga com o verbo na terceira pessoa do singular, como em

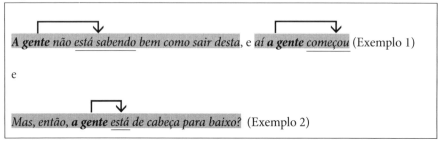

Nós se conjuga com o verbo na primeira pessoa do plural, como em

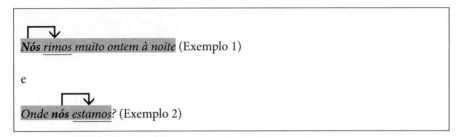

Na **língua não padrão**, *nós* ocorre com o verbo na terceira pessoa do singular, e *a gente* ocorre com o verbo na primeira pessoa do plural, como em *Nós riu muito ontem à noite, e aí **a gente** começamos a se entender*.

Vê-se que a antiga expressão indeterminada *a gente* penetrou no quadro dos pronomes pessoais, funcionando basicamente como *nós*, mas também como *eu*.

Uma relação interessante é aquela que se estabelece entre a primeira pessoa do singular e as formas plurais correspondentes. Em textos escritos, é comum identificar a variação entre essas formas, como se vê neste exemplo:

> (...) O que se tentou foi alcançar os países desenvolvidos por meio de saltos muito grandes. Mas foram saltos sem terra firme embaixo. O que **estou** querendo dizer é que o fim das ideologias anteriores criou a utopia atual, a de um retorno aos pretensos valores mais puros da religião muçulmana. Claro que esta também não vai dar em nada bom. Nem por isso **deixaremos** de ter outras utopias, porque não houve um equilíbrio maior no mundo.
>
> Fonte: PINSKY, Jaime. *Fanatismo retrata a face do retrocesso*. Trecho de entrevista publicada no *Jornal da Unicamp*, Campinas, 25 a 31 out. 2004. Disponível em: <http://www.jaimepinsky.com.br/site/main.php?page=entrevista&entrevista_id=3>. Acesso em: 5 jan. 2012.

A mudança da primeira pessoa do singular para a primeira pessoa do plural tem mais de uma motivação. A forma plural coloca em discreto segundo plano a presença do locutor, ao passo que a forma singular a põe em relevo. Os pronomes pessoais e as correspondentes formas do verbo prestam-se bem a esse jogo retórico de "apareço/desapareço".

90 Pequena gramática do português brasileiro

ATIVIDADE 2

1. Leia os textos:

Texto 1

Moradores na expectativa da inauguração

Os moradores dos Complexos do Alemão e da Penha estão ansiosos com a inauguração do teleférico que marca mais uma etapa de mudanças na vida da comunidade pacificada. Morador da Nova Brasília há 30 anos, o aposentado Manuel Ferreira nunca tinha circulado pelo complexo. Com o novo meio de transporte, ele poderá visitar parentes e vizinhos e ter acesso a outros pontos da região.

- Eu estou muito feliz com o teleférico. Quero muito dar o meu primeiro passeio ainda hoje. Vai facilitar a minha vida, e ainda poderei fazer turismo. Além do teleférico, que tem estações lindas, nós estamos ganhando muito com a pacificação: mais obras, dignidade e emprego. Temos muito o que festejar - afirmou Seu Manuel, que tem 75 anos.

Fonte: Dilma e Cabral inauguram teleférico no Complexo do Alemão. *Jornal do Brasil*, 6 jul. 2011. Disponível em: <http://www.jb.com.br/rio/noticias/2011/07/07/dilma-e-cabral-inauguram-teleferico-no-complexo-do-alemao/>. Acesso em: 7 jul. 2011.

Texto 2

(...)
Dorival garantiu não estar desanimado com os resultados ruins e prometeu trabalho para recuperar o Atlético-MG. "Eu sou o treinador, não abaixo a cabeça, não me omito e assumo a minha responsabilidade pelos resultados. A pressão existe no futebol. Temos de ter consciência de que as dificuldades serão grandes", disse. (...)

Fonte: AGÊNCIA O ESTADO. Dorival prevê dificuldade, mas quer ficar no Atlético-MG. *O Estado do Paraná*, 7 jul. 2011. Esportes. Disponível em: <http://oestadodoparana.pron.com.br/esportes/noticias/31528/>. Acesso em: 7 jul. 2011.

2. Indique os trechos em que ocorre a passagem da primeira pessoa do singular (eu) para a primeira pessoa do plural (nós).

3. Justifique a mudança do pronome nos trechos que destacou.

4. Reflita: Que efeito de sentido provoca a mudança do pronome?

2. Segunda pessoa

Na segunda pessoa do singular, *tu* tem sido substituído por *você*, que deriva da expressão de tratamento *Vossa Mercê*. Olhe só o que aconteceu:

Vossa Mercê > vosmecê > você > ocê > cê.

A forma *vosmecê* varia com *vosmicê*, *vassuncê*. *Vossa Mercê* era um tratamento dispensado aos reis. Com o desenvolvimento da burguesia, os novos-ricos quiseram esse tratamento para eles também. Indignado, o rei passou a reclamar *Vossa Majestade* para ele, lembrando decerto aos burgueses que uma forca tinha sido convenientemente erigida defronte ao paço, caso eles resolvessem repetir a gracinha.

De todo modo, *Vossa Mercê* e derivados era um tratamento cerimonioso, dado "pelos de baixo" "aos de cima". Veja como é a roda da fortuna: pois não é que o derivado *você* passou a ser no **português brasileiro** um tratamento de igual para igual? Para o tratamento cerimonioso, inventou-se *o senhor/a senhora*, com suas variantes *sior*, *sor*, *seu/nhô*, *nhora*, *sua*.

Em regiões brasileiras em que o tratamento *tu* continua vigente, o uso de *você* traz de volta o antigo distanciamento válido nos tempos imperiais. E onde o *tu* bateu em retirada, ele e seus derivados podem reaparecer quando se quer afetar distanciamento, como nesta bronca familiar:

Olhe aí o que o teu filho aprontou! Eu te falei para vigiar esse menino!

ATIVIDADE 3

1. Nos dois textos, observe o uso do pronome *te*.

Texto 1

Fonte: MICHELIN. *Veja São Paulo*, 22 jun. 2011, p. 63.

Texto 2

Fonte: VEJA COMER & BEBER. *Veja*, 13 jul. 2011, p. 101.

2. Agora, compare o uso do pronome **te** nos dois textos e responda:
   2.1 Qual a posição que o pronome assume em cada um dos textos?
   2.2 De acordo com essa posição, qual a função que o pronome assume?
   2.3 Qual o referente do **te** nos dois textos?
   2.4 Como justificar a escolha de **te** na produção dos dois textos?

ATIVIDADE 4

1. Leia a historinha e observe o uso do pronome *sua* na expressão *sua doida*.

Fonte: SOUSA, Mauricio. *Magali*, Osasco, SP: Panini, n. 55, jul. 2011, p. 8.

2. Que interpretação sugere o uso do pronome *sua* nesse contexto?

3. Em que outras ocasiões produzimos ou ouvimos construções como essa?

ATIVIDADE 5

1. Nos textos, destacamos o uso do pronome **você** e suas variações. Observe:

Texto 1

Ai Que Saudade D'Ocê

Não se admire se um dia
Um beija-flor invadir
A porta da tua casa
Te der um beijo e partir
Fui eu que mandei o beijo
Que é pra matar meu desejo
Faz tempo que eu não te vejo
Ai que saudade de ocê.

Geraldo Azevedo
Composição: Vital Farias

Texto 2

Sem alegria nem cuidado, nosso pai encalcou o chapéu e decidiu um adeus para a gente. Nem falou outras palavras, não pegou matula e trouxa, não fez a alguma recomendação. Nossa mãe, a gente achou que ela ia esbravejar, mas persistiu somente alva de pálida, mascou o beiço e bramou: — "Cê vai, ocê fique, você nunca volte!" Nosso pai suspendeu a resposta. Espiou manso para mim, me acenando de vir também, por uns passos. Temi a ira de nossa mãe, mas obedeci, de vez de jeito. O rumo daquilo me animava, chega que um propósito perguntei: — "Pai, o senhor me leva junto, nessa sua canoa?" Ele só retornou o olhar em mim, e me botou a bênção, com gesto me mandando para trás. Fiz que vim, mas ainda virei, na grota do mato, para saber. Nosso pai entrou na canoa e desamarrou, pelo remar. E a canoa saiu se indo — a sombra dela por igual, feito um jacaré, comprida longa.

Fonte: ROSA, Guimarães. A terceira margem do rio. *Primeiras estórias*. Rio de Janeiro: Nova Fronteira, 2001, p. 79-80.

Texto 3

Das 18h às 18h45
- Tchau, pessoal. Até amanhã.
- Cê pode esperar um minuto? Eu vou com você. Hoje vim sem carro e tenho que passar no shopping.
- Maravilha.

Fonte: CORSALETTI, Fabrício. Das 18h às 18h45. *Revista SÃO PAULO*, 24 abr. 2011, p. 82.

Texto 4

CÊ É BELORIZONTINO?
[...]
Cê já foi ao Mineirão pelo menos uma vez?
Cê já fez ou já viu alguém fazer pão de queijo?
Todo domingo ocê almoça na casa da sua avó?
Cê sabe que a Feira Hippie não tem nada a ver com Woodstock e que lá praticamente não tem hippies?
Cê sabe que a Guaicurus não é só uma rua?
Dia 15 de agosto e 8 de dezembro é feriado procê?
Cê assistiu 'Hilda Furacão' só pra ver os lugares que ocê já conhecia?
[...]
Quando alguma coisa é engraçada ocê 'racha os bico'?
Quando alguém fez alguma coisa muito bem, esse alguém teve as 'manha'?
'Uai' serve pra ponto final, ponto de interrogação, ponto de exclamação e vírgula!
Trem é palavra curinga.
Qualquer um é veio ou véi.
Quando ocê entende alguma coisa ocê 'Fraga'?
Ocê fala ocê, procê, nocê, comcê?

Se ocê entendeu pelo menos metade... Parabéns!!!

ORGULHE-SE:

Ocê é Belo Horizontino!!!
Nem que seja só de coração!

Fonte: VIANA, Antonio. Cê é belorizontino? *Portal ABC do Técnico*, 4 nov. 2008. Disponível em: <http://www.abcdotecnico.com.br/vbulletin/showthread.php?t=12225>. Acesso em: 7 jul. 2011.

O pronome 97

2. Justifique:
   2.1 o uso de *d'ocê* e de *ocê* no **texto 1**.
   2.2 a alteração de *cê* para *você* no **texto 2**.
   2.3 a sequência formada por *cê, ocê e você* no **texto 3**.
   2.4 o uso de *cê, ocê, procê, nocê, comcê* e a ausência de *você* no **texto 4**.

ATIVIDADE 6

1. Leia o texto.

Texto 1

> *Que língua usamos no Brasil?*
>
> O Novo Acordo Ortográfico, implantado em nosso país, deu a muitos a falsa impressão de que Portugal e Brasil estão se reaproximando no uso da língua compartilhada por eles. Nada mais errado. Uma coisa é a ortografia, bem ou mal estabelecida por decreto, outra o uso da língua. E como já disse aqui, língua, ao contrário de atum, não se congela. Em Portugal, por exemplo, ainda se aplica o pronome vós, enquanto no Brasil nem escreventes de cartórios ou advogados parnasianos fazem uso da segunda pessoa do plural. Mesmo o tu, usado em alguns estados brasileiros, aparece quase sempre como terceira pessoa, no lugar de você, e não na segunda pessoa do singular. Usos tão distintos da língua exigem gramáticas diferentes. Resta, é claro, a posição elitista de desqualificar o uso que os brasileiros fazem de sua própria língua, opondo uma suposta gramática normativa a essa gramática de uso, mas isso soa tão falso quanto um vós à solta, não achais, senhores?
>
> Fonte: PINSKY, Jaime. Que língua usamos no Brasil. *Correio Brasiliense*, 11 abr. 2010. Disponível em: <http://www.jaimepinsky.com.br/site/main.php?page=artigo&artigo_id=183>. Acesso em: 20 abr. 2011.

Nesse texto, Jaime Pinsky, historiador e professor titular da Universidade Estadual de Campinas (Unicamp), põe em relevo a ideia de que a língua não é definida por decreto, mas sim pelo uso que fazemos dela nas nossas interações.

Para exemplificar, o autor cita o caso dos pronomes de segunda pessoa *tu/vós* que vêm sendo deslocados pelo pronome *você* e dirige ao leitor a pergunta:

> *Resta, é claro, a posição elitista de desqualificar o uso que os brasileiros fazem de sua própria língua, opondo uma suposta gramática normativa a essa gramática de uso, mas isso soa tão falso quanto um vós à solta, não achais, senhores?*

2. Explique o uso do *vós* na pergunta que o autor dirige ao leitor.

3. Produza um pequeno texto em resposta à pergunta do autor.

3. Terceira pessoa

Já sabemos que os pronomes da primeira e da segunda pessoas representam a pessoa que está falando (*eu*) e a pessoa com quem estamos conversando (*você, tu*), as chamadas pessoas do discurso. Ora, a terceira pessoa não representa um participante da conversa, ela apenas remete ao assunto. Como já vimos anteriormente, *eu e tu/você* são dêiticos, ao passo que *ele* é anafórico.

Essa enorme diferença de representação dos pronomes explica por que *eu* e *tu/você* **não** têm feminino nem plural (apenas *você* tem plural, dada sua origem), ao passo que o pronome da terceira pessoa *ele* tem tudo isso: *ele, ela, eles, elas*. Você acaba de descobrir que esses pronomes são diferentes também em sua morfologia!

Mas o Quadro 1 mostra igualmente outras modificações:

(1) na fala espontânea, a forma singular do pronome *ele* está mudando para *ei*, e o plural *eles*, para *eis*, funcionando como sujeito.

Ei disse que num vem. / Eis disse que num vem (sujeito, no **português não padrão**)

(2) *ele* preservou seu uso como sujeito, e passou a ser usado também como objeto direto.

Ainda não vi ele hoje (objeto direto, no **português espontâneo**)

(3) o pronome complemento *o* (e suas variantes *lo* e *no*) estão desaparecendo, sendo substituídos pela forma única *ele*.

Será que vão achá-lo? / Acharam-no? Será que vão achá ele? / Acharam ele? (objeto direto)

O pronome   99

(4) *lhe* alterna com *li* e, além do complemento objeto indireto, passou a ser usado também como complemento objeto direto.

Eu li disse que ficasse quieto! (objeto indireto)
Eu não li vi, eu não li conheço! (objeto direto)

---

4. Os pronomes reflexivos

Usamos os pronomes reflexivos quando as ações e os eventos expressos pelo verbo são aplicados sobre o referente do sujeito, como em:

(a) *Eu me cortei com a faca.*
(b) *Tu te cortaste com a faca.*
(c) *Ele se cortou com a faca.*

Em *Eu me cortei com a faca*, o pronome sujeito *eu* exerceu a ação de *cortar*, aplicando-a sobre si mesmo, representado pelo pronome objeto direto *me*. O mesmo se pode dizer de *Tu te cortaste com a faca* e *Ele se cortou com a faca*. Como você notou nesses exemplos, há reflexivos para cada pessoa: *me*, *te*, *se*.

Pois bem, o reflexivo da terceira pessoa deu de invadir as outras pessoas, e já podemos ouvir, no **português não padrão**:

(d) *Eu se cortei com a faca.*
(e) *Tu se cortou com a faca.*

Depois dessa invasão, parece que o feitiço se voltou contra o feiticeiro, e agora estamos tendo dificuldades em usar o coitado do *se*; afinal de contas, quem é tudo acaba sendo nada:

(f) *Ele se cortou-se todo.*
(g) *Sentem-sem.*
(h) *Ele Ø queixou pro delegado.*

A repetição do pronome *se* em *Ele se cortou-se todo*, sua nasalação em contexto nasal em *Sentem-sem*, e sua pura e simples omissão em *Ele Ø queixou pro delegado* apontam para as dificuldades que os falantes do português brasileiro têm tido para usar esse pronome. Isso costuma acontecer com as palavras que estão morrendo (retome o capítulo 1, seção 1.1).

ATIVIDADE 7

1. Leia a tirinha e observe o uso do **pronome reflexivo**:

Fonte: QUINO. *Mafalda inédita*. São Paulo: Martins Fontes, 1993.

2. Compare os trechos que contêm o reflexivo e explique:
   2.1 o uso do **se** nos trechos *as pessoas se amam muito mais*; *...você também se ama muito mais...*
   2.2 o uso do **me** no trecho *eu me amo no Natal*.

Outro fato, ainda pouco perceptível, é que os pronomes pessoais estão se transformando em prefixos, tanto na função de sujeito, quanto na função de complemento:

Quadro 2: Transformação dos pronomes pessoais em morfemas verbais número-pessoais no português brasileiro informal

Pessoas	Prefixos em função de sujeito no português brasileiro não padrão	Prefixos em função de complemento no português brasileiro não padrão	Sufixos em função de sujeito no português brasileiro padrão
P1	{e-}: Eu vou > *Evô* {noi-}: Nós vamos > *noivamo*	Me encontrou > *mincontrô*	{-o}: *falo* {-mos}: *falamos*
P2	{ce-}: Você vai > *cevai* {ceis-}: Vocês vão > *ceisvão*	Te encontrou > *tincontrô*	{-s}: *falas* {-ys}: *falais*
P3	{ey-}: Ele vai > *eivai* {eys-/es-}: Eles vão > *eisvão / esvão*	Se encontrou > *sincontrô*	{-Ø}: *fala* {-ãw/- y}: *falam/falem*

A quarta coluna do Quadro 2 mostra que no **português brasileiro** padrão a pessoa do verbo é representada por meio de sufixos (veja o capítulo 2, seção 2.2). Será que estamos substituindo as formas recolhidas nessa coluna por uma representação prefixal das categorias de número e pessoa, como se vê na segunda e terceira colunas desse Quadro? A pergunta tem uma razão: as modificações de uma língua começam por seu uso não padrão, e depois irradiam para o uso padrão. Vamos ver se essa moda pega...

3.2 O PRONOME POSSESSIVO

Afirma-se tradicionalmente que o possessivo é a classe que estabelece uma relação de posse entre um possuidor e uma coisa possuída. Será que é isso mesmo?

Essa explicação poderia dar conta de enunciados como

Fonte: *O Estado de S. Paulo*, 16 jan. 2011. Classificados.

102 Pequena gramática do português brasileiro

Mas... e quando produzimos ou ouvimos enunciados como

(a) *eu acho que* o meu conceito de morar bem *é diferente um pouco da maioria das pessoas que eu conheço...* (D2 REC 05)
(b) *o:: esporte predileto* **nosso** *era andar de bicicleta... mas a gente podia andar na:: na avenida Farrapos.* (DID POA 45)
(c) *a gente:: recebia* o **seu** castiguinho... *e agora já não...* (DID POA 45)
(d) *(então a firma) não pode tirar das pessoas... dos* **seus** *próprios clientes não pode tirar:::... elementos* (D2 SP 360)
(e) *cada homem vai cuidar de seu grupo mais próximo (...) aquele grupo mais próximo* **dele**... (EF SP 405)

Vejamos o que os fatos nos mostram no Quadro 3, em que identificamos as relações entre um participante do discurso /possuído/ e um participante /possuidor/.

Quadro 3: Pronomes possessivos: relações entre pessoa gramatical do possuidor e coisa possuída

	PARTICIPANTE /POSSUÍDO/	PARTICIPANTE /POSSUIDOR/	PRONOME POSSESSIVO
(a) *eu acho que* o meu conceito de morar bem *é diferente um pouco da maioria das pessoas que eu conheço...* (D2 REC 05)	*conceito*	1ª pessoa do singular	*meu*
(b) *o:: esporte predileto* **nosso** *era andar de bicicleta... mas a gente podia andar na:: na avenida Farrapos.* (DID POA 45)	*esporte*	1ª pessoa do plural	nosso
(c) *a gente:: recebia* o **seu** castiguinho... *e agora já não...* (DID POA 45)	*castiguinho*	2ª pessoa do plural	*seu*
(d) *(então a firma) não pode tirar das pessoas... dos* **seus** *próprios clientes não pode tirar:::... elementos* (D2 SP 360)	*clientes*	3ª pessoa do singular	*seus*
(e) *cada homem vai cuidar de* **seu grupo** *mais próximo (...) aquele grupo mais próximo* **dele**... (EF SP 405)	*grupo*	3ª pessoa do singular	*dele*

O Quadro 3 encerra pelo menos três lições:

(1) O participante /possuído/ pode ser pessoa ou coisa, ocupando sempre a terceira pessoa gramatical. Mas seria o participante especificado pelo pronome possessivo de fato algo /possuído/? Afinal, o que caracteriza algo /possuído/ é a possibilidade de vendê-lo, emprestá-lo, jogá-lo fora, mas não podemos vender nem emprestar a alguém nem jogar fora um conceito, um *esporte*, um *castigo*, um *cliente*, um *grupo*.

Também no exemplo a seguir, os possessivos *teus*, *meus*, *nossa*, não exprimem uma relação de posse com *problema*, *secretária*, *filho*:

O marido chega preocupado em casa e diz à esposa:
Marido: *Tenho um problema no serviço.*
Esposa: *Não diga "tenho um problema", diga "temos um problema", porque os **teus** problemas são **meus** também.*
Marido: *Tá bem, temos um problema no serviço: a **nossa** secretária vai ter um filho **nosso**.*

Então, qual será o papel dos possessivos? Quem sabe refletindo sobre o /possuidor/ achemos a resposta.

(2) O participante /possuidor/, expresso pelo possessivo, distribui-se pelas três pessoas do discurso. Dentre eles, o pronome *vosso* desapareceu no português culto falado no Brasil. Com o enfraquecimento de *teu* e *vosso*, deixou-se uma "casa vazia" na segunda pessoa do quadro pronominal, que foi ocupada por *seu*, *seus*, migrando essas formas da 3ª pessoa para a 2ª pessoa. Só que, agora, surgiu outra "casa vazia" na 3ª pessoa, que passou a ser ocupada por *dele*.

Estudando conjuntamente os pronomes pessoais e os possessivos, Mário Alberto Perini notou que o paradigma dos pronomes pessoais vigente na região central do Brasil omite *tu* e *vós*, ficando assim organizado:

1ª pessoa *eu*/*nós*,
2ª pessoa *você*/*vocês*,
3ª pessoa *ele*/*eles*.

Ajustando-se a isso, os possessivos passaram a ter o seguinte quadro:

> 1ª pessoa **meu/nosso**,
> 2ª pessoa **seu/seus**,
> 3ª pessoa **dele/deles**.

Já é possível agora identificar o papel dos possessivos em nossa língua (e na língua dos outros também). Sua função é apenas *relacionar* uma pessoa do discurso com algum conceito. Em nossa secretária, o pronome nossa relacionou a secretária com os indivíduos designados por nós. Ninguém ficou dono de nada, a não ser, na historinha citada, de uma grande confusão.

(3) O Quadro 3 aponta igualmente para um problema de concordância: enquanto meu e seu concordam em gênero e número com o substantivo que designa o referente /possuído/, (meu carro, sua casa), dele concorda com o substantivo que designa o /possuidor/ (carro dele, carro dela).

A substituição de seu por dele, como possessivo da 3ª pessoa resolveu um problema de ambiguidade no português brasileiro. Observe-se que uma expressão como

> (a) Ô João, você sabia que o Antônio perdeu seu carro?

não se sabe se o carro perdido é de João ou de Antônio.

A ambiguidade se resolve com

> (b) Ô João, você sabia que o Antônio perdeu o carro dele?

ATIVIDADE 8

1. Leia o texto

> O Presidente de um Banco estava preocupado com um jovem e brilhante diretor que, depois de ter trabalhado durante algum tempo com ele, sem parar nem para almoçar, começou a ausentar-se ao meio-dia. Então o Presidente chamou um detetive e disse-lhe:
> – Siga o Diretor Lopes por uma semana durante o horário do almoço.

O detetive, após cumprir o que havia lhe sido pedido, voltou e informou:
- O Diretor Lopes sai normalmente ao meio-dia, pega o **seu** carro, vai à **sua** casa almoçar, faz amor com a **sua** mulher, fuma um dos **seus** excelentes charutos cubanos e regressa ao trabalho.

Fonte: CAMPOS, Marli Savelli de. Ambiguidade do pronome possessivo. *Blog Palavras Rabiscadas*, 27 nov. 2008. Disponível em: <http://mscamp.wordpress.com/2008/11/27/ambiguidade-do-pronome-possessivo/>. Acesso em: 19 jun. 2011.

2. Observe que, no trecho em destaque, há um problema de ambiguidade provocado pelo uso dos possessivos.
3. Que sentidos são sugeridos pelos possessivos?
4. Que solução você apresenta para evitar o duplo sentido?
5. Não são poucas as vezes em que ouvimos ou lemos textos em que o uso do pronome possessivo *seu, sua* gera ambiguidade. Faça uma relação desses enunciados e em seguida, apresente uma alternativa que resolva a questão da ambiguidade.

Depois dessas observações, vejamos quais são **as propriedades sintáticas** dos possessivos. A primeira delas, já mencionada, é que os possessivos podem preceder os substantivos. Entretanto, sua colocação é variável, ocorrendo esse pronome numa posição pré-nominal, não marcada, e numa posição pós-nominal, marcada, enfática.

Vê-se por aqui que os possessivos compartilham mais uma propriedade sintática com os demonstrativos:

Exemplos

(a) ***Meu filho/seu filho*** *não anda por aí em más companhias.* ***Filho meu/filho seu*** *leva as coisas a sério.*
(b) *Porque disseram não sei se é mesmo... que enquanto existe um* ***projeto nosso****... e::provavelmente ele deve ter falado com você.* (D2 SP 360)

A regra variável de colocação dos possessivos ocorre apenas com as formas da 1ª e da 2ª pessoas. A forma possessiva da 3ª pessoa pospõe-se categoricamente ao substantivo:

Exemplo

> o estatístico é o homem que senta numa barra de gelo e bota a cabeça dele dentro do forno e diz que a temperatura média está ótima... (D2 REC 05)

Confira *bota a dele cabeça dentro do forno

ATIVIDADE 9

1. Leia a tirinha.

Fonte: WALKER, Mort. Recruta Zero. O Estado de S. Paulo, 7 jul. 2011. Caderno 2, p. D10.

2. Note o uso do possessivo em Não é função nossa.
3. Compare com Não é nossa função.
4. Qual é a sua conclusão?

Vejamos agora a **semântica** dos possessivos, ou seja, seus sentidos.

Possessivos + substantivos constituem uma realidade semanticamente complexa, em que o substantivo remete a um referente, privativamente da 3ª pessoa, que representa a entidade /possuído/, enquanto o possessivo remete a qualquer uma das pessoas gramaticais, atribuindo-lhe o traço de /possuidor/.

Dito de outro modo, o possessivo se aplica a duas expressões, sendo uma referencial, expressa pelo substantivo, e outra contextual, que são as pessoas do discurso, expressas por ele mesmo. Isso à primeira vista pode parecer complicado, mas não é. Quando, por exemplo, dizemos Meu dinheiro sumiu!, o pronome meu seleciona tanto a pessoa do discurso, no caso, a que fala (eu), como o referente dinheiro.

Mas os possessivos podem também trazer de volta uma informação expressa anteriormente, contribuindo para a coesão do texto, visto que assinalam a continuidade do tópico conversacional. Essa função aparece no seguinte exemplo:

> qual é a necessidade de um professor ah trabalhar... conhecer uma taxionomia? é, porque ao rever os seus objetivos... [...] ao rever os seus objetivos... muitas vezes... o professor se dá conta que ele só exigia o processo mental e memória do aluno... ele não exigia interpretações... ele não exigia que o aluno fizesse análise ou apresentasse seu ponto de vista. (EF SP 405)

Nesse exemplo, a manutenção do tópico objetivos é obtida pela repetição dessa palavra, antecedida de um possessivo. A expressão seu ponto de vista decorre do *hipertópico* "discussão de uma taxonomia". (Sobre coesão textual e hipertópico, veja o capítulo 9).

Você decerto já ouviu por aí expressões como:

> – **Seu** chato, **seu** bobo!
> – **Sua** bonitinha, **sua** queridinha, qual é mesmo seu telefone?

As formas negritadas não funcionam como possessivos, derivando de *senhor*, *senhora*, algo como:

> – Você é um senhor chato, um senhor bobo!
> – Senhora bonitinha, senhora queridinha, qual é mesmo seu telefone?

ATIVIDADE 10

1. Leia o texto prestando atenção ao uso dos pronomes possessivos.

> **Um elenco de humanos**
>
> Um dos grandes destaques do primeiro filme [*Transformers*] foi sem sombra de dúvidas o elenco variado. A trama, apesar de básica, não se limitou em contar apenas as crises adolescentes de Sam, como também investiu tempo em um grupo de soldados, agentes ultrassecretos, o governo e até em hackers. Por motivo nenhum boa parte destes foram eliminados na sequência.
> Agora, Bay e o roteirista Ehren Kruger apresentam um novo elenco de humanos. Sam, seus pais, seu chefe e seus colegas de trabalho, sua namorada Carly e seu chefe Dylan, o governo, o exército, o ex-agente Simmons e seu

segurança particular Dutch, e claro, os autobots e decepticons. Alguns bem dispensáveis, verdade, mas todos brilhando em seus momentos solos, nem que seja agindo de forma mais caricatural ou surreal possível.

Fonte: MAURÍCIO, Eduardo. Transformers 3: O Lado Oculto da Lua (Dark of the Moon), 2011 Crítica. *Paraná-Online*, 6 jul. 2011. Colunistas/XCine. Disponível em: <http://www.parana-online.com.br/colunistas/332/86655/>. Acesso em: 7 jul. 2011.

2. Como você deve ter observado, os pronomes possessivos exercem no texto importante papel na coesão textual e na manutenção do tópico discursivo. Por quê?

3.3 O PRONOME DEMONSTRATIVO

Além de *este*, *esse*, *aquele*, *isto*, *isso*, *aquilo*, *o*, as gramáticas incluem entre os demonstrativos também os seguintes vocábulos:

(1) *tal*, quando sinônimo de *este*, *esse*, *aquele* (como em *quando tal ouvi, respirei*) e como sinônimo de "semelhante" (como em *tal situação me confundia fortemente*);

(2) *mesmo* e *próprio*, quando têm o sentido de "idêntico", "em pessoa" como em

(a) *Eu não posso viver muito tempo na mesma casa.*
(b) *Foi a própria Carmélia quem me fez o convite.*

Fonte: CUNHA, Celso Ferreira da; CINTRA, Luis Felipe Lindley. *Nova gramática do português contemporâneo*. Rio de Janeiro: Nova Fronteira, 1985.

(3) *semelhante*, quando marca a identidade como em

(c) *A jovem Aurora podia deixar de recorrer às fórmulas que se usam em semelhantes conjunturas.*

Estabelecido o quadro dos demonstrativos, vejamos sua **sintaxe**.

Exemplo

Quanto à aréola, apenas eu digo a vocês o seguinte: [...] esta aréola possui uma série de tubérculos, são tubérculos denominados de Morgagni. Tubérculos esses de Morgagni que, durante a gestação [...] estes tubérculos de Morgagni eles se hipertrofiam de uma maneira considerável [...]. Então os tubérculos de Mogagni são os mesmos tubérculos de Montgomery [...]. Estes tubérculos, [...] chegou-se à conclusão [...] que estes tubérculos nada mais são que glândulas mamárias pequenas. (EF SA 49)

Observando-se o lugar sintático ocupado pelas expressões grifadas, pode-se propor que o **artigo**, o **demonstrativo** e o **pronome pessoal de terceira pessoa** integram uma mesma classe, e poderiam ser conjuntamente denominados *mostrativos*.

Os *mostrativos* não coocorrem numa mesma expressão, o que demonstra sua integração numa mesma classe gramatical:

*a esta aréola/*os estes tubérculos/*os eles se hipertrofiam

Já a possibilidade da coocorrência demonstrada em

os mesmos, estes mesmos, esses mesmos, aqueles mesmos
os tais, estes tais, esses tais, aqueles tais
o próprio, este próprio, esse próprio, aquele próprio
o outro, este outro, esse outro, aquele outro

indica que *mesmo*, *tal*, *próprio* e *outro* integram uma subclasse dos demonstrativos, pois exibem propriedades sintáticas não exatamente coincidentes com as dos demais itens. Note-se, entretanto, que esses vocábulos desempenham o mesmo papel semântico, como **operadores de identidade**, o que aponta uma vez mais para a assimetria entre o sistema gramatical e o sistema semântico.

Os demonstrativos ocupam o mesmo lugar sintático dos artigos, possessivos, quantificadores indefinidos, expressões qualitativas (como *o estúpido do rapaz*), delimitadores (como em *um tipo de/uma espécie de*), ou seja, vêm antes do substantivo.

Isso não quer dizer que eles figurem categoricamente antes do substantivo. Na chamada sintaxe especular, quando repetimos o demonstrativo, ele pode figurar depois dessa classe, como em

Democracia danada, essa. derivado de *Essa democracia danada.*

Quanto ao sentido dos demonstrativos, vê-se que as gramáticas do português fixaram-se na cara dêitica de *este*, *esse* e *aquele*, estabelecendo que esses vocábulos apontam para referentes localizados proximamente à primeira, à segunda e à terceira pessoa, respectivamente. Teríamos, então, um esquema ternário, do tipo:

Quadro 4: Esquema ternário dos pronomes demonstrativos

PESSOA DO DISCURSO	PRONOME PESSOAL	PRONOME DEMONSTRATIVO
Primeira	Eu	Este
Segunda	você/tu	Esse
Terceira	Ele	Aquele

Entretanto, pesquisas sobre os demonstrativos mostraram que o esquema ternário **não** corresponde ao uso contemporâneo do português brasileiro. O que temos é o sistema binário *este/esse*, na indicação de objetos ou pessoas próximas da primeira ou da segunda pessoas, e *aquele*, na indicação de objetos ou pessoas distanciadas da primeira ou da segunda pessoas.

(a) *De quem é este/esse livro aqui?*
(b) *Aquele livro lá parece que foi perdido.*

Isso significa que os demonstrativos acima perdem progressivamente sua relação com as pessoas do discurso, servindo mais à indicação do lugar ocupado por pessoas e objetos.

ATIVIDADE 11

1. Observe no primeiro quadrinho o uso do demonstrativo *essa* (*Essa mulher*) e, no segundo, o do demonstrativo *esta* (*Esta é a Mona Lisa*).

2. O que, na sua opinião, motivou a substituição de *essa* por *esta*?

A função mais forte dos demonstrativos ocorre nas retomadas de referentes, ou em sua anunciação, como podemos notar nos exemplos:

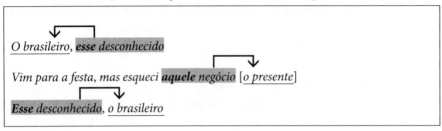

No processo de retomada, os demonstrativos podem apontar para trás (= uso anafórico). Nesse caso, os demonstrativos:

(i) retomam um elemento expresso anteriormente, introduzido no discurso pelo artigo, no esquema **o + substantivo**, que é retomado agora pelo esquema **este/esse/aquele + substantivo**, como em

ou

(ii) retomam um elemento não expresso no texto, mas inferido do contexto, como em

*Vim para a festa, mas esqueci **aquele** negócio [o presente]*

Também os demonstrativos podem apontar para frente (= uso catafórico), anunciando o que virá depois, situação em que esse pronome não tem um antecedente expresso ou pressuposto, organizando-se o esquema **este/esse/aquele + substantivo → o + substantivo**, como em

Pesquisas mostraram que os usos anafórico e catafórico do demonstrativo predominam sobre o uso dêitico – precisamente aquele em que as gramáticas escolares mais insistem.

Os demonstrativos funcionam também como **operadores de verificação**, indicando que o referente expresso pelo substantivo é de nosso conhecimento. Esse uso do demonstrativo indica que, antes de usá-lo, procedemos a uma comparação não verbalizada do referente A com o referente B.

Dessa comparação resultam pelo menos três possibilidades:

(1) Os referentes de A e B são idênticos, e por isso são expressos com precisão, empregando-se *este*, *esse*, *aquele*, *mesmo*, *próprio*:

(a) *Este livro/esse livro aqui está muito caro.*
(b) *Aquele livro lá é mais barato.*
(c) *Outro dia achei o mesmo livro por um valor mais baixo.*
(d) *Eu não vou chegar em Belo Horizonte no mesmo dia... vou ter que dormir em Conquista.* (D2 SSA 98)
(e) *L2 – é difícil porque tem que manter... do dos dos próprios clientes não pode ser feito isso... é uma questão de ética.* (D2 SP 360)
(f) *Naquele tempo DENtro do:: do próprio rio fizeram cerCAdos... assim com FUNdo... uma espécie duma piscina né?* (DID POA 45)

(2) Os referentes de A e B são apenas parecidos, e por isso são expressos com imprecisão, empregando-se o pronome *semelhante*:

(a) *a jovem Aurora podia deixar de recorrer às fórmulas que se usam em semelhantes conjunturas.* (= comparando as conjunturas possíveis, selecionou-se uma conjuntura aproximada e, portanto, imprecisa) [exemplo de Cunha e Cintra, 1985: 332-333]
(b) *então abaixo da pele como eu lembro a vocês que o nosso [...] de anatomia topográfica é semelhante camada...* (EF SSA 49)

(3) Os referentes de A e B são diferentes, e por isso são expressos por alteridade, empregando-se os pronomes *outro*, *tal*:

(a) *Outro livro caro nesta livraria!* (= selecionou-se um livro diferente dentre os demais livros possíveis)
(b) *Eles estão gravando, acompanhados pelo técnico e por outro rapaz.*
(c) *também isso... isso você vê em qualquer bairro do Recife também... nos outros bairros do Recife você também vê...* (D2 REC 05)
(d) *É o tal negócio, assim meu dinheiro não vai dar para nada.*
(e) *O pessoal que foi disse que tal filme não é bom, então eu preferi ficar em casa e não ir a cinema.*
(f) *porque você disse PARA ALGUNS auto:res... ou alguns estudiosos... existe diferença... mas:... para outros ou na minha opinião... não existe por tal... motivo ou tais motivos...* (EF REC 337)

(4) Não conhecemos os referentes, e por isso usamos as formas neutras *isto*, *isso*, *aquilo*:

(a) **Isto/Isso** aqui seria um substantivo.
(b) **Aquilo** lá deve ser um advérbio.

Identidade, **semelhança** e **alteridade** são mecanismos semânticos que acionamos quando usamos os demonstrativos. Você faz isso o tempo todo, talvez apenas não tivesse se dado conta.

ATIVIDADE 12

Vimos que os demonstrativos também funcionam como **operadores de verificação** porque imprimem a ideia de **identidade**, de **semelhança** ou de **alteridade** aos substantivos a que se aplicam. Então, levando em conta essa função, analise o uso dos demonstrativos nos textos selecionados.

Texto 1

Semana Trendy House Pepsi
Seu cachorro faz sujeira? Este aqui faz limpeza

Cachorros são sensacionais, companheiros, e estão sempre prontos para nos animar. Mas sujam o ambiente – e essa é a parte mais chata. O exemplar ao lado, no entanto, faz limpeza e, por isso, entrou no melhor da Semana Trendy House Pepsi junto com um video que parece filme de ficção científica (é apenas um pequeno truque de filmagem de um dia comum), trenó na neve puxado por um caça, uma pista de skate inspirada em Tron:Legacy e uma banda que mostra o que é sincronismo.

Fonte: TRENDY HOUSE PEPSI. Seu cachorro faz sujeira? Este aqui faz limpeza. *Blog Gizmodo*, 1º jan. 2011. Disponível em: <http://www.gizmodo.com.br/conteudo/seu-cachorro-faz-sujeira-esse-aqui-faz-limpeza/>. Acesso em: 6 jul. 2011.

Texto 2

Dois telescópios capturaram uma misteriosa explosão no céu do Havaí (EUA), em forma de bolha, no último dia 22 de junho. A tal bolha foi crescendo no horizonte, durante dois segundos, até se dissolver. O fenômeno, que ocorreu às 3:37 da madrugada, foi registrado por duas câmeras telescópicas instaladas na montanha mais alta do arquipélago.

Fonte: D'ORNELLAS, Stephanie. Explosão misteriosa no céu do Havaí é capturada por telescópios. *Blog Hypescience*, 6 jul. 2011. Disponível em: <http://hypescience.com/explosao-misteriosa-no-ceu-do-havai-e-capturada-por-telescopios/>. Acesso em: 7 jul. 2011.

Texto 3

O Brasil e o piano têm uma bela história juntos. Os dois conquistaram seu espaço quase ao mesmo tempo no século 19: o piano, sobre o cravo; o Brasil, sobre a sua condição de colônia. O **próprio** príncipe dom Pedro era pianista. Em pouco tempo, o piano tornou-se um móvel obrigatório nas nossas casas, tanto quanto o toucador e a escarradeira. Permitiu também que muitos escravos, que o aprenderam, levassem vida melhor.

Fonte: CASTRO, Ruy. País sem pianos. *Folha de S.Paulo*, 12 maio 2010. Opinião, p. A2.

Texto 4

Caos

Um monte de fumaça,
Buzinas e confusão,
Uma grande gritaria,
Atordoa até o ladrão.

Motos, carros e ônibus,
Vans e caminhões,
No meio do congestionamento
São motivo de discussões.

Para fugir de tudo isso,
Só com carro voador,
Mas até ele existir,
Só morando no interior!

João Marcelo da Silva Elias

Fonte: Texto de João Marcelo da Silva Elias, 11 anos, aluno do Colégio Madre Alix, São Paulo-SP.

O papel dos demonstrativos na organização do texto será estudado no capítulo 9, seção 9.3.1. Você verá que, naqueles casos, o papel dos demonstrativos ultrapassa os limites da sentença.

Concluindo, este é o quadro dos demonstrativos que ocorrem no português brasileiro:

Quadro 5: Novo quadro dos demonstrativos no português brasileiro

IDENTIDADE		ALTERIDADE
Identidade precisa	Identidade vaga	
este, esta/esse, essa	isto ~ isso	outro
aquele, aquela	aquilo	tal
mesmo, mesma	o (neutro, como em *o que eu quero dizer é que...*)	
próprio, própria	semelhante	

ATIVIDADE 13

Qual é a função que os demonstrativos assumem na organização dos textos a seguir?

Texto 1

Fonte: TODOS PELA EDUCAÇÃO. *Veja*, 27 abr. 2011, p. 136-7.

Texto 2

Fonte: *Blog Educação Ambiental*, 1º fev. 2008. Disponível em: <http://ambientehoje.blogspot.com/>. Acesso em: 13 jul. 2011.

3.4 O QUANTIFICADOR INDEFINIDO

Várias classes funcionam para indicar a quantidade em português:
- ✓ o morfema {-s}, como em *casas*.
- ✓ os pronomes, como em *muitas casas*.
- ✓ os advérbios quantificadores, como em *você sai muito, desse jeito vai ser reprovado*.
- ✓ os substantivos coletivos, como em *choveu dinheiro em penca*.

Vamos nos deter aqui nos **quantificadores indefinidos**. A informação sobre a quantidade pode ser definida, no caso dos numerais, ou indefinida, no caso dos quantificadores indefinidos, denominados pronomes indefinidos na Gramática tradicional, ou artigo indefinido, no caso do vocábulo *um*.

Dentre os quantificadores indefinidos, uns podem colocar-se antes do substantivo, como em *muita gente*, *pouca comida*; outros substituem o substantivo, como *algo*, *algum*, *alguém*, *ninguém*, *tudo*, *nada*.

Por "indefinido" entenda-se mais amplamente desde um número indeterminado de objetos /contáveis/, como em (*muitos dias*), até uma quantidade indeterminada de objetos /não contáveis/, como em (*muita água*).

Objetos /contáveis/ são entidades separáveis. Objetos /não contáveis/ são entidades inseparáveis, também descritos como "entidades de massa". Assim, posso contar as cadeiras de uma sala. Entretanto, não posso contar "quantas águas" há num balde. Por outro lado, se eu retirar um pouco de água de um balde, a porção de água retirada é tão "aquática" quanto a água que sobrou no balde. Logo, *cadeira* representa uma entidade /contável/, ao passo que *água* representa uma entidade /não contável/. Voltaremos a esse assunto no capítulo 5, seção 5.2.2.

Vamos observar, nos exemplos a seguir, o papel dos **pronomes indefinidos** seguidos de substantivos contáveis e de substantivos não contáveis:

Exemplos

> (a) *Nos desenhos das cavernas a gente vê **muitos** bisontes e **poucas** figuras humanas.*
>
> (b) *Quando o Brasil se lança realmente como criador de coisa aí não vai **nenhuma** paixão **nenhum** bairrismo nem nada é excepcional.* (DID REC 131)
>
> (c) *Quando eu ia ainda bem pequeno... aí tinha café... **bastante** café...* (DID SP 18)
>
> (d) *Então **cada** parente resolveu oferecer um jantar um dia e chamava a parentela **toda** atrás né?* (D2 SSA 98)
>
> (e) *Outra finalidade... a que o sindicato... se propõe... evidentemente é... aquela de proporcionar... o lazer... aos seus... **inúmeros... associados**...* (EF REC 337)
>
> (f) *Mas... se a gente está num nível de vida... em que a preocupação principal é (nos) manter vivo... **qualquer** atividade nossa vai estar relacionada com essa preocupação...* (EF SP 405)
>
> (g) *As incursões (ou aquilo que) eu estou rotulando de incursões foram **quaisquer** tipos de quê? De relações em função de aumento de ampliação de território.* (EF RJ 379)
>
> (h) *Na cidade **todo** mundo estava comentando o filme...* (DID SP 234)
>
> (i) *Vamos reconhecer **alguma** figura humana.* (afirmação)
> *Vamos reconhecer figura humana **alguma**.* (negação: não reconheceremos figura nenhuma)
>
> (j) *Vamos reconhecer **qualquer** figura humana.* (indefinitude)
> *Vamos reconhecer uma figura humana **qualquer**.* (indefinitude + depreciação)
>
> (k) *A pessoa de **certa** idade nunca diz a idade certa.*
>
> (l) *Na cidade **todas** as pessoas estavam comentando o filme.*
> *Na cidade as pessoas **todas** estavam comentando o filme.*
> *Na cidade as pessoas estavam comentando o filme... **todas**.*
>
> (m) *Há **várias** tentativas de reconstrução.*
> *Há tentativas **várias** de reconstrução.*

Os exemplos citados revelam que os **quantificadores indefinidos** integram uma classe heterogênea, visto que:

118 Pequena gramática do português brasileiro

(1) Quanto à sua **morfologia**:
   ✓ Uns se flexionam, como:

(a) *Nós vamos reconhecer bisontes... [...] ...nós vamos reconhecer ahn cavalos... [...] ...e* **algumas** *vezes... muito* **poucas**... **alguma** *figura humana...* (EF SP 405)
(b) *Quando o Brasil se lança realmente como criador de coisa – e aí não vai* **nenhuma** *paixão...* **nenhum** *bairrismo...* (DID REC 131)

Entre os que se flexionam, o quantificador indefinido flexionável *todo* não dispõe do morfonema {o}/{ɔ}, alinhando-se aos possessivos, em que a vogal do radical igualmente não concorre para a expressão do gênero e do número: confira *todo*, *toda*, *todos*, *todas*, *nosso*, *nossa*, *nossos*, *nossas*.

Em compensação, os quantificadores indefinidos se alinham aos demonstrativos na seleção de uma vogal alta para indicar o neutro: confira *tudo*, paralelamente a *isso-isto-aquilo*.

✓ Outros não se flexionam, como:

(c) *Quando eu ia ainda bem pequeno... aí tinha café...* **bastante** *café...* (DID SP 18)
(d) *Então* **cada** *parente resolveu oferecer um jantar um dia e chamava a parentela* *toda atrás né?* (D2 SSA 98)

(2) Quanto à sua **sintaxe**, a posição dos quantificadores pode ser variável:
   ✓ Alguns ocupam sempre a posição pré-nominal, como:

(e) *Então* **cada** *parente resolveu oferecer um jantar um dia.*
(f) *A pessoa de* **certa** *idade nunca diz a idade certa.*

✓ Outros, quando se movimentam:
– alteram seu sentido, como em

(g) *Vamos reconhecer* **alguma** *figura humana.* (afirmação)
(h) *Vamos reconhecer* *figura humana* **alguma**. (negação: não reconheceremos figura nenhuma)
(i) *Vamos reconhecer* **qualquer** *figura humana.* (indefinitude)
(j) *Vamos reconhecer* *uma figura humana* **qualquer**. (indefinitude + depreciação)

– ou alteram sua classe, como *certa*, que em

> (k) *a pessoa de **certa** idade*

é um pronome indefinido, ao passo que, posposto ao substantivo, é um adjetivo: *idade **certa***.

✓ Outros têm "movimento longo", colocando-se antes ou depois do substantivo, e até mesmo ultrapassando os limites da expressão nominal, sem alteração do seu sentido, como em:

> (l) *Na cidade **todas** as pessoas estavam comentando o filme.*
> (m) *Na cidade as pessoas **todas** estavam comentando o filme.*
> (n) *Na cidade as pessoas estavam comentando o filme, **todas**.*

(3) Vejamos agora a **semântica** dos quantificadores indefinidos:
    ✓ Alguns quantificadores indefinidos são privativamente negativos, como:

> (o) *quando o Brasil se lança realmente como criador de coisa aí não vai **nenhuma** paixão **nenhum** bairrismo nem nada é excepcional.* (DID REC 131)

✓ Segundo Longobardi (1988), pode-se reconhecer que os quantificadores indefinidos acompanham substantivos que remetem aos seguintes conjuntos:

1. Conjunto unitário – o quantificador especifica apenas um elemento do conjunto, variando o termo de acordo com o traço semântico do substantivo: *um*, *algum*, *algo*, *alguém*, *qualquer*, *todo*.

Exemplo

> Durante a Páscoa é praticamente impossível não cair na tentação de consumir pelo menos um chocolatinho. O excesso pode acabar prejudicando todos os esforços feitos para manter a boa forma no decorrer do ano. Mas será que existe algum chocolate bom para a saúde e que não engorde? Mauro Scharf, endocrinologista do Bronstein Medicina Diagnóstica/ DASA, afirma que sim. (...)
>
> Fonte: Chocolate amargo é o melhor para a saúde. *Portal Bem Paraná*, 18 abr. 2011. Disponível em: <http://www.bemparana.com.br/index.php?n=177974&t=chocolate-amargo-e-o-melhor-para-a-saude>. Acesso em: 7 jul. 2011.

2. Conjunto vazio – o quantificador especifica um conjunto vazio de elementos: nenhum, nada, ninguém.

Exemplo 1

> RT @   Algum dia, alguém vai entrar na sua vida e fazer você perceber porque é que nunca deu certo com mais ninguém.
>
> Fonte: *Twitter Rafahap*, 17 jun. 2011. Disponível em: <http://twitter.com/#!/rafahap/status/81753944472293376>. Acesso em: 17 jun. 2011.

Exemplo 2

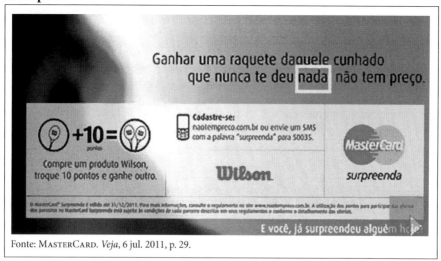

Fonte: MasterCard. *Veja*, 6 jul. 2011, p. 29.

3. Conjunto global – o quantificador especifica a totalidade dos elementos que compõe o conjunto: todos, tudo, muitos, poucos, inúmeros, vários, diversos, demais.

Exemplo 1

HISTÓRIA DAS COPAS | 20:43
Os símbolos de todas as Copas do Mundo

A bola é o elemento comum a todas as 19 logomarcas das Copas do Mundo, desde 1930. Mas o grafismo começou a ganhar espaço a partir da Copa de 1970, no México, a do tricampeonato brasileiro. As cores do país-sede também estiveram na maioria dos escudos oficiais dos mundiais, até mesmo nos mais estilizados ou na representação de bandeiras, como no torneio da Suíça, em 1954. (...)

Fonte: *Blog Copa do Mundo*, 7 abr. 2010. Disponível em: <http://veja.abril.com.br/blog/copa-2010/historia-das-copas/os-simbolos-de-todas-as-copas-do-mundo/>. Acesso em: 7 jul. 2011.

Exemplo 2

Praia da Pipa

Localizada a 85 km de Natal, no município de Tibau do Sul, Pipa está entre as dez mais belas praias do Brasil. A região apresenta uma incrível mistura de paisagens, com praias de águas claras e mornas, que atraem vários golfinhos para a região, além das imponentes falésias alaranjadas, cercadas ainda por uma reserva de Mata Atlântica.

Fonte: *Site Natal Vans*. Disponível em: <http://www.natalvans.com.br/index.php?fID=23&contID=7>. Acesso em: 6 jul. 2011.

4. Resta lembrar o quantificador distributivo (*cada*):

Livraria organizada: Cada livro na prateleira certa.
📅 22 de março de 2011

Fonte: *Portal Humortalha*, 22 mar. 2011. Disponível em: <http://humortalha.com/2011/03/livraria-organizada-cada-livro-na-prateleira-certa/>. Acesso em: 7 jul. 2011.

(4) Os **quantificadores indefinidos** têm igualmente **funções textuais**, pois eles concorrem para que um texto tenha um caráter de indefinitude, de imprecisão. Sejam os seguintes exemplos:

122 Pequena gramática do português brasileiro

(a) L1 – É difícil saber se se teria sido consequência de tradição oral... se eles teriam absorvido essa cultura no no no nos... nos embates de cantoria... ou se efetivamente eles:: com a preocupação de querer:: éh::... fazer parecer que conhecem efetivamente mais do que conhecem se eles teriam lido **alguma** coisa ou ou ou ou procurado éh::... de **qualquer** forma... se enfronhar mais em em em coisas de civilização... mas eles falam da da Grécia... antiga... citam a::... figuras mitológicas... de modo que **alguma** coisa eles conhecem. (D2 REC 05)

(b) L1 – sempre isso, **ninguém** vai na casa de **alguém** faze(r) **uma uma** reunião e de repente se não é comer **alguma** coisa ah bebe(r) **um** drinquezinho mas é normal... não é... então quando tem **algum**... **algum**..., **alguma** coisa **um pouco** mais especial... então... o que se... o que que acontece **uma** jantinha... então se entra nos mínimos detalhes... **um** negócio geralmente com requinte... claro. (D2 POA 291)

Em (a), o locutor discorre sobre os cantadores de cordel, e em (b) fala-se sobre as atividades familiares rotineiras. Nos dois casos, pratica-se um discurso genérico, em que se veiculam conhecimentos compartilhados, sem o interesse de focalizar e explorar com precisão os tópicos conversacionais.

Um conjunto de recursos linguísticos foi movimentado nesse texto:

1. Os quantificadores indefinidos, negritados nos exemplos.
2. Os substantivos de conteúdo genérico: *coisa, forma, negócio.*
3. A pluralização, afetando substantivos (*coisas, figuras mitológicas*), os pronomes (*eles*), os estados de coisas repetidos (*eles falam da Grécia*), isto é, eles repetidamente falam da Grécia (ver capítulo 5).

Esta rápida análise mostra que, ao imprimir o tom de indefinitude ao seu discurso, os falantes movimentam diferentes setores da língua.

ATIVIDADE 14

1. Leia os textos.

Texto 1

> *Amar alguém*
>
> Amar alguém só pode fazer bem
> Não há como fazer mal a ninguém
> Mesmo quando existe um outro alguém
> Mesmo quando isso não convém
>
> Composição: Arnaldo Antunes/Dadi/Marisa Monte

Texto 2

Fonte: SCHULZ, Charles. Minduim. *O Estado de S. Paulo*, 7 jul. 2011. Caderno 2, p. D10.

Texto 3

14/06/2011 20h56 - Atualizado em 14/06/2011 21h16   REUTERS

Vulcão pode prejudicar voos por mais algum tempo no Cone Sul

Erupção não dá sinais de que vai acabar logo, dizem especialistas chilenos. Puyehue, no sul do Chile, voltou à ativa em 4 de junho e afeta voos.

Fonte: *G1 – Globo.com*, 14 jun. 2011. Disponível em: <http://g1.globo.com/mundo/noticia/2011/06/cinzas-vulcanicas-podem-prejudicar-voos-por-mais-algum-tempo-1.html>. Acesso em: 6 jul. 2011.

Texto 4

Mega-Sena pode tornar alguém R$ 50 milhões mais rico

publicado 22/06/2011 às 08:01 - Atualizado em 22/06/2011 às 12:53

Fonte: *Portal Novo Hamburgo*, 22 jun. 2011. Disponível em: <http://novohamburgo.org/site/noticias/geral/2011/06/22/mega-sena-pode-tornar-alguem-r-50-milhoes-mais-rico/>. Acesso em: 13 jul. 2011.

2. Compare os textos e repare que o **texto 1** é trecho de letra de uma música; o **texto 2** é uma tirinha, e os **textos 3 e 4** são títulos de matérias de jornais. Todos, porém, apresentam pronomes **quantificadores indefinidos**. Responda:
   2.1 Quais são esses pronomes quantificadores indefinidos?
   2.2 Explique que sentido o uso desses pronomes promove em cada um dos textos.

ATIVIDADE 15

1. Leia o texto

Pé-frio, veterano não perde status

COPA AMÉRICA
Hoje, contra a Colômbia, Zanetti, 37, completa 140 jogos com a Argentina

RODRIGO BUENO
ENVIADO ESPECIAL A BUENOS AIRES

Ninguém jogou mais do que ele na história da Argentina. Poucos foram tão curingas como ele. Mas títulos pela seleção principal, que é bom, ele não tem nenhum.
Hoje, contra a Colômbia, em Santa Fé, Zanetti completará 140 jogos pela Argentina trocando a lateral direita pela esquerda. O "Cafu argentino", apesar da ausência de glórias por seu país, não é contestado e talvez seja mais querido do que o capitão do penta, em 2002, é no Brasil.

Fonte: BUENO, Rodrigo. Pé-frio, veterano não perde status. *Folha de S.Paulo*, 6 jul. 2011. Esporte, p. D4.

2. Observe que o primeiro parágrafo é marcado pela presença de quantificadores indefinidos. Marque esses elementos linguísticos no texto.
3. Agora, tente reescrever o texto retirando os quantificadores indefinidos ou substituindo-os por outros pronomes que não sejam indefinidos. Compare as duas produções. Qual a sua conclusão?

Com base nessas observações, é possível construir o quadro dos quantificadores indefinidos no português brasileiro:

Quadro 6: Quadro dos quantificadores indefinidos no português brasileiro

Pronomes indefinidos	PROPRIEDADES GRAMATICAIS		PROPRIEDADES SEMÂNTICAS
	Morfologia	Posição	Modalidade
Um	+Flexionável	-Movimentação	Afirmativa
Alguém	-Flexionável	-Movimentação	Afirmativa
ninguém	-Flexionável	-Movimentação	Negativa
Algum	+Flexionável	+Movimentação	Afirmativa
nenhum	+Flexionável	+Movimentação	Negativa
todo	+Flexionável	+Movimentação	Afirmativa
tudo	-Flexionável	-Movimentação	Afirmativa
nada	-Flexionável	-Movimentação	Negativa
pouco	+Flexionável	+Movimentação	Afirmativa
muito	+Flexionável	+Movimentação	Afirmativa
bastante	-Flexionável	-Movimentação	Afirmativa
qualquer	+Flexionável	+Movimentação	Afirmativa
inúmeros	+Flexionável	+Movimentação	Afirmativa
certo	+Flexionável	-Movimentação	Afirmativa
demais	-Flexionável	-Movimentação	Afirmativa
diverso	+Flexionável	+Movimentação	Afirmativa
tanto	+Flexionável	+Movimentação	Afirmativa

3.5 O PRONOME RELATIVO

Observe os seguintes exemplos:

(a) *E eu que não tinha nada com aquilo quase apanhei.*
(b) *Isso que você me disse não faz o menor sentido.*
(c) *Não sei qual caneta é a sua. Essa é a razão pela qual tratei de cair fora.*
(d) *A casa onde morei caiu com a chuvarada.*
(e) *O menino cujo pai é uma fera está aí fora.*
(f) *Quem passou, passou.*

126 Pequena gramática do português brasileiro

Nesses exemplos, as formas *que*, *qual*, *onde* funcionam na retomada de um conteúdo, expresso respectivamente por *eu*, *isso*, *caneta*, *lugar*, evitando a repetição dessas palavras, como seria em

---

(a) *E eu, eu não tinha nada com aquilo.*
(b) *Isso, isso que você me disse...*
(c) *Não sei a caneta, a caneta é a sua. Essa é a razão por essa razão tratei de cair fora.*
(d) *A casa em que eu morei a casa caiu com a chuvarada.*
(e) *O menino, o pai do menino é uma fera, está aí fora.*

O pronome *quem* retoma um conteúdo não expresso na sentença, algo como

---

(f) *Aquele que passou, passou.*

São chamados relativos os pronomes que desempenham essa função dupla: como pronomes, retomam seu antecedente; como conjunções, encaixam uma sentença na expressão nominal ou pronominal anterior.

Também os pronomes relativos estão mudando rapidamente no português brasileiro. *Cujo* desapareceu, sobrevivendo na expressão *"o dito cujo"*, em que não funciona como pronome relativo. *Qual* e *quem* andam balançando. Com isso, *que* se transforma numa espécie de pronome relativo universal, ocupando o lugar dos outros:

(g) *Não sei* **que** *caneta é a sua.*
(h) *A casa* **que** *eu morei nela caiu com a chuvarada.*
(i) *O menino* **que** *o pai dele é uma fera está aí fora.*

Como os pronomes relativos iniciam as sentenças subordinadas adjetivas, alterações estão ocorrendo também nessas sentenças, que serão estudadas no capítulo 8, seção 8.3.2.2.

O pronome 127

ATIVIDADE 16

1. Leia o texto e observe nos trechos em destaque os pronomes relativos.

O DESFILE

Domingo de Carnaval. Levantei cedo e, como de costume, me preparei para mais uma caminhada.

Liguei para meu irmão Nando, **que** ligou para o Teio, **que** ligou para o Marcelo, **que** ligou para o Chico, **que** ligou para um primo, **que** ligou para um amigo, para outro, outro, e outro...

Acreditem, depois de duas horas de espera, juntamos 27 "caminhantes", entre familiares e amigos.

Propus para começarmos logo o churrasco, pois como caminhar com tanta gente? Fui voto vencido, porque a cerveja estava quente e a carne congelada.

Então, dei a ideia de caminharmos no Campo de Aviação, onde há mais espaço, mas novamente não concordaram comigo.

Saímos, então, pelas ruas de Cajuru. A cara das pessoas **que** cruzavam com aquela multidão era de espanto, e depois de risos, muitos risos.

Na rua José Bonifácio, **que** é bem estreita, três crianças **que** brincavam alegremente correram assustadas para as suas casas, com medo daquele bando. Já mais à frente, um tanto assustada, uma jovem gritou bem alto:

"Arrastão em Cajuru, pessoal, cuidado!" Já um outro gritou: "Café é bom para emagrecer, é só capinar...".

Um senhor bem idoso, querendo agradar o meu irmão Nando, que é seu médico, disse a ele: "Ô doutor, o senhor anda muito depressa, esse hominho aí não consegue acompanhar o senhor de jeito nenhum". É claro que fiquei irritado, pois o hominho a quem àquele senhor se referia, era eu.

Fonte: Texto de Eugênio Pacelli Elias publicado em O Jornalzão, de Cajuru/sp em 07 mar. 2009.

Considerando que o pronome relativo retoma o referente e insere a sentença que ele encabeça no substantivo ou no pronome que o antecede, indique:

1. Qual o referente retomado em cada uma das ocorrências do pronome *que* nos trechos destacados?
2. Qual o efeito que produz a reiteração do pronome *que* no trecho

Liguei para meu irmão Nando, **que** ligou para o Teio, **que** ligou para o Marcelo, **que** ligou para o Chico, **que** ligou para um primo, **que** ligou para um amigo, para outro, outro, e outro...

Você se lembra de algum outro texto em que o uso do relativo se assemelha ao do trecho citado?

Sumarizando

Agora que você sabe identificar os pronomes e entender seu funcionamento, passemos ao estudo do verbo. Você verá a importância dos pronomes na conjugação dos verbos, na construção da sentença simples e na organização do texto. Verá, também, as consequências das alterações que os pronomes estão conhecendo no português brasileiro.

> **Quero mais**
> Ilari, Rodolfo; Neves, Maria Helena Moura (orgs.). *Gramática do português culto falado no Brasil*. Coord. geral Ataliba T. de Castilho. Campinas: Ed. Unicamp, 2008 (volume 2: Classes de palavras e processos de construção).

O VERBO

O QUE É O VERBO?

Para entendermos o que é o verbo, precisaremos identificar suas propriedades gramaticais, semânticas e discursivas. O estudo dessas propriedades explicará como criamos e como usamos os *verbos*, distinguindo-os das demais classes de palavras de nossa língua.

4.1 PROPRIEDADES GRAMATICAIS DO VERBO: FORMAS DO VERBO

Vimos no capítulo 1 que **Gramática → Fonologia + Morfologia + Sintaxe**. O verbo, assim como as demais classes de palavras, exibe características que procedem de todos esses campos, como veremos a seguir.

4.1.1 CARACTERÍSTICAS FONOLÓGICAS DO VERBO

Estudamos os fonemas vocálicos e consonantais do português brasileiro no capítulo 2, quadros 4 e 5.

130 Pequena gramática do português brasileiro

Retomando o que foi estudado, desenvolva a atividade a seguir para entender como jogamos com os fonemas para construir os morfemas que aparecem nos verbos.

ATIVIDADE 1

1. Observe os dados contidos no quadro, em que diferenças entre verbos, ou diferenças entre pessoa, tempo e modo do mesmo verbo, assentam nas vogais, consoantes e ditongos:

> **1) Fonemas vocálicos:**
> *ele faz / ele fez / eu fiz; eu firo / ele fere / nós ferimos; ontem eu pude / ontem ele pôde / hoje ele pode; ele fala, ele pega / que ele fale, que ele pegue.*
> **2) Fonemas consonantais:**
> *eu peço / eu peco; eu acho / eu ajo.*
> **3) Fonemas consonantais + fonemas vocálicos:**
> *ele mora / não quero que ele morra.*
> **4) Ditongos:**
> *ele vai / eu vou; eu fui / ele foi.*

2. Distribua os verbos nas colunas de acordo com a função e localização dos fonemas que compõem as formas verbais contidas no quadro anterior.

Fonemas que diferenciam as pessoas e os tempos do verbo do mesmo verbo	Fonemas utilizados para construir verbos diferentes	Localização dos fonemas sobre os quais assenta a diferença	
		no radical verbal	nos morfemas verbais

O verbo 131

4.1.2 CARACTERÍSTICAS MORFOLÓGICAS DO VERBO

Do ponto de vista morfológico, são identificadas como verbos as classes que dispõem de um **radical** e de **morfemas sufixais** específicos.

Na manchete,

> # Em 18 dias de protestos, egípcios derrubam ditador de 3 décadas
>
> Mubarak renuncia; conselho militar chefiado por ministro da Defesa assume a transição e promete eleições livres
>
> Fonte: *Folha de S.Paulo*, 12 fev. 2011, p. A1.

identificamos o verbo **derrubam**, que possui como radical *derruba* e como morfema sufixal {-**am**}, segundo estudamos no capítulo 2.

Os verbos podem aparecer sozinhos ou acompanhados de outros verbos. Quanto a essa característica, podem ser classificados como **plenos** ou **auxiliares**.

Verbos plenos e verbos auxiliares

No texto 1,

> ## Acabou a novela
> Cássio Zirpoli e Diego Trajano
> esportes.pe@dabr.com.br
>
> **Edição de sexta-feira, 10 de dezembro de 2010**
>
> Depois de muita especulação, Carlinhos Bala finalmente disse 'sim' ao Sport. Atleta fica na Ilha por um ano
>
> Fonte: ZIRPOLI, Cássio; TRAJANO, Diego. Acabou a novela. *Diário de Pernambuco*, 10 dez. 2010. Disponível em: <http://www.diariodepernambuco.com.br>. Acesso em: 3 mar. 2011.

o verbo *acabar* aparece sozinho e organiza a sentença. Estamos diante de um **verbo pleno**.

No texto 2,

> ## Nuvem de vulcão chileno continua causando transtornos a passageiros no Aeroporto Tom Jobim, no Rio
>
> Fonte: *Agência Brasil – Jornal do Brasil*, 14 jun. 2011. Disponível em: <http://www.jb.com.br/pais/noticias/2011/06/13/>. Acesso em: 14 jun. 2011.

o verbo que organiza a sentença aparece na forma de gerúndio *causando* e está acompanhado de um verbo no presente do indicativo *continua*. Nessa construção, o verbo *continuar* é auxiliar e o verbo *causar* é pleno. Ambos formaram uma perífrase verbal, mas apenas *causando* organizou a sentença.

Leia agora o texto 3:

Deixando um pouco de lado o traço humorístico constitutivo do texto, notamos que na fala do segundo balão: *E eu vou estar tendo cura, doutor?*

(1) o verbo que organiza essa sentença está no gerúndio, *tendo*, a que se segue o substantivo *cura*, por ele escolhido;
(2) antes dele veio *estar*, no infinitivo;
(3) antes de *estar* veio o verbo *ir*, no presente do indicativo.

De todos esses verbos, apenas *tendo* organizou a sentença *E eu vou estar tendo cura, doutor?*

> Prove que foi o verbo *ter* que escolheu o substantivo *cura*, e não os outros.
> Observe: você diria *vou cura*? Ou *estar cura*? Não, logo foi o verbo *ter* que construiu a sentença, pois podemos dizer *tenho cura*.
> Então, para que servem os outros verbos?

O verbo **133**

Como falantes do português brasileiro, sabemos que *vou* serviu para indicar o futuro de *estar*, e *estar* serviu para indicar o estado de *ter cura*. Dadas as diferentes funções desses verbos, *ter* é denominado **verbo pleno** (pois constrói uma sentença), e *ir* e *ter* são denominados **verbos auxiliares** (pois no exemplo comentado não constroem uma sentença, atribuindo pessoa, tempo futuro e a noção de duração ao verbo pleno *tendo*; observe que esse verbo, conjugado no gerúndio, não pode indicar pessoa nem tempo futuro).

Quando verbos auxiliares e um verbo pleno se reúnem na mesma sentença, dizemos que apareceu uma **perífrase verbal**. O primeiro verbo, o auxiliar, pode ser conjugado em qualquer pessoa, tempo e modo. O segundo verbo, o verbo pleno, só é conjugado no infinitivo, no gerúndio ou no particípio. Já vimos isso na seção 2.3.3 do capítulo 2.

Mais uma pergunta: há muita gente que não gosta de construções como essa, acusando quem a usa de *gerundismo*.

Se você comparar o quadro das formas verbais do português (veja seção 2.3.3 do capítulo 2) com o quadro semelhante do latim vulgar, língua-mãe do português (veja a *Gramática do latim vulgar*, de Theodoro Henrique Maurer Jr. (1959)), notará que os falantes do português desenvolveram mais formas perifrásticas do que os falantes de latim. Pode ser que queiramos, agora, juntar ao presente simples de *"eu tenho cura"* uma espécie de presente composto *"eu estou tendo cura"*. A forma *vou* atribui tempo futuro ao conjunto, donde *"eu vou estar tendo cura"*, evitando-se o futuro simples em *–rei* (compare com *"estarei tendo cura"*). Em outras palavras, o quadro conjugacional do português brasileiro está sendo alterado, perdendo-se formas simples, substituídas por formas compostas ou perifrásticas.

ATIVIDADE 2

1. Leia o resumo das novelas.

NOVELAS

Malhação
17h30 na Globo
Kátia diz a Railda que gosta de Theo, mas não como irmão. Catarina vê o mural de recortes e fotos de Raquel no quarto de Pedro e questiona se ele quer sair do colégio para continuar procurando a ex-namorada.

Cordel Encantado
18h15 na Globo
Antônia se revolta com Inácio. Filó vê Cícero e fica apavorada. Úrsula fica animada com notícia de que Euzébio dançará valsa com a princesa. Açucena dança com Felipe como uma verdadeira princesa.

Morde e Assopra
19h15 na Globo
Celeste planeja seduzir Abner e pede para Áureo fingir cozinhar em seu lugar. Cristiano conta para Júlia que se decepcionou com Abelha e rompeu o noivado. Guilherme se recusa a velar Márcia.

Insensato Coração
21h05 na Globo
Neném conta para Eunice sobre sabotagem no avião que matou Luciana. Wagner avisa a Cortez que ele será transferido para presídio. Norma se revela para Léo e ameaça mandá-lo para a cadeia.

Fonte: *Jornal da Tarde*, 29 jun. 2011. Variedades, p. 2D.

134 Pequena gramática do português brasileiro

2. Identifique os verbos dos resumos e distribua-os nas colunas a seguir, de acordo com sua estrutura morfológica.

Verbos plenos	Verbos auxiliares

3. Compare os resultados descritos no quadro e responda: que verbos são predominantes nos resumos analisados? Por quê?

ATIVIDADE 3

Construa sentenças empregando os seguintes verbos auxiliares: *ser*, *estar*, *ter*, *haver*, *dever*, *poder*, *querer*, *ir*, *vir*. Depois disso, você já estará pronto para estudar a sintaxe do verbo.

Verbos auxiliares	Sentenças
ser	
estar	
ter	
haver	
dever	
poder	
querer	
ir	
vir	

4.1.3 CARACTERÍSTICAS SINTÁTICAS DO VERBO

O verbo se destaca dentre as outras classes de palavras por ter a propriedade de organizar a sentença. Num desfile de escola de samba, o verbo ocuparia facilmente o lugar de padrinho da escola.

> – Espere aí, não existe padrinho de escola de samba, só madrinha!
> – Então, fica criado o padrinho de escola de samba!

Você sabe como o verbo organiza a sentença?

Bom, vimos na seção 2.3.3 do capítulo 2 como é a morfologia verbal. Pois bem, cada morfema verbal desempenha um papel próprio na organização da sentença:

(1) O **morfema radical** escolhe os complementos da sentença.

Vamos ver como isso acontece na prática? Na manchete, veja que o radical *recebe* escolhe o complemento tratamento de beleza:

Pacientes recebem tratamento de beleza em hospital de SP

Fonte: VERSOLATO, Mariana. Pacientes recebem tratamento de beleza em hospital de SP. *Folha de S.Paulo*, 21 jun. 2011. Saúde, p. C10.

(2) O **morfema número-pessoal** escolhe o sujeito da sentença.

Retomando a manchete, vemos que o morfema número-pessoal {-*em*} escolhe o sujeito da sentença, no caso pacientes.

Pacientes recebem tratamento de beleza em hospital de SP

Fonte: VERSOLATO, Mariana. Pacientes recebem tratamento de beleza em hospital de SP. *Folha de S.Paulo*, 21 jun. 2011. Saúde, p. C10.

Como provo isso? Porque o morfema nominal de *pacientes* indica o plural, e o morfema verbal de *recebem*, que é um ditongo nasal grafado *-em*, também está no plural, mostrando que houve concordância entre eles.

Dá-se o nome de **transitividade** a essa propriedade de seleção de termos da sentença pelo verbo. No capítulo 8 voltaremos a esse assunto, estudando com mais detalhe esse lance de sujeito e complemento.

136 Pequena gramática do português brasileiro

Como organizadora da sentença, a propriedade da transitividade verbal não poderia ser algo simples – afinal, falamos o tempo todo por meio de sentenças, veiculando situações muito diferentes umas das outras, que exigirão verbos igualmente diferentes.

É por isso que os verbos têm uma morfologia tão rica. Além disso, eles integram diferentes tipos, de acordo com a transitividade. Vamos ver mais de perto a tipologia sintática dos verbos.

4.1.4 TIPOLOGIA VERBAL: VERBO E TRANSITIVIDADE

Observe nos seguintes exemplos que classes gramaticais foram escolhidas pelo verbo negritado. Considere aí tanto os substantivos quanto os pronomes pessoais:

(a) *Chove. Relampeja.*

(b) *Tinha um gato preto perto dela. Ali havia uns eucaliptos sendo plantados lá, não? Existem muitos outros meios de transporte que não são explorados.*

(c) *Os benefícios diminuíram. A porta bateu. Cresceram as preocupações com a guerra.*

(d) *O menino é alto. O menino está doente/parece doente. Com o tratamento, o garoto tornou-se magro.*

(e) *Nesta sala aqui, o professor é o aluno.* (= a sentença descreve uma aula em que o professor é um aluno realizando estágio) *Fora dessas situações, professor é professor e aluno é aluno.*

(f) *Luís descobriu a pólvora. Luís descobriu que quer ser aviador. Hoje te peguei.*

(g) *O livro pertence ao aluno.*

(h) *Luís foi ao Peru. Luís foi com Maria. Luís veio do Peru. Luís veio com Maria. Luís precisa de nota. Luís gosta de peras.*

(i) *O diretor deu o prêmio ao aluno.*

(j) *Ela não tem tempo para sair. Ontem teve lugar a entrega dos prêmios. Não tenho obrigação nenhuma. Fui logo dar parte na polícia sobre o ocorrido.*

Comparando as sentenças, pode-se notar o seguinte:

1. Os verbos *chover* e *relampejar* apareceram sozinhos nas duas sentenças: não escolheram nenhum substantivo nem nenhum pronome.

a) *Chove. Relampeja.*

2. Os verbos *ter*, *haver*, *existir*, *diminuir*, *bater*, *crescer*, *ser*, *estar*, *parecer*, *tornar-se* escolheram **um** substantivo apenas.

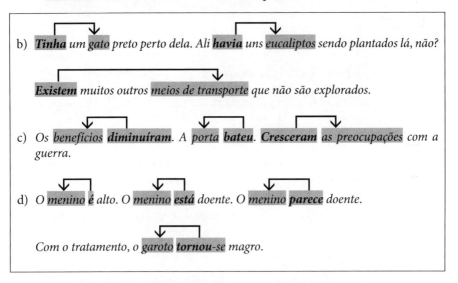

b) **Tinha** um gato preto perto dela. Ali **havia** uns eucaliptos sendo plantados lá, não?

Existem muitos outros meios de transporte que não são explorados.

c) Os benefícios **diminuíram**. A porta **bateu**. **Cresceram** as preocupações com a guerra.

d) O menino **é** alto. O menino **está** doente. O menino **parece** doente.

Com o tratamento, o garoto **tornou**-se magro.

3. Os verbos *ser*, *descobrir*, *pertencer*, *ir*, *vir*, *precisar*, *gostar* escolheram **dois** substantivos:

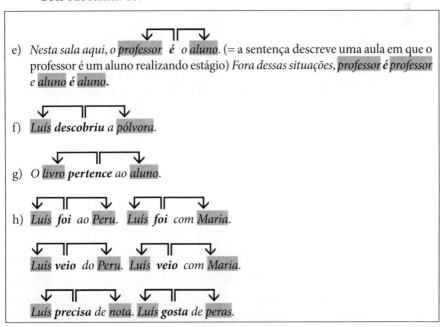

e) Nesta sala aqui, o professor **é** o aluno. (= a sentença descreve uma aula em que o professor é um aluno realizando estágio) Fora dessas situações, professor **é** professor e aluno **é** aluno.

f) Luís **descobriu** a pólvora.

g) O livro **pertence** ao aluno.

h) Luís **foi** ao Peru. Luís **foi** com Maria.

Luís **veio** do Peru. Luís **veio** com Maria.

Luís **precisa** de nota. Luís **gosta** de peras.

O verbo *descobrir* pode escolher ao mesmo tempo um substantivo e toda uma sentença:

> Luís **descobriu** que quer ser aviador.

O verbo *pegar* escolhe dois pronomes, um dos quais está omitido:

> Hoje te **peguei**. (= *[eu]* hoje te *peguei*).

Apesar dessa aparência formal, os substantivos e pronomes aí reunidos têm comportamentos sintáticos muito diferentes, como veremos a seguir.

4. O verbo *dar* aparece com **três** substantivos, um deles preposicionado.

> i) O diretor **deu** o prêmio ao aluno.

5. Em outra situação, o substantivo vem fortemente ligado ao verbo, dispensando o artigo que apareceu nos exemplos anteriores:

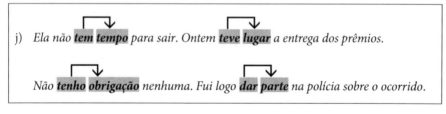

> j) Ela não **tem** tempo para sair. Ontem **teve** lugar a entrega dos prêmios.
>
> Não **tenho** obrigação nenhuma. Fui logo **dar** parte na polícia sobre o ocorrido.

Essas rápidas observações nos permitirão identificar a tipologia sintática dos verbos, tomando em conta os substantivos, os pronomes e as sentenças que tais verbos escolheram para construir a sentença. Então, vamos lá.

4.1.4.1 Verbos intransitivos impessoais

Chover, *relampejar* e outros verbos que indicam fenômenos atmosféricos (*trovejar*, *nevar*, *garoar*, *gear*, *ventar* etc.) não selecionam nenhum substantivo ou pronome para que a sentença nos diga algo. Eles são denominados **intransitivos impessoais**.

O verbo 139

4.1.4.2 Verbos monotransitivos

São **monotransitivos** os verbos ter, haver, existir, diminuir, bater, crescer, ser, estar, parecer, tornar-se que aparecem nas sentenças (b-d), porque escolhem apenas um substantivo. Nesses exemplos, note o seguinte:

1. Em

> b) **Tinha** um gato preto perto dela. Ali **havia** uns eucaliptos sendo plantados lá, não? **Existem** muitos outros meios de transporte que não são explorados.

o substantivo único vem sempre depois do verbo. Estes são os **monotransitivos apresentacionais**, verbos que servem para introduzir um assunto num texto.

2. Nas sentenças reunidas em

> c) Os benefícios **diminuíram**. A porta **bateu**. **Cresceram** as preocupações com a guerra.

temos um caso interessante: os verbos negritados não indicam o agente, apenas o paciente, tanto é verdade que podemos parafrasear essas sentenças por "alguém fez que os benefícios diminuíssem", "alguém bateu a porta", "alguém fez crescer as preocupações com a guerra". Quando monotransitivos, em "a porta bateu", por exemplo, esses verbos são denominados **monotransitivos ergativos**.

Insistindo um pouco nesse ponto: quando explicitamos o agente, os mesmos verbos monotransitivos ergativos passam a ser usados como bitransitivos diretos. Compare com O governo diminuiu o benefício, o vento bateu a porta. Moral da história: a transitividade é uma propriedade da sentença, não do verbo.

3. Nas sentenças reunidas em

> d) O menino é alto. O menino **está** doente / **parece** doente. Com o tratamento, o garoto **tornou**-se magro.

ocorrem os verbos: ser, estar, parecer, tornar-se. Em todos esses casos, o verbo tem um sentido rarefeito, funcionando para atribuir uma qualidade, expressa pelo adjetivo, ao sujeito, expresso pelo substantivo. Se retirarmos esses verbos das sentenças, teremos uma construção de **substantivo + adjetivo**: menino alto,

140   Pequena gramática do português brasileiro

menino doente, *menino de Araçatuba*, *garoto magro*. Esses verbos são denominados **monotransitivos atributivos** nessas construções.

4. Nas sentenças reunidas em

---
e)   *Nesta sala aqui, o professor é o aluno. Fora dessas situações, professor é professor e aluno é aluno.*

---

os verbos estabelecem uma relação de igualdade entre os substantivos que aí aparecem; é como se estabelecêssemos a seguinte equação: *professor = aluno*, *professor = professor*, *aluno = aluno*. Retirados da sentença, esses verbos dão lugar a substantivos compostos, como em *professor-aluno*. Eles são **monotransitivos equativos**.

4.1.4.3 Verbos bitransitivos

Nas sentenças

---
f)   *Luís **descobriu** a pólvora. Luís **descobriu** que quer ser aviador. Hoje te **peguei**.*
g)   *O livro **pertence** ao aluno.*
h)   *Luís **foi** ao Peru. Luís **foi** com Maria. Luís **veio** do Peru. Luís **veio** com Maria. Luís **precisa** de nota. Luís **gosta** de peras.*

---

notamos que há dois substantivos, ambos selecionados pelo verbo.

Em

---
f)   *Luís **descobriu** a pólvora. Luís **descobriu** que quer ser aviador. Hoje te **peguei**.*

---

o primeiro substantivo (Luís) pode ser substituído pelo pronome *ele*, e o segundo (a pólvora) pode ser substituído pelo pronome *a* ou *ela*: *Ele a descobriu / Ele descobriu ela*.

Em

Hoje te peguei.

---

o verbo escolheu dois pronomes pessoais: *eu*, sujeito, omitido na sentença, e *te*, complemento objeto direto: *eu **peguei** você / eu te **peguei***.

Em

> *Luís **descobriu** que quer ser aviador.*

o verbo escolheu o substantivo *Luís* como sujeito e toda a sentença *que quer ser aviador* como complemento. Podemos substituir essa sentença pelo demonstrativo neutro: *Luís **descobriu** isto*. Os verbos das sentenças *Luís **descobriu** a pólvora*. *Luís **descobriu** que quer ser aviador*. *Hoje te **peguei*** são **bitransitivos diretos**.

Em

> g) *O livro **pertence** ao aluno.*

também há dois substantivos, mas o segundo (ao aluno) vem preposicionado por *a* ou *para*.

O primeiro substantivo (o livro) pode ser substituído por *ele*; portanto, é o sujeito. O segundo substantivo veio preposicionado (ao aluno) e pode ser substituído por *lhe*: *ele **pertence-lhe***; portanto, é o complemento objeto indireto. Temos aqui um verbo **bitransitivo indireto**.

Finalmente, em

> h) *Luís **foi** ao Peru. Luís **foi** com Maria. Luís **veio** do Peru. Luís **veio** com Maria. Luís **precisa** de nota. Luís **gosta** de peras.*

temos igualmente dois substantivos, o segundo dos quais preposicionado por *a, com, de*. O primeiro substantivo (*Luís*) continua substituível por *ele*, logo, é o sujeito, mas o segundo não é substituível por *lhe*, logo, não é o complemento objeto indireto, tanto assim que não diríamos: **Luís foi-lhe, *Luís veio-lhe, *Luís gosta-lhe*.

Nos exemplos (h), o substantivo vem obrigatoriamente preposicionado e só pode ser substituído pela preposição + *ele, lá*: *Luís **foi** lá, Luís **foi** com ela. Luís **veio** de lá. Luís **veio** com ela. Luís **precisa** dela. Luís **gosta** delas.* Esses verbos são **bitransitivos oblíquos**.

4.1.4.4 Verbos tritransitivos

Na sentença

> i) *O diretor **deu** o prêmio ao aluno.*

142 Pequena gramática do português brasileiro

o verbo escolheu três substantivos: o primeiro, (o diretor), pode ser substituído por *ele*, é o sujeito; o segundo, (o prêmio), pode ser substituído por *o*, é o objeto direto; o terceiro, (ao aluno), pode ser substituído por *a ele/lhe*, é o objeto indireto: *O diretor deu-o a ele*. Em Portugal, esses pronomes oblíquos podem ser reunidos numa forma só: *O diretor deu-lho*. Nessa sentença, o verbo *dar* é **tritransitivo**.

4.1.4.5 Verbos suporte

Examinando as sentenças reunidas em (j), notamos o seguinte:

> j) *Ela não **tem tempo** para sair. Ontem **teve lugar** a entrega dos prêmios. Não **tenho obrigação** nenhuma. Fui logo **dar parte** na polícia sobre o ocorrido.*

(1) Há uma ligação muito forte entre o verbo e o substantivo que se segue, que não é precedido de artigo.

(2) Esse substantivo não funciona como complemento do verbo, tanto assim que não é substituível por um pronome:

> (j) *Ela não **tem tempo** para sair.*
> **Ela não tem **ele** para sair.*
> **Ela não **o** tem para sair.*
>
> *Ontem **teve lugar** a entrega dos prêmios*
> **Ontem teve **ele** a entrega dos prêmios.*
> ** Ontem teve-**o** a entrega dos prêmios.*
>
> *Não **tenho obrigação** nenhuma.*
> ** Não tenho **ela** nenhuma.*
> **Não **a** tenho nenhuma.*
>
> *Fui logo **dar parte** na polícia do ocorrido*
> **Fui logo dar **ela** do ocorrido.*
> **Fui logo dá-**la** do ocorrido.*

(3) O conjunto **verbo + substantivo** supre a falta de certos verbos, não disponíveis no português brasileiro, conforme demonstrado por Neves (1996), como se pode ver em:

(j) *Ela não tempou para sair.
   *Ontem lugarou a entrega dos prêmios.
   *Não obriguei nenhuma.
   *Fui logo partear na política.

Nessas construções, não temos, portanto, nem um verbo pleno, nem um verbo auxiliar, nem um verbo transitivo. Esses verbos foram denominados **verbos suporte**.

Veja outras comprovações disso:

música

Brasil pega carona em festival chileno

Agenda de shows no país recebe artistas que tocam no Lollapalooza de Santiago, como 30 Seconds to Mars

Fonte: MENEZES, Thales de. Brasil pega carona em festival chileno. *Folha de S.Paulo*, 2 mar. 2011. Ilustrada, p. E3.

No texto, não é possível substituir a expressão *pega carona* por um verbo que lhe seja equivalente. Não temos *caronar*. Então, trata-se de outro verbo suporte.

Os exemplos mostram que um mesmo verbo pode construir a sentença de diferentes modos. Assim, na expressão *dar certo*, o verbo pode funcionar

✓ como verbo suporte

*Ele não **deu certo** naquela profissão.* (= "não acertou")

✓ ou como verbo pleno

– Ele não me deu o endereço certo.
*– Será que você **deu** Ø o certo?* (em que Ø = o endereço)

Resumindo o que acabamos de estudar sobre a tipologia verbal, temos o seguinte quadro:

Características sintáticas do verbo: tipologia verbal
1. **Verbo intransitivo impessoal**: não escolhe termos sentenciais, indicando fenômenos atmosféricos (*chover, ventar...*) ↓ Exemplo: *Nevou no sul do país*.
2. **Verbo monotransitivo**: seleciona apenas um termo na sentença. O verbo monotransitivo integra várias classes: 2.1 **Apresentacional**: o termo selecionado é um substantivo, que vem depois do verbo, servindo para introduzir um assunto no texto. Exemplo: *Tinha uma pedra no meio do meu caminho*. 2.2 **Ergativo**: o termo selecionado é um substantivo, que vem antes do verbo, representando o paciente. Exemplo: *A porta abriu*. 2.3 **Atributivo**: o termo selecionado é um adjetivo, que atribui uma qualidade ao sujeito. Exemplo: *O garoto é esperto*. 2.4 **Equativo**: esse verbo estabelece apenas uma relação de igualdade entre os substantivos, não os predicando. Exemplo: *Mãe é mãe*.

3. **Verbo bitransitivo**: seleciona dois termos sentenciais. Pode ser:

3.1 **Bitransitivo direto**: o primeiro termo é o sujeito e o segundo, o objeto direto.

Exemplo: *A aluna **comprou** o livro*. Compare: *Ela comprou-o/ele*.

3.2 **Bitransitivo indireto**: o primeiro termo é o sujeito e o segundo termo, que vem preposicionado por *a* ou *para*, é o objeto indireto, pois pode ser substituído por *lhe*.

Exemplo: *O livro **pertence** à aluna*. Compare: *Ele pertence-lhe/a ela*.

3.3 **Bitransitivo oblíquo**: o primeiro termo é o sujeito e o segundo, preposicionado por *a*, *com*, *de*, é o complemento oblíquo, porque não pode ser substituído por *lhe*, e sim pela preposição escolhida + *ele*, *isso*, *lá*.

Exemplo: *A aluna **gostou** do livro*. Compare: *Ela gostou disso. / * Ela gostou-lhe*.
*A aluna **veio** de Campinas*. Compare: *Ela veio de lá. / *Ela veio-lhe*.

4. **Verbo tritransitivo**: seleciona três termos, o sujeito, o objeto direto e o objeto indireto.

Exemplo: *O professor **entregou** o prêmio ao vencedor*.

5. **Verbo suporte**: o conjunto *verbo* + *substantivo* supre a falta de certos verbos.

Exemplo: *Ela **faz ginástica** todos os dias*.

ATIVIDADE 4

Levando em conta o estudo sobre a tipologia sintática do verbo, faça uma análise dos verbos nos enunciados apresentados a seguir. Siga as orientações:
1. destaque o verbo dos enunciados;
2. indique as classes gramaticais escolhidas pelo verbo que destacou;
3. classifique o verbo de acordo com o número de termos escolhidos;
4. distribua os dados na tabela de acordo com a tipologia sintática dos verbos.

> 1. *Atriz toma conta de filme sobre grande estrela da música pop*.
>
> Fonte: ARAÚJO, Inácio. Atriz toma conta de filme sobre grande estrela da música pop. *Folha de S.Paulo*, 9 jun. 2011. Ilustrada.

> 2. *Rogério completa cem jogos consecutivos*.
>
> Fonte: *Folha de S.Paulo*, 9 jun. 2011. Esporte.

3. *Neva em quatro cidades da Serra catarinense.*

Fonte: *Jornal Zero Hora*, Porto Alegre, 26 jun. 2011. Clima.

4. *É tudo feito à mão.*

Fonte: MEYER, Carolina. É tudo feito à mão. *Exame*, 11 dez. 2008.

5. *Abelhas são pessimistas.*

Fonte: PERIN, Thiago. Abelhas são pessimistas. *Blog Ciência Maluca*, 29 jun. 2011. Disponível em: <http://super.abril.com.br/blogs/cienciamaluca/abelhas-sao-pessimistas/> Acesso em: 5 jul 2011.

6. *Diminuíram o produto e aumentaram o preço.*

Fonte: *Reclame Aqui*, 31 ago. 2010. Disponível em: <http://www.reclameaqui.com.br>. Acesso em: 1º jul. 2011.

7. *Cientistas brasileiros descobrem réptil aquático pré-histórico mais antigo da Antártica.*

Fonte: BAIMA, César. Cientistas brasileiros descobrem réptil aquático pré-histórico mais antigo da Antártica. *O Globo*, 29 jun. 2011. Ciência.

8. *Agora a plebeia é princesa!*

Fonte: *Twitter Estilo da Cris*, 29 abr. 2011. Disponível em: <http://twitter.com/#!/estilodacris/status/63926814279598080>. Acesso em: 29 jun. 2011.

9. *Tartarugas não gostam de bocejar.*

Fonte: PERIN, Thiago. Tartarugas não gostam de bocejar. *Superinteressante*, jul. 2011, p. 24.

10. *A loja Certas Coisas Vintage oferece diversas opções para os clientes.*

Fonte: *Portal Fator Brasil*, 29 jun. 2011. Disponível em: <http://www.revistafator.com.br/ver_noticia.php?not=163643>. Acesso em: 29 jun. 2011.

11. *Rede social facilita contato para negócios.*

Fonte: TUON, Ligia. *Jornal da Tarde*, 29 jun. 2011. Seu bolso, p. 8B.

12. *Fifa dará ingressos para carentes.*

Fonte: FERNANDEZ, Martin; RANGEL, Sérgio. Fifa dará ingressos para carentes. *Folha de S.Paulo*, 28 jun. 2011. Esporte, p. D2.

Enunciados	Intransitivos impessoais	Tipologia sintática do verbo							Tritransitivos	Verbos suporte
		Mono-transitivos				Bitran-sitivos				
		apresentacional	ergativo	atributivo	equativo	direto	indireto	oblíquo		
1.										
2.										
3.										
4.										
5.										
6.										
7.										
8.										
9.										
10.										
11.										
12.										

Terminado o exercício, indique o tipo sintático mais frequente e arrisque uma explicação para esse resultado.

4.1.5 CONCORDÂNCIA VERBAL

Estudamos na seção anterior a tipologia sintática dos verbos, ou seja, sua capacidade de organizar a sentença. Essa tipologia assenta na transitividade, que é mais propriamente uma propriedade das sentenças.

Mas as sentenças têm outra propriedade, que é a da **concordância**. Essa propriedade ocorre simultaneamente com a da transitividade, pois ao mesmo tempo que o sujeito e os complementos são escolhidos, traços de gênero, número e pessoa são compartilhados pelo verbo e pelo sujeito. Os complementos ficam habitualmente fora desse compartilhamento de traços.

A concordância é a relação sintática entre dois termos, o **ativador** e o **receptor**. No caso da sentença, o ativador é o verbo e o receptor é o sujeito. Isso quer dizer que o sujeito-receptor concorda com o verbo-ativador. Os complementos verbais não funcionam como receptores. Para visualizar melhor as relações entre o ativador e o receptor, flechas "decolarão" do ativador, apontando para o receptor. As flechas apontarão para o rumo em que traços morfológicos do ativador atingem o receptor, que reproduzirá esses traços, levando em conta o funcionamento de sua morfologia.

A conformidade formal entre o sujeito e o verbo implica uma redundância de formas, ou seja, se houver marcação de plural no verbo, haverá marcação de plural no sujeito, como se vê em

Adolescentes aprendem dicas de consumo consciente

Fonte: Adolescentes aprendem dicas de consumo consciente. *Diáriodepernambuco.com.br*, 7 jun. 2011. Economia. Disponível em: <http://www.diariodepernambuco.com.br/economia/>. Acesso em: 7 jun. 2011.

No exemplo, as marcas de número plural aparecem redundantemente no receptor substantivo ^Sujeito^ adolescentes, por meio do morfema {-s}, e no ativador verbal ^Núcleo da sentença^ aprendem, por meio do morfema grafado -em.

No português brasileiro padrão, **o sujeito concorda em pessoa e número com o verbo**, mas, repetindo, os complementos e os adjuntos não concordam com o verbo. Quer dizer que as sentenças são assimétricas, porque no segmento sujeito-verbo registra-se a concordância, ao passo que no segmento verbo-complemento não se registra a concordância.

Vejamos mais de perto as regras de concordância verbal no português brasileiro padrão ou português brasileiro culto.

1. O sujeito concorda com o verbo:

(a) *Deus deu* o mundo aos animais.
(b) *O homem* lhes *deu* a jaula.

As expressões que funcionam como sujeito, *Deus* e *O homem* concordaram com a forma singular do verbo *deu*.

- Espere aí, sempre me ensinaram que é o verbo que concorda com o sujeito, agora você está invertendo as coisas?
- Eu também estudei assim. Mas pense comigo:
(1) Vimos no capítulo 1 que a sílaba e a palavra dispõem de uma estrutura altamente regular:
  • Sílaba → [margem esquerda + núcleo + margem direita]. O mesmo acontece com os sintagmas e com as sentenças, ou seja:
  • Sintagma → [margem esquerda^{Especificador} + núcleo$^{N/V/Adj/Adv/Prep}$ + margem direita ^{Complementador}].
  • Sentença → [margem esquerda ^{Sujeito} + núcleo ^{Verbo} + margem direita ^{Complementos}].
Em todos esses casos, o núcleo ocupa uma hierarquia mais alta, pois é ele que organiza a unidade, selecionando as classes que figurarão à sua esquerda e à sua direita.
(2) O substantivo, conforme estudaremos no capítulo 5, é o núcleo do sintagma nominal; o artigo e os pronomes ficam em sua margem esquerda e os adjetivos ficam em sua margem direita. Tanto artigos como pronomes e adjetivos funcionam como receptores da concordância ativada pelo substantivo. Essas classes concordam com o núcleo da unidade.
(3) Na sentença, o núcleo é ocupado pelo verbo; o sujeito fica em sua margem esquerda e os complementos ficam na sua margem direita. O verbo é o ativador da concordância. Os complementos não funcionam como receptores da concordância. Por outras palavras, o sujeito concorda com o núcleo sentencial, que é o verbo. Se o verbo seleciona os termos da sentença, por que ele haveria de concordar com suas criaturas? Vamos por acaso admitir que são as margens que ativam a concordância? Classes nucleares têm uma hierarquia superior à das classes marginais. Logo, são elas que ativam a concordância, desde que disponham de morfologia variável.

O sujeito, portanto, concorda com o verbo. E se ele dispuser de um adjunto adnominal, expresso por um sintagma preposicional no plural, o que vai acontecer? (Não sabe o que é um sintagma preposicional? Leia o capítulo 7.) Bem, ele não concordará com o verbo, acompanhando seu núcleo *o aumento*, na sentença (a). Mas já se registra no português brasileiro a concordância indicada em (b), em que *desses crimes* atua como receptor da concordância ativada pelo verbo *estão provocando*:

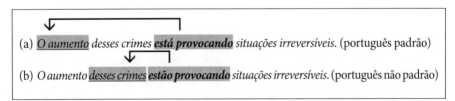

O português padrão **não** aceita a concordância observada em (b).

2. O complemento não concorda com o verbo. Analogamente ao que vimos em (b), pode ocorrer a concordância do sintagma preposicional do plural com o verbo, quando esse sintagma funciona como adjunto do sujeito:

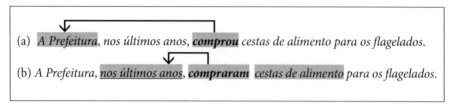

(a) *A Prefeitura*, nos últimos anos, **comprou** cestas de alimento para os flagelados.

(b) *A Prefeitura*, *nos últimos anos*, **compraram** cestas de alimento para os flagelados.

Em (b) *A Prefeitura*, *nos últimos anos*, **compraram** *cestas de alimento para os flagelados*, **compraram** ativou a concordância em *nos últimos anos*, porém, não em *a Prefeitura*. Isso tem sido explicado como "concordância com o mais próximo". O português brasileiro padrão ainda **não** aceita essa concordância, apesar dos muitos exemplos desse tipo.

Esses e outros exemplos mostram que as regras de concordância no português brasileiro estão sujeitas a regras variáveis, dependendo de fatores que passamos a estudar.

• Saliência morfológica do verbo

Quando a forma de plural do verbo é muito diferente da forma do singular, a ativação da concordância ocorre com mais frequência.

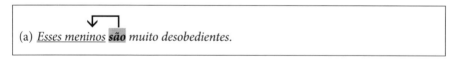

(a) *Esses meninos* **são** *muito desobedientes*.

A concordância observada em **Esses meninos são muito desobedientes** se deve à distância morfológica entre a forma singular *é* e a forma plural *são*, ou seja, à saliência morfológica de *são*.

Se a forma de plural do verbo é parecida com a forma do singular, identifica-se uma tendência ainda não generalizada a não fazer a concordância. Veja o exemplo:

(b) <u>Eles</u> **fala** que <u>eles</u> **faz** o que <u>eles</u> **quer**.

A ausência de concordância em **Eles fala que eles faz o que eles quer** se deve à proximidade morfológica entre as formas do singular *fala*, *faz* e *quer* e as formas plurais *falam*, *fazem* e *querem*. O português padrão **não** aceita a ausência da concordância.

- Posição do verbo em relação ao sujeito

Quando o sujeito está anteposto ao verbo e localizado perto dele, como em

(a) *As contas* **pesaram** muito na minha decisão de fazer mais economia.

há mais probabilidade de ocorrer a concordância do que quando o verbo está posposto ao sujeito e distanciado dele, como em:

(b) *As contas* deste ano, sobretudo depois que eu tive um pequeno aumento salarial, **pesou** na minha decisão de fazer mais economia.

4.1.6 COLOCAÇÃO DO VERBO NA SENTENÇA

No português brasileiro, a colocação de base do verbo bitransitivo é no centro da sentença, antecedido pelo sujeito e seguido pelo(s) complemento(s), como vemos no exemplo:

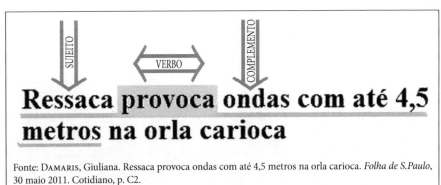

Fonte: DAMARIS, Giuliana. Ressaca provoca ondas com até 4,5 metros na orla carioca. *Folha de S.Paulo*, 30 maio 2011. Cotidiano, p. C2.

Já vimos neste capítulo que alguns verbos monotransitivos encabeçam a sentença:

– os **apresentacionais**

(a) – *Ué, não veio ninguém hoje?*
    – *Tem eu aqui, será que não serve?*

– e os **ergativos**

(b) *Aumentaram as preocupações com a guerra.*

4.1.7 ELIPSE DO VERBO

Em nossa língua, podemos omitir o verbo na sentença. Precisaremos, então, de uma expressão que nos permita recuperá-lo. Vamos aos exemplos:

Texto 1

Texto 2

Os Tempos Mudaram: o Casamento e a Família Também!

Fonte: ARAÚJO, Thaís. Os tempos mudaram: o casamento e a família também! *Blog Cá entre nós*, 21 ago. 2008. Disponível em: <http://www.caentrenos.org>. Acesso em 3 mar. 2010.

Nos dois textos, o advérbio *também* atua como índice ou vestígio de que se ocultou um verbo: no texto 1, *também* representa acho; no texto 2, mudaram.

Texto 3

Em janeiro de 2011, Osvaldo foi anunciado como novo reforço do Alvinegro. E, mesmo disputando vaga com atacantes tarimbados, como Iarley, Júnior, Marcelo Nicácio e Washington, Osvaldo tem mostrado que se sente bem mesmo é nos momentos decisivos. Foi assim na final do primeiro turno do Campeonato Cearense, ao marcar o gol da vitória diante de seu ex-clube já no fim da partida. Assim o fez também ao entrar na partida de volta contra o Flamengo, pela Copa do Brasil, quando infernizou a zaga rubro-negra.

Fonte: Candidato a revelação. *Diário do Nordeste*, 21 maio 2011. Disponível em: <http://diariodonordeste. globo.com/materia.asp?codigo=984714>. Acesso em: 25 maio 2011.

No texto 3, o chamado verbo *vicário fazer* permite a omissão de marcar o gol da vitória.

154 Pequena gramática do português brasileiro

ATIVIDADE 5

1. Leia o anúncio.

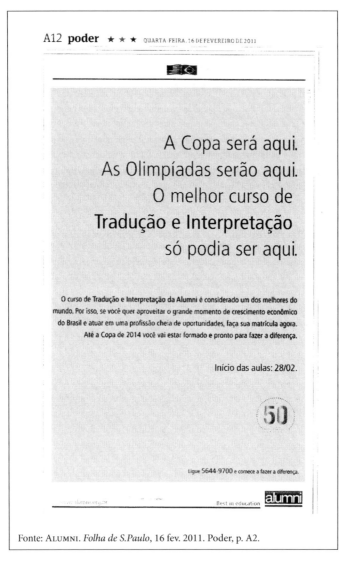

Fonte: ALUMNI. *Folha de S.Paulo*, 16 fev. 2011. Poder, p. A2.

2. Explicite a regra que orienta a concordância verbal nos enunciados: *A Copa será aqui. As Olimpíadas serão aqui. O melhor curso de Tradução e Interpretação só podia ser aqui.*

ATIVIDADE 6

1. Leia o texto.

> **A ficha**
> Telefonou para o ex-marido. A empregada atendeu e, ao responder, sem querer trocou singular por plural: "Eles estão no banho." A ficha caiu, e a ex-mulher não deixou recado.
>
> Fonte: PIZA, Daniel. A ficha. *Noites urbanas: contos.* Rio de Janeiro: Bertrand Brasil, 2010, p. 89.

2. Observe que a troca do singular pelo plural no estabelecimento da concordância verbal provoca alteração no plano do sentido do texto. Ou seja, dona concordância é fogo!

3. Explique:
   3.1 Como deveria ter sido feita a concordância verbal de acordo com o contexto linguístico?
   3.2 Ainda considerando o caso da concordância inadequada indicada no texto, por que *a ex-mulher não deixou recado*?

ATIVIDADE 7

O verbo pode ser omitido do enunciado e, quando isso ocorre, podemos recorrer a estratégias como, por exemplo, o uso de determinadas palavras ou expressões que nos permitam recuperá-lo.

1. Leia o anúncio.

Fonte: ETNA. *Folha de S.Paulo*, 22 jan. 2011. Cotidiano, p. C1.

2. Indique:
2.1. o verbo que se encontra oculto;
2.2. a estratégia utilizada para auxiliar o leitor na recuperação do verbo.

3. Procure em fontes variadas outros exemplos de textos com verbos elípticos.

ATIVIDADE 8

Acabamos de estudar como se dá a concordância verbal no português brasileiro. Respaldado nesse estudo, assuma uma postura investigativa e realize a atividade que pressupõe as seguintes etapas:

Etapa 1
1. Seleção do material para análise da concordância verbal. Para realizar essa etapa, sugerimos:
   1.1 gravação de uma conversa espontânea entre amigos;
   1.2 gravação de um debate ou entrevista na TV.

Etapa 2
2. Transcrição das conversas gravadas (siga as normas de transcrição apresentadas no capítulo 1).

Etapa 3
Análise das conversas transcritas. Para dar conta dessa etapa:
   3.1 separe as sentenças que compõem as conversas transcritas;
   3.2 identifique os casos de concordância verbal;
   3.3 explique como ocorreu a concordância verbal, com base nas regras estudadas neste capítulo.

Etapa 4
   4.1 Apresente os resultados de sua análise em um quadro resumo de modo a evidenciar os tipos de concordância verbal colhidos nas conversações e as regras que explicam as ocorrências observadas.
   4.2 Elabore uma conclusão sobre os resultados de sua análise e apresente a sua pesquisa para seus colegas e professor. Ou, então, disponibilize sua análise em sua página pessoal.

4.2 PROPRIEDADES SEMÂNTICAS DO VERBO

Há muitos modos de estudar o sentido dos verbos. Nesta gramática, selecionaremos duas estratégias para lidar com esse vasto assunto:
(1) correlação entre tipologia sintática baseada na transitividade e tipologia semântica;
(2) categorias semânticas do verbo: o tempo, o aspecto, a voz e o modo.

4.2.1 CORRELAÇÃO ENTRE TIPOLOGIA SINTÁTICA E TIPOLOGIA SEMÂNTICA DO VERBO

Os verbos se distribuem por uma tipologia sintática baseada em sua transitividade, como vimos na seção 4.1.4 deste capítulo. De acordo com essa propriedade, o verbo pode selecionar um, dois ou três termos, ou , ainda, pode não selecionar nenhum, como é o caso dos verbos intransitivos impessoais.

Bem, nesta seção, estudaremos a correspondência entre a tipologia sintática e a tipologia semântica dos verbos. Considerando que o verbo seleciona o sujeito e o complemento, é possível reconhecer a seguinte tipologia semântica:

1. <u>Verbos de ação</u>: indicam que o sujeito, representado por X, praticou uma ação que se aplica ao termo Y. Esses verbos organizam a estrutura [X *faz* Y].

(a) *Quem lê faz seu filme.*

Fonte: *Quem lê faz seu filme.* Disponível em: <http://www.quemlefazseufilme.com.br/>. Acesso em: 2 mar. 2011.

(b) *Você faz a festa.*

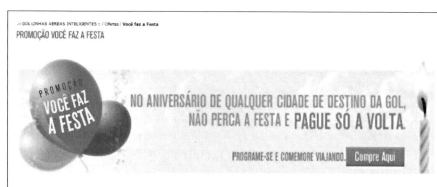

Fonte: *Voe Gol*. Disponível em: <http://www.voegol.com.br/OFERTAS/VOCEFAZFESTA/Paginas/home-voce-faz-a-festa.aspx>. Acesso em: 2 mar. 2011.

2. <u>Verbos experienciais</u>: indicam que o sujeito X não praticou uma ação, apenas experimentou propriedades de natureza perceptiva, cognitiva ou estados afetivos, expressos pelo termo Y. Esses verbos organizam estruturas [X *sabe/pensa/ama* Y].

(a) *Mamãe sabe tudo.*

Fonte: *Blog Mamãe sabe tudo*. Disponível em: <http://mamaesabetudo.blogspot.com/>. Acesso em: 2 mar. 2011.

(b) *Criança pensa cada coisa!*

Criança pensa cada coisa! Publicado por: Tereza Karam | abril 25, 2010

Fonte: *Blog Teresa Karam*. Disponível em: <http://blogterezakaram.wordpress.com>. Acesso em: 2 mar. 2011.

3. Verbos de posse ou de transferência de posse. Os primeiros indicam que o sujeito X possui algo, expresso por Y. Os segundos indicam que o sujeito X recebeu Y de Z, realizando-se as estruturas [X *tem/possui* Y], [X *envia/dá/recebe* Y de/a Z].

(a) *Jovem de 21 anos possui coleção milionária de carros.*

02/09/2010 - 00:01
Jovem de 21 anos possui coleção milionária de carros

Compartilhe:

Fonte: OLIVEIRA, Humberto. Jovem de 21 anos possui coleção milionária de carros. *O Buteco da net*, 2 set. 2010. Disponível em: <http://colunistas.ig.com.br/obutecodanet/2010/09/02/jovem-de-21-anos-possui-colecao-milionaria-de-carros/>. Acesso em: 2 mar. 2011.

(b) *Decisão nos pênaltis deu emoção à final do Parazão.*

Decisão nos pênaltis deu emoção à final do Parazão

Fonte: *Diário do Pará*, 26 jun. 2011. Disponível em: <http://diariodopara.diarioonline.com.br/N-136092-DECISAO+NOS+PENALTIS+DEU+EMOCAO+A+FINAL+DO+PARAZAO.html>. Acesso em: 30 jun. 2011.

4. <u>Verbos locativos</u> localizam o sujeito X num dado espaço, expresso por Y, organizando-se a estrutura [X está em/é de Y].

(a) *O espetáculo está na rua.*

> # O Espetáculo Está na Rua - Cartazes de Chaumont
>
> **Categoria:** Exposição (arte/foto) **Classificação:**
> **Gênero:** Arte
>
> Fonte: *Veja São Paulo*, 2 mar. 2011. Exposições.

(b) *Ganhador da megassena é de BH.*

> Fonte: *Site Rádio Santana FM*, 25 out. 2010. Disponível em: <http://www.santanafm.com.br/component/content/article/368-25102010>. Acesso em: 3 mar. 2011.

Bom, se você estudar ortografia, descobrirá que o autor do texto usou erradamente um hífen na palavra *mega-sena*.

4.2.2 CATEGORIAS SEMÂNTICAS DO VERBO

Estudaremos aqui as seguintes categorias semânticas do verbo: **aspecto, tempo, modo** e **voz**.

4.2.2.1 Aspecto verbal

Leia a tirinha e preste atenção aos diálogos:

Fonte: LINIERS, Macanudo. *Folha de S.Paulo*, 30 set. 2010. Ilustrada, p. E15.

Certamente, você deve ter reparado que as personagens da tirinha estão jogando com ações que duram:

> **Estou lendo** um livro de autoajuda fantástico.
> Se **está recebendo** conselhos de outra pessoa [...]

por contraste com ações que não duram

> Você que **escreveu**?
> Eu **comprei**
> Autoajuda não **inclui** outra pessoa
> Se **caio** no chão e me **levanto** sozinho...

Usamos o aspecto verbal para expressar um ponto de vista sobre o sentido do verbo: se indica duração, não duração, repetição, resultado. Se o verbo indica uma duração, podemos representar os graus do desenvolvimento dessa duração, ou seja, se ela está no começo, no meio ou no fim.

> A etimologia da palavra *aspecto* vai nos ajudar no entendimento do que é essa categoria. Ela deriva do radical indo-europeu *spek, "ver", pois o aspecto representa a VISÃO do que o verbo significa.

Assim, em **Estou lendo** um livro de autoajuda fantástico e Se **está recebendo** conselhos de outra pessoa [...], as personagens apresentam os verbos ler e receber em seu desenvolvimento, em sua duração, ao passo que em Você que **escreveu**?; Eu **comprei**; Autoajuda não **inclui** outra pessoa; Se **caio** no chão e me **levanto** sozinho..., escrever, comprar, incluir, cair, levantar são apresentados em sua completude, como ações acabadas. Se uma dessas personagens tivesse dito:

> – *Você **vive escrevendo** livros, não se cansa?*

teria apresentado o verbo *escrever* como uma ação repetida. O aspecto verbal, portanto, representa:

- ✓ o que dura;
- ✓ o que começa e acaba;
- ✓ o que se repete.

Foram cunhados os seguintes termos para indicar as possibilidades citadas:

- ✓ o que dura → **aspecto imperfectivo**
- ✓ o que começa e acaba → **aspecto perfectivo**
- ✓ o que se repete → **aspecto iterativo**

O aspecto não dispõe de morfologia própria no português. Para codificar os significados aspectuais, o falante combina diversos ingredientes linguísticos, dando uma de cozinheiro. Ele pode, por exemplo, recorrer a formas nominais, como o gerúndio, em *Estou estudando o aspecto verbal* ou o particípio, em *Tenho estudado muito o verbo no português brasileiro.* Ou, então, a advérbios e expressões adverbiais, como em *Estudo **frequentemente**/Estudo **muitas vezes** o aspecto verbal*, em que *frequentemente* e *muitas vezes* indicam o aspecto iterativo.

ATIVIDADE 9

Recorte textos de jornal (por exemplo, uma notícia sobre um crime ou um editorial). Em seguida, identifique os aspectos verbais, separando-os pelo gênero textual de que provieram os exemplos. Quantifique os resultados separadamente, explicando-os. Dica: procure associar o gênero textual ao aspecto verbal preferido.

O verbo 163

4.2.2.2 Tempo verbal

Tempo é outra propriedade semântica do verbo, cuja interpretação tem de ser remetida à situação de fala. É assim que se pode representar:

✓ o **passado** (anterioridade à situação de fala);

✓ o **presente** (simultaneidade à situação de fala);

✓ o **futuro** (posterioridade à situação de fala).

Para entender esse fatiamento do tempo, precisamos tomar como ponto de referência o sujeito falante.

Nossa colega Lygia Corrêa Dias de Moraes conta como um de seus filhos entendeu "o jogo do tempo", fazendo a seguinte observação sobre a relatividade dessa categoria: – *Quer dizer, então, que hoje é o amanhã de ontem.*

Menino esperto!

Observe os seguintes exemplos:

(a) *O ônibus* **está demorando** *para chegar.*

(b) *O ônibus* **esteve demorando** *para chegar na semana passada.*

(c) *Do jeito que as coisas andam, o ônibus* **estará demorando** *para chegar durante o ano todo.*

As três sentenças retratam um estado de coisas apanhado em três perspectivas temporais diferentes:

– **o presente**   a) *O ônibus* **está demorando** *para chegar;*

– **o passado**   b) *O ônibus* **esteve demorando** *para chegar na semana passada;*

– e **o futuro**   c) *Do jeito que as coisas andam, o ônibus* **estará demorando** *para chegar durante o ano todo.*

– "Estado de coisas"? O que é isso agora?

– Vimos na seção 4.2.1 que os verbos integram diferentes tipos semânticos; a expressão "estado de coisas" tem a praticidade de reunir todos esses tipos.

Os tempos mudaram, mas **o aspecto imperfectivo** permaneceu o mesmo. Sabe por que isso acontece? Porque **a categoria de tempo** conta com uma representação morfológica em nossa língua, ao passo que **a categoria de aspecto** precisa pegar carona com o tempo. A terminologia que adotamos para representar o tempo mostra esse casamento com o aspecto.

Observe o seguinte:

- Em algumas línguas, a terminologia distingue **o presente simples** (como em *eu falo*) do presente contínuo (como em *eu estou falando*). O português brasileiro abriga ambas as formas, porém, não dispõe de nomenclatura para o presente contínuo (ou perifrástico), talvez porque as duas formas ainda não tenham valores temporais idênticos.
- O **pretérito perfeito** e o **futuro perfeito** representam os estados de coisas completados no passado (como em *eu fiz*) ou a completar no futuro (como em *eu terei feito*). O termo *perfeito* usado na designação dessa forma remete ao aspecto perfectivo, ou seja, aponta para as ações começadas e acabadas.
- O **pretérito imperfeito** representa os estados de coisas que duraram no pretérito, isto é, no passado (como em *eu fazia a lição enquanto você jogava bola*). O termo *imperfeito* remete ao aspecto imperfectivo, ou seja, aponta para as ações em seu andamento (no exemplo anterior, quer-se dizer *eu estava fazendo a lição* enquanto *você estava jogando bola*).

Outra afirmação necessária, antes de estudarmos os valores das formas temporais: não utilizamos essas formas unicamente para fixar cronologias dos estados de coisa, situando-nos num tempo real, mensurável pelo relógio, descrito em termos de:

- tempo simultâneo ao ato de fala ou presente,
- tempo anterior ao ato de fala ou passado,
- tempo posterior ao ato de fala ou futuro,

e, sim, da mesma forma, para nos deslocarmos livremente pela linha do tempo, de acordo com nossas necessidades expressivas, refugiando-nos:

- num tempo imaginário, que escapa à medição cronológica

ou

- num domínio vago, genérico, impreciso, atemporal.

Temos, portanto, pelo menos três situações de uso:

1. Quando descrevemos um estado de coisas coincidente com o tempo cronológico, temos os usos do *tempo real*.

2. Quando nos deslocamos para um espaço-tempo imaginário, que não coincide com o tempo real, temos os usos do *tempo fictício*. Nessas circunstâncias, lançamos mão dos "usos metafóricos das formas verbais", arrastando conosco a simultaneidade, a anterioridade, a posterioridade. A terminologia adotada pelos estudiosos do tempo verbal tenta apanhar essas metáforas, quando aludem:

   (i) ao **presente universal**, que corresponde a um tempo ilimitado, dispondo das seguintes modalidades: *presente das verdades eternas, presente genérico, situado no domínio da vagueza*;

   (ii) ao **presente histórico**, que corresponde ao passado do tempo cronológico;

   (iii) ao **presente pelo futuro**, que corresponde ao futuro do tempo cronológico etc.

Não há sinonímia absoluta entre o tempo fictício e o tempo real.

3. Quando queremos descrever situações permanentes, lançamos mão do presente *atemporal*.

Jogando com o tempo real, o tempo fictício e a ausência do tempo, vamos nos virando em nossas expressões. Com base nesses critérios, podemos agora caracterizar com mais detalhe os usos dos tempos verbais do indicativo e do subjuntivo no domínio da sentença.

4.2.2.2.1 TEMPOS VERBAIS DO INDICATIVO

Tempos verbais do indicativo	Presente	Presente real, indicando simultaneidade ao momento da fala	
		Presente metafórico	
		Presente atemporal	
	Passado	Pretérito perfeito simples	Pretérito perfeito real, indicando anterioridade
			Pretérito perfeito metafórico
			Pretérito perfeito atemporal
		Pretérito imperfeito	Pretérito imperfeito real, indicando anterioridade não pontual
			Pretérito imperfeito metafórico
			Pretérito imperfeito atemporal ("imperfeito de conatu")
		Pretérito mais-que-perfeito simples e composto	Pretérito mais-que-perfeito real, indicando anterioridade remota em relação a outra ação anterior
			Pretérito mais-que-perfeito metafórico
		Pretérito perfeito composto	Pretérito perfeito real, indicando uma anterioridade que se estende até o presente
			Pretérito perfeito metafórico
	Futuro	Futuro do presente simples e composto	Futuro do presente real, indicando posterioridade em relação ao ato de fala
			Futuro do presente metafórico
			Futuro atemporal, ou gnômico
		Futuro do pretérito simples e composto	Futuro do pretérito real, indicando posterioridade em relação a um ato de fala anterior/remoto
			Futuro do pretérito metafórico

Vamos exemplificar os valores temporais recolhidos nesse quadro.

I. Valores do presente

Indicativo	Presente	**Presente real, indicando simultaneidade ao momento da fala** a) Presente estreito ou perfectivo: **Exemplo** **Levanta** os olhos e **dá** comigo à janela. b) Presente largo ou imperfectivo: **Exemplo** **Vivemos** uma época feliz. c) Presente de hábito ou iterativo: **Exemplos** **Janto** sempre muito bem. A professora **deixa** a escola às três da tarde.

Indicativo		**Presente metafórico** a) Presente pelo passado: **Exemplo** *Quando sai, vê que chovia.* b) Presente pelo futuro do presente: **Exemplos** *Fulano se casa no dia 20 de fevereiro.* c) Presente pelo futuro do pretérito: **Exemplo** *A princípio, olham-me desconfiados, com medo uns dos outros. Sem dúvida, gostam de viver mais um século, mais dois séculos, mas não sabem ainda que emprego hão de dar à existência.* d) Presente pelo futuro do subjuntivo/do indicativo na sentença complexa condicional: **Exemplo** *Se a tempestade continua, morrem todos.* e) Presente pelo imperfeito do subjuntivo: **Exemplo** *Se dou um passo a mais, tinha caído.*
Indicativo		**Presente atemporal** a) Presente gnômico ou presente dos ditados: **Exemplo** *Água mole em pedra dura, tanto bate até que fura.* b) Presente das verdades eternas: **Exemplo** *A terra gira à volta do sol.* c) Presente de predisposição: **Exemplos** *Fulano é muito bom, só que bebe.* (= não está bebendo agora) *Ih, a casa tem cachorro, será que ele morde?* (= não está mordendo agora) d) Presente dos marcadores discursivos: **Exemplo** *Sabe, ele já chegou.*

168 Pequena gramática do português brasileiro

II. Valores do passado

Indicativo		**Pretérito perfeito real, indicando anterioridade** a) Pretérito pontual: **Exemplo** *Andou um pouco e* **caiu** *logo em seguida.* b) Pretérito durativo: **Exemplo** **Andou** *um pouco e caiu logo em seguida.* c) Pretérito iterativo: **Exemplo** **Perdi** *sempre no jogo do bicho.*
Indicativo	Pretérito perfeito simples	**Pretérito perfeito metafórico** a) Pelo imperfeito: **Exemplo** *Quando trabalhei lá, eu o* **vi** *diariamente.* b) Pelo mais-que-perfeito: **Exemplo** *Eu* **avisei** *que o padeiro tinha chegado, por que você não saiu logo para comprar o pão?* c) Pelo futuro do presente: **Exemplo** *Bateu em meu filho?* **Morreu!** d) Pelo futuro do presente composto: **Exemplo** *Pode passar por aqui às seis horas, porque até lá já* **acabei** *o trabalho.* e) Pelo pretérito perfeito do subjuntivo: **Exemplo** *Quem o* **fez** *que o diga.*
		Pretérito perfeito atemporal a) Pretérito atemporal: **Exemplo** *Quem* **morreu**, **morreu**. b) Pretérito nos marcadores discursivos: **Exemplo** *Faça isso hoje,* **viu?**

O verbo 169

		Pretérito imperfeito real, indicando anterioridade durativa
Indicativo	Pretérito imperfeito	a) Estado de coisas durativo: **Exemplo** *Quando cheguei, ela olhava pelo buraco da fechadura.* — A propósito: sabe qual foi a coisa mais interessante que já se viu pelo buraco da fechadura? Outro olho! b) Estado de coisas iterativo: **Exemplo** *Lá vejo o atalho que vai dar na várzea. Lá o barranco por onde eu subia.*
		Pretérito imperfeito metafórico a) Pelo presente, nos usos de atenuação e polidez: **Exemplos** *Eu vinha saber se você já pode devolver meu carro.* *Queria que vocês aceitassem minha proposta.* b) Pelo pretérito perfeito, no chamado "imperfeito de ruptura": **Exemplo** *Conheceram-se em maio, em junho se casavam.* c) Pelo imperfeito do subjuntivo: **Exemplo** *Se eu percebia que o carro ia resvalando para o buraco, tinha saltado muito antes.* d) Pelo futuro do pretérito, no discurso indireto/no discurso indireto livre: **Exemplos** *Ela disse que vinha logo.* *Era necessário, mesmo, libertá-lo?* *Você bem que podia me arranjar um emprego.* *Numa viagem ao norte, desistiu de fazer a conferência. Os colegas insistiram. Não, não fazia.*
		Pretérito imperfeito atemporal **Exemplo** *Sentada na borda da cama, afinal ela ia embora.*

Indicativo	Pretérito mais-que-perfeito simples e composto	**Pretérito mais-que-perfeito real**, indicando anterioridade remota em relação a outra ação anterior **Exemplo** *Ao irromper o incêndio, ele despertara/tinha despertado/havia despertado.* **Pretérito mais-que-perfeito metafórico** a) Pelo imperfeito do subjuntivo, na sentença condicional começada por *se* (ou seja, na primeira parte da ação na qual o argumento é anunciado), e pelo futuro do pretérito, na sentença que se segue (ou seja, na segunda parte da ação na qual se expressa a consequência da sentença anterior), na linguagem literária formal: **Exemplo** *Se você não fora tão trapaceiro, outro amigo o ajudara.* b) Pelo pretérito perfeito, nos usos de atenuação ou polidez: **Exemplo** *Eu tinha vindo para te lembrar daquela dívida.* c) Em expressões optativas cristalizadas: **Exemplos** *Tomara/quisera eu ter ganho esse prêmio!* *Quem me dera ser rico!* *Também, pudera, o que você estava esperando?*
Indicativo	Pretérito perfeito composto	**Pretérito perfeito real**, indicando uma anterioridade que se estende até o presente a) Pretérito perfeito durativo: **Exemplo** *Tem andado muito alegre, parece que viu a borboleta azul.* b) Pretérito perfeito iterativo: **Exemplo** *Tenho perdido muitos amigos por causa desse meu gênio.*
		Pretérito perfeito metafórico Pelo mais-que-perfeito do subjuntivo, na sentença complexa condicional: **Exemplo** *Se eu tenho sabido disto a tempo, não vinha a esta reunião.*

O verbo 171

III. Valores do futuro

Indicativo		**Futuro do presente real**, indicando posterioridade problemática em relação ao ato de fala **Exemplos** *Cuidaremos/teremos cuidado disto amanhã.* *O médico diz que virá.* *Dizem que o médico terá vindo./Se eu gritar, ele obedecerá.*
Indicativo	**Futuro do presente simples e composto**	**Futuro do presente metafórico** a) Pelo presente do indicativo, nos usos de atenuação e polidez: **Exemplos** *Quanto custará/terá custado isto?* *Que será/terá sido aquilo?* b) Futuro indicando obrigatoriedade, nas leis, decretos, contratos: **Exemplos** *Este acordo durará cinco anos.* *O ano letivo será de 220 dias.* c) Pelo presente do subjuntivo: **Exemplo** *É provável que ele fará/terá feito isso.* *Talvez ele dirá/terá dito a verdade.* d) Pelo pretérito perfeito simples, no chamado "futuro profético" **Exemplo** *Esta foi a decisão que mudará/terá mudado o curso da história.*
		Futuro atemporal ou gnômico **Exemplo** *Trás mim virá quem melhor me fará.*
		Futuro do pretérito real, indicando posterioridade problemática em relação a um ato de fala anterior/remoto **Exemplos** *O médico disse que viria/teria vindo.* *Eu supus/acreditei/soube/pensei que ele viria/teria vindo hoje.* *Se eu gritasse, ela viria/teria vindo.*
Indicativo		**Futuro do pretérito metafórico** a) Pelo presente do indicativo, quando se manifesta opinião de modo reservado ou nos usos de atenuação ou polidez **Exemplos** *Eu acharia/teria achado melhor irmos embora.* *Isto aqui seria/teria sido o bacilo de Koch, pelo menos ele não está/estava sentado nem deitado.* *Que seria/teria sido aquilo?* b) Pelo pretérito imperfeito do indicativo **Exemplos** *Quando cheguei, seriam/teriam sido oito horas.* *Fulano teria/teria tido seus setenta anos quando morreu.* c) Pelo pretérito perfeito simples do indicativo **Exemplo** *Chegaria/teria chegado esta manhã a São José do Rio Preto.* (falando de um viajante cujo trajeto se conhece de antemão)

172 Pequena gramática do português brasileiro

4.2.2.2.2. Tempos verbais do subjuntivo

Estudaremos nesta seção os tempos do subjuntivo na sentença simples. Na sentença complexa, o subjuntivo ocorre por pressões estruturais, descritas no capítulo 8.

	Tempos do presente	Presente
Tempos verbais do subjuntivo		Pretérito perfeito composto
	Tempos do passado	Pretérito imperfeito
		Pretérito mais-que-perfeito
	Tempos do futuro	Futuro simples e composto

Subjuntivo	**Presente**	**Expressa simultaneidade problemática, somada aos valores modais de:** a) Incerteza, probabilidade, possibilidade: **Exemplos** *Por que o portão não abre? Talvez* **esteja quebrado**. *Talvez/possivelmente/provavelmente* **venha**. *Quiçá* **apareça** *o livro perdido*. b) Volição, opção: **Exemplos** *Oxalá* **venha**! *Que* **venha** *logo!* *Antes* **chova**, *bem melhor do que faltar água*. c) Exortação, imprecação: **Exemplos** *Que se* **dane**! *Um raio te* **parta** *e o diabo que te* **carregue**! d) Pedido, ordem: **Exemplos** **Traga-me** *um copo d'água, por favor*. **Desculpe-me**, *não vi que você deixou o pé na minha frente*.
		Presente do subjuntivo metafórico a) Pelo futuro do presente do indicativo: **Exemplo** *Suponho que ele* **venha**. b) Pelo pretérito perfeito composto do subjuntivo: **Exemplo** *Espere até que o ônibus* **pare**. c) Pelo imperfeito do subjuntivo: **Exemplo** *Ele pediu-me que o* **faça**.

Subjuntivo	Pretérito perfeito composto	**Expressa anterioridade problemática de estado de coisas inteiramente concluído anteriormente a outro estado de coisas** **Exemplo** *Espero que ao chegar você tenha chegado antes.* **Pretérito perfeito composto metafórico** a) Pelo futuro do presente composto do indicativo: **Exemplo** *Talvez no próximo sábado ele já tenha acabado tudo.* b) Pelo imperfeito do subjuntivo: **Exemplo** *Não é possível que tenha vindo em tão curto espaço de tempo.*
	Pretérito imperfeito	**Expressa anterioridade problemática, nas mesmas circunstâncias modais do presente do subjuntivo** **Exemplos** *Talvez viesse.* *Que viesse logo.* **Imperfeito metafórico, pelo mais-que-perfeito do subjuntivo** **Exemplo** *Não teria sido possível que o deputado deixasse de atendê-lo.*
	Pretérito mais-que-perfeito	**Expressa anterioridade remota, com os mesmos valores modais do presente do subjuntivo** **Exemplos** *Talvez tivesse vindo.* *Que tivesse vindo logo.*
	Futuro simples e composto	**Expressa posterioridade problemática, em sentenças subordinadas** **Exemplo** *Só virei a perguntar se ele previamente tiver demonstrado disposição para responder.*

ATIVIDADE 10

Utilizando os mesmos recortes de jornal utilizados na Atividade 9, identifique os tempos verbais usados, quantifique os resultados obtidos e verifique se eles correspondem aos usos indicados. Que tempo verbal predominou? Procure uma justificativa que explique o tempo usado. Dica: haveria alguma correspondência entre o tempo preferido e o gênero textual?

174 Pequena gramática do português brasileiro

4.2.2.3 Voz verbal

Através da voz verbal, indicamos o tipo de participação do sujeito sentencial no estado de coisas. Se ele for *agente*, teremos a **voz ativa**; se for *paciente*, teremos a **voz passiva**; e se for ao mesmo tempo *agente e paciente*, teremos a **voz reflexiva**.

> – E se o sujeito for impaciente?
> – Engraçadinho!

Voz verbal	**Voz ativa**	Na voz ativa, o verbo atribui ao sujeito da sentença o papel de /agente/, e ao objeto direto o papel de /paciente/. **Exemplo** *O moleque* **espetou** *o gato da vizinha.* Como a voz ativa depende de um sujeito e de um objeto direto, ela é privativa dos verbos bitransitivos diretos (ver 4.1.4.3). A voz ativa é expressa por uma forma verbal simples.
	Voz passiva	O verbo na voz passiva atribui ao sujeito da sentença o papel de /paciente/, e ao complemento o papel de /agente/. **Exemplo** *O gato da vizinha* **foi espetado** *pelo moleque.* A voz passiva é expressa por uma forma verbal composta, constituída por *ser* + particípio.
	Voz reflexiva	Na voz reflexiva, o verbo atribui ao sujeito da sentença o papel ao mesmo tempo de /agente/ e /paciente/. **Exemplo** *O menino se* **cortou**. (= o menino cortou, o menino foi cortado) A voz reflexiva ocorre com os verbos pronominais, tais como *vestir-se, ferir-se, enfeitar-se, congratular-se, enervar-se, envergonhar-se* etc. (Bechara, 1992/1999: 223). Na voz reflexiva, o sujeito e o objeto direto são correferenciais, ou seja, remetem a um mesmo indivíduo. O traço /paciente/ de *menino* permite uma leitura passiva de: 1. *O menino* **se cortou**. 2. *O menino* **foi cortado** *por ele mesmo.* Dado isso, se o verbo vier antes do sujeito e se se omitir o complemento paciente, teremos produzido o que tem sido denominado "passiva pronominal": **Exemplo** **Cortou-se** *o menino.* Em construções assim, o sujeito vem posposto ao verbo, e durante um bom tempo na história da língua, concordou com ele obrigatoriamente: **Cortaram-se** *os meninos* (= os meninos foram cortados); o pronome reflexivo *se* foi denominado *pronome apassivador*. Atualmente, com as alterações do pronome *se*, essa estrutura é interpretada como um caso de voz ativa, e o pronome *se* indica que não se sabe quem é o sujeito, desaparecendo a concordância do substantivo com o verbo: **Cortou-se** *os meninos.*

As regras de transformação da voz ativa na passiva habitam nossas gramáticas desde sempre. A receita é (i) mover o objeto direto da ativa para antes do verbo, transformando-o em sujeito, (ii) mover o sujeito para depois do verbo, fazendo-o preceder da preposição *por* ou *de*, transformando-o em complemento da passiva, (iii) alterar a morfologia do verbo, que passa de forma simples a composta:

O garoto comeu o doce de leite. → *O doce de leite **foi comido** pelo garoto.*

Pronto! Uma ativa virou passiva.

Se o verbo é bitransitivo, apassiva-se seu segmento transitivo direto:

A mãe do moleque deu o gato à vizinha. → *O gato **foi doado** à vizinha pela mãe do moleque.*

Usamos a voz passiva por motivações encontradas no texto, não na sentença. Ao desenvolver seu texto, o falante acumula diversas ações, e a voz passiva aparece quando se quer ressaltar o resultado de uma ação anterior, como em

*Então eu **enrolei** o filme. Depois que o filme **foi enrolado**, guardei tudo no armário.*

Ou seja, usamos a voz passiva quando queremos expressar o resultado presente de uma ação passada (= aspecto perfectivo resultativo). O uso da passiva perifrástica resultativa se deve a exigências de construção do texto, donde sua frequência maior nas narrativas, nos textos de instruções sobre como operar um aparelho, e em outras situações em que precisamos tirar consequências de um estado de coisas anterior.

E agora uma pitada de história. Além da voz ativa e passiva, o indo-europeu tinha também a *voz média*, usada sempre que queríamos manifestar especial interesse em que a ação verbal ocorresse.

O latim perdeu essa voz, que por isso não chegou ao português. Mas dela ficou um vestígio, quando usamos um pronome pessoal no caso oblíquo, denominado dativo de interesse, como em

*Não **me** ponha a mão no bolo!*

Note que o pronome *me* não é complemento do verbo *pôr*, função já preenchida por a mão e no bolo. Ele apenas indica o interesse de quem construiu a sentença de que não se ponha a mão no bolo.

176 Pequena gramática do português brasileiro

ATIVIDADE 11

1. Leia os títulos das matérias jornalísticas.

Células solares são impressas por jato de tinta - http://is.gd/tCmPj8

Fonte: *Twitter Inovação Tecnológica*, 1º jul. 2011. Disponível em: <http://twitter.com/#!/Inovacao Tecnolo/status/86735689810591744>. Acesso em: 4 jul. 2011.

Buraco negro recém-nascido foi descoberto por astrônomo amador

Fonte: *Site Inovação Tecnológica*, 17 nov. 2010. Disponível em: <http://www.inovacaotec-nologica.com.br/noticias/noticia.php?artigo=buraco-negro-jovem-descoberto-astronomo-amador&id=010175101117>. Acesso em: 4 jul. 2011.

2. Observe o uso da voz passiva nos títulos e responda: que sentido a voz passiva imprimiu a essas produções?
3. Transforme a voz passiva em voz ativa.
4. Compare os resultados e explique: que efeito de sentido produz a mudança da passiva para a ativa?
5. Procure exemplos do tipo *"Aluga-se quartos"*, quantifique-os e verifique a concordância preferida. Ensaie uma explicação para a concordância preferida.

4.2.2.4 Modo verbal

Quando construímos nossas sentenças, agrupamos ali o *modo* e o *dito*. O modo expressa nossa avaliação sobre o que expressamos na coisa dita, considerando-a real, irreal, possível ou necessária.

> – Nunca pensei que as minhas sentenças contivessem tudo isso!
> – Pois é, o papel desta gramática é revelar o conhecimento que você tem de sua língua, embora não tivesse se dado conta disso.

Há três modos no português brasileiro: o **indicativo**, o **subjuntivo** e o **imperativo**. Todos eles apresentam uma propriedade textual comum, a de representarem atos de fala. Essa observação é muito importante, pois nos leva

O verbo **177**

para fora da sentença enunciada e para dentro da situação de enunciação, mostrando que a seleção dos modos não tem uma motivação exclusivamente sintática. Cada dito vem associado a um ato de fala.

O *modo* evidencia de que ato de fala se trata:

(i) ato de fala assertivo: "conteúdos que se realizam no mundo" (= indicativo);

(ii) ato de fala dubitativo: "situações imaginárias que não precisam corresponder ao que acontece no mundo" (= subjuntivo);

(iii) ato de fala jussivo: ordens e instruções que damos ao nosso interlocutor (= imperativo).

Representamos das seguintes formas o modo no português brasileiro:

(i) por meio de sufixos modo-temporais, que aparecem no verbo em sua forma simples do indicativo, do subjuntivo ou do imperativo: ver seção 4.2.2.2, neste capítulo;

(ii) por meio de dos verbos auxiliares *ser*, *estar*, *ir*, *vir*, *poder*, *dever*, *querer*, entre outros, que estruturam as formas perifrásticas do verbo.

Sejam os seguintes exemplos:

(a) *O doce de leite é a oitava maravilha do mundo.*
(b) *Quem não entende de nada diz que talvez o doce de leite seja a oitava maravilha do mundo.*
(c) *Coma doce de leite, ajude as companhias de laticínios.*
(d) *Se você pode comer doce de leite, você deve comê-lo todos os dias.*
(e) *Quero comer doce de leite até me empanturrar.*

Vamos ver o que o doce de leite pode nos ensinar.

4.2.2.4.1 O INDICATIVO

O **indicativo** predomina nas sentenças simples, asseverativas e interrogativas. Por meio dele, apresentamos o *dito* como **um estado de coisas real, verdadeiro**. É o caso do exemplo de

> *Sabe-se que o doce de leite é a oitava maravilha do mundo.*

4.2.2.4.2 O SUBJUNTIVO

O **subjuntivo** predomina nas sentenças subordinadas. Por meio dele apresentamos o *dito* como **um estado de coisas duvidoso, provável, irreal, não verdadeiro**:

> *Quem não entende de nada diz que talvez o doce de leite **seja** a oitava maravilha do mundo.*

Os termos *subjuntivo* e *subordinado* são sinônimos. Ambos remetem à "ordenação das sentenças numa posição de dependência", "debaixo de X", em que X é a sentença matriz, como veremos no capítulo 8. A sinonímia entre esses termos tem razão de ser, pois o subjuntivo aparece maiormente nas sentenças subordinadas. Com o tempo, *subjuntivo* se especializou como rótulo de um modo verbal, e *subordinado* como rótulo de um tipo de sentença.

4.2.2.4.3 O IMPERATIVO

O **imperativo** dispõe de morfemas próprios em sua forma afirmativa, tomando morfemas de empréstimo ao subjuntivo em sua forma negativa. Será que no português brasileiro as coisas se passam assim mesmo?

O imperativo ocorre nas sentenças simples, que serão descritas no capítulo 8.

Do ponto de vista semântico, expressamos através do imperativo uma ordem, como em

> ***Coma** doce de leite, **ajude** as companhias de laticínios.*

Os verbos auxiliares de modo expressam uma grande variedade de outros modos, tais como:

– possibilidade, necessidade

> *Se você **pode** comer doce de leite, você **deve** comê-lo todos os dias.*

O verbo   179

– e volição

Quero *comer doce de leite até me empanturrar.*

Por meio do **imperativo**, apresentamos ao nosso interlocutor o *dito* como um estado de coisas necessário, que tem de ser. Expressando uma ordem ou um pedido, dirigido ao interlocutor, ele só deveria ser conjugado na segunda pessoa. Nas outras pessoas gramaticais, o imperativo não expressa uma ordem, e sim um desejo, uma volição.

Esquecida essa história, as gramáticas escolares criaram uma regra mnemônica, ensinando que o imperativo da segunda pessoa singular e plural corresponde ao presente do indicativo, subtraído o {-s}. Imagine só, um modo verbal dando à luz outro modo verbal! Não caia nessa!

Estavam as coisas nesse pé quando o português brasileiro mexeu no quadro dos pronomes pessoais,

(i)   substituindo *tu* por *você*, um pronome discursivamente da segunda pessoa, porém, gramaticalmente da terceira pessoa, pois deriva do sintagma nominal *Vossa Mercê* (sobre o que é um sintagma nominal, ver capítulo 5). Resultado: o imperativo *fala tu* foi substituído pelo indicativo *fala você*;

(ii) substituindo *vós* por *vocês*, outra expressão nominal que também leva o verbo para a terceira pessoa. Resultado: o imperativo *falai vós* desapareceu (ele apenas ressurge em situações extremamente formais), sendo substituído pelo subjuntivo: *falem vocês*, *falem os senhores*.

O impacto dessas alterações sobre a gramática do português brasileiro foi "tsunâmico". O imperativo tradicional foi engolido pelas águas, e hoje não passa de um jogo entre formas do indicativo e formas do subjuntivo. Quer ver?

(a) Indicativo: *Fica quieto!*
     Subjuntivo: *Fique quieto!*

(b) Indicativo: *Diz aí, eu ganhei ou não ganhei as eleições?*
     Subjuntivo: *Diga aí, eu ganhei ou não ganhei as eleições?*

O que acaba de ser dito envolve o seguinte problema: se o indicativo e o subjuntivo se alternam nas expressões da ordem, quando usamos o indicativo e quando usamos o subjuntivo?

Aparentemente, empregamos o indicativo com valor imperativo quando há uma relação de simetria entre os locutores:

> – *Deixa disso!*

Se "o ambiente exige respeito", ou seja, se não temos intimidade com nosso interlocutor, atacamos de subjuntivo pelo imperativo:

> – *Deixe disso!*

Especificamente quanto à posição do pronome-sujeito, Scherre (2004) apurou que sua posposição favorece o uso do imperativo na forma subjuntiva, ao passo que sua anteposição favorece o uso do indicativo:

> (a) **Faça** *você o trabalho, eu estou cansado.*
> (b) *Você* **faz** *o trabalho, eu estou cansado.*

Em suma, o imperativo continua vivo, porém, não ostenta mais suas formas próprias, vampirizando ora o indicativo, ora o subjuntivo. Um desses dois vai vencer o outro, nas sentenças imperativas. A torcida pela vitória do indicativo sacode as arquibancadas! Logo logo estaremos dizendo, indiferentemente: *faz você o trabalho!/você faz o trabalho!*

ATIVIDADE 12

1. Leia a tirinha.

Fonte: SCHULZ, Charles M. Minduim. *O Estado de S. Paulo*, 2 jun. 2010. Caderno 2, p. D8.

2. Observe o uso de verbos no imperativo em
   a) *Faça a ponta neste lápis...*
   b) *Faça você mesma!*
   c) *Ei, não seja grossa!*
   d) *...aponte este lápis...*

3. Compare:
   3.1 As construções *a* e *b*. Qual a sua conclusão?
   3.2 As construções *a* e *b* com *d*. Qual a sua conclusão?
   3.3 As construções *a*, *b* e *d* com *c*. Qual a sua conclusão?

4. No dia a dia, produzimos enunciados imperativos em casa, na escola, na rua, em estabelecimentos comerciais etc., etc., mas não paramos para pensar sobre isso. Pois bem, agora é a hora. Ao longo de um dia, faça um registro de enunciados imperativos que você produziu ou que lhe dirigiram.
Descreva contextualizadamente os imperativos, deixando claro: quem produziu? A quem se dirigiu? Qual a forma empregada?
Compare os seus registros, tire as suas conclusões e apresente os resultados da investigação aos colegas e professores.

4.2.2.4.4 O CONDICIONAL: MODO OU TEMPO?

Anteriormente à Nova Nomenclatura Gramatical Brasileira (NGB), a famosa forma em {-ria} era considerada um modo, o *condicional*, alinhando-se com o indicativo, o subjuntivo e o imperativo.

A NGB retirou a coitadinha dos modos, incluindo-a dentre os tempos, com o rótulo de *futuro do pretérito*.

Ora, o rótulo *condicional* retrata o uso modal da forma em {-ria}, visível quando ela figura na sentença condicional, como em:

(a) *Se eu pudesse, eu* **comeria** *todo o doce de leite do mundo!*

O rótulo *futuro do pretérito* retrata seu lado temporal, quando essa forma figura na sentença substantiva, como em

(b) *Ela disse que me* **daria** *doce de leite de sobremesa.*

Como tudo o mais, a forma em {-ria} é polifuncional, atuando como modo ou como tempo. A pergunta "modo ou tempo?" agitou as mentes, porém, ela encerrava uma falsa questão. A forma em {-ria} funciona simultaneamente como tempo e como modo. Entre essas duas categorias semânticas, ficamos com as duas, e, ainda, com o doce de leite, de quebra. Moral da história: não há resposta certa quando se faz uma pergunta errada.

ATIVIDADE 13

1. Nos três gêneros textuais apresentados a seguir, aparece a forma verbal em {-ria}. Observe:

Texto 1

Fonte: WATTERSON, Bill. O melhor de Calvin. *O Estado de S. Paulo*, 4 nov. 2010. Caderno 2, p. D4.

Texto 2

Pôncio Pilatos abre comércio em São Paulo

"Gostaria de consertar este par de óculos, pode ser? É coisa simples, trata-se apenas de repor o parafuso que prende uma das hastes."
Com essa instrução singela, iniciei uma conversa com a funcionária da ótica do shopping. Imaginei que logo sairia dali para curtir a vida loucamente, mas estava enganada. Aquilo era o começo da operação Pôncio Pilatos, em que a transferência de responsabilidade da empresa é jogada solenemente sobre os ombros do consumidor. Perceba a sutileza.

"Devo informá-la de que poderei danificar seus óculos ao tocar neles", disse a atendente em tom automatizado. "Não posso me responsabilizar se seus óculos se quebrarem enquanto eu estiver realizando o conserto."
Respirei fundo, olhei para a cara da indivídua (totalmente desfocada porque eu estava sem óculos) e mandei mais uma frase singela. "Estou contando com

O verbo **183**

a senhora para consertar meus óculos, não para quebrá-los." A mulher voltou com seu disco riscado: "Sou obrigada a informá-la de que posso romper a armação. Está preparada para correr esse risco?"

Pois é. Se dependesse da minha vontade, naquele momento eu estaria entuchando uma coxinha na Ofner. "Minha senhora", eu disse. "Faz 40 anos que compro nesta loja. Se vim consertar meus óculos, é porque confio nos seus serviços. Os senhores não podem se omitir dessa forma vergonhosa só porque pretendem antecipar alguma ocorrência desfavorável. Quem presta serviços ao público deve aceitar os riscos inerentes, incidentes são ossos do ofício. Não dá para jogar a sua responsabilidade nas minhas costas.

Agora, por favor, conserte meus óculos que eu tenho pressa." Não deu dois minutos, lá estava eu cantarolando na rua de óculos reparados. [...]

Fonte: GANCIA, Barbara. Pôncio Pilatos abre comércio em São Paulo. *Revista São Paulo*, 10 jul. 2011.

Texto 3

MAIS DE 4 PESSOAS MORREM POR HORA VÍTIMAS DE ACIDENTES NAS RUAS E ESTRADAS DO PAÍS.

O QUE VOCÊ MUDARIA PARA MELHORAR A SEGURANÇA NO TRÂNSITO?

(1) O comportamento irresponsável de alguns jovens no trânsito.
(2) As pessoas que conduzem carro ou moto depois de ingerir bebida alcoólica.
(3) A imprudência de alguns motociclistas.
(4) O desrespeito de alguns motoristas às leis de trânsito.
(5) A falta de rigor na fiscalização e punições pouco severas.
(6) A má preparação dos condutores e a falta de educação de trânsito para a população.

Mande um SMS gratuitamente com o número da sua resposta para **27397** e ajude a melhorar o trânsito.

Fonte: *Veja*, 13 jul. 2011, p. 67.

2. Compare o uso do <u>futuro do pretérito</u> nos três textos e responda:

2.1 Por que nos textos foi usado <u>o futuro do pretérito</u>?

2.2 É possível substituir nos textos <u>o futuro do pretérito</u> pelo <u>futuro do presente</u>? Justifique a sua resposta.

184 Pequena gramática do português brasileiro

4.2.2.4.5 AUXILIARES MODAIS

Os auxiliares modais derivam de verbos plenos, como os demais auxiliares. Você observa isso comparando os exemplos a seguir.

(a) *Tudo* **posso**, *mas nem tudo me convém.* (= *poder* é verbo pleno, organiza a sentença)
compare com
Posso comer *doce de leite, vocês é que não deixam.* (= *poder* é verbo auxiliar, não organiza a sentença)

(b) **Quero** *mais doce de leite.* (= *querer* é verbo pleno, organiza a sentença)
compare com
Quero comer *mais doce de leite.* (= *querer* é verbo auxiliar, não organiza a sentença)

(c) **Devo**, *reconheço, pagarei quando* **puder**.
compare com
Devo pagar *minhas contas, quando* **puder arranjar** *o dinheiro.*

Parece que esses auxiliares estão se transformando em prefixos no português brasileiro informal:

(a) *Pode parar com isso!* → **popará** *com isso!*
(b) *Quer parar com isso?* → **quepará** *com isso?*

4.3 PROPRIEDADES TEXTUAIS DO VERBO

Além de construir a sentença e organizar seus sentidos, o verbo tem um importante papel na construção do texto. Passamos por esses argumentos quando propusemos as Atividades 9 e 10.

Os seguintes verbos desempenham funções textuais:

4.3.1 VERBO APRESENTACIONAL E INSERÇÃO DE TÓPICO DISCURSIVO

Estudamos na seção 4.1 deste capítulo as propriedades dos verbos apresentacionais. Esses verbos não predicam seu sujeito nem seus complementos, no sentido de que não lhes atribuem sentidos derivados de seu radical. Seu papel decorre da "função apresentacional".

Essa função ocorre quando acrescentamos um tópico em nossos textos, representando-o por um substantivo. Vamos aos exemplos.

Na tirinha

Fonte: THAVES, Bob. Frank & Ernest. *O Estado de S. Paulo*, 1º nov. 2010. Caderno 2, p. D4.

o tópico *um código binário* é apresentado no texto pelo verbo *ser*: um verbo apresentacional.

É o que também acontece nos enunciados:

(a) *Era* uma vez *uma princesa*. O pai da princesa queria casá-la com um príncipe bonito e rico. E aí...
(b) *É o seguinte*: de hoje em diante não haverá mais aulas aos sábados, podem começar a chorar.
(c) *Tinha uma coisa naquela festa* que não ia mesmo dar certo. Que coisa? Falta de animação. Para contornar o problema, o dono da casa...
(d) *Haver celulares* para vender *há*, só que agora não tenho.
(e) *Trata-se do carinha da prestação*, diga que não estou.

Os verbos *ser*, *ter*, *haver*, *tratar* introduziram os tópicos representados por *uma princesa*, *o seguinte*, *uma coisa naquela festa*, *celulares*, *o carinha da prestação*.

4.3.2 TEMPO PRESENTE, DESCRIÇÃO E ARGUMENTAÇÃO. TEMPOS DO PASSADO E NARRAÇÃO.

É possível identificar três situações básicas quando escrevemos nossos textos: podemos descrever situações, podemos narrar eventos ou podemos produzir generalizações sobre o que foi descrito ou sobre o que foi narrado. A descrição, a narração e a argumentação constituem tipos textuais básicos.

- Na descrição, enumeramos características de personagens ou dos cenários em que elas se movem. Para exemplificar, veja no texto a seguir que verbos no presente assumem papel de destaque na composição do quadro descritivo.

Tão belo quanto tímido

Difícil encontrar quem não repare na beleza desta ave. O macho tem plumagem azul-brilhante nas costas e um colar da mesma cor. O pescoço e a metade do peito são em tom púrpura e as asas, pretas. A exuberância do colorido, porém, não combina muito com o comportamento tímido do pássaro-azul. Parece que ele traz esse capricho todo nas cores das penas somente para atrair as fêmeas de sua espécie.

Falando nelas... As fêmeas do pássaro-azul têm cor parda e discreta, mas são muito graciosas e dedicadas à sua cria: constroem o ninho, chocam os ovos e cuidam dos filhotes, sozinhas.

Essa espécie tem preferência pelos lugares mais altos da floresta, como as copas das árvores. Sua alimentação é composta, principalmente, por frutos e sementes, podendo incluir, também, alguns insetos.

Assim como seus parentes, as arapongas, o pássaro-azul – ao defecar, isto é, fazer cocô – dispersa as sementes dos frutos que come, ajudando a espalhá-las para locais mais distantes e, dessa forma, contribui para a manutenção da floresta.

E tome nota de um fato curioso: quando voa e quando briga com outros indivíduos, o pássaro-azul produz ruídos que soam como música aos nossos ouvidos! Sua plumagem vistosa torna a espécie vulnerável aos predadores, que notam o colorido de suas penas.

Mas nem tudo é beleza na vida do pássaro-azul. Sua plumagem vistosa, além de chamar a atenção de seus predadores naturais, atrai, também, caçadores. Há séculos, os machos são capturados e suas penas utilizadas como ornamentos. No século 17, um príncipe europeu, o renomado naturalista Maximilian Wied-Neuwied, veio ao Brasil e descreveu em seus diários uma variedade de enfeites artesanais que eram produzidos com as penas dessa ave: grinaldas, flores, buquês, leques... Embora hoje não seja mais tão comum ter suas penas arrancadas para virar ornamento, a espécie ainda é aprisionada em gaiolas para servir como animal de estimação.

Atualmente, o pássaro-azul ocorre em poucas áreas protegidas de Mata Atlântica, onde é proibido o desmatamento e a captura de animais silvestres. É importante conhecer melhor esta espécie na natureza e conservá-la em seu hábitat.

Contribua com a preservação do pássaro-azul mostrando a foto do cartaz e contando a história desta ave ao maior número de pessoas que puder – a natureza agradece!

Cristiane Medeiros e Medeiros e
Maria Alice S. Alves,
Departamento de Ecologia,
Universidade do Estado do Rio de Janeiro.

Fonte: MEDEIROS E MEDEIROS, Cristiane; ALVES, Maria Alice S. Tão belo quanto tímido. *Ciência Hoje das Crianças*, ano 23, n. 215, ago. 2010, p. 16.

- Na narração, enumeramos acontecimentos supostamente desconhecidos de nosso interlocutor.

O PESADELO DE HOUAISS
Quando acordou,
o dicionário ainda estava lá.
JOCA REINERS TERRON

Fonte: FREIRE, Marcelino (org.). *Os cem menores contos brasileiros do século*. Cotia: Ateliê, 2004, p. 97.

- Na argumentação, enumeramos generalizações feitas a propósito de coisas descritas ou de coisas narradas.

Na panela, o sapo vira príncipe

Tão feio quanto gostoso, e fácil de preparar, o tamboril sofre preconceito por parte do brasileiro por seu aspecto estranho. De textura firme e adocicada, a carne é muito usada na Europa, nos Estados Unidos e pelos coreanos. Só o Brasil não sabe o que está perdendo.

Fonte: LOPES, Laura. Na panela, o sapo vira príncipe. *Época*, 13 jun. 2011. Disponível em: <http://revistaepoca.globo.com/Revista/Epoca/>. Acesso em: 14 jun. 2011.

Na descrição e na argumentação, predominam verbos de estado, conjugados no presente. Na narração, predominam verbos de ação conjugados nos tempos do passado.

Isso pode ser verificado retornando àquele diálogo reproduzido no capítulo 1:

Loc 1 – *eu estive na... em Cumaná... é uma praia... é um lugar... um litoral muito bonito que aliás é muito parecido com o nosso litoral norte... sabe? e... fiquei lá durante três meses e nesse tempo todo eu conheci bastante o povo de lá... que é bem diferente e... bem diferente de nós...*

Observe que ao narrar sua viagem, o locutor 1 usa os tempos do passado: *estive*, *fiquei*, *conheci*. Ao descrever o lugar visitado, ele passa a usar o presente: *é uma praia*, *é um lugar*, *é parecido*. Finalmente, esse locutor faz uma generalização, produzindo um segmento argumentativo, quando diz que *(o povo de lá) é bem diferente*.

Esse pequeno exemplo reforça o que foi dito na seção 4.2.2.2 deste capítulo: o tempo verbal presta-se mais à construção do texto do que à representação cronológica dos eventos.

Atividade 14

Chama a atenção no texto a seguir o fato de todos os verbos terem sido empregados no presente do indicativo. Quer ver? Então, leia o texto e, em seguida, apresente uma justificativa para o uso do presente do indicativo.

> TOULA MATOULA
> (PRONÚNCIA: TULA MATULA)
>
> TOULA MATOULA BUJOLLA ELIAS
> CACHORRA SAPECA, CACHORRA SAPECA
>
> TOULA MATOULA BUJOLLA ELIAS
> CACHORRA ESPERTA, CACHORRA ESPERTA
>
> DORME, RONCA, COME E BRINCA,
> RÓI, CORRE, PULA E DESTRÓI,
> QUANDO ESTÁ COM CARA DE CARENTE,
> É PORQUE QUER COMIDA DE GENTE!
>
> Fonte: Texto de João Marcelo da Silva Elias, 9 anos, aluno do Colégio Madre Alix, São Paulo/SP.

Atividade 15

1. Leia o texto

Bouvet

Que livro você levava para o banheiro quando era criança? Eu levava o Almanaque Abril. Minha parte favorita era o capítulo dos países, que vinha com a ficha completa de todos os que estivessem representados na ONU.
Produto interno bruto, renda per capita, principais recursos naturais, sistema de governo, estava tudo ali. Mas a informação que importava, para mim, era a capital. Eu sabia as capitais de praticamente todos os países listados. Minha memória RAM era ocupada com dados como "Uagadugu, capital do Alto Volta". Gostava também de saber as cidades principais, que sempre apareciam com a população entre parênteses. Eu comparava sempre com Porto Alegre (845.000).

Me intrigava porque algumas seleções que participavam da Copa não eram países de verdade. Sempre me pareceu um escândalo que o País de Gales pudesse disputar as eliminatórias e o Rio Grande do Sul não.

Eu já não consumia mais o Almanaque Abril quando os países deram para trocar de nome. Ceilão virou Sri Lanka (já me acostumei), Alto Volta virou Burkina Faso (me senti traído), Birmânia virou Mianmar (me recuso a aceitar). Como se não bastasse, outros não países, como as ilhas Faroë, começaram a disputar a Copa (e o Rio Grande, nada).

A legião dos países insignificantes só veio a reaparecer na minha vida recentemente, com a invenção das compras pela internet. Toda vez que eu vou comprar num site internacional preciso achar o Brasil num menu de países. E em quase todos esses sites, o Brasil aparece embaixo de uma tal Bouvet Island.

Faz muito tempo que estou para googlar esse fim de mundo. Demorei tanto, que o assunto foi parar no *Economist* da semana passada. Um artiguinho delicioso tenta definir o que é um país, e traz à baila, entre outros, o caso da ilha Bouvet. Listada até no formulário de pedido de vistos de entrada nos Estados Unidos, a ilha Bouvet é, pasmem, desabitada. Pudera: é uma das ilhas mais remotas da Terra e tem o território coberto por gelo. Ainda assim, tem direito a domínio próprio na internet (.bv) e prefixo de radioamador.

Qualquer hora dessas aparece nas eliminatórias da Copa. Esperem até o Rio Grande saber disso.

Fonte: FREIRE, Ricardo. Bouvet. *O Estado de S. Paulo*, 16 abr. 2010. Guia, p. 114.

2. De acordo com os tempos verbais, podemos dividir esse texto em 3 partes:
   - a primeira, em que predomina o uso do <u>pretérito imperfeito</u>;
   - a segunda, em que se destaca o uso do <u>pretérito perfeito</u>;
   - e a terceira, em que prevalece o uso do <u>presente do indicativo</u>.

3. Identifique essas partes no texto.

4. Justifique o uso dos tempos verbais destacados em cada uma das partes.

190 Pequena gramática do português brasileiro

ATIVIDADE 16

1. Leia os dois textos.

Texto 1	Texto 2
Alarme	***Rede Social***

Texto 1 — Alarme

Toda noite um carro grita. É um gemido insistente, chamando pelo dono. Começa quase sempre às 5 da manhã. Dispara o alarme, e o alarme dispara minha imaginação. Muitas vezes já imaginei tiros de bazuca, que acertam em cheio a buzina do carro — só a buzina — e devolvem o silêncio ao mundo do bairro. Outras vezes imagino alguém chegando na calçada, ainda de pijama de flanela, com um machado na mão. O benfeitor acerta o capô muitas vezes, até a buzina ir perdendo o tom, desafinando, e finalmente para com uma derradeira machadada. Imagino então vizinhos aplaudindo nas janelas, e o homem, suado (o pijama é de flanela, lembra?) agradece com um aceno de lenhador.

Mas o carro não se comove com meus pensamentos. Segue buzinando, apitando, silvando. O escândalo é sem fundamento: o carro nunca é roubado, infelizmente. Está lá toda santa madrugada. Ele, sim, é o ladrão do nosso sono. E nós, assaltados, temos um alarme silencioso ainda por cima: simplesmente perdemos o sono. Posso dizer que todo dia, às 5h, acordo alarmado.

Há outro colega do carro, que aparece de vez em quando. Seu horário é diferente: perto da meia-noite, uma da manhã. E é mais tagarela, sua rotina é falar: "Atenção! Este veículo está sendo roubado! (sirenes) Atenção, este veículo está sendo roubado!". Dá vontade de abrir a janela e esclarecer: "Roubado coisa nenhuma, #*%$!#@! Tu tá aí, gritando!"

Quando saio de casa tento reconhecer a dupla dentre os carros estacionados nas calçadas ao redor. Mas, à luz do dia, são todos inocentes, como crianças dormindo no conforto do asfalto. Por vezes levanto a mão bruscamente ao passar por alguns, a ver se se assustam e entregam o jogo no escarcéu barulhento que conheço tão bem. Que nada. Devem estar cansados, passaram a noite em claro, berrando. Precisam do sono reparador até que alguém gire a chave e eles partam em silêncio, esbanjando uma engenharia perfeita, de parafusos apertados e justinhos. Sem grilos ou ruídos.

Ironia das ironias: o grilo, que tanto embala as estrelas tranquilas, vira um barulho chato nos carros. A noite da cidade é feita de breu e de asfalto — nessa noite o grilo não manda.

Fonte: LAURENTINO, André. Alarme. *O Estado de S. Paulo*, 26 mar. 2010. Divirta-se, p. 114.

Texto 2 — Rede Social

Acordei às quatro e meia da manhã, trabalhei até as dez, saí do hotel, peguei três horas de estrada, entrei no outro hotel. Almocei e saí correndo para fotografar enquanto a sombra dos coqueiros não atrapalhava a praia ou a piscina. Lá pelas tantas, dei uma parada para checar ligações não atendidas. Fui até a mochilinha, abri a bolsinha de fora – ué, cadê o iPhone?

Voltei ao restaurante. As mesas estavam sendo arrumadas. Reencontrei minha mesa. Nada do meu celular. Perguntei se algum funcionário tinha achado um iPhone. Necas – se acharam, deve estar já na recepção. Agradeci e zuni para o *lobby*. Nada feito. Nenhum celular entregue.

Caí em depressão. Estou no meio de uma maratona de *resorts*. Está tão pauleira, estou dormindo tão pouco, que me gripei – no verão do Nordeste! Só volto para São Paulo no início de dezembro. Meu iPhone (sim, aquele mesmo que me fez sentir uma iAnta nas primeiras semanas) não é mais só um telefone. É meu relógio, meu despertador, minha câmera de fotografar cardápio, minha tela de e-mails, minha ferramenta para nunca me sentir sozinho (basta entrar no Twitter).

Voltei ao quarto, liguei meu computador na internet. Antes de mais nada, desabafei no Twitter. "Desejo morte lenta e dolorosa a quem quer que tenha afanado o meu celular." Imediatamente apareceram mensagens de conforto.

Foi quando lembrei que, no iPhone, os torpedos aparecem na tela, mesmo quando o telefone está bloqueado por senha. Tive uma ideia. Convoquei o pessoal a mandar torpedos para o meu celular com a mensagem DEVOLVA ESTE CELULAR NA PORTARIA! Mandei meu número em mensagem privada para quem não tinha. Pedi para não serem ríspidos – afinal, se devolvesse, o cara precisaria fingir que tinha achado o aparelho ao acaso.

Logo em seguida, me senti ridículo. Que mico! Imagina se isso ia dar certo.

Mas então, 15 minutos depois do início da operação: "TRIM TRIM!". Era da recepção. Devolveram o meu celular! Uma senhorinha, que disse que "tinha posto na bolsa para devolver depois". Sei.

A clepto-hóspede capitulou em 22 torpedos, mandados de 9 DDDs diferentes (e um DDI, da Espanha). Viva o Twitter! (Agora tente fazer isso, com essa rapidez, via Facebook...).

Fonte: FREIRE, Ricardo. Rede social. *O Estado de S. Paulo*, 12 nov. de 2010. Divirta-se, p. 114.

2. Compare os textos e observe que, no texto 1, predomina o presente do indicativo; já no texto 2, é o pretérito perfeito que se destaca.

3. Com base no que foi estudado sobre verbo, explique o uso predominante do presente do indicativo no texto 1, e do pretérito perfeito no texto 2.

4. Por fim, substitua, no texto 1, o presente pelo pretérito perfeito e, no texto 2, o pretérito perfeito pelo presente. Responda: que efeito de sentido produz num e noutro texto a mudança de tempo verbal?

SUMARIZANDO

Estudamos neste capítulo a classe gramatical mais complexa da língua portuguesa. O verbo tem a morfologia mais rica dentre as classes de palavras, desempenhando um papel fundamental na organização da sentença e do texto.

Nos próximos capítulos, estudaremos o substantivo, o adjetivo, o advérbio e a preposição, cujo uso tem uma relação direta com as atividades do verbo.

QUERO MAIS

CASTILHO; Ataliba T. de. *Nova gramática do português brasileiro*. São Paulo: Contexto, 2010, capítulo 10.
COSTA, Sônia Bastos Borba. *O aspecto verbal em português*. São Paulo: Contexto, 1997.
ILARI, Rodolfo. *A expressão do tempo em português*. São Paulo: Contexto, 1997.
VARGAS, Maria Valíria. *Verbo e práticas discursivas*. São Paulo: Contexto, 2011.

O ARTIGO, O SUBSTANTIVO E O ADJETIVO

PARA COMEÇO DE CONVERSA

Leia o seguinte trecho:

> *Não seremos um povo civilizado enquanto convivermos com as irregularidades abafadas, os corruptos encobertos e os cofres públicos franqueados a aproveitadores desonestos.*

O objetivo deste capítulo é pesquisar a que classes pertencem as palavras do tipo de *as*, *povo*, *civilizado*, *irregularidades*, *corruptos*, *cofres*, *aproveitadores*, *desonestos* encontradas no trecho acima.

Com o que já aprendemos nesta gramática, notamos que essas palavras apresentam as seguintes características:

1. Morfologicamente, dispõem de uma vogal temática e de morfemas de feminino e plural. As vogais temáticas do substantivo permitem organizá-los em três classes:
   (i) {o}, como em *povo*, *corruptos*;
   (ii) {a}, como em *fruta*;
   (iii) {e} ou consoante final, como em *cofre*, *dente*, *giz*.

Muitas dessas palavras flexionam no feminino (*menino/menina*) e no plural (*meninos/meninas*), aceitando os morfemas correspondentes. Mas há palavras que não flexionam em gênero, como *povo*. Forçar a mudança do gênero nessas palavras pode gerar um efeito cômico: "*Meus povos e minhas povas!*"

Deixando de lado a brincadeira, vemos que têm gênero privativo palavras como *povo*, *cofre*, *muro*, *banca*, *dente*, *pente*, *giz* etc. Analogamente, há palavras de número privativo, que só se apresentam no plural, como *óculos*, *calças*, *costas*. Isso não quer dizer que não possamos dizer *onde está minha calça*, *estou com dor na costa*, *perdi o óculos*, "regularizando", por assim dizer, o número expresso por essas palavras.

2. Sintaticamente, as palavras *povo*, *irregularidades*, *corruptos*, *cofres*, *aproveitadores* funcionam como sujeito ou como complemento das sentenças (ver capítulo 8, seção 8.2).

3. Semanticamente, essas palavras designam os seres e as coisas, tanto concretas (como *cofre*, *corruptos*, *homem*, *cão*, *cerca*) quanto abstratas (como *povo*, *irregularidade*, *saudade*). Elas podem também designar eventos, como *queda*, *saída*. As palavras concretas têm autonomia semântica, ao passo que as abstratas dependem de outras para fazerem sentido.

Podemos combinar todos esses três tipos semânticos numa mesma sentença:

A quebra do cofre sobre o corrupto livrou o Brasil de várias irregularidades.

> – Você acredita na veracidade de *A quebra do cofre sobre o corrupto livrou o Brasil de várias irregularidades*?
> – Bom, um dia será assim, espero.

Denominamos **substantivos** as palavras que exemplificam essas três características. Mas de onde a gramática tirou esse termo? Se o decompusermos em seus constituintes, obteremos *sub+sta+nt+ivo*. A raiz <sta> é a mesma que aparece em *estar*, e o morfema {nt}, não mais reconhecível português contemporâneo, formava no latim o particípio presente, que significava "aquele/aquilo que".

Substantivo, portanto, é "aquilo que está embaixo", "aquilo que está na base". Na base do quê? Dos textos, das sentenças. É impossível construir textos e sentenças sem substantivos. Só na sentença *A quebra do cofre sobre o corrupto livrou o Brasil de várias irregularidades* compareceram cinco deles, num total de

O artigo, o substantivo e o adjetivo   195

sete palavras! O substantivo está com tudo! Afinal de contas, falamos e escrevemos com variados propósitos como, por exemplo, transmitir informações, e os substantivos são a classe especializada nisso.

Vejamos agora que palavras ocorrem imediatamente antes dos substantivos. No exemplo *Não seremos um povo civilizado enquanto convivermos com as irregularidades abafadas, os corruptos encobertos e os cofres públicos franqueados a aproveitadores desonestos*, encontramos *um*, *as*, *os*. A gramática reúne essas palavras na classe do **artigo**.

Brincando um pouco com os artigos, vemos que outras palavras podem ocorrer em seu lugar:

> *este povo*, *meu povo*, *qualquer povo*;
> *estas irregularidades*, *minhas irregularidades*, *quaisquer irregularidades*;
> *estes cofres*, *meus cofres*, *quaisquer cofres*.

Já estudamos no capítulo 3 o demonstrativo *este*, o possessivo *meu* e o quantificador *qualquer*. Podemos juntar a eles, agora, os **artigos**, reunindo-os sob a denominação geral de **especificadores**.

Os especificadores ocorrem sempre antes do substantivo, com a exceção dos quantificadores, que podem vir antes ou depois dos substantivos: *qualquer povo/povo qualquer, quaisquer irregularidades/irregularidades quaisquer, quaisquer cofres/cofres quaisquer*. Deve haver alguma explicação para esse comportamento dos quantificadores.

Vamos agora espiar que palavras aparecem depois dos substantivos. Voltando ao exemplo *Não seremos um povo civilizado enquanto convivermos com as irregularidades abafadas, os corruptos encobertos e os cofres públicos franqueados a aproveitadores desonestos*, encontramos: *civilizado*, *abafadas*, *encobertos*, *públicos*, *franqueados*, *desonestos*. Assim como os especificadores, essas palavras concordam com o substantivo em gênero e número, no português padrão. Elas integram a classe dos **adjetivos**.

Pergunte, de novo, como a gramática inventou esse termo. Note que ele se decompõe em *ad+jet+ivo*, literalmente, "aquilo que é lançado para perto de". Lançado para perto do quê? A resposta está no mesmo exemplo comentado, em que *civilizado*, *abafadas*, *encobertos*, *públicos*, *franqueados*, *desonestos* foram jogados para perto de *povo*, *irregularidades*, *corruptos*, *cofres*, *aproveitadores*.

Se você examinar como os **especificadores**, os **substantivos** e os **adjetivos** são ordenados em nossa língua, observará que essas classes se distribuem com grande regularidade, obedecendo na maior parte dos casos à seguinte sequência:

> **[Especificador + Substantivo + Adjetivo]**
> ↓
> pronomes e artigos

Nessas expressões, o **substantivo** ocupa sempre o **núcleo**. Os **especificadores** ficam na **margem esquerda**, e os **adjetivos** ficam na **margem direita**. Os colchetes delimitam o trecho que estamos analisando. Quando o núcleo dessas expressões é um substantivo (ou um pronome pessoal), temos um **sintagma nominal**. Um sintagma nominal é organizado por palavras dispostas na margem esquerda + no núcleo + na margem direita.

> – Espere aí, você já mencionou essa estrutura quando descreveu a sílaba e a palavra no capítulo 2, e o sintagma verbal, no capítulo 4! Então o sintagma nominal tem a mesma estrutura que essas classes?
> – Isso mesmo! Todos os sintagmas e também as sentenças têm essa estrutura. O que muda é o material linguístico que as organiza, mas a disposição é sempre a mesma.

Por que os substantivos são considerados núcleos dessas expressões? Porque se os retirarmos daí teremos expressões que ou não significam o mesmo ou, no mínimo, são estranhas:

> *um civilizado
> *as abafadas
> *os encobertos
> *os públicos franqueados

Compare *um civilizado* com *um povo civilizado*, *as abafadas* com *as irregularidades abafadas*, e assim por diante, e verifique se as duas expressões têm o mesmo sentido. Sempre que promovemos esses testes, assinalamos com um asterisco a expressão que não tem o mesmo sentido daquela de que foi retirada.

Essas primeiras observações permitem que nos organizemos para a exploração sistemática do substantivo e de seus acompanhantes. Neste capítulo, estudaremos, então, "pela ordem de entrada no palco", o **artigo**, o **substantivo** e o **adjetivo**.

O artigo, o substantivo e o adjetivo 197

5.1 O ARTIGO

O que é o artigo?

O artigo é um marcador pré-nominal, átono, associado necessariamente ao substantivo, com o qual constitui um vocábulo fonético. O vocábulo fonético é a soma de mais de um vocábulo léxico. Assim, escrevemos *os meninos*, dois vocábulos léxicos, mas dizemos [uzmi'ninus], um vocábulo fonético.

Vamos estudar o artigo explorando, como temos feito, suas propriedades gramaticais, semânticas e textuais.

As gramáticas atuais apresentam duas subclasses para os artigos:

✓ os **definidos** (*o*, *a*, *os*, *as*)

✓ os **indefinidos** (*um*, *uma*, *uns*, *umas*).

As primeiras gramáticas registravam apenas as formas definidas. Somente depois do século XIX é que se começou a falar em artigos indefinidos. Será que está certo dividir os artigos em definidos e indefinidos? Vamos raciocinar.

Alonso (1933/1967: 132) mostra que há mais diferenças que semelhanças entre os artigos definidos e os indefinidos:

(1) O **artigo indefinido** tem uma forma negativa própria, *nenhum*, o que não acontece com o definido:

> (a) *Chegou* **um** *homem./Não chegou* **nenhum** *homem.*
>   confrontado com
> (b) *Chegou* **o** *homem./Não chegou* **o** *homem.*

Os testes mostram que *um* e *nenhum* integram a mesma classe, mas o mesmo não se pode dizer de *o* e *um*.

(2) Os **artigos indefinidos** são formas tônicas, alternando na sentença com outras palavras da mesma classe, como ***certo*** e ***outro***:

> *Um dia, a fada disse.../Certo dia/outro dia a fada disse...*

Acresce que ***um(a)*** e ***outro(a)*** podem vir coordenados, o que não acontece com *o(a)* e *outro(a)*:

> *você vê **uma e outra** árvore.*
> **você vê **a e uma** árvore.*

Esse fato reforça a ideia de que **a** e **uma** não têm comportamento sintático semelhante, distribuindo-se por classes diferentes. De fato, o artigo definido só pode alternar com Ø, como em

> *Ler **o livro** é bom./Ler Ø livro é bom.*

(3) O chamado **artigo indefinido** pode substituir um **substantivo**, o que não ocorre com os artigos definidos:

> (a) *Comi **um** bolinho./Comi **um** Ø.*
> (b) *Comi **o** bolinho./*Comi **o** Ø.*

Esses testes demonstram que o chamado artigo indefinido **um/uma** é na verdade **um pronome**, mais propriamente **um quantificador indefinido**, estudado no capítulo 3, seção 3.4. Então, não dê uma de "Maria vai com as outras". <u>Não</u> aceite a inclusão de **um**, **uma**, **uns**, **umas** entre os artigos.

Assim, clareado o campo, vamos estudar as propriedades gramaticais, semânticas e textuais do artigo.

5.1.1 PROPRIEDADES GRAMATICAIS DO ARTIGO

Vejamos primeiramente como o artigo se distribui na sentença.

✓ Ele ocorre em distribuição complementar com os demonstrativos *este*, *esse*, *aquele*, ou seja, quando vem o artigo não pode vir o demonstrativo, e vice-versa, o que mostra que artigo e demonstrativo integram a mesma classe gramatical. Você conhece alguém por aí que diga

> ** "o este livro"*, ** "este o livro"*?

✓ Pode combinar-se com outros demonstrativos (*próprio*, *semelhante*, *tal*), o que mostra que essas palavras constituem uma subclasse dos demonstrativos, como em:

> *O Brasil e o piano têm uma bela história juntos. Os dois conquistaram seu espaço quase ao mesmo tempo no século 19: o piano, sobre o cravo; o Brasil, sobre a sua condição de colônia. **O próprio príncipe dom Pedro** era pianista.* [...]
>
> Fonte: Castro, Ruy. *Folha de S.Paulo*, 12 maio 2010. Opinião, p. A2.

✓ Não aparece após o substantivo, o que mostra que **o artigo** é categoricamente **um marcador nominal pré-nuclear**. Já pensou que cara fariam seus amigos se você se expressasse assim:

> *Não seremos um povo civilizado enquanto convivermos com irregularidades as abafadas, corruptos os encobertos e cofres públicos os franqueados a aproveitadores desonestos.*

Eles vão te acusar de "corruptor da língua", "ladrão da gramática"!

✓ O artigo se combina com o possessivo e com o quantificador definido (= numeral), antecedendo-os, e com os quantificadores indefinidos, seguindo-os.

Veja os exemplos:

> (a) *<u>os meus</u> carros / *****meus os** *carros*
> ↓
> *artigo + possessivo*
>
> (b) *<u>os dois</u> carros / ***os carros **dois**
> ↓
> *artigo + quantificador definido*
>
> (c) ***todos** <u>os</u> carros / ?**os todos** carros*
> ↓
> *quantificador indefinido + artigo*

Do ponto de vista sintático, é indiferente a presença ou a ausência do artigo. Na maior parte dos casos, os sintagmas nominais sem artigo são gramaticalmente aceitáveis, exceto quando o artigo transforma outras classes de palavras em substantivo, como exemplificado em

200 Pequena gramática do português brasileiro

> ___O cinzento___ *do céu indica chuva.*

Também nesse caso a sintaxe e a semântica tomam caminhos independentes, pois a presença/ausência do artigo é irrelevante para a boa formação estrutural, mas sua ausência altera fortemente a interpretação semântica das expressões. Os exemplos a seguir devem ser testados pelo leitor, que verá se a afirmação é correta.

- **<u>Presença do artigo</u>**

O artigo ocorre antes de:

(1) Substantivos funcionando como sujeito, veiculando um sentido já sabido ou inferido do texto:

> ___O turista___ *desaparecera no mato.* **Os leões** *lambiam o beiço de satisfeitos.*

(2) Substantivos seguidos de preposição + substantivo:

> (a) *Eu trabalho* **a maior** ***parte do*** *tempo sentada...*
> (b) *?Eu trabalho maior parte do tempo sentada...*

(3) Substantivos precedidos de quantificador definido ou seguidos de quantificador indefinido:

> (a) **a primeira praia** *é Camboriú.*
>   ↓
> *quantificador definido*
>
> (b) *Então você tem a paisagem do litoral que são* **as praias <u>todas</u> desde Santa Catarina***.*
>   ↓
>   *quantificador indefinido*

(4) Substantivos seguidos de adjetivo (exemplos *a* e *b*), sobretudo quando superlativizados (exemplo *c*), ou seguidos de sentença relativa (exemplos *d* e *e*).

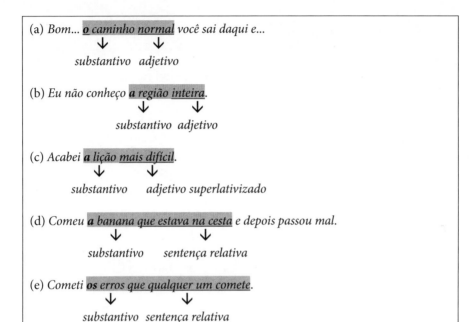

- **Ausência do artigo**

Não usamos o artigo quando desejamos que o substantivo expresse um sentido vago, impreciso, como em:

...teria condições de cultivo para alguns tipos, quer dizer, **bananas**, **frutas**, e **madeira**.

É por essa razão que o artigo **não** aparece:

(i) em ditados

(a) **Pau** que nasce torto morre torto.
(b) **Olho** por olho, **dente** por dente.

(ii) em expressões formulaicas

(a) Depois ainda tem que escovar **dente** para sair.
(b) A gente nunca pode precisar o tempo... com as crianças... não se pode precisar mesmo... com **certeza**...
(c) Pedir **perdão**, cometer **erros**, dizer **tolices**, dar **parte/motivo/valor**, aprender **inglês**.

(iii) Em substantivos precedidos de verbo suporte

> A professora na sala de aula:
> – Joãozinho, cinquenta vacas passam por uma cidade. Morre uma, quantas ficam?
> – Fica uma, as outras seguem **viagem**.

(iv) nas definições

> (a) **Amor**: *palavra* de quatro letras, duas vogais e dois idiotas.
> (b) **Cérebro**: *órgão* que serve para que pensemos que pensamos.
> (c) **Diplomacia**: *arte* de dizer "lindo cachorro" até encontrar uma pedra para atirar nele.

(v) Nas expressões preposicionadas que se seguem a substantivos não articulados:

> *Comportamento **de rio** não é controlado ainda.*
> [confira o sentido de ***o comportamento do rio*** *não é controlado ainda.*]

(vi) Nos substantivos em função de absolutivos nas construções apresentacionais:

> (a) *Quando tem **gente** atravessando o rio é perigoso.*
>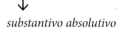
>
> (b) *Vai ter **congresso** na Bahia.*
>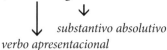

ATIVIDADE 1

1. Leia o texto:

> **Palavras com gostinho especial**
>
> Este livro é para quem gosta de cereja, menina, família, história, cores, alegria e palavras, muitas palavras.

Difíceis e fáceis, quem ensina **os vocábulos** é uma tia muito louca. **A aluna**, sua sobrinha, confunde tudo e faz frases ainda mais malucas na sua cabeça. Que tal entrar nessa divertida loucura?
Tininha Cereja. Texto de Celso Sisto e ilustrações de Ana Terra. Paulinas.

Fonte: GUIMARÃES, Saulo Pereira. Palavras com gostinho especial. *Ciência Hoje das Crianças*. Rio de Janeiro: SBPC, ano 23, n. 219, dez. 2010, p. 24.

2. Explique a função do artigo nas expressões destacadas.

ATIVIDADE 2

1. Leia os títulos de matérias extraídos de vários jornais brasileiros.
2. Observe que em todos os enunciados chama a atenção <u>a ausência</u> do artigo antes do substantivo. Justifique.

Casos de dengue aumentam e Saúde vai usar redes sociais
Fonte: *Tribuna do Norte*, 7 jul. 2011.

Temperaturas continuam baixas na Região Sul
Fonte: *Agência Brasil*, 7 jul. 2011.

Vulcão chileno fecha aeroportos na Argentina
Seleção tem viagem marcada para esta quinta à noite para Córdoba. Voo é fretado
Fonte: *Lancenet.com.br*, 7 jul. 2011.

Bombeiros capturam sucuri que amedrontava moradores
Fonte: *Diário da Amazônia Online*, 7 jul. 2011.

Aventureiros partem em busca de realização pessoal
Sob duas rodas ou a bordo de uma Kombi, Londrinenses traçam roteiros desafiantes pela América do Sul
Fonte: *Folha de Londrina*, 7 jul. 2011.

5.1.2 PROPRIEDADES SEMÂNTICAS DO ARTIGO

O artigo, uma palavra tão pequenina, tem um sentido difícil de ser identificado:

(1) Assinala que o sentido do substantivo é conhecido pelo interlocutor:

(a) *na minha casa por exemplo... se come verdura... eu como... minha mulher não come... meus filhos adoram... principalmente* o guri.
(b) *não... Recife é* a maior cidade do mundo... *porque é aqui que* o Capibaribe *se encontra com* o Beberibe *pra formar* o oceano Atlântico.

(2) Assinala que o sentido do substantivo tem uma descrição definida:

O cão é o maior amigo dos homens.

ATIVIDADE 3

Compare o uso do artigo definido nos dois textos.

Texto 1

Finalmente foi capturada a cobra sucuri de aproximadamente 5 metros *que estava aterrorizando moradores do Bairro Vitória Régia, em Porto Velho.*

Fonte: Bombeiros capturam sucuri que amedrontava moradores. *Diário da Amazônia Online*, 7 jul. 2011.

Texto 2

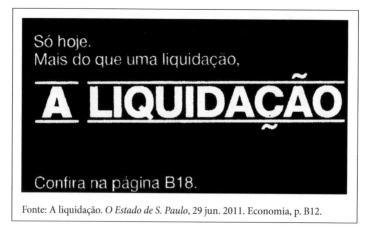

Fonte: A liquidação. *O Estado de S. Paulo*, 29 jun. 2011. Economia, p. B12.

Agora, responda: em ambos os textos o artigo definido possui a mesma função? Justifique.

5.1.3 PROPRIEDADES TEXTUAIS DO ARTIGO

Finalmente, vejamos que funções o artigo desempenha na organização do texto. Para isso, comecemos por comparar os substantivos precedidos do quantificador indefinido **um** com os substantivos precedidos do artigo **o**:

(a) **Um rapaz** apareceu no escritório pedindo emprego. **O rapaz** parecia muito esperançoso de que o atenderiam.

(b) – *E qual é o tipo de terra lá?*
– *Lá nós temos... é* **uma terra roxa**... *misturada... quer dizer...* **Ø terra** *um pouco arenosa, né? Roxa pura. Existe... vários tipos de terra roxa...* **a roxa granulada**... *que é a melhor que nós temos... e temos* **a roxa comum**... *e... temos* **a roxa misturada** *com areia... A nossa lá... a... predominância principal é* **a roxa misturada**... *e ela... tem algumas vantagens... em relação* **à roxa granulada**... (D2 SP 15)

Nesses exemplos, temos o esquema *um substantivo → o substantivo*, em que nos deslocamos de um sentido até então vago, indeterminado no texto, para um sentido preciso, determinado. É assim que o artigo e o quantificador funcionam no texto.

Entretanto, podemos inverter esse jogo, quando precisamos explicar a alguém o conteúdo de um substantivo, por supormos que nosso interlocutor não disponha desse conhecimento:

(a) – *Como é* **a estrada** *para Santa Catarina?*
– *A estrada é::* **uma estrada estreita**... *né... tem muito trânsito de caminhão...*

(b) – *Quem trabalhava na fazenda?*
– *Então trabalhava na fazenda* **a família inteira**... **um homem** *cuida de quatro a cinco mil pés de café...* **um menino** *cuidava de quinhentos...* (D2 SP 15)

Nesses exemplos, o pressuposto é que o tópico conversacional expresso pelo substantivo é conhecido pelos interlocutores, portanto, podemos articulá-lo com **o**. Mas quando respondemos a uma pergunta, ou quando estamos detalhando uma atividade supostamente desconhecida pelo interlocutor, colocamos antes do substantivo o quantificador indefinido **um**, como em *uma estrada, um homem, um menino*. Nessas circunstâncias, o esquema se inverte para *o substantivo → um substantivo*.

E observe que nós jogamos facilmente com essas alternâncias de artigo com quantificador indefinido! Precisamos é explicitar o que nossa mente fez quando

206 Pequena gramática do português brasileiro

utilizamos os esquemas acima. Aprendemos com isso que a seleção do artigo *o* ou do quantificador indefinido **um** é matéria de organização textual, de difícil explicação se ficarmos limitados à sentença.

> – Acabou?
> – Não, a língua é muito complexa, e temos novos desafios para entender como usamos uma palavrinha tão pequenina como é o artigo. Observe as seguintes ocorrências dessa palavrinha:

Veja os exemplos:

> (a) *Muros na beira da Marginal.* **A arma do governo** *para o Tietê não transbordar.* (Fonte: *O Estado de S. Paulo*, 5 mar. 2011. Metrópole, p. C1.)
> (b) *Greve em São Paulo.* **Os metalúrgicos** *exigem reajustes trimestrais, para compensar a inflação.*
> (c) *Fulano veio para a festa do aniversário, mas esqueceu* **o presente***.*

Nessas sentenças, usamos o artigo antes de expressões ainda não empregadas no texto e, portanto, de conteúdo desconhecido, ou porque consideramos que elas se tornaram conhecidas enquanto conversamos, ou porque a moldura discursiva adotada pressupõe o uso dessas expressões. Assim, quando falo em greve, pressuponho determinadas categorias profissionais. Quando falo em festa, pressuponho um presente. O artigo assinala que o sentido das expressões está pressuposto.

Atividade 4

1. Leia o texto

> ### Desenho de Picasso é roubado nos EUA
>
> **Um** *desenho de Picasso feito a lápis em 1965* foi roubado da galeria Weinstein, em San Francisco. **A peça***, que estava em exposição, é avaliada em cerca de R$ 250 mil.* **O ladrão** *fugiu num táxi.* **A polícia** *não sabe se* **a obra** *era um alvo específico* **do criminoso** *ou se* **o roubo** *foi aleatório.*
>
> Fonte: Desenho de Picasso é roubado nos EUA. *Folha de S.Paulo*, 7 jul. 2011. Ilustrada, p. E18.

2. Observando a organização do texto, explique o uso do quantificador indefinido na expressão nominal que inicia o texto **Um** *desenho de Picasso feito a lápis em 1965* e o uso do artigo definido nas expressões referenciais **a peça**, **o ladrão**, **a polícia**, **a obra**, **o criminoso**, **o roubo**.

5.2 O SUBSTANTIVO

O que é o substantivo?

Substantivo e **adjetivo** compartilham um grande número de traços morfológicos. Eis alguns deles:

(1) Ambos dispõem das mesmas vogais temáticas.

{-o}, como em *banco*, *branco*,
{-e/consoante}, como em *dente*, *grande*/*giz*, *feliz*

Fonte: Câmara Jr. (1970: 77).

---

(2) Ambos têm os mesmos processos de flexão de gênero e de número.

Exemplos

---
menino/*menina*, *branco*/*branca*, *meninos*/*meninas*, *brancos*/*brancas*.

---

(3) Ambos apresentam casos de homonímia, ou seja, tanto o substantivo quanto o adjetivo podem ser expressos pelas mesmas palavras, como nestes exemplos de Cunha e Cintra (1985: 239):

(a) *Joguei fora minha mala* **preta**.
(b) *Aquela* **preta** *ainda podia ser usada*.

---

em que se toma **preta**:
- ✓ como substantivo em *Aquela* **preta** *ainda podia ser usada*;
- ✓ como adjetivo em *Joguei fora minha mala* **preta**.

Assim, os traços morfológicos são insuficientes para distinguir substantivo de adjetivo, havendo necessidade de lançar-se mão de "um critério basicamente sintático, funcional" para obter algum resultado aceitável (Cunha e Cintra, 1985: 239).

Os vocábulos negritados em

(a) *Joguei fora minha mala* **preta**.
(b) *Aquela* **preta** *ainda podia ser usada*.

---

são classificados nos dicionários simultaneamente como substantivos e como adjetivos, aparecendo numa única entrada lexical, como assinala Casteleiro (1981: 66). Esse autor dá outros exemplos de homonímia:

(i) itens morfologicamente primitivos, como os de

> *Joguei fora minha mala* **velha** e *Aquela* **preta** *ainda podia ser usada*

a que ele agrega *amigo*;

(ii) itens derivados em

> – *dor* (*caçador, demolidor, destruidor, impostor, instrutor*),
> – *ada* (*maçada, perturbada*),
> – *ário*/-*eiro* (*sectário, tarefeiro*),
> – *ente* (*valente*).

Um item como *amigo* é ambíguo, e por isso deve entrar no vocabulário como *amigo*[1], substantivo, e *amigo*[2], adjetivo.

Em

> *O Júlio é* **amigo** *da família.*

1. amigo será um <u>adjetivo</u> se for interpretado como

> *O Júlio gosta da família.*

2. amigo será um <u>substantivo</u> se for interpretado como

> *O Júlio é um amigo (entre vários) da família.*

O mesmo Casteleiro ensina que determinados contextos podem resolver a ambiguidade gramatical dessas palavras. Assim, se ocorrer um infinitivo como complemento de **amigo**, em

> (a) *O Júlio é* **amigo de ler**.

trata-se de <u>adjetivo</u>, pois pode ser graduado:

(b) *O Júlio é muito amigo de ler.*

Mas se ocorrer uma expressão preposicionada de valor adverbial, como em

(a) *O Júlio é (um) amigo de longa data.*

trata-se de substantivo, pois não pode ser graduado:

(b) **O Júlio é muito amigo de longa data.*

(4) Especificado pelo artigo, o adjetivo, como qualquer outra palavra, pode ser transformado em substantivo, como se vê nestes exemplos de Cunha e Cintra (1985):

(a) *O céu cinzento indica chuva.* (*cinzento* é adjetivo)
(b) *O cinzento do céu indica chuva.* (*cinzento* é substantivo, porque foi precedido de artigo).

ATIVIDADE 5

Leia os textos e preste bem atenção à expressão negritada em cada um deles.

Texto 1

Fonte: *Campanha Adote o Verde. Plante um futuro melhor.* Natal, Prefeitura Municipal de Serviços Urbanos e Secretaria de Meio Ambiente e Urbanismo. Disponível em: <http://www.adoteoverde.com.br/campanha/>. Acesso em: 19 jun. 2011.

Texto 2

> **Kalu**
>
> Kalu, Kalu
> Tira o verde desses olhos de riba deu
> Kalu, Kalu
> Não me tente se você já me esqueceu
> Kalu, Kalu
> Seu olhar depois do que me aconteceu
> Com certeza só não tendo coração
> Fazer tal judiação
> Você ta mangando di eu
>
> Composição: Humberto Teixeira

1. Nos dois textos, a palavra **verde** atua como **adjetivo** ou **substantivo**?
2. O que define a classe gramatical da palavra **verde** nesses textos?
3. Qual o sentido de **verde** nos textos?

ATIVIDADE 6

No enunciado

> **Conhecidos como jipões, os utilitários esportivos de luxo passam do sonho à realidade para muitos brasileiros**
>
> Fonte: *Opaque*, ano V, n. 18, mar./maio 2011, p. 70.

Observe o uso da expressão "os utilitários esportivos" e responda:
1. Qual é o adjetivo? Por quê?
2. Qual é o substantivo? Por quê?
3. Inverta a ordem das palavras. O que acontece? Há alteração de seu sentido? Justifique.

O artigo, o substantivo e o adjetivo **211**

ATIVIDADE 7

Vimos que algumas palavras podem mudar de classe gramatical. Elabore sentenças em que as palavras indicadas ora apareçam como substantivos, ora como adjetivos. Indique a interpretação que a palavra assume num e noutro caso.

1. azul
2. bonito
3. pobre
4. gigante
5. maravilha

5.2.1 PROPRIEDADES GRAMATICAIS DO SUBSTANTIVO

Já vimos que os substantivos funcionam como núcleos de expressões nominais, também conhecidas como **sintagmas**. Um sintagma nominal (SN) tem a seguinte estrutura:

SN → [(Especificadores) + Núcleo + (Complementadores)]

Segundo essa regra descritiva, o sintagma nominal é uma construção sintática que tem por núcleo um substantivo ou um pronome, de presença obrigatória, e especificadores e complementadores, de presença facultativa, donde sua representação entre parênteses na fórmula anterior.

> – Alto lá! Até aqui não apareceu nenhum pronome como núcleo do sintagma nominal, nem nenhum substantivo desacompanhado de Especificador e de Complementador.
> – Caramba, é mesmo! Então olhe isto:
>
> a) No núcleo do sintagma aparece um substantivo não especificado nem complementado: *Fogo queima*.
> b) No núcleo do sintagma aparece um pronome não especificado nem complementado: *Ele/Isto dói pra caramba*.
>
> Note que qualquer um de nós utiliza esses elementos gramaticais o tempo todo. Nosso trabalho aqui será apenas mostrar que a regra descritiva do sintagma nominal faz parte de nosso conhecimento linguístico. O papel das aulas de Português é revelar esse conhecimento.

Vamos observar de novo a sentença que nos serviu de exemplo no início deste capítulo:

> *Não seremos um povo civilizado enquanto convivermos com as irregularidades abafadas, os corruptos encobertos e os cofres públicos franqueados a aproveitadores desonestos.*

Já vimos que apareceram aí cinco substantivos. Olhando o primeiro deles, *povo*, nota-se que antes dessa palavra ocorreu o quantificador indefinido *um*, e depois dela o adjetivo *civilizado*. O substantivo funciona, aí, como uma classe basicamente designadora, o quantificador *um* indica que no texto ainda não se tinha falado de *povo*, e o adjetivo *civilizado* atribui uma qualidade a *povo*. Portanto,

SN →	um	povo	civilizado
	↓	↓	↓
	especificador: quantificador	núcleo: substantivo	complementador: adjetivo

Como apenas o Núcleo é obrigatório, segue-se que os sintagmas nominais têm tamanhos variados, desde o SN mínimo (como *Ele*, *Isto*, *Fogo*, no exemplo citado) até o SN máximo, em que todos os lugares do sintagma foram preenchidos.

No exemplo a seguir, *ministros* e *ex-ministros* são sintagmas mínimos, outros têm dois constituintes, como *autoridades diversas*, outros, três constituintes, como *a opinião pública*, ou mesmo quatro constituintes, como *uma reação à seriedade administrativa*:

> [*A opinião pública*] tem presenciado [*acontecimentos verdadeiramente lamentáveis*]. Numa sequência estonteante, [*ex-ministros*], [*ministros*] e [*autoridades diversas*] veem-se envolvidos em denúncias de corrupção. Como se [*uma reação à seriedade administrativa*] tivesse sido detonada.

Usando colchetes, podemos separar os constituintes dos sintagmas, para melhor visualizar sua estrutura:

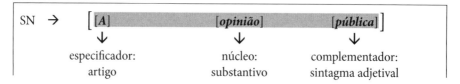

O artigo, o substantivo e o adjetivo **213**

SN→	[*uma*]	[*reação*]	[*à seriedade administrativa*]
	↓	↓	↓
	especificador: quantificador	núcleo: substantivo	complementador: sintagma preposicional

Se tivesse aparecido aí o SN *uma reação que nos animasse*, teríamos à direita do substantivo *reação* a sentença relativa *que nos animasse*. Concluímos que, além dos sintagmas adjetivais e dos sintagmas preposicionais, também uma sentença pode funcionar como complementador do sintagma nominal.

ATIVIDADE 8

Verifique se é verdade que a regra SN → (Especificador) + Núcleo + (Complementador) descreve adequadamente as expressões que trazem um substantivo ou um pronome demonstrativo neutro. Para isso, analise os sintagmas nominais contidos no texto a seguir.

> **❝ O elogio da ignorância, que desqualifica a leitura, a música de qualidade, a cultura artística e humanista, tenta se apresentar como atitude democrática, mas não o é.**
> **Trata-se de uma face disfarçada do preconceito e da discriminação.❞**
>
> Fonte: PINSKY, Jaime. *Site Jaime Pinsky*. Disponível em: <http://www.jaimepinsky.com.br/site/main.php?page=index>. Acesso em: 14 jul. 2011.

Feito o exercício, você verá que o sintagma nominal é uma estrutura cujo **núcleo** vem preenchido pelo substantivo (ou por alguns pronomes), tendo por **especificador** as classes de palavras que funcionam à esquerda do núcleo, como o artigo e os pronomes, e por **complementadores** que funcionam à direita do núcleo, como os sintagmas adjetivais e preposicionais.

ATIVIDADE 9

Campeonato do SN MÁXIMO, ou, O MÁXIMO DO SN
Com seus colegas, procure em textos os sintagmas nominais máximos, ou construa um, preenchendo mais de uma vez o lugar reservado aos **especificadores** e aos **complementadores** com as palavras que podem aparecer aí.

214 Pequena gramática do português brasileiro

Podemos agora olhar mais de perto o comportamento sintático do substantivo. Observe que nos exemplos

---

(a) **Fogo** *queima.* **Isto** *dói pra caramba.*
(b) [**Este menino**] *exige* [**tudo**], [**aquele Ø**] *já não quer nada.*
(c) *Ainda bem que* [**as encomendas**] *chegaram* [**todas**].
(d) [**A opinião pública**] *tem presenciado* [**acontecimentos verdadeiramente lamentáveis**]. *Numa sequência estonteante,* [**ex-ministros**], [**ministros**] *e* [**autoridades diversas**] *veem-se envolvidos em denúncias de corrupção. Como se* [**uma reação à seriedade administrativa**] *tivesse sido detonada.*
(e) [**Ninguém**] *pode ter* [**saudades dos tempos em que as irregularidades**] *eram abafadas,* [**os corruptos**], *encobertos, e* [**os cofres públicos**], *franqueados a aproveitadores.*

---

constata-se que **fogo**, **menino**, **encomendas**, **ministros**, **autoridades** e **cofre** são **substantivos intransitivos**, pois, ao ouvir uma dessas palavras, entendemos logo seu sentido, sem a necessidade de mais informações.

Já em

(e) [*Ninguém*] *pode ter* [**saudades dos tempos em que as irregularidades**] *eram abafadas,* [*os corruptos*], *encobertos, e* [*os cofres públicos*], *franqueados a aproveitadores.*

---

saudades veio acompanhado do sintagma preposicional **dos tempos**. Ao ouvir ou ler um substantivo abstrato, precisaremos de informações complementares, pois seu sentido não tem autonomia. Reconhecemos que esses substantivos são **transitivos**, isto é, selecionam expressões que completem seu sentido. São transitivos os substantivos abstratos, como **saudade**, e os substantivos deverbais (= derivados de um verbo), como **saída**.

– Substantivos derivados de um verbo? Que negócio é esse? Substantivos são substantivos, verbos são verbos, precisamos pôr ordem nessa bagunça! Quando as palavras vêm ao mundo, não é verdade que cada uma delas permanecerá o tempo todo em sua classe?

– Pois é, as palavras **não** permanecem o tempo todo dentro de uma classe. Se fosse assim, precisaríamos dominar um vocabulário enorme. Ao criar as línguas, a mente humana estabeleceu uma enorme flexibilidade no que diz respeito à classificação de palavras, estabelecendo sua *polifuncionalidade*. Assim, várias palavras podem ser transformadas em substantivos, exemplificando um processo denominado *nominalização*.

O artigo, o substantivo e o adjetivo   215

ATIVIDADE 10

Indique se os substantivos são **intransitivos** ou **transitivos**, assinalando adequadamente a coluna e justificando a sua escolha.

Sentenças	Substantivos intransitivos	Substantivos transitivos	Justificativa
Dinamarqueses vão importar lixo para geração de energia. (Fonte: *Folha de S.Paulo*, 11 jul. 2011. Ciência.)			
Falta pesquisa sobre desejos e preferências dos pedestres. (Fonte: *Folha de S.Paulo*, 11 jul. 2011. Cotidiano.)			
Temor de inflação dá lugar a medo de baixo crescimento. (Fonte: *Folha de S.Paulo*, 20 jun. 2011. Poder.)			
O amor nos conecta. A conexão nos transforma. (Fonte: Vivo. *Veja*, 9 mar. 2011, p. 2.)			
O mercado vence o racismo. (Fonte: Petry, André. Entrevista Walter Willians. *Veja*, 9 mar. 2011, p. 11.)			

5.2.1.1 Nominalização

Você pode transformar verbos em substantivos (= **nominalização**) aplicando a seguinte receita:

(1) Apague o morfema de infinitivo e adicione uma das vogais temáticas nominais. Os deverbais que daí resultarem podem ser ordenados segundo seu gênero, como todo bom substantivo:

> Said Ali Ida (2002) descreveu o processo de ordenação dos deverbais segundo o gênero.

216   Pequena gramática do português brasileiro

(i)   masculinos em -*o*: *amparo*, *arranjo*, *bloqueio*, *choro* etc.;
(ii)   masculinos em -*e*: *combate*, *corte*, *embarque*, *levante* etc.;
(iii) femininos em -*a*: *apanha*, *disputa*, *escolha*, *perda* etc.;
(iv)   masculinos e femininos: *pago*/*paga* etc.

ATIVIDADE 11

1. Aplique a regra que acabou de estudar e transforme o **verbo** em **substantivo**.
2. Inicie com esse substantivo uma nova sentença em continuidade à ideia contida na sentença de origem, observando como a expressão deverbal, nesse caso, funciona como importante estratégia coesiva e de estruturação da informação (ver capítulo 9, seção 9.3.3).

Veja o modelo:

> 1. *Caderneta* **perde** *espaço para fundo de investimento.*
>
> (Fonte: *Folha de S.Paulo*, 7 jul. 2011. Mercado, p. B3.)
>
> **A perda** de espaço da caderneta para o fundo de investimento preocupa o governo.

> 2. *No centro de Atenas, comerciantes e trabalhadores* **relatam** *efeitos da recessão.*
>
> (Fonte: *O Estado de S. Paulo*, 7 jul. 2011. Economia, p. B12.)

> 3. *Krajcberg* **denuncia** *destruição da floresta em nova exposição.*
>
> (Fonte: *Folha de S.Paulo*, 7 jul. 2011. Ilustrada, p. E13.)

> 4. *Argentina frustra torcida e só* **empata**.
>
> (Fonte: *Folha de S.Paulo*, 7 jul. 2011. Esporte, p. D7.)

---

(2) Apague o morfema de infinitivo e adicione sufixos derivacionais que denotam:

(i) ação ou resultado:

> -*ada* (*chegar → chegada*);
> -*ança* (*vingar → vingança*);
> -*ância* (*tolerar → tolerância*);
> -*ença* (*crer → crença*);
> -*ência* (*concorrer → concorrência*);

O artigo, o substantivo e o adjetivo 217

(ii) agente ou instrumento da ação:

-*ante* (*estudar → estudante*);
-*ente* (*combater → combatente*);
-*inte* (*pedir → pedinte*);
-*(d)or/-(t)or/-(s)or*: (*jogar → jogador, interromper → interruptor, agredir → agressor*);

(iii) lugar ou instrumento de ação:

-*douro/-tório* (*beber → bebedouro; vomitar → vomitório*);

(iv) resultado da ação:

-*(d)ura/-(t)ura/-(s)ura* (*atar → atadura, formar → formatura, clausurar → clausura*);

(v) ação, resultado ou instrumento da ação:

-*mento/-ção* (*acolher → acolhimento, falar → falação, armar → armamento*).

ATIVIDADE 12

Procure em jornais, revistas, cartazes, placas etc. sentenças que contenham substantivos derivados de verbos e que indiquem: *agente* ou *instrumento de ação*, *ação* ou *resultado da ação* e *lugar ou instrumento de ação*.

Sentenças	Verbo	Substantivo derivado do verbo		
		Agente ou instrumento de ação	Ação ou resultado da ação	Lugar ou instrumento da ação

Outras classes gramaticais podem ser nominalizadas mediante a anteposição do artigo, conformando-as à morfologia dos substantivos:

> (a) *Tenho de ficar pagando minhas culpas **no sozinho**.* (= na solidão)
> (b) *Deixarei esse problema para **o depois**. Afinal, **os meus antes** e **os meus depois** já são muitos mesmo!*
> (c) *Vamos chegar logo **aos finalmentes**, sem enrolação.* (= usado como advérbio, *finalmente* não tem plural)

Voltando agora à questão da transitividade dos substantivos, vamos verificar quantos complementos eles podem exigir, os quais no interior do SN, à sua direita. Se você fizer essa pesquisa, notará que os substantivos deverbais e abstratos podem ser:

1. <u>Monotransitivos</u> (= pedem um só complemento):

2. <u>Bitransitivos</u> (= pedem dois complementos):

3. <u>Tritransitivos</u> (= Acertou! São os que pedem três complementos):

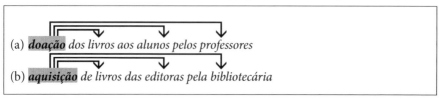

O artigo, o substantivo e o adjetivo   219

ATIVIDADE 13

1. Indique se o substantivo destacado nas sentenças possui um, dois ou três complementos.
2. Classifique os substantivos de acordo com o número de complementos identificados.

---

1. **Venda** *de veículos novos no país bate recorde no semestre.*

(Fonte: *Folha de S.Paulo*, 2 jul. 2011. Mercado).

---

2. *Foi marcada a* **entrega** *de prêmios aos vencedores da olimpíada de língua portuguesa.*

---

3. **Vazamento** *de oleoduto atinge parque de Yellowstone nos* EUA.

(Fonte: *Folha de S.Paulo*, 4 jul. 2011. Mundo).

---

4. *A* **reescrita** *de textos pelos alunos exige reflexão sobre a língua.*

---

5. *Cresce* **morte** *de crianças indígenas no Brasil.*

(Fonte: *Folha de S.Paulo*, 1º jul. 2011. Poder).

Conclui-se que as três classes sintáticas dos verbos, estudadas no capítulo 4, seção 4.1.4, são mantidas após sua nominalização. Note que os complementos nominais são sempre preposicionados.

> – Espere aí, apenas os verbos biargumentais oblíquos e os triargumentais exigem uma preposição! Por que então **todos** os substantivos deverbais exigem um complemento preposicionado?
> – Ótima pergunta! Vamos lá.

Para explicar esse fato da língua portuguesa, precisaremos atribuir um papel sintático aos sufixos derivacionais *-oso*, *-ção*, *-dor*, que funcionariam como **núcleos de estruturação**. Diremos que foram eles que escolheram a preposição, e não a raiz do verbo. Assim, se digo *estudar o movimento*, *diminuir as taxas*, *indicar a crise*, quando nominalizados, os sufixos aplicados a esses verbos exigirão uma preposição, como em:

220 Pequena gramática do português brasileiro

(a) *alguém* **estudioso** *do movimento*
(b) **diminuição** *das taxas pela prefeitura*
(c) *algum* **indicador** *da crise*

– Muito estranho esse lance de os sufixos exigirem um complemento! Alguém aqui tá querendo me enrolar. Não são as raízes das palavras que selecionam o complemento? Foi o que eu aprendi na seção 4.1.3 do capítulo 4.
– Pois é, o drama é que muitos sufixos de hoje foram palavras autônomas no passado. Para entender isso, será necessário estudar a história dos sufixos. Muitos deles foram substantivos, e até continuam a ser usados como tais; veja o caso do sufixo *–mente*, por exemplo. Ao se transformarem em sufixos, tais palavras preservaram suas propriedades sintáticas, como a de reger complementos. Procure um livro de Linguística Histórica para estudar mais esse problema.

Outro ponto em que o jogo está empatado é que verbos e substantivos deverbais podem elidir, ou seja, omitir seus complementos. Veja como os substantivos deverbais elidem seus argumentos:

(a) *O réu fez a mesma* **afirmação** *Ø*.
(b) *A lavoura teve uma grande* **perda** *Ø*.
(c) *O prefeito não esboçou a menor* **reação** *Ø*.

Assim, fora de seu contexto, não dá para entender qual foi a afirmação do réu, qual foi a perda da lavoura, qual reação o prefeito não esboçou. O símbolo Ø significa que o termo elidido se encontra no texto de onde saíram essas sentenças, ou pode ser inferido da situação em que nos encontramos. Afinal, não é preciso dizer tudo para ser entendido.

Vejamos agora como é a colocação dos constituintes no sintagma nominal.

– O que você quer dizer com "constituinte"? Esse termo já apareceu por aqui.
– "Constituinte" em gramática quer dizer "termo que integra uma unidade", nesse caso, um SN.

De imediato, constata-se que dois deles obedecem a uma regra categórica de colocação:

✓ o artigo é sempre pré-nuclear (confira *o menino*, não se aceitando **menino o*),
✓ a sentença relativa é sentença sempre pós-nuclear (confira *gente que se respeita*, não se aceitando **que se respeita gente*).

Todos os demais **especificadores** e **complementadores** exemplificam regras variáveis de colocação, que serão referidas passo a passo neste capítulo.

5.2.1.2 Concordância nominal

Outra característica dos sintagmas nominais é que se observam regras de **concordância** das classes especificadoras e complementadoras com o substantivo, como você pode ver em:

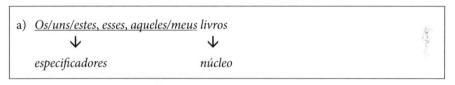

Os especificadores os, uns, estes, esses, aqueles, meus concordam em gênero e número com o núcleo livros.

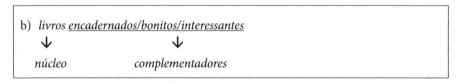

Os adjetivos encadernados, bonitos, interessantes concordam em gênero e número com o núcleo livros. Interessante não concorda em gênero por se tratar de adjetivo da terceira classe, invariável em gênero. Não dizemos *interessantos.

Como já vimos no capítulo 4, a concordância é a relação sintática entre dois termos, o **ativador** e o **receptor**. O ativador nominal projeta sobre o receptor seus traços de gênero e número. No caso do sintagma nominal, o **ativador** é o substantivo, e os **receptores** são os especificadores e o complementador adjetival.

Também aqui a posição da classe no interior do sintagma nominal mostrou ser um fator importante para a concordância. Assim, a classe disposta na primeira posição recebe a marca de plural, como em as menina pequena, o que reforça uma característica geral do português brasileiro, a da marcação gramatical pré-núcleo. Essa sintaxe ainda **não** foi aceita pelo padrão culto.

222 Pequena gramática do português brasileiro

ATIVIDADE 14

1. Leia os textos e separe os sintagmas nominais.

Texto 1

> *Raízes centenárias*
> *Estudo mapeia as árvores mais antigas da metrópole para ajudar na preservação desses monumentos naturais.*
>
> Fonte: *Veja São Paulo*, ano 44, n. 21, 25 maio 2011, p. 93.

Texto 2

> *Em dias tórridos, é frequente nas clínicas veterinárias o entra e sai de cães apáticos, desorientados, com hipersalivação e respiração ofegante.*
>
> Fonte: *Veja*, 12 jan. 2011, p. 98.

2. Identifique os especificadores, o núcleo e os complementadores dos sintagmas.
3. Indique a função dos especificadores e dos complementadores nos textos.
4. Justifique a concordância nominal.

5.2.2 PROPRIEDADES SEMÂNTICAS DO SUBSTANTIVO

Vamos agora observar as características semânticas dos substantivos. O ideal seria estudar a **produção dos sentidos** sugeridos pelos substantivos, mas isso ficará para outra ocasião.

A propriedade básica dos substantivos é a de referenciar, designar algum referente, ou seja, alguma coisa ou alguma pessoa. Em nossa tradição gramatical e linguística, o termo *referência* se especializou para indicar "designação, denominação" de seres e coisas.

Diferentes traços semânticos têm sido identificados entre os substantivos, e eles têm importância na organização do sintagma nominal e da sentença.

Assim, lembraremos os substantivos:

(1) contáveis/não contáveis;
(2) concretos/abstratos;
(3) animados/inanimados (e como subclasse dos primeiros, os humanos/ não humanos);
(4) comuns/próprios.

O artigo, o substantivo e o adjetivo **223**

- **Substantivos contáveis ou numeráveis**

São contáveis os substantivos que se referem a conjuntos em que é possível distinguir partes singulares e partes plurais, e enumerá-las, como *criança*, *árvore*. Quando quantificados, esses substantivos produzem efeitos de sentido diversos. No singular, designam o conteúdo do substantivo numa forma genérica, como em:

> *Havia **muito livro** naquela sala*.

No plural, os **substantivos contáveis** quantificados individuam os elementos que integram o conjunto, representando-os separadamente, como em

> *Havia **muitos livros** naquela sala*.

- **Substantivos não contáveis ou de massa**

Não podem ser enumerados e consequentemente não são pluralizáveis (Mira Mateus et al., 1989/2003/2005: 78), como em

> *presença*, *ansiedade*, *água*, *ar*, *vinho*
> Compare: *os açúcares, *os leites

Observe que, pluralizados, esses substantivos alteram seu sentido, passando a indicar:
- ✓ os "tipos ou qualidades de uma dada substância", como em *ótimas águas*, *excelentes vinhos*;
- ✓ ou então os "objetos feitos de uma dada matéria" (Mira Mateus et al., 1989/2003/2005: 78), como em *os estanhos*, *as pratas*;
- ✓ o desejo de individualizar o comparecimento de pessoas a uma cerimônia, como em: *Agradecemos as presenças dos senhores*.

- **Substantivos humanos/não humanos**

Os verbos mostram que há restrições na escolha desses substantivos. Ao selecionar o sujeito e os complementos, os verbos selecionam também os traços humano/não humano dos substantivos, como você pode observar em:

> **Os alunos** liam *os livros*.
> Seria estranho (não impossível!) dizer:
> ***Os livros** liam *os alunos*.

- Substantivos comuns

  ✓ São usados com ou sem o artigo, mudando seu valor de genericidade: compare *peguei o livro da estante* com *ler livro é bom para a cultura*.

- Substantivos próprios

  ✓ Designam uma entidade única, como em

> **Galileu** *descobriu os satélites de* **Júpiter**.

  ✓ Recebem artigo quando construídos com um complementador, como em

> *o* **Machado de Assis** *de Helena*.
>
> *complementador*

Para terminar esta "biografia do substantivo", vejamos agora suas propriedades textuais, algumas das quais mencionadas anteriormente.

5.2.3 PROPRIEDADES TEXTUAIS DO SUBSTANTIVO

A construção do texto depende muito dos substantivos, dada sua propriedade semântica básica de referenciar. A referência, entretanto, não remete a um conjunto estável de sentidos, e sim à construção desses sentidos à medida que o texto progride (Marcuschi e Koch, 2006: 382-383).

Na construção dos referentes, destacam-se as estratégias de *introdução* (construção), *retomada* (manutenção) e *desfocalização*. Como isso acontece? Vamos ver um exemplo.

> ## Em outdoor, morador pede que bandidos mudem de bairro
>
> **ESTELITA HASS CARAZZAI**
> DE CURITIBA
>
> Cansados de assaltos e furtos, os moradores do bairro Ouro Verde, em Campo Largo (região metropolitana de Curitiba) resolveram pedir trégua aos bandidos.
>
> Instalaram um outdoor na principal avenida da região com os dizeres: "Srs. assaltantes, mudem de bairro. Aqui todos já foram assaltados". A peça custou R$ 600.
>
> O apelo não surtiu efeito.
>
> Ontem pela manhã, um homem foi assaltado à mão armada, na rua. Levaram seu tênis, celular e carteira.
>
> Fonte: CARAZZAI, Estelita Hass. Em outdoor, morador pede que bandidos mudem de bairro. *Folha de S.Paulo*, 7 jul. 2011. Cotidiano, p. C6.

No primeiro parágrafo do texto, houve a introdução do referente *os moradores do bairro de Ouro Verde*. Esse referente é retomado e se mantém em foco no segundo parágrafo do texto de forma elíptica, pois *instalaram* tem como sujeito *os moradores (eles)*.

Na continuidade do texto, o referente *os moradores* sai de cena e em seu lugar ganha o palco o referente *o outdoor*, agora denominado *a peça*. Esse referente havia sido mencionado na primeira linha do segundo parágrafo, porém, na qualidade de complemento verbal, posição que não garante a focalização.

Bom, daqui para frente, no mundo textual, outros referentes foram introduzidos e focalizados: *o apelo* e *um homem*. Quer saber daqueles que saíram de cena? Não se preocupe, eles poderão voltar a qualquer momento no texto, porque os referentes são assim mesmo: aparecem e desaparecem no movimento do texto, marcado pela plurilinearidade.

Ainda sobre a **introdução** de referentes no texto, é preciso dizer que pode ocorrer:

- ✓ por **ativação 'não ancorada'**, quando um referente totalmente novo é introduzido no texto (*os moradores*, no caso do exemplo discutido);
- ✓ por **ativação 'ancorada'**, quando um referente novo é introduzido no texto com base em algum tipo de associação com elementos presentes

no texto ou inferíveis. No exemplo a seguir, observe que, no último quadrinho, o referente *a constituição* é novo no texto, mas a sua ativação se dá de forma assentada em um quadro cujos elementos (*mandato*, *cargo vitalício*, *votos*, *impeachment*) remetem-nos ao mundo da política e dos políticos. Esses elementos, denominados de *âncora*, são decisivos para a interpretação (ver Koch e Elias, 2006 e 2009).

Fonte: WATTERSON, Bill. O melhor de Calvin. *O Estado de S. Paulo*, 7 jul. 2011. Caderno 2, p. D10.

A **retomada** garante a manutenção em foco do referente introduzido no texto, originando as cadeias referenciais ou coesivas. Essa operação pode realizar-se tanto por meio de pronomes, elipses, numerais, advérbios locativos, quanto pela reiteração de palavras, sinônimos, hiperônimos, nomes genéricos, expressões nominais etc., como explica Koch (1989; 1997).

ATIVIDADE 15

Leia o texto e indique os recursos linguísticos usados na retomada de referentes que contribuem para a coesão e a construção de um sentido para o texto.

> DESFECHO
> **Relato de experiência de vida**
>
> Certo dia, eu, meu pai, Marcelo, minha mãe, Vanda, e meu irmão, Pedro, saímos de São Miguel dos Milagres, cidade próxima a Maceió, com um buggy alugado para Maragogi.
> No caminho, o carrinho começou a dar problema: primeiro, engatava 3ª, 2ª e 1ª; depois, só 2ª e 1ª; depois, só 1ª e finalmente... o carro quebrou.

O artigo, o substantivo e o adjetivo 227

> Isso seria uma história comum se o carro não tivesse quebrado em frente a uma oficina... Muita sorte, não?
>
> Fonte: Texto de João Marcelo da Silva Elias, 10 anos, aluno do Colégio Madre Alix, São Paulo/SP.

ATIVIDADE 16

Leia a tirinha e observe o uso de **eles**. A que ou a quem se refere o pronome? Como explicar a inserção de **eles** no texto?

Fonte: THAVES, Bob. Frank & Ernest. *O Estado de S. Paulo*, 1º out. 2010. Caderno2, p. D6.

ATIVIDADE 17

Na pequena narrativa que você lerá a seguir, chama a atenção o número de vezes em que o referente **o reino** é repetido no texto. Quantas vezes ocorre a repetição? Pode-se dizer que a repetição da expressão nominal referencial ao longo do texto equivale também a uma repetição do seu sentido? Em outras palavras: a repetição da forma garante a repetição do sentido? Justifique.

> ***A história dos irmãos príncipes***
>
> Eram dois irmãos, um louro e outro moreno, que eram muito diferentes nos gostos e no sorriso.
> Porém, uma coisa tinham em comum: cada um deles queria ser o outro.
> O pai sofria, e querendo ajudá-los, dividiu o reino, o do céu, para o louro e o do mar para o moreno.
> Mas um gostava mais do reino do outro. Continuavam infelizes.
> Foi aí que tiveram a ideia de trocar os reinos. Dito e feito.

> Mesmo assim os problemas não acabaram: cada um achava que o outro governava melhor o que os deixou com mais inveja do que nunca.
> A única solução para o problema foi juntar os reinos novamente, fazendo com que os dois governassem juntos.
> A paz começou a se formar no reino, pelo menos parcialmente: um continuava com inveja do outro, mas guardava para si.
> Ambos se casaram, e agora o reino tem dois reis, duas rainhas, 4 príncipes e 3 princesas e a harmonia reina ali... Bom, para não dizer que "tudooooo" acabou bem e que todos viveram felizes para sempre, só "rola" uma "pontinhaaa" de inveja entre os reinos vizinhos... Teremos grandes emoções nas Olimpíadas Reais...
>
> Fonte: João Marcelo da Silva Elias, 11 anos, aluno do Colégio Madre Alix, São Paulo/SP.

No capítulo 9 estudaremos outros papéis dos substantivos na organização do texto.

5.3 O ADJETIVO

O que é o adjetivo?

Como já estudado, o adjetivo e o substantivo compartilham propriedades morfológicas de gênero e número. Entretanto, essas classes se afastam no seguinte:

(1) O adjetivo aceita flexão de grau expressa por:
- sufixos produtivos (como em *branquíssimo*),
- terminações que são vestígios do latim (como em *maior*, *menor*, *melhor*, *pior*),
- expressões comparativas (como em [mais Adj *do que* X: *mais branco do que neve*], [*tão* Adj *como* X: *tão branco como a neve*], [*o mais* Adj *dos* X: *a mais branca das neves*].

O sufixo {*-íssimo*} só ocorre com o adjetivo, sendo repelido pelo substantivo: aceitamos *branquíssimo*, mas não *mesíssima.

Grau é a intensificação ou a atenuação de traços predicativos, e os substantivos são expressões referenciais, não graduáveis. Os substantivos têm sufixos derivacionais que indicam o tamanho, como em:

O artigo, o substantivo e o adjetivo   **229**

> # Folhinha está com cara de Folhona!
>
> No dia em que a **Folha** faz 90 anos, caderno explica o que é notícia no mundo dos adultos
>
> Fonte: *Folha de S.Paulo*, 19 fev. 2011. Folhinha, p. 1.

mas tamanho não é grau. Dizem que tamanho nem documento é...

(2) Adjetivos podem ser criados por derivação de modo, expressa por {*-vel*}, como em *amável* ("o que pode ser amado"), *provável* ("o que pode ser provado") etc. Substantivos não aceitam esse sufixo: **mesável*, salvo quando se quer transformá-los em adjetivo, como em *reitorável*, *papável*, exemplos que devemos a Rodolfo Ilari.

ATIVIDADE 18

1. Explique como se deu a formação e qual a significação da palavra destacada no enunciado:

> # Leve um 'oscarizável' para dentro de casa
>
> Fonte: *Folha de S.Paulo*, 15 mar. 1999. Ilustrada, p. 6.

2. Procure em textos de fontes variadas outros exemplos de adjetivos criados por derivação de modo expressa por {*-vel*}.

(3) O adjetivo aceita a derivação por {*-mente*}, transformando-se em advérbios, como em *facilmente*, o que não ocorre com substantivos, como em **mesamente*, salvo quando se pretende transformá-lo em advérbio, como no título simpático que Basílio (1998) deu a um texto seu, *Morfológica e **Castilhamente**, um estudo das construções X-mente no português do Brasil*.

230 Pequena gramática do português brasileiro

(4) O adjetivo aceita a derivação de quantificação, expressa por {-oso, -al}, como em *estudioso* (o que estuda muito), *sensacional* (o que causa muita sensação) etc., o que não ocorre com os substantivos: *mesosa*, *mesal*.

Esses argumentos apontam para a conveniência de distinguir adjetivos de substantivos do ponto de vista da morfologia. Vejamos agora o que Dona Sintaxe tem a dizer a esse respeito.

Alguns critérios sintáticos têm sido igualmente propostos para distinguir adjetivos de substantivos. São adjetivos as expressões que:

- ✓ ocorrem na função atributiva, como constituintes de um sintagma nominal, como em [*um livro caro*];
- ✓ ocorrem na função predicativa, como constituintes de uma sentença, como em [*o livro é caro*];
- ✓ podem ser pré-modificados pelo intensificador *muito*, como em [*um livro muito caro*];
- ✓ podem assumir formas comparativas como em [*um livro mais caro que um caderno*] e superlativas como em [*livro caríssimo*].

Recolha agora alguns adjetivos e acrescente aos critérios citados anteriormente os de antepor ou pospor o adjetivo ao substantivo. Olhe o que acontece:

uma menina *alegre*	uma câmara *municipal*
uma *alegre* menina	*uma *municipal* câmara
uma menina muito *alegre*	*uma câmara muito *municipal*
uma menina *alegríssima*	*uma câmara *municipalíssima*
uma menina mais *alegre* do que triste	*uma câmara mais *municipal* do que estadual

E agora? Bom, você descobriu que há mais de uma subclasse de adjetivos: os **predicativos**, exemplificados na coluna da esquerda, e os **não predicativos**, exemplificados na coluna da direita.

Os **adjetivos predicativos** predicam (= atribuem propriedades a) o substantivo ou toda uma sentença, podem ser antepostos ou pospostos ao substantivo, podem ser graduados, e correspondem a uma sentença relativa, como nos exemplos a seguir:

as crianças alegres = que são alegres
as casas bonitas = que são bonitas
as paisagens calmas = que são calmas
as manhãs frias = que são frias
as cidades sombrias = que são sombrias
os livros azuis = que são azuis

Os **adjetivos não predicativos**, como o nome diz, não atribuem proprieda-des ao substantivo, apenas classificam o referente dos substantivos:

as flores campestres (= do campo)
os parques citadinos (= da cidade)
os problemas governamentais (= do governo)
as câmaras municipais (= do município)
as casas rurais (= do campo)
os engenheiros civis (= das obras civis, por oposição a "engenheiros militares"
as ciências naturais (= da natureza)

Do mesmo modo pelo qual transformamos palavras em substantivos, também podemos transformar palavras em adjetivos. Diferentes processos gramaticais asseguram a **adjetivização** de outras classes:

1. Através da intensificação, um substantivo torna-se adjetivo:

(a) Fulano é muito homem.
(b) Comprei uma casa muito boa; aquela é muito casa mesmo.

2. Através do morfema {-do}, ou de seu alomorfe {-to}, um verbo torna-se adjetivo: é o caso dos particípios passados. Os particípios (= aquilo que participa de) sempre foram considerados meio verbos, meio adjetivos, e disso decorre sua denominação.

Fulano é um homem respeitado. Comprei uma casa alugada. Posta a mesa, descobrimos que não havia comida.

5.3.1 PROPRIEDADES GRAMATICAIS DO ADJETIVO

Já falamos da morfologia dos adjetivos. Vamos focalizar agora suas pro-priedades sintáticas.

232 Pequena gramática do português brasileiro

O **adjetivo** funciona como **núcleo do sintagma adjetival** (SAdj). A mesma regra descritiva do sintagma nominal ocorre aqui:

SAdj → [(Especificador) + Adj + (Complementador)]

Se você recolher vários adjetivos, notará que antes do adjetivo podem ocorrer advérbios, funcionando como especificadores do sintagma adjetival, como em:

(a) indivíduo [**fortemente** marcado pelo destino]

(b) funcionário [**muito** contente com a promoção]

(c) aluno [**absolutamente** seguro de sua atuação]

Depois dos adjetivos, podem ocorrer sintagmas preposicionais (que estudaremos no capítulo 7) ou sentenças substantivas (que estudaremos no capítulo 8) funcionando como Complementadores do SAdj, como em:

Sintagmas preposicionais funcionando como Complementadores de um SAdj:

acomodado **com as coisas**
convencido **de tudo**
baseado **em evidências**
acostumado **a isso**
bom **para isso**
nervoso **com o barulho**
diferente **de seu irmão**
avesso **a festas**
cheio **de si mesmo**
contrário **à guerra**
amável **com seus credores** etc.

Sentenças substantivas funcionando como Complementadores de um SAdj:

Ficou <u>surpreendido</u> **de que conseguira o emprego**
Estava <u>preocupado</u> **por não ter conseguido resultados**.

O sintagma adjetival funciona como:

✓ adjunto adnominal, quando é parte do sintagma nominal;
✓ predicativo, quando é parte de uma sentença.

O artigo, o substantivo e o adjetivo   233

(1) SAdj encaixado no sintagma nominal, funcionando como adjunto adnominal:

(a) *Fizeram um barulho terrível por causa de um mero acidente de trânsito.*
(b) *Pioraram as relações franco-americanas.*
(c) *A situação brasileira depende das condições existentes.*
(d) *Mente ocupada é melhor que mente vazia.*
(e) *Novos falsos picassos estão aparecendo na praça.*
(f) *A depravada civilização massacrou os índios.*

(2) SAdj encaixado na sentença, funcionando como predicativo:

(a) *A sala estava extremamente cheia de curiosos.*
(b) *Visto que todos ficaram calados, eu também fico.*
(c) *Ele quer as coisas muito rápidas.*
(d) *Li um jornal repleto de mentiras.*
(e) *A mulher chama-lhe antipático.* (Fonte: CUNHA e CINTRA, 1985: 256).

Observando o comportamento sintático dos adjetivos constantes dessas sentenças, notamos que eles:

1. Concordam com o substantivo, sempre que variáveis em gênero e número, como em:

situação brasileira
mente ocupada
relações franco-americanas
coisas rápidas
jornal repleto

2. Pospõem-se ao substantivo, como em:

(a) *Fizeram um barulho terrível por causa de um mero acidente de trânsito.*
(b) *Pioraram as relações franco-americanas.*
(c) *A situação brasileira depende das condições existentes.*
(d) *Mente ocupada é melhor que mente vazia.*

Ou antepõem-se a ele, como em:

(e) *Novos falsos picassos estão aparecendo na praça.*
(f) *A depravada civilização massacrou os índios.*

234 Pequena gramática do português brasileiro

3. Acompanham a sentença, predicando-a, em:

(a) **Invisível, macio, traiçoeiro**, *o tempo passa.*

(Fonte: RESENDE, Otto Lara. *Folha de S.Paulo*, 8 abr. 1992)

(b) **Horrível** *essa prova.*

4. Podem assumir uma forma deverbal, como em **ocupada**, na sentença

Mente **ocupada** *é melhor que mente vazia.*

5. Podem assumir uma forma simples, como em:

(a) *Fizeram um barulho* **terrível** *por causa de um mero acidente de trânsito.*

Ou composta, como em:

(b) *Pioraram as relações* **franco-americanas**.

6. Podem ser elididos, como em:

Visto que todos ficaram **calados**, *eu também fico Ø.*

em que *fico Ø* corresponde a *fico calado*.

O uso de mais de um adjetivo como complementadores do sintagma nominal produzem os saborosos *sanduíches adjetivais:*

(a) **pobre** *menina* **rica**
(b) *comunidade* **científica brasileira**
(c) *música* **popular brasileira**
(d) *físico* **nuclear brasileiro**

Tal como os verbos e alguns substantivos, também o adjetivo dispõe da propriedade de **transitividade**.

Há, portanto,
✓ adjetivos intransitivos (como *branco*, *veloz* etc.)
✓ adjetivos monotransitivos (como *contrário à vacina*, *diferente de todos*, *demorado com as coisas*.

O artigo, o substantivo e o adjetivo **235**

> ### ATIVIDADE 19
>
> Os adjetivos contidos nos enunciados a seguir são **intransitivos** ou **monotransitivos**? Explique.
>
> (a) *[Foi um insulto do] comércio estabilizado... né? vinculado ao estrangeiro contra os cinegrafistas brasileiros... esse nome "cavadores" acabou sendo realmente um nome aceito por eles próprios.* (EF SP 92)
> (b) *Situações... eh... em determinadas situações separadas de um contexto.* (EF SP 33)
> (c) *[Pelo fato de ele] estar muito ligado às funções neurovegetativas.* (EF SP 31)
> (d) *O presente era muito especial para aqueles casos.*
> (e) *Este texto é muito típico de Van Gogh.* (EF SP 81)

5.3.2 PROPRIEDADES SEMÂNTICAS DO ADJETIVO

Alterações de sentido associadas à colocação dos adjetivos frequentam já há tempos as descrições dessa classe. Tem-se notado que, quando se antepõem ao substantivo, os adjetivos favorecem uma predicação mais subjetiva do substantivo, ressaltando seus valores afetivos, como se pode verificar em:

> (a) *grande homem* = excelente homem

Quando se pospõem, os adjetivos favorecem uma qualificação objetiva do substantivo, podendo-se estabelecer uma relação de derivação entre o adjetivo e uma sentença relativa:

> (b) *homem grande* = homem maior que os outros, homem que é **grande**

A posição dos adjetivos de ordem livre dá lugar a jogos argumentativos bem-humorados, como este:

> (c) *O líder udenista começa tachando o voto por distrito de "uma tolice grande", uma vez que "uma grande tolice" ainda tem certo mérito.*
>
> Fonte: *Correio de Marília*, 17 jan. 1965.

Mas há casos em que a anteposição ou a posposição afetam o processo semântico desencadeado pelo adjetivo, transpondo-o de predicativo, em

(d) *mulher atual* = mulher moderna, atualizada

para adjetivo dêitico, indicador de tempo, como em

(e) *atual mulher* = a esposa de hoje, por contraste com "ex-mulher".

Já vimos que a ordem de colocação dos adjetivos em relação ao substantivo permite identificar as seguintes subclasses de adjetivos:
- ✓ a dos adjetivos predicativos, de ordem livre;
- ✓ a dos não predicativos, de ordem mais fixa;
- ✓ a dos adjetivos dêiticos.

Vamos estudar mais de perto essas subclasses de adjetivos.

1. Adjetivos **predicativos** são os que atribuem propriedades; podem ser:
   (1) modalizadores,
   (2) qualificadores, e
   (3) quantificadores.

> **1.1 Adjetivos predicativos modalizadores**
> Os adjetivos predicativos **modalizadores** expressam uma avaliação pessoal do falante sobre o conteúdo do substantivo. Teremos aqui os adjetivos que expressam
> (i) certeza (= modalizadores asseverativos),
> (ii) dúvida (= modalizadores quase asseverativos), ou
> (iii) obrigatoriedade (= modalizadores deônticos) quanto ao referente expresso pelo substantivo.

(i) Modalizadores asseverativos: o falante avalia o conteúdo do substantivo como algo certo, seguro.

Exemplo
(a) *A causa real da crise política são as elites.*
= É um fato/ é uma evidência que a causa da crise política são as elites.
= Eu sei que a causa da crise política são as elites.

(ii) Modalizadores dubitativos: o falante avalia o conteúdo do substantivo como algo incerto.

Exemplo
(b) *A causa **provável/possível/plausível** da crise política são as elites.*
= *É uma hipótese razoável que a causa da crise...*
= *Acho que a causa da crise são as elites.*
= *Não sei com certeza se a crise é causada pelas elites.*

(iii) Modalizadores deônticos: o falante considera o referente do substantivo como algo necessário.

Exemplos
(c) *Temos uma decisão **obrigatória** a tomar no caso da crise política.*
= *A decisão a tomar é obrigatória.*
(d) *O recurso **necessário** para isso é a mobilização.*
= *O recurso é necessário.*

1.2 Adjetivos predicativos qualificadores

Usamos os adjetivos predicativos **qualificadores** quando queremos apresentar uma descrição objetiva do sentido do substantivo. Os adjetivos qualificadores integram as seguintes subclasses:
1. Descrição de uma qualidade (*bom, mau, lindo, feio*);
2. Descrição da dimensão (*alto, baixo, grosso, fino, estreito, amplo* etc.);
3. Descrição de velocidade (*rápido, lento, lerdo, veloz*);
4. Descrição de propriedade física (*redondo, curvo, quadrado, leve, pesado, espesso, fluido, doce, amargo, picante, duro, áspero, suave, cheiroso, fétido, quente, frio, cálido, grave, agudo, surdo*);
5. Descrição de uma atitude (*inteligente, idiota, sensível, amável*).

1.3 Adjetivos predicativos quantificadores

Usamos os adjetivos predicativos **quantificadores** quando precisamos adicionar ou subtrair indivíduos do conjunto representado pelo substantivo.
1. Quantificação por adição: nas sentenças abaixo, o adjetivo predica o substantivo adicionando uma quantidade:

Exemplos
(a) *Talvez o afluxo enorme que havia de pessoas se devesse à circunstância que era um sábado... de quando já não havia mais o trabalho **normal** da cidade né?* (DID SP 137)

(b) *Aqui a saída habitual/semanal é nas quintas-feiras.*

Observe que em *Talvez o afluxo enorme que havia de pessoas se devesse à circunstância que era um sábado... de quando já não havia mais o trabalho normal da cidade né?*, o adjetivo *normal* indica que o *trabalho* é frequente, habitual, não ocorre uma vez só. O adjetivo, por assim dizer, "pluralizou" o referente de trabalho. O mesmo se pode dizer de *habitual, semanal*. Eliminados esses adjetivos, o referente do substantivo torna-se singular, ou seja, um só trabalho, uma só saída.

2. Quantificação por subtração: nas sentenças abaixo, o adjetivo restringe, delimita a extensão de referentes expressos pelo substantivo:

Exemplos
(a) *A filosofia grega foi um dos componentes essenciais do cristianismo.* (EF SP 124)
(b) *A ideia básica aqui é que...*
(c) *[...] noções relativas aos problemas fundamentais da existência.* (EF SP 124)

2. Os **adjetivos não predicativos** têm por função dispor o conteúdo do substantivo em diferentes perspectivas, operando como:
   (1) classificadores,
   (2) pátrios,
   (3) gentílicos, e
   (4) de cor.

2.1 Adjetivos não predicativos classificadores
São adjetivos que classificam o referente expresso pelo substantivo:

Exemplos
(a) *legislativo* (em *assembleia legislativa*),
(b) *civil* (em *casamento civil, código civil*),
(c) *religioso* (em *casamento religioso*),
(d) *universitária* (em *estudante universitária*) e *solar* (em *energia solar*).

Esses adjetivos sempre se pospõem ao substantivo, vedada a anteposição:

Exemplos
(a') *legislativa assembleia*
(b') *civil código*
(c') *religioso casamento*
(d') *solar energia* etc.

2.2 Adjetivos não predicativos pátrios
Referem-se a continentes, países, regiões, províncias, estados, cidades, vilas e povoados.

Exemplos
a) *de modo que é importante que essa sócia/essa... é... a sociedade BRAsileira cresça.* (D2 REC 05)
b) *Hemingway dizia que as duas grandes tragédias americanas do século tinham sido Pearl Harbor e Pearl Buck... é... a grande tragédia pernambucana é olindense apaixonado ((riu)).* (D2 REC 05)

2.3 Adjetivos não predicativos gentílicos
Aplicam-se a raças e povos.

Exemplos
a) *...e os nomes realmente eu... não guardei porque são nomes muito... que têm assim uma influência muito indígena né?...* (DID RJ 328)
b) *foi outro cantor também foi... um americano negro que eu não me recordo o nome agora... mas foi um dos que mais gostei que ele cantou.* (DID POA 45)

2.4 Adjetivos não predicativos de cor
■ Adjetivos simples: designativos de cores básicas, constam de uma única palavra. Geralmente, são usados depois do substantivo.

Exemplos
a) *Eu gosto muito de coalhada... iogurte esses produtos derivados realmente do leite eu... mas só... queijos brancos... eu só como queijos brancos...* (DID RJ 328)

b) *se é peixe a gente usa vinho branco...* (DID RJ 328)
c) *e por fim nós temos a glândula mamária... ela se acha constituída... por duas porções... uma porção periférica... amarelada... e uma porção central... de coloração branca...* (EF SSA 49)

- Adjetivos compostos: reúnem mais de uma palavra, não podendo ser antepostos ao substantivo.

Exemplos
a) *e então para serem servidos eles chamavam... o casal que tiver a vela cor-de-rosa* (DID POA 45)
b) *Meu sogro Dirceu fez bercinhos rosa-choque para as gêmeas Cláudia e Célia. É a cor da moda, explicou ele.*

Para especificar as tonalidades de cor, os falantes se servem de comparações, expressas por meio de sintagmas nominais em que dois sintagmas preposicionais estão encaixados, tais como:
a) *vestido da cor de canário*
b) *calças da cor de salmão*
c) *lábios da cor de rosa*

Com o apagamento da preposição, formaram-se sequências como *calças da cor de salmão > calças cor de salmão > calças salmão*, consumando-se a mudança do substantivo *salmão* para adjetivo de cor.

3. Adjetivos **dêiticos**: são aqueles que expressam lugar ou tempo. Este é o terceiro tipo semântico dos adjetivos. No capítulo 3 explicamos o que vem a ser "dêitico".

3.1 Adjetivos dêiticos locativos
São dêiticos locativos os adjetivos *próximo, remoto, distante, fronteiriço, serrano, praieiro, ribeirinho* etc.

Exemplos
a) *(quer dizer) cada homem vai cuidar de seu grupo mais próximo que a gente poderia talvez denominar de grupo familiar:: já...* (EF SP 405)

b) – *Próximo!* (diz o atendente para um cliente na fila)

Este último resultou do apagamento do especificador do sintagma nominal [*o cliente próximo*], apagando-se depois o núcleo e dotando o adjetivo de uma entonação imperativa: *o cliente próximo > cliente próximo > próximo!*

3.2 Adjetivos dêiticos temporais

São dêiticos temporais os adjetivos *atual*, *semanal*, *hodierno*, *precedente*, *passado*, e também *próximo*, *seguinte* quando aplicados a substantivos que indicam tempo.

Exemplos
a) *Com grandes... com grandes esperanças* [o Nordeste crescerá] *no futuro próximo.* (D2 REC 05)
b) *Então ela vê se as gavetas estão em orde/... em ordem se o::material escolar já foi re/arrumado para o dia seguinte... se nenhum::* (D2 SP 360)

Você verá no capítulo 6 que os advérbios têm um comportamento semântico muito parecido com o dos adjetivos.

ATIVIDADE 20

Marque os adjetivos nos textos e analise as suas propriedades semânticas.

Texto 1

> Os brasileiros já sentiram no bolso o aumento nos preços, fruto da tolerância do governo com a inflação no ano eleitoral. Chegou a hora de pagar essa conta amarga
>
> MARCELO SAKATE

Fonte: *Veja*, 16 fev. 2011, p. 67.

Texto 2

> Com sua recém-lançada galeria virtual, o Google oferece a possibilidade inédita — e fantástica — de explorar detalhes de obras-primas que seriam impossíveis de ver a olho nu
>
> **MARCELO MARTHE**

Fonte: *Veja*, 16 fev. 2011, p. 113.

Texto 3

> **Ciência e crença**
> *Uma reportagem de VEJA mostrou que antes de ser "sapiens" o homem foi "credulus" e que a astronomia tem como antepassada a astrologia. Confundir os sinais dos céus captados por uma e outra é atalho certo para uma interminável briga*

Fonte: *Veja*, 2 fev. 2011, p. 29.

5.3.3 PROPRIEDADES TEXTUAIS DO ADJETIVO

Nesta seção, examinaremos o papel do adjetivo na configuração dos tipos textuais, no arranjo informacional do texto e em sua utilização nos eixos argumentativos dos textos. Há muitos outros pontos a revelar sobre as propriedades textuais do adjetivo. Ficam para você.

O artigo, o substantivo e o adjetivo   243

1. Adjetivo na narração e na descrição

Estudos sobre o texto estabeleceram uma distinção entre *modo narrativo* (em que as sentenças representam o desenvolvimento de uma história) e *modo descritivo* (em que as sentenças servem à caracterização das personagens de uma narrativa, às descrições de roupas, às afirmações sobre o relacionamento com outros participantes do discurso etc.).

Os adjetivos ocorrem com frequência maior no modo descritivo, em que é indiferente a presença de adjetivos predicativos e não predicativos.

ATIVIDADE 21

1. Recolha em jornais ou revistas vários tipos de anúncios.
2. Analise o uso dos adjetivos e suas funções nos anúncios recolhidos.

---

2. Adjetivo e *status* informacional

Exemplos de adjetivos continuadores de tópico são frequentes na língua escrita. Construídos em aposição à sentença, esses adjetivos concorrem para a coesão textual, como se vê em:

> *A sociedade deveria receber do presidente o exemplo de comportamento. Está, ao contrário, dando-lhe uma lição de maturidade.* **Paciente** *e* **atenta***, acompanha os fatos e interfere neles.*
>
> Fonte: Renan Calheiros, *Folha de S.Paulo*, 2 jul. 1992, p. I-3.

Ainda com respeito às propriedades discursivas do adjetivo, Negrão et al. (2008) mostram que o adjetivo dêitico *seguinte* opera como marcador discursivo de introdução de tópicos novos, como em:

> (a) *Agora tem* **o seguinte** *aspecto, a nossa conversa está em torno de dinheiro, de inflação.* (D2 RJ 355)
>
> (b) *O lugar mais perigoso do mundo é a cama... porque noventa por cento das pessoas morrem na cama... então é o lugar mais perigoso... não vá pra cama que você não morre... bem... mas o que acontece é* **o seguinte***: não não é olhando pra as estatísticas não mas São Paulo cresceu engolindo São José da Coroa do Campo e várias outras cidades que foram assassinadas...* (D2 REC 05)

244 Pequena gramática do português brasileiro

> (c) *O que está acontecendo é* **o seguinte**, *é que quando eu comprei o apartamento me disseram* [...] (D2 RJ 355)
> (d) *E depois acontece* **o seguinte**... *ah as no no mundo empresarial no no fim... vai virando como em todo lugar uma panelinha...* (D2 SP 360)
> (e) **Seguinte**: *convém não me amolarem mais.*

3. Adjetivo e eixo argumentativo

Adjetivos como *certo*, *inegável*, *necessário*, *obrigatório* imprimem no texto um valor de verdade, de autoridade, ajudando o falante a construir o eixo argumentativo de seu texto. Mosca (1990: 134) apontou para a importância desses adjetivos em expressões como *é certo que*, *é inegável que*, *é necessário que*, *é obrigatório que*.

ATIVIDADE 22

Em gêneros textuais como artigo de opinião, editorial, carta do leitor etc., analise o uso dos adjetivos e o efeito de sentido que imprimem ao texto. Em seguida, elabore um resumo sobre os resultados obtidos. Para a produção do resumo, siga as seguintes orientações:
1) indique o tema e o objetivo do seu trabalho;
2) descreva o material analisado e os critérios que nortearam a escolha desse material para análise;
3) apresente os resultados da análise e a sua conclusão;
4) publique o resumo em um blog ou outro espaço da internet para compartilhar os resultados da pesquisa com seus colegas e professores.

SUMARIZANDO

Vimos que as classes de palavras aqui estudadas compõem o sintagma nominal. Nos próximos capítulos estudaremos o sintagma adverbial e preposicional, preparando-nos para o entendimento de como se organizam e funcionam a minissentença, a sentença simples e a sentença complexa.

QUERO MAIS

ILARI, Rodolfo; NEVES, Maria Helena Moura (orgs.). *Gramática do português culto falado no Brasil*. Coord. geral Ataliba Castilho. Campinas: Ed. Unicamp, 2008 (volume 2: Classes de palavras e processos de construção).

O ADVÉRBIO

O QUE É O ADVÉRBIO?

Para entender o que vem a ser um advérbio, nada como principiar pela etimologia dessa palavra. Advérbio vem do latim *ad + verbium*, sendo que *verbium* deriva de *verbum*, "palavra". Como já vimos no estudo do adjetivo, a preposição latina *ad* quer dizer "perto de". Logo, advérbio é a palavra que se coloca perto de qualquer outra palavra. Certo?

- Não, errado! Aprendi que o advérbio é a palavra que fica próxima do verbo.
- Aí se entendeu mal o latim *verbum*, que quer dizer "palavra", qualquer palavra. Depois, com o tempo, *verbum* passou a indicar uma das classes de palavras, visto que o verbo é considerado a classe de palavra por excelência. Mas isso ocorreu depois da "invenção" da palavra *adverbium* pela gramática latina.
- Tudo bem, mas e daí?
- Daí que, ocorrendo perto de qualquer palavra, e não apenas do verbo, o advérbio se tornou uma das classes mais ricas da língua, desenvolvendo uma quantidade enorme de sentidos.

Por ser uma espécie de "Maria vai com as outras", a riqueza de sentidos desenvolvidos pelo advérbio dificultou muito a tarefa de sua descrição gramatical, gerando muitas opiniões divergentes. Todos concordavam em apenas dois pontos: o advérbio é uma palavra invariável, que modifica o sentido das palavras a que se aplica.

246 Pequena gramática do português brasileiro

Entende-se por modificação o mesmo que **predicação**, termo adotado nesta gramática. Verbos, substantivos deverbais, adjetivos, advérbios e preposições são classes predicadoras. O termo predicação capta uma interessante relação gramatical, em que uma palavra predicadora "atira" sobre a palavra a que ela se aplica (= tecnicamente, seu "escopo") propriedades que lhe são próprias. Assim, quando digo *certamente você entenderá isto*, o predicador adverbial *certamente* passa à sentença *você entenderá isto* a noção de certeza, própria desse advérbio, com o que entenderemos a sentença acima como *tenho certeza de que você entenderá isto*, *você entenderá isto certinho*, *é certo que você entenderá isto*. *Certamente* joga certezas para todo canto, "acertando" o verbo *entender*, seu sujeito *você*, a criatura que falou ou escreveu essa sentença, enfim, a sentença inteira. Ufa! Um predicador só, mas um montão de escopos!

Para captar a riqueza dos advérbios, a Nova Nomenclatura Gramatical Brasileira apresentou sete espécies de advérbios, número que chega a dez, se a Nomenclatura Gramatical Portuguesa for considerada:

O advérbio **247**

Quadro 1: Os advérbios na gramática tradicional

ADVÉRBIOS									
afirmação	dúvida	intensidade	lugar	modo	negação	tempo	ordem	inclusão	designação
sim	*acaso*	*assaz*	*abaixo*	*assim*	*não*	*agora*	*primeira-mente*	*inclusive*	*eis*
certamente	*porventura*	*bastante*	*acima*	*bem*	*nunca*	*já*	*ultima-mente*	*somente*	
efetiva-mente	*possivel-mente*	*bem*	*adiante*	*debalde*	*jamais*	*ainda*	*depois*	*mais*	
realmente	*provavel-mente*	*demais*	*aí*	*depressa*	*sequer*	*amanhã*		*também*	
	quiçá	*mais*	*além*	*devagar*		*ontem*		*até*	
	talvez	*menos*	*ali*	*mal*		*hoje*			
		muito	*aquém*	*melhor*		*outrora*		*exclusão*	
		pouco	*aqui*	*pior*		*sempre*		*apenas*	
		quanto	*atrás*	e a maioria dos termi-nados em *-mente*		*tarde*		*salvo*	
		quão	*através*			*anteontem*		*senão*	
		quase	*cá*			*antes*		*só*	
		tanto	*defronte*			*breve*			
		tão	*dentro*			*cedo*			
			detrás			*depois*			
			fora			*então*			
			junto			*logo*			
			lá						
			longe						
			onde						
			perto						

Oiticica (1952) inclui entre os advérbios as "palavras denotativas":

realce	retificação	situação	interrogativos
lá (em *sei lá*) *cá*	*aliás* *ou antes* *isto é* *ou melhor*	*afinal* *agora* *então* (em "**então**, *conheceu a vizinha?*") *mas* (em "*desculpe-me... **mas** sente-se mal?*")	de causa (*por que?*) de lugar (*onde?*) de modo (*como?*) de tempo (*quando?*)

– Espere aí, vou ter de decorar 14 tipos de advérbios?
– Não, se você entender os processos semânticos básicos dos advérbios não precisará apelar para a decoreba. Mas você tem razão num ponto: cada vez que encontramos classificações muito extensas, será sinal de que não se conseguiu fazer uma generalização sobre o assunto. Não vamos cair nessa.

Rodolfo Ilari fez uma importante generalização sobre os advérbios (Ilari et al., 1991). Ele mostrou que é correto identificar na predicação o traço forte dos advérbios, mas não é possível explicar apenas por esse processo a totalidade dos tipos de advérbios. Para deixar isso mais claro, vamos aos exemplos.

Exemplo 1

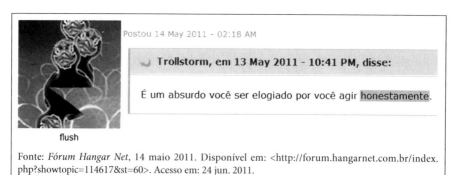

Fonte: *Fórum Hangar Net*, 14 maio 2011. Disponível em: <http://forum.hangarnet.com.br/index.php?showtopic=114617&st=60>. Acesso em: 24 jun. 2011.

No texto, o advérbio **honestamente** predica – ou modifica – o verbo *agir*. Para verificar isso basta pensar que *agir* não implica obrigatoriamente no uso de honestidade.

Exemplo 2

> # Hoje tem goiabada
>
> Não é marmelada. O *Paladar* dedica sua edição de número 300 a um dos doces brasileiros mais antigos e populares, que nasceu para aplacar o desejo dos portugueses de comer doce de marmelo. Lisas, cremosas, de corte, em vidro, lata ou caixeta como esta da foto, fizemos o 'sacrifício' de provar 25 das melhores goiabadas encontradas no País e selecionar 10. Sozinhas e acompanhadas. **Páginas 6 e 7**

Fonte: *O Estado de S. Paulo*, 22 jun. 2011. Paladar, p. P1.

Já em *Hoje tem goiabada*, o advérbio *hoje* não alterou o sentido de *tem*, apenas localizou o evento de *ter goiabada* numa perspectiva temporal. A mesma não alteração de sentido teria ocorrido se essa sentença fosse assim: *Aqui tem goiabada*, em que *aqui* localiza espacialmente o evento *ter goiabada*.

Portanto, além dos advérbios predicadores do exemplo 1, temos também advérbios **não** predicadores como o do exemplo 2.

> – Acabou?
> – Não, observe agora estes exemplos.

Exemplo 3

> (a) *Um médico era* [*só*] *médico o engenheiro era* [*só*] *engenheiro... pelo menos naquela altura.* (D2 SP 360)
> (b) *Expliquei,* [*sim*]*, que* [*não*] *aceitaria aquele encargo.*

Nas sentenças do exemplo 3, o advérbio *só* não atribui a médico e a engenheiro o sentido de "solidão", como seria em *Eu estou só*. Esse advérbio focaliza uma palavra do enunciado, destacando-a em relação às outras palavras. *Sim* e *não* são bem conhecidos seus. Concluindo, também esses advérbios não predicam, executando um trabalho diferente.

Podemos, então, afirmar que em vez dos dez tipos de advérbios mencionados acima, o que temos são três tipos: os **predicadores**, os **verificadores** e os **dêiticos**.

Vejamos mais de perto como usamos esses advérbios.

- **Advérbios predicadores**

Você notará que o caráter predicador dos advérbios pode ser comprovado nas seguintes sentenças:

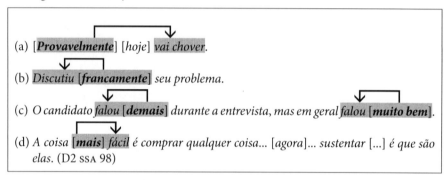

(a) [*Provavelmente*] [*hoje*] *vai chover*.

(b) *Discutiu* [*francamente*] *seu problema*.

(c) *O candidato falou* [*demais*] *durante a entrevista, mas em geral falou* [*muito bem*].

(d) *A coisa* [*mais*] *fácil é comprar qualquer coisa...* [*agora*]... *sustentar* [...] *é que são elas*. (D2 SSA 98)

Na sentença [*Provavelmente*] [*hoje*] *vai chover*, **provavelmente** predica toda a sentença, tornando duvidoso seu conteúdo.

Na sentença *Discutiu* [*francamente*] *seu problema*, *francamente* predicou *discutiu*, que significa agora "discutir usando de franqueza".

Na sentença *O candidato falou* [*demais*] *durante a entrevista, mas em geral falou* [*muito bem*], *demais* e *muito bem* predicaram *falou*.

Por fim, em *A coisa* [*mais*] *fácil é comprar qualquer coisa...* [*agora*]... *sustentar (...) é que são elas*, *mais* predicou o adjetivo *fácil*. Em todos esses exemplos, deparamo-nos com advérbios **predicadores**.

Predicação é o processo segundo o qual uma palavra atribui a outra, designada como "escopo", propriedades semânticas de que esta não dispõe. Verbos, substantivos deverbais, adjetivos e advérbios são classes predicadoras.

Mas... e quanto aos advérbios **não predicadores**? Bom, esses advérbios, funcionalmente falando, podem ser de dois tipos: os **verificadores** e os **dêiticos**. Vamos a eles.

O advérbio 251

- **Advérbios verificadores**

Existem advérbios como que imprimem ao enunciado o carimbo de "conferido", sugerindo que o falante está de posse dos resultados de alguma verificação (Ilari et al., 1991: 76). Vamos voltar às sentenças do exemplo 3, aqui repetidas:

(a) *Um médico era [**só**] médico o engenheiro era [**só**] engenheiro... pelo menos naquela altura.* (D2 SP 360)
(b) *Expliquei, [**sim**], que [**não**] aceitaria aquele encargo.*

O advérbio *só* de *Um médico era [**só**] médico o engenheiro era [**só**] engenheiro... pelo menos naquela altura* focaliza (= destaca, põe em relevo) o conteúdo das palavras *médico* e *engenheiro*, sem predicá-las, pois não se está dizendo que o médico e o engenheiro são solitários.

O mesmo acontece com *sim* e *não* em *Expliquei, [**sim**], que [**não**] aceitaria aquele encargo*: *sim* indica que *expliquei* é verdadeiro, e *não* indica que *aceitaria* não é verdadeiro.

O processo de verificação também ocorre em *Apenas você foi convidado*, em que *apenas* inclui *você* no conjunto dos convidados. Se essa sentença fosse *Todos foram convidados, menos você*, o advérbio *menos* excluiria *você* desse conjunto.

Os advérbios *só*, *sim*, *não*, *apenas*, *menos* desempenham nessas sentenças o papel de **verificadores**.

> **Verificação** é o processo pelo qual conferimos os conceitos expressos pelas palavras para:
> (i) destacar um conceito sobre outro;
> (ii) negar um conceito ou afirmá-lo;
> (iii) incluir um conceito ou excluí-lo de um conjunto.

- **Advérbios dêiticos**

Também existem advérbios que servem para situar uma ação ou um evento na perspectiva do tempo ou do lugar. Vimos no exemplo *Hoje tem goiabada?* que *Hoje* é um advérbio que expressa noção de tempo, identificada a partir da situação de fala. Outros exemplos são:

(a) *A coisa mais fácil é comprar qualquer coisa **hoje**... pagar **amanhã** é que são elas.*
(b) *Provavelmente [**hoje**] vai chover.*
(c) *Cheguei [**aqui**] [**anteontem**].*

Os advérbios *hoje* e *amanhã* da sentença *A coisa mais fácil é comprar qualquer coisa hoje... pagar amanhã é que são elas* indicam que os eventos de comprar e sustentar ocorrem em dimensões temporais diferentes.

Os advérbios *hoje*, *aqui*, *anteontem* das sentenças *Provavelmente [hoje] vai chover* e *Cheguei [aqui] [anteontem]* situam numa perspectiva de tempo ou de lugar a ação ou o evento expresso pelos verbos a que se aplicam. Eles são advérbios **dêiticos**.

> **Dêixis:** expressões que têm a propriedade de apontar para as pessoas do discurso (como *eu*, *você*, *nós*), o lugar ocupado por elas (*aqui*, *ali*) e seu tempo (*ontem*, *hoje*, *amanhã*). O substantivo "dêixis" deriva do verbo grego *déiknymi*, "apontar, mostrar". Os gramáticos romanos traduziram dêixis por "demonstrativo", palavra calcada no verbo *monstrare* > *mostrar*. O termo *demonstratiuus* designava coletivamente os pronomes pessoais, os pronomes demonstrativos e os pronomes-advérbio de lugar e tempo.

Conclui-se que os advérbios integram três classes semânticas: os **predicadores**, os **verificadores** e os **dêiticos**. Detalharemos essa questão mais adiante, na seção 6.2.

> – Classe complicada, não?
> – É mesmo! Mas dá para entender como usamos os advérbios, descrevendo suas propriedades gramaticais, semânticas e textuais. Vamos lá!

Antes de prosseguir, é preciso ter em mente que, além dos advérbios, temos também os **adverbiais**, que são sintagmas nominais e preposicionais que funcionam como advérbios.

Os sintagmas preposicionais que funcionam como adverbiais têm a seguinte configuração: *de modo + adjetivo*, *de jeito nenhum*, *de maneira nenhuma*, *em geral*, *até certo ponto* etc. Veja um exemplo:

'Eu não largo mais de jeito nenhum', diz noivo perdoado após pescaria

Reconciliado. casal fez festa após casamento em Ribeirão Preto nesta manhã.

Pedreiro disse, antes do casório, temer que noiva não fosse à cerimônia.

Fonte: MACEDO, Letícia. 'Eu não largo mais de jeito nenhum', diz noivo perdoado após pescaria. *G1 – Globo. com*, 31 jul. 2010. Disponível em: <http://g1.globo.com/sao-paulo/noticia/2010/07/eu-nao-largo-mais-de-jeito-nenhum-diz-noivo-em-ribeirao-preto.html>. Acesso em: 5 jul. 2011.

O advérbio 253

Por sua vez, os sintagmas nominais que funcionam como adverbiais têm a seguinte configuração: *um tipo de*, *uma espécie de*, *coisa nenhuma*, *um pouco* etc. É o que vemos no exemplo

---

24.08.2010

👾 Esse jogo parece um pouco caro...

Fonte: Borges, Rafael. Esse jogo parece um pouco caro... *Blog Sopre o Cartucho*, 24 ago. 2010. Disponível em: <http://sopreocartucho.com.br/2010/08/24/esse-jogo-parece-um-pouco-caro/>. Acesso em: 5 jul. 2011.

Atividade 1

1. Leia os enunciados e identifique os advérbios. Em seguida, distribua-os na tabela, de acordo com a função que assumem: **predicadores**, **verificadores** ou **dêiticos**.

	ADVÉRBIOS		
	predicadores	verificadores	dêiticos
1. "Uma das coisas mais difíceis de encontrar ultimamente tem sido um shoyu como deve ser: sem adição de glutamato monossódico, sem corantes caramelos e outros aditivos horrorosos. Esses aditivos não só fazem mal (muito mal) à saúde, como também deixam um gosto exagerado na boca, aquela história de 'ficar conversando' com a comida até o dia seguinte." (Fonte: Feldman, Pat. Site Shoyu sem adição de glutamato monossódico. *Crianças na cozinha*, 13 maio 2011. Disponível em: <http://pat.feldman.com.br/2011/05/13/shoyu-sem-adicao-de-glutamato-monossodico/>. Acesso em: 6 jul. 2011.)			
2. "Muito cuidado mesmo ao comprar seu molho shoyu!!!! Os fabricantes parecem ter descoberto o desejo dos consumidores pelo shoyu naturalmente fermentado. Agora é o que mais se vê nas prateleiras. Mas não olhe só para isso, dê sempre uma conferida cuidadosa nos ingredientes. [...]" (Fonte: Feldman, Pat. Site Shoyu sem adição de glutamato monossódico. *Crianças na cozinha*, 13 maio 2011. Disponível em: <http://pat.feldman.com.br/2011/05/13/shoyu-sem-adicao-de-glutamato-monossodico/>. Acesso em: 6 jul. 2011.)			

3. "Ao enviar mensagens, fazer ligações, trocar dados pelo bluetooth ou usar a internet, o celular está emitindo ondas. Estar constantemente exposto a elas e encostar a antena na cabeça pode não ser uma boa ideia." (Fonte: PERALVA, Carla. *Jornal da Tarde*, 30 jun. 2011. JTLink, p. 2E.)				
4. "Não chega à sagacidade dos peixinhos que protagonizaram a animação *Procurando Nemo*, mas ainda assim é surpreendentemente engenhoso: pesquisadores das universidades Macquarie e Central Queenslad, na Austrália, mostraram que um peixe usou uma pedra como bigorna para abrir uma concha. O estudo é descrito em um artigo publicado no jornal especializado Coral Reefs. [...]" (Fonte: Peixe usa pedra como bigorna para abrir concha. *Veja Online*, 28 jun. 2011. Disponível em: <http://veja.abril.com.br/noticia/ciencia/peixes-usam-pedra-como-bigorna-para-quebrar-conchas>. Acesso em: 7 jul. 2011.)				
5. "Os taxistas terão de fazer cursos de relações humanas, direção defensiva, primeiros socorros e mecânica e elétrica de veículos. É o que prevê projeto aprovado ontem pelo Senado regulamentando a atividade no país. O texto, que vai à sanção da presidente Dilma Rousseff, estabelece que os taxistas devem "atender os clientes com presteza e polidez", trajar-se adequadamente e manter o veículo em boas condições de trabalho." (Fonte: GUERREIRO, Gabriela. Taxistas terão de atender público com "polidez". *Folha de S.Paulo*, 7 jul. 2011. Cotidiano, p. C8.)				

Depois dessa apresentação geral, chegou a hora de aprofundar nosso entendimento sobre o que nossa mente faz quando usamos um advérbio.

6.1 PROPRIEDADES GRAMATICAIS DO ADVÉRBIO

Do ponto de vista **morfológico**, os advérbios são palavras invariáveis. É isso que os diferencia dos adjetivos, visto que muitos adjetivos funcionam como advérbios, como você pode constatar em

(a) *A Kombi dá pra fazer isso... de modo que vou tranquilo.* (D2 SSA 98)
(b) *Nós aproveitamos e vamos junto.*

e neste anúncio extraído de jornal em que sozinho funciona como predicador do verbo *funciona*.

Fonte: PETROBRÁS. *Jornal Tarde*, 29 jun. 2011. Especial, p. H8.

Observe que no exemplo (a), tranquilo não concordou com a mulher que usou essa expressão, ou seja, ela não disse *vou tranquila*. Em (b), não se disse *vamos juntos*, pois o adjetivo junto aparece adverbializado e, portanto, invariável. No anúncio da Petrobras, não se disse *nada funciona sozinha*, pela mesma razão.

ATIVIDADE 2

1. Compare os textos:

Texto 1

Fonte: ANIZELLI, Eduardo. Pense grande. *Folha de S.Paulo*, 26 jun. 2011. Veículos, p. 1.

Texto 2

Fonte: MTV. *Veja*, 27 abr. 2011, p. 124-5.

O advérbio 257

2. Responda: por que *grande* (texto 1) e *feio* e *bonito* (texto 2) funcionam como advérbio?

3. Construa enunciados em que esses adjetivos **não** funcionem como advérbio, mas, sim, como adjetivo mesmo.

ATIVIDADE 3

1. Faça um levantamento de adjetivos que funcionam como advérbios em gêneros textuais variados publicados na mídia impressa ou digital. Depois, tente explicar por que o autor escolheu um adjetivo e não um advérbio. Por que será que no texto 2 o autor preferiu *"errou feio"* a *"errou feiamente"*?

2. Apresente e discuta o resultado de sua pesquisa aos seus colegas de classe e professores.

— Então, quer dizer que adjetivo e advérbio é tudo a mesma coisa?
— Não, porque ao funcionarem como advérbios os adjetivos deixam de flexionar. Recorde que em *A Kombi dá pra fazer isso... de modo que vou* **tranquilo**, por exemplo, quem disse que vai **tranquilo** foi uma mulher. Em *Nós aproveitamos e vamos junto*, **junto** não foi para o plural. Quando um adjetivo se adverbializa, ele fica invariável.

Sintaticamente, os advérbios são palavras relacionadas ao verbo, ao substantivo, ao adjetivo ou a outro advérbio, classes sobre as quais eles se aplicam. Observe estes exemplos, em que o advérbio *muito* se aplicou sobre os substantivos *homem* e *gente*:

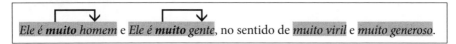
Ele é **muito** *homem* e *Ele é* **muito** *gente*, no sentido de *muito viril* e *muito generoso*.

À semelhança dos verbos, substantivos, adjetivos e preposições, também os advérbios organizam palavras à sua volta, funcionando como núcleo do **sintagma adverbial** (SAdv).

Os sintagmas adverbiais (SAdv) são transcritos entre colchetes, como os demais. Em nossos exemplos, o núcleo adverbial vem **negritado**, enquanto o especificador e o complementador vêm sublinhados.

A seguinte regra descritiva capta a estrutura do SAdv:

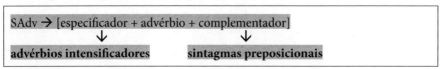

258 Pequena gramática do português brasileiro

Atuam como **especificadores** do sintagma adverbial **os advérbios intensificadores**. Vejamos os exemplos:

> (a) *Agiu [[muito] **bem**].*
> (b) *O brasileiro em princípio eu acho que come [[muito] **mal**].* (D2 POA 291)
> (c) *[[muito] **provavelmente**] hoje vai chover. Ele vem [[**bem**] raramente] aqui.*

Para visualizar melhor a estrutura dos sintagmas adverbiais contidos no exemplo anterior, vamos ordená-los no seguinte quadro:

SAdv	especificador	advérbio	complementador
*[[muito] **bem**]*	*muito*	***bem***	–
*[[muito] **mal**]*	*muito*	***mal***	–
[[muito] provavelmente]	*muito*	*provavelmente*	–
*[[**bem**] raramente]*		***bem***	–

Os **sintagmas preposicionais** atuam como **complementadores** do sintagma adverbial. É claro que somente os advérbios transitivos terão complementadores, como ocorre em ***contrariamente** às expectativas, não choveu ontem*.

Para examinar o comportamento **sintático do advérbio**, precisaremos formular as seguintes perguntas:

✓ Quais são as funções sentenciais dessa classe?
✓ Os advérbios podem ser transitivos, pedindo um complementador?
✓ Qual é sua colocação no enunciado?

Nas seções seguintes oferecemos algumas respostas a essas perguntas.

6.1.1 FUNÇÕES DO ADVÉRBIO NA SENTENÇA

O exame das funções sintáticas dos advérbios mostra que eles podem atuar
(i) como adjuntos,
(ii) como marcadores gramaticais.

A) Advérbios que funcionam como <u>adjunto</u>

Os advérbios operam como **adjunto adverbial** e como **adjunto adsentencial** na dependência da classe sobre a qual eles se aplicam. Mais uma semelhança com os adjetivos.

O advérbio   259

- **Adjunto adverbial**

Observe o seguinte exemplo:

> *Discutiu francamente seu problema.*

Como posso identificar nessa sentença a função desempenhada pelo advérbio *francamente*? Se ele funcionar como adjunto adverbial, poderá ser focalizado na sentença, por meio dos advérbios *apenas*, *só*, podendo ainda ser interrogado:
Observe:

> – *Discutiu **apenas francamente**.*
> – *Discutiu **só francamente***
> – ***Foi francamente que** ele discutiu.*
> – *Discutiu **francamente**?*

Como as sentenças anteriores são aceitáveis, ficou provado que os advérbios negritados funcionam como adjuntos adverbiais.

Mais adiante, no capítulo 8, você verá que esses testes permitem identificar outros constituintes da sentença, como o sujeito e os complementos. Sujeito, complementos e adjuntos são constituintes da sentença. Os testes acima comprovaram que o advérbio do exemplo é um constituinte da sentença, funcionando como um adjunto adverbial.

- **Adjunto adsentencial**

No exemplo, o advérbio "ficou junto" do verbo *discutir*. Mas eles podem ficar junto também de toda uma sentença, funcionando, então, como **adjuntos adsentenciais**:

> ***Provavelmente** hoje vai chover.*

Provavelmente funciona como adjunto adsentencial de *hoje vai chover* porque (1) pode ser substituído por *ser + o adjetivo* que está na base do advérbio, (2) pode deslocar-se para qualquer lugar na sentença:

> (a) ***É provável** que hoje vá chover.*
> (b) *Hoje **provavelmente** vai chover. / Hoje vai **provavelmente** chover. / Hoje vai chover, **provavelmente**.*

Esses testes mostram que **provavelmente** modifica a sentença inteira, e não apenas um de seus constituintes. Como um adjunto adsentencial, ele não passa nos testes aplicáveis aos adjuntos adverbiais, visto dispor de uma função mais alta do que estes. Seria estranho alterar a sentença do exemplo para:

> ? Apenas provavelmente hoje vai chover.
> ? É provavelmente que hoje vai chover.
> ? Provavelmente hoje vai chover?

Para comprovar uma vez mais que as palavras são multifuncionais, note que um mesmo advérbio pode funcionar como adjunto adverbial, como *francamente* no exemplo (a), ou como adjunto adsentencial, no exemplo (b):

> (a) *Falei **francamente** tudo o que queria a esse respeito.*
> (b) ***Francamente**, falei tudo o que queria a esse respeito.*

ATIVIDADE 4

1. Leia o quadrinho

2. Observe o uso dos advérbios *sinceramente* e *já* nas falas das personagens e responda: qual a função que esses advérbios assumem no contexto em que foram usados? Justifique.

3. Reescreva os enunciados deslocando os advérbios para posições diferentes daquelas em que eles se encontram.

4. Compare os enunciados produzidos, sintetize os resultados obtidos e compartilhe as suas reflexões com colegas e professores.

B) Advérbios que funcionam como marcadores gramaticais

Você já deve ter notado que frequentemente dizemos coisas do tipo *o jogador aí de futebol ganha bem*. Que *aí* é esse? Observe que nesse exemplo *aí* não indica lugar. Vamos estudar esse caso.

Você já viu no capítulo 1 o que são os *marcadores textuais*. Voltaremos a esse assunto no capítulo 9, tratando dos marcadores discursivos. Pois os advérbios podem funcionar também como **marcadores gramaticais**. É o que fazem os advérbios *assim* e *aí*, que usamos com mais frequência na língua falada. Esses advérbios funcionam como o bandeirinha do jogo de futebol, que ergue a bandeira quando a bola sai do gramado, para avisar o juiz. Pois é, usamos *assim* e *aí* para prevenir nosso interlocutor que se aproxima uma estrutura gramatical. Que estrutura? As seguintes:

- **Marcadores de minissentenças**

(a) *Hoje parece assim meio... incrível.* (EF SP 405)
↓
minissentença

(b) *Hoje parece aí meio... incrível.*
↓
minissentença

(c) *Bem normal graças a Deus não é nenhum geniozinho assim... quieto... ele::... passa horas... lendo...* (D2 SP 360)
↓
minissentença

Não sabe o que é uma minissentença? Então vá correndo para o capítulo 8.

- **Marcadores de sujeito**

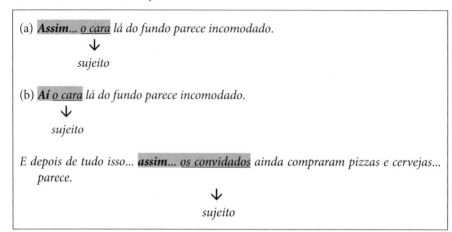

- **Marcadores de complementos**

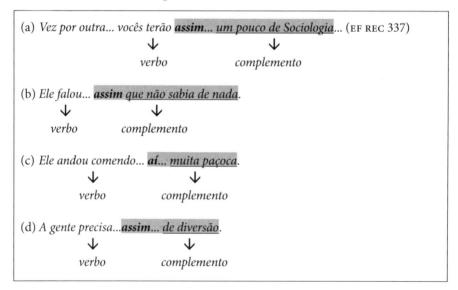

- **Marcadores de adjuntos adnominais**

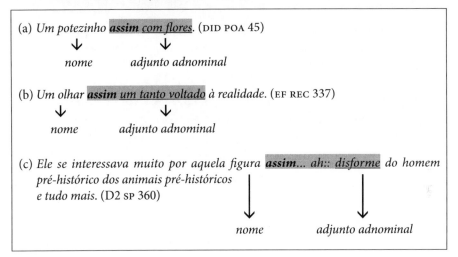

- **Marcadores de adjuntos adverbiais**

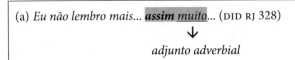

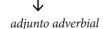

264 Pequena gramática do português brasileiro

ATIVIDADE 5

Acabamos de ver que o advérbio *assim* pode assumir a função de marcador gramatical, anunciando uma estrutura. Nos exemplos seguintes, identifique as estruturas anunciadas, preenchendo a tabela.

Estudo do advérbio *assim* com a função de marcador gramatical

Enunciado	Marcador de minissentença	Marcador de sujeito	Marcador de complemento verbal	Marcador de adjunto adnominal	Marcador de adjunto adverbial	Justificativa
A – *Longe do Brasil, ainda* *assim* *feliz.* (Fonte: ROMANELLI, Amanda. Longe do Brasil, ainda assim feliz. *O Estado de S. Paulo*, 3 dez. 2009. Notícias.)						
B – *Outro ponto da crítica é o ofuscamento dos personagens de Don Cheadle e Samuel L. Jackson, para destacar* *assim* *demasiadamente o protagonista.* (Fonte: CHAN, Alisia. Homem de Ferro 2. *Blog 1000 Combos*, 28 jun. 2011. Disponível em: <http://1000combos.com.br/?p=4353>. Acesso em: 7 jul. 2011.)						
C – *"A comemoração foi uma coisa* *assim* *de outro mundo. Fizeram uma comemoração absurda e perderam para um time muito mais fraco da Alemanha."* (Fonte: René Simões. In: MARQUES, Dassler. Prata em 2004, René 'entrega causos' de Marta e critica preparação. *Portal Terra*, 4 jul. 2011. Esporte.)						

6.1.2 ADVÉRBIO E TRANSITIVIDADE

Advérbios derivados de verbos e de adjetivos transitivos conservam a propriedade de selecionar complementos. Já estudamos a transitividade dos verbos (capítulo 4, seção 4.1.4) e a transitividade dos substantivos deverbais (capítulo 5, seções 5.2.1 e 5.3.1). Os advérbios também dançam essa música.

Os complementos que eles selecionam, grifados nos exemplos a seguir, são os complementadores dos sintagmas adverbiais respectivos.

Advérbios transitivos

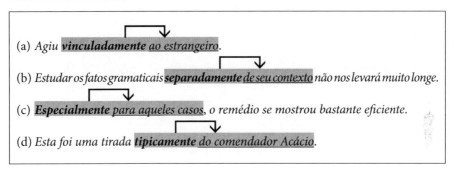

(a) *Agiu **vinculadamente** ao estrangeiro.*

(b) *Estudar os fatos gramaticais **separadamente** de seu contexto não nos levará muito longe.*

(c) ***Especialmente** para aqueles casos, o remédio se mostrou bastante eficiente.*

(d) *Esta foi uma tirada **tipicamente** do comendador Acácio.*

6.1.3 COLOCAÇÃO DO ADVÉRBIO

Em relação às funções sentenciais, teremos as seguintes possibilidades de colocação:

- ✓ Posição 1: Sintagma adverbial antes da sentença;
- ✓ Posição 2: Sintagma adverbial depois da sentença;
- ✓ Posição 3: Sintagma adverbial entre o sujeito e o verbo;
- ✓ Posição 4: Sintagma adverbial entre o verbo e seu complemento.

Dispõem-se em Posição 1 e em Posição 2 os advérbios predicadores modalizadores e as outras classes semânticas que se aplicam a toda uma sentença, ou seja, aqueles que funcionam como adjuntos adsentenciais:

Posição 1

(a) ***Realmente** você vê que aqui você passa melhor.* (D2 SSA 98)
(b) ***Realmente** ele não gasta muito agora.* (D2 SP 360)

Posição 2

(a') *você vê que aqui você passa melhor, **realmente**.*
(b') *ele não gasta muito agora, **realmente**.*

266 Pequena gramática do português brasileiro

Os advérbios de sentença dispõem de um nível sintático mais alto que os advérbios de constituinte, visto que predicam a sentença inteira. Por isso, na verdade, eles apresentam como correlato sintático uma mobilidade maior que os advérbios que se aplicam a apenas uma palavra, como se pode comprovar em:

Posições 3 e 4

(a) *Você **realmente** vê que aqui você passa melhor.*
(b) *Você vê **realmente** que aqui você passa melhor.*
(c) *Você vê que **realmente** aqui você passa melhor.*
(d) *Você vê que aqui **realmente** você passa melhor.*
(e) *Você vê que aqui você **realmente** passa melhor.*
(f) *Você vê que aqui você passa **realmente** melhor.*

Pode-se reconhecer que advérbios como **realmente** dispõem de um movimento longo no interior da sentença, preservando seu sentido de predicador modalizador. Entretanto, alguns advérbios nas Posições 3 e 4 desencadeiam significados diferentes – outros paralelos com os adjetivos! – na dependência de sua classe-escopo.

Assim, ***exatamente*** colocado nas Posições 1 ou 2 funciona como um verificador afirmativo:

(a) ***Exatamente**, os associados tratam das vantagens de seu emprego.*
(b) *Os associados tratam das vantagens de seu emprego, **exatamente**.*

Deslocado para a Posição 3, esse advérbio opera como um verificador focalizador:

(c) *Os associados tratam **exatamente** das vantagens.*

ATIVIDADE 6

Orientações
1. Observe a colocação do advérbio no enunciado.

Fonte: PURDY, Kevin. [Lifehacker] O que a cafeína realmente faz com o seu cérebro. *Blog GizModo*, 6 jan. 2011. Disponível em: <http://www.gizmodo.com.br/conteudo/lifehacker-o-que-a-cafeina-realmente-faz-com-o-seu-cerebro/>. Acesso em: 24 jun. 2011.

2. Descreva a posição que ele ocupa no enunciado e o sentido que possibilita ao leitor produzir.
3. Veja outras possibilidades de colocação do advérbio no enunciado.
4. Indique quais as alterações no plano de sentido provocadas pelo deslocamento do advérbio.

Bem, mencionamos na abertura deste capítulo os advérbios predicadores, verificadores e dêiticos. Vamos entender melhor o que vem a ser isso, estudando os sentidos que eles liberam.

6.2 PROPRIEDADES SEMÂNTICAS DO ADVÉRBIO

As três grandes classes semânticas de advérbios, os **predicadores**, os **verificadores** e os **dêiticos**, admitem subclasses, na dependência de alterarem ou não o sentido das palavras a que eles se aplicam.

268 Pequena gramática do português brasileiro

Descreveremos a seguir os advérbios:
✓ predicadores (modalizadores, qualificadores, quantificadores);
✓ verificadores (focalização, inclusão/exclusão, afirmação e negação);
✓ dêiticos (locativos e temporais).

6.2.1 ADVÉRBIOS PREDICADORES

A ordenação dos advérbios predicadores nesta seção levará em conta o tipo de predicação que eles expressam:

1. Predicadores que expressam uma avaliação sobre a palavra ou a sentença a que se aplicam: advérbios modalizadores.
2. Predicadores que expressam uma qualidade da palavra a que se aplicam: advérbios qualificadores.
3. Predicadores que expressam a quantidade de indivíduos expressos pela palavra a que se aplicam: advérbios quantificadores.

Resumindo, se ainda duvidarmos de que a língua é um sistema complexo, em que as categorias ocorrem simultaneamente, não linearmente, basta meter o nariz nesse lance dos advérbios para se convencer disso.

> – E eu com isso?
> – Bem, a língua mostra como nossa mente funciona. A observação das classes de palavras, particularmente o advérbio, demonstra que nosso cérebro opera com várias instruções que funcionam ao mesmo tempo. Quer dizer, qualquer criança, ao usar um advérbio, transitou pelo vocabulário (de onde retirou o advérbio), pela gramática (não flexionou essa palavra, colocou-a em diferentes partes da sentença etc.), pela semântica (lidou com a predicação, a verificação, a dêixis) e pelo discurso (valeu-se do advérbio para construir seu texto). Não é pouca coisa!

A) Advérbios predicadores modalizadores

Modalizar é expressar uma avaliação sobre o conteúdo de uma palavra ou de uma sentença. Quando avaliamos, podemos considerar a palavra ou a sentença como verdadeira, como obrigatória, como duvidosa. Expressamos essa avaliação por meio dos advérbios predicadores modalizadores, de que mostraremos os tipos mais frequentes. A Gramática tradicional os denomina "advérbios de modo".

O advérbio   269

1. Se considerarmos que o sentido da palavra ou da sentença é verdadeiro, usaremos os advérbios *realmente, evidentemente, naturalmente, efetivamente, obviamente, reconhecidamente, logicamente, seguramente, verdadeiramente, certamente, absolutamente, forçosamente, fatalmente, incontestavelmente, inegavelmente, indiscutivelmente, indubitavelmente.*

> (a) *Eu tenho vontade de ir lá [...] porque* realmente *é um espetáculo bonito.* (D2 SSA 98)
> (b) Evidentemente *a ele caberá tomar a decisão.* (DID REC 131)

2. Se tivermos dúvida, usaremos *talvez, assim, possivelmente, provavelmente, eventualmente.*

> Talvez *essa escola não tenha esse objetivo.* Eventualmente *devolverei o dinheiro que você me emprestou.*

3. Se acharmos que o conteúdo das expressões é obrigatório, usaremos *obrigatoriamente, necessariamente.*

> (a) *Toda e qualquer manifestação que a gente for procurar vai ter que estar* necessariamente *ligada a esta preocupação vital.* (EF SP 405)
> (b) *Toda e qualquer cirurgia... no campo médico... [...] implica* obrigatoriamente *em despesas.* (DID REC 131)

4. Finalmente, podemos expressar nossa reação a propósito do sentido de uma palavra ou de uma sentença, usando *felizmente, infelizmente, lamentavelmente, curiosamente, surpreendentemente, espantosamente, estranhamente, sinceramente, francamente; ingratamente.*

> a) Felizmente *ainda não começaram [aquela fase mais difícil]* (D2 SP 360)
> b) *Não existe preocupação com os estudos,* lamentavelmente.
> c) Sinceramente, *não consegui entender por que você fez isso.*
> d) Francamente, *os advérbios me desconcertam.*

B) Advérbios predicadores qualificadores

Os advérbios predicadores qualificadores adicionam à classe sobre que se aplicam um traço semântico de que essa expressão não dispunha previamente, ou então alteram algumas características dessa classe.

270 Pequena gramática do português brasileiro

1. Os advérbios que qualificam guardam relações com os adjetivos. Isso ocorre com *bem/mal*, parecidos com os adjetivos *bom, mau*.

---

a) *Comi muito **mal** ontem*, que corresponde a *comida má*.
b) *Comi **bem** ontem*, que corresponde a *comida boa*.

---

2. Ao qualificar, podemos graduar as expressões, intensificando-as ou atenuando-as. É o que fazem os advérbios *muito, mais, demais, bastante, bem, pouco, ligeiramente etc.*

---

a) *Eu gosto muito de verdura... gosto também **muito** de de carne*. (D2 POA 291)
b) *Gostaria **demais** de ter tido... mais irmãos*. (D2 SP 360)
c) *[Os homens] penam... penam **bastante***. (D2 SP 360)
d) *Sobre essa parte de preços... eu **pouco** posso dizer*. (DID RJ 328)
e) *Então tinha que dormir com a cama **ligeiramente** inclinada*. (DID SP 208)
f) *Um quindim por quinze cruzeiros é... **um pouco** caro...* (DID RJ 328)
g) *Eles colocam melancia... pra mim eu acho **um pouquinho** indigesto*. (DID RJ 328)
h) *[Eu como] só carne **mal** passada*. (D2 POA 291)

---

3. Também qualificamos quando apresentamos o sentido das expressões sobre as quais os advérbios se aplicam como algo aproximativo, como é o caso de *quase, um tipo de*, ou como algo de que temos certeza, como é o caso de *autenticamente, estritamente*.

---

a) *A professora ela... no fundo ela é uma orientadora... porque **quase** sempre ela é procurada pelos alunos*. (D2 SP 360)
b) *E nós fazemos **um tipo de** frequência... né? [...] a frequência é um relatório*. (DID SSA 231)
c) *O público assim **em geral** eu acho que vai ao cinema mesmo*. (DID SP 234)
d) *Nós aqui ficamos mais **autenticamente** brasileiros*. (D2 REC 5)
e) *Minhas viagens de avião eram mesmo por negócio... **estritamente***. (D2 SP 255)
f) *Ele **simplesmente** nunca viu aquilo... certo?* (EF SP 377)

C) Advérbios predicadores quantificadores

A predicação quantificadora é o processo pelo qual se modifica a propriedade de designar o conjunto de indivíduos expressa pela classe a que o advérbio se aplica.

O advérbio **271**

1. Podemos quantificar um verbo indicando quantas vezes a ação ou estado que ele expressa ocorrem. Nesse caso, temos os quantificadores aspectualizadores, como em *frequentemente, constantemente, geralmente, muitas vezes.*

---

a) *Ele* **geralmente** *fala alto, aos berros.* (= ele repetidamente fala alto)
b) *O prefeito muda* **constantemente** *de terno.* (= ele muda de terno com frequência)
c) *Eu me enganei* **muitas vezes** *na hora de lembrar seu nome.*

---

2. Também podemos delimitar, restringir, o que estamos falando a determinado campo científico ou uma opinião pessoal. Temos aqui os quantificadores delimitadores.

---

a) **Economicamente** *o negócio não deu certo, mas* **sociologicamente** *falando até que foi bom.* (= o negócio não deu certo do ponto de vista da Economia, mas sim do ponto de vista da Sociologia)
b) *Porque a abelha* **biologicamente** *vive numa colmeia... como a formiga num formigueiro...* (D2 SP 255) (= a abelha vive numa colmeia do ponto de vista da Biologia)
c) *Oito mil anos... um período muito maior do que... o que nós conhecemos* **historicamente**. (EF SP 405)
d) *Embora eu* **pessoalmente** *não gosto do nome Shangri-lá.* (D2 SP 255) (= gostar desse nome ficou delimitado ao ponto de vista pessoal)
e) *Então eu...* **particularmente** *eu aprecio muito o cinema nacional.* (D2 SP 62)

6.2.2 ADVÉRBIOS VERIFICADORES

Como vimos, os advérbios predicadores atribuem uma característica à expressão sobre que se aplicam, modalizando-a, qualificando-a ou quantificando-a.

Mas há advérbios cujo trabalho na sentença é outro. Eles verbalizam o resultado de uma comparação que ficou implícita, ou seja, uma comparação que não foi expressa na sentença. O resultado dessa operação é destacar a classe a que se aplicam, incluir ou excluir elementos de um conjunto etc.

1. Podemos pôr em relevo, focalizar trechos da sentença: esse é o papel dos advérbios verificadores focalizadores.

272 Pequena gramática do português brasileiro

> a) *Você pegou* **justamente** *a laranja que eu ia pegar* (= estamos partindo de sentenças que estavam em nossa mente, mas que não foram verbalizadas: (i) *Você ia pegar uma laranja.* (ii) *Eu ia pegar uma laranja.* (iii) *Você pegou logo a laranja que eu ia pegar*).
> b) *Nós temos* **exatamente** *três filhos.*
> c) *Com uma preocupação* **realmente** *de homem de ciência.* (EF REC 337)
> d) *Espera-se que em algum tempo possa-se* **realmente** *reformularem.* (D2 POA 291)

2. Outra função dos verificadores é incluir ou excluir indivíduos de um conjunto: esses são os verificadores de inclusão e de exclusão.

> a) *O endocrinologista proibiu terminantemente de ter tido* **mais** *irmãos.*(= foram incluídos mais indivíduos no conjunto dos irmãos)
> b) *Teremos de matricular* **menos** *alunos no laboratório de Física.* (= foram excluídos indivíduos do conjunto dos alunos)
> c) *Hoje um carrinho custa vinte mil reais,* **até menos***.*
> d) *Aquela atriz magrinha de televisão é bailarina* **também***.* (= foi incluída uma bailarina no conjunto das qualidades de uma atriz de televisão)

3. Finalmente, ao procedermos às nossas comparações puramente mentais, podemos negar ou afirmar uma dada realidade que acontece no mundo, por meio dos advérbios verificadores de afirmação e negação.

> a) **Sim***… foi isso mesmo que eu falei… por quê?* **não** *está gostando* **não***?*
> b) *Eu pelo menos desisti,* **não** *se toca* **mais** *no assunto.*
> c) *O futuro pertence a Deus,* **não** *a nós.*
> d) **Não** *aceito essa situação* **de jeito nenhum***.*

6.2.3 ADVÉRBIOS DÊITICOS

Finalmente, outra classe de advérbios são aqueles que localizam no espaço ou no tempo um indivíduo ou um evento expresso pelo verbo. Eles são denominados coletivamente advérbios dêiticos.

1) Advérbios dêiticos de lugar: *antes, durante, depois, em cima, embaixo, atrás, à frente, diante, aqui, lá, longe, distantemente, proximamente, dentro, fora.*

2) Advérbios dêiticos de tempo:
   a) presente: *agora, hoje, atualmente, modernamente, presentemente, contemporaneamente*;
   b) passado: *ontem, anteriormente, remotamente, antigamente*;
   c) futuro: *amanhã, posteriormente, futuramente*.

Alguns advérbios de tempo podem expressar o tempo através de

- Marcações imprecisas, indeterminadas, cobrando muitas vezes a companhia de outro advérbio de tempo: *cedo, tarde, à noite, hoje cedo, amanhã à tarde*.
- Marcações sem especificação de tempo, valendo para qualquer uma de suas dimensões: *então, ainda, já*.

ATIVIDADE 7

1. Leia a tirinha e marque todos os advérbios.
2. Reescreva a "conversa" entre as personagens **sem** os advérbios destacados.
3. Compare os enunciados **com** advérbios X os enunciados **sem** advérbios.
4. Indique o sentido dos enunciados **com** advérbios X o sentido dos enunciados **sem** os advérbios.
5. Elabore suas conclusões.

Atividade 8

Observe o emprego de **só** e diga que interpretação ele sugere em cada um dos textos.

Texto 1

Só indiano demora mais que brasileiro para trocar celular

Em média, consumidores do país levam quase sete anos para substituir aparelho, aponta estudo de consultoria

Fonte: FAGUNDES, Álvaro. *Folha de S.Paulo*, 26 jun. 2011. Mercado, p. B3.

Texto 2

Operadoras criam pacotes turísticos só para compras

Real valorizado em relação ao dólar e peso dos impostos no Brasil tornam as compras nos Estados Unidos mais vantajosas

Fonte: SCHELLER, Fernando. Operadoras criam pacotes turísticos só para compras. *O Estado de S. Paulo*, 26 jun. 2011. Economia, p. B13.

Texto 3

Lento, time de Mano fica no 0 a 0 na estreia na Copa América, e seleção, com show da melhor do mundo, avança no Mundial Págs. D2 a D4 e D12 ▶

Fonte: *Folha de S.Paulo*, 4 jul. 2011. Esporte, p. D1.

O advérbio 275

ATIVIDADE 9

Vamos repetir o procedimento e analisar o *agora* nos textos.

Texto 1

Inventor do walkman agora mira a telefonia

O alemão Andreas Pavel promete aparelho para transmitir situações e vivências

Fonte: FADEL, Evandro. Inventor do walkman agora mira a telefonia. *O Estado de S. Paulo*, 29 jun. 2011. Negócio, p. B24.

Texto 2

Fonte: ACERVO FOLHA. *Folha de S.Paulo*, 26 jun. 2011. Imóveis, p. 15.

Texto 3

Fonte: FOGO DE CHÃO. *O Estado de S. Paulo*, 4 jul. 2011. Negócios, p. N3.

Pequena gramática do português brasileiro

ATIVIDADE 10

Por fim, analise o emprego de *já* no diálogo, adotando o mesmo procedimento das duas atividades anteriores.

– O José já chegou?
– Chegou mas já foi embora.
– Já foi embora?

6.3 PROPRIEDADES TEXTUAIS DO ADVÉRBIO

Quando observamos a organização do texto, notamos que alguns advérbios funcionam como conectivos sentenciais. Voltaremos a esse ponto no capítulo 8. Aqui, vamos verificar quais são as classes semânticas dos advérbios que se prestam a conectar também as unidades discursivas da língua falada, a que correspondem os parágrafos na língua escrita. Veja os seguintes exemplos:

(a) *Vamos agora estudar como se deu a chegada dos portugueses no Brasil. **Antes**, porém, precisaremos entender como se deu a formação dos impérios europeus.*
(b) *Gravar e transcrever entrevistas é um trabalhão danado. **Agora**, analisar tudo isso é que são elas.*
(c) *Agora farei um tremendo discurso sobre os advérbios. **Primeiramente**, discutirei seu estatuto categorial. **Em segundo lugar**, falarei sobre sua distribuição nos textos escritos, e então procurarei destrinçar suas manhas semânticas. **Agora**, o primeiro aí que bocejar vai ter que catar exemplos.*
(d) *Traduzir é servir. **Consequentemente**, trabalho de inferiores* (Fonte: RIO, João do, *Folha de S.Paulo*, 28 mar. 1993).

Nos exemplos, ocorreu uma abstratização do valor semântico desses advérbios, que passaram a:
(i) ligar segmentos textuais,
(ii) localizar esses segmentos no tempo e no espaço do discurso,
(iii) estabelecer relações de causa e consequência.

O advérbio **277**

> ### ATIVIDADE 11
>
> Vamos analisar o papel dos advérbios na organização textual. Antes de qualquer coisa, leia o texto seguinte.
>
> ---
>
> **Não há mais bobos**
>
> Se eu fosse, hoje, jogador de futebol, teria gostado da folga de um dia dada por Mano Menezes após o empate contra a Venezuela. Ainda mais que o próximo jogo será no sábado. Depois de uma decepção, nada melhor que passear e se distrair, cada um de seu jeito.
>
> No segundo tempo, a seleção foi muito mal. No primeiro, o time, coletivamente, jogou bem. Marcou mais à frente, tomou a bola com facilidade, trocou muitos passes e criou três ótimas chances de gol. Faltou, principalmente, mais talento individual.
>
> Esse é o caminho, que pode demorar ou nunca chegar a ótimos resultados. Vale a pena tentar. Se a equipe acertar com esse estilo, vai vencer e convencer. Não era a falta de encanto que reclamávamos do time de Dunga, mesmo na vitória? Temos de decidir o que queremos.
>
> O mau resultado foi bom para acabar com o oba-oba e com o tal de quarteto mágico.
>
> Quando jovens com grande talento, como Neymar e Ganso, chegavam à seleção, havia craques consagrados para ajudá-los. Aos poucos, eles conseguiam seu lugar. Agora, os dois são tratados como se já fossem estrelas da seleção, antes de terem sido.
>
> Fonte: TOSTÃO. Não há mais bobos. *Folha de S.Paulo*, 6 jul. 2011. Esporte.
>
> ---
>
> Agora, faça um levantamento de advérbios e adverbiais existentes no texto. Em seguida, transcreva os trechos em que eles aparecem com a função de
> 1. ligação de segmentos textuais;
> 2. localização de segmentos no tempo e no espaço do discurso;
> 3. estabelecimento de relações de causa e consequência.

SUMARIZANDO

Neste capítulo, retomamos o que foi dito no capítulo 1, "O que se entende por língua e por gramática", preparando o leitor para a compreensão dos capítulos que se seguem. Foi preciso proporcionar-lhe certa dose de teorização gramatical. Por quê?

Porque a Gramática é uma ciência guiada por princípios, pela busca de generalizações. Precisamos de determinados postulados para que nossa reflexão nos encaminhe a algumas observações consistentes sobre nossa língua. Sem esses postulados, a análise atola na primeira esquina, porque nosso objeto empírico é extremamente complexo.

Também pudera, umas ideias se formam na cabeça do locutor, ele as expressa através de sons da língua, que corporificam sua gramática, pondo no ar sua mensagem. Na cabeça do interlocutor esses passos se invertem, refazendo-se o percurso, assegurando a interação. Uma língua natural é isso, entre outros atributos.

Estamos muito habituados a este mistério: emparelhar sons a ideias. Entretanto, essa atividade nada tem de trivial. Decifrar as ligações som-ideia tem sido a tarefa milenar da reflexão linguística. Ou bem nos preparamos para a empreitada, ou bem ficamos pelo caminho, tendo nas mãos uma enorme lista de ocorrências, um conjunto de observações soltas, que não nos mostram como a língua funciona. É um grande desafio interpretar esses dados, se queremos olhar a língua-continente. O risco é desembarcamos num arquipélago. Continuaremos perdidos.

> **QUERO MAIS**
> CASTILHO, Ataliba T. de. O sintagma adverbial. *Nova gramática do português brasileiro*. São Paulo: Contexto, 2010, p. 541-582.
> CASTILHO, Ataliba T. de et al. O advérbio. In: ILARI, Rodolfo; NEVES, Maria Helena M. (orgs.). *Gramática do português culto falado no Brasil*. Campinas: Ed. Unicamp, 2008, v. 2, pp. 403-506.

A PREPOSIÇÃO

O QUE É A PREPOSIÇÃO?

Lê-se nas gramáticas que as preposições são palavras "vazias de sentido", certamente dada a dificuldade de trabalhar com a semântica dessa classe. Mas é bastante estranho dizer que podemos usar palavras vazias de sentido. Se entendermos isso ao pé da letra, significará que as preposições são um tipo de barulho, não são palavras a que corresponda um sentido. Ora, parece que nós só nos entendemos quando os sons que soltamos pela boca dispõem de algum sentido.

Por outro lado, se as preposições não têm sentido, por que as sentenças que são iguais em tudo, menos na escolha das preposições, teriam significados diferentes?

Vejamos:

(a) *Cheguei de Recife.*
(b) *Cheguei em Recife.*
(c) *Você está rindo pra mim ou está rindo de mim?*

Em *Cheguei de Recife*, *de* indica a origem de um percurso expresso pelo verbo *chegar*. Em *Cheguei em Recife* e em *Você está rindo pra mim?*, *em* e *pra* indicam o ponto de chegada desse percurso.

280 Pequena gramática do português brasileiro

Esses e muitos outros exemplos mostram que o sentido básico das preposições é o de localizar no ESPAÇO ou no TEMPO os termos que elas ligam. É verdade que alterações de sentido tornam às vezes difícil localizar esse sentido de base. Observe as seguintes sentenças:

(a) *Comprei um anel de ouro.*
(b) *Até parece, você não tem dinheiro nem para comprar um sandubão!*

À primeira vista, a preposição *de* que aparece em *Cheguei de Recife* e em *Comprei um anel de ouro* não libera com a mesma clareza a noção de origem. O mesmo se poderia dizer do *até* de *Até parece, você não tem dinheiro nem para comprar um sandubão!*, que aparentemente não indica o ponto final de um percurso, visível em:

Caminhei até a padaria.

Ninguém duvida que o *até* da sentença *Caminhei até a padaria* sinaliza o ponto final de um percurso. Será então que nas sentenças *Comprei um anel de ouro* e *Até parece, você não tem dinheiro nem para comprar um sandubão!*, as preposições *de* e *até* não indicam os pontos de uma trajetória? Este capítulo convida você a refletir sobre os usos de preposições como essas.

Então vamos lá. Podemos raciocinar que o anel de *Comprei um anel de ouro* veio do ouro, saiu do ouro. O ouro é a origem daquele anel. Ao dizer que essa preposição expressa matéria, as gramáticas impedem que façamos um raciocínio mais rico. Quanto à preposição *até* de *Até parece, você não tem dinheiro nem para comprar um sandubão!*, ela pressupõe o ponto de chegada de um raciocínio não verbalizado, ao longo do qual me perguntei se meu interlocutor tinha dinheiro para comprar um sandubão. Concluí que ele não tinha esse dinheiro, verbalizando esse resultado por meio de *até parece*, isto é, informei que a incerteza expressa pelo verbo *parecer* tinha sido levada ao seu limite final. Alguma coisa como a *padaria* da sentença *Caminhei até a padaria*, apenas substituindo um conceito concreto, o de "padaria", por um conceito abstrato, o de "incerteza".

A localização de objetos e de eventos é uma operação relacional por excelência. Localizar um objeto ou um evento é sempre relacioná-lo com outro objeto ou evento.

Nesta gramática,
- ✓ o **objeto** ou **evento** a ser localizado pelas preposições será denominado FIGURA;
- ✓ o **objeto** ou **evento** por referência ao qual a FIGURA será localizada será denominado PONTO DE REFERÊNCIA.

O termo FIGURA corresponde ao termo *antecedente* das gramáticas tradicionais, ou seja, ao termo que vem antes da preposição, e o termo PONTO DE REFERÊNCIA corresponde ao *consequente*, ou seja, ao termo que vem depois da preposição.

Assim, no exemplo a seguir

Fonte: *Blog Grupo de Teatro Universitário da PUC*, s/d. Disponível em: <http://2.bp.blogspot.com/_vFkJrrsIm-4/SRf8FptKS1I/AAAAAAAA_8/FZl4doUo1XE/s1600-h/flyer_virtual.jpg>. Acesso em: 24 jun. 2011.

bailei constitui a FIGURA e *curva* constitui o PONTO DE REFERÊNCIA com relação ao qual interpretamos *na* como preposição que indica a localização do evento *bailei*. É como se a *curva* fosse imageticamente um recipiente, dentro do qual se deu o evento de bailar.

Objeto e **evento** são aqui tomados como termos técnicos:

✓ OBJETO designa pessoas, animais, coisas;
✓ EVENTO designa qualquer ação, estado ou processo que afetam os objetos.

Assim como o verbo, o substantivo, o adjetivo e o advérbio, também as preposições organizam à sua volta outras palavras, construindo o **sintagma preposicional** (= SP), que tem a seguinte estrutura:

SP → (especificadores) + preposição + (complementadores)
     ↓   ↓
   advérbios   substantivos e verbos

Nos dados a seguir, os advérbios (grifados) funcionam como especificadores do SP, cujo núcleo preposicional vem negritado, como em *diante de*, *atrás de*, *longe de*, *junto com* etc.; os substantivos e verbos (grifados) funcionam como complementadores do sintagma preposicional:

Sintagma preposicional	especificador	+ preposição	+ complementador
diante da casa	*diante*	*da*	*casa*
atrás do carro	*atrás*	*do*	*carro*
longe da escola	*longe*	*da*	*escola*
junto com a namorada	*junto*	*com*	*a namorada*
para comer		*para*	*comer*
de falar bem		*de*	*falar bem*

Uma lista completa das classes das palavras que funcionam como complementadores do sintagma preposicional, fornecendo o PONTO DE REFERÊNCIA da preposição, ficaria assim:

- substantivo, como em *para casa*;
- verbo, como em *para comer*, *até parece*;
- pronome, como em *para mim*, *para estes*, *para os meus*, *para quem*;
- quantificador definido, como em *para dois*;
- quantificador indefinido, como em *para muitos*, *para uns*, e assim por diante.

A preposição **283**

E como verbos, substantivos e advérbios também organizam sintagmas, os nossos já conhecidos sintagma nominal (SN) e sintagma adverbial (SAdv), poderíamos reescrever a regra descritiva da seguinte forma:

SP → (especificadores) + preposição + (complementadores)
↓ ↓
Sintagma adverbial   Sintagma nominal / Sintagma verbal

O português brasileiro dispõe em sua gramática de **preposições simples** e **preposições complexas**.

A) Preposições simples

Compõem o quadro das preposições simples: *a, até, com, contra, de, em, entre, por, para, sem, sobre, sob.*

Vejamos alguns exemplos:

Formigas americanas usam guerra química contra invasoras

Descoberta foi feita por estudantes da Universidade de Stanford durante curso de verão

Fonte: GRECO, Alessandro. Formigas americanas usam guerra química contra invasoras. *Ig Último Segundo*, 24 jun. 2011. Disponível em: <http://ultimosegundo.ig.com.br/ciencia/formigas+americanas+usam+guerra+quimica+contra+invasoras/n1597045265229.html>. Acesso em: 24 jun. 2011.

CINEMA PARA O FUTURO
Nova comédia de Cláudio Torres traz Wagner Moura como um cientista maluco que viaja pelo tempo

Fonte: MERTEN, Luiz Carlos. Cinema para o futuro. *O Estado de S. Paulo*, 31 ago. 2010. Caderno 2, p. D1.

Essas preposições podem ser classificadas em *mais gramaticalizadas* e em *menos gramaticalizadas*, segundo Ilari et al. (2008).

As mais gramaticalizadas:

✓ podem mais facilmente ser amalgamadas a outros elementos linguísticos: *pelo, coa, cocê, ao, àquela, no, num, nisto, do, dum, disso, docê, pro, prum, praquilo, procê* etc.

Exemplos

Festa pra mais de mês

Com julho já correndo, o Centro Dragão Mar é palco a partir de hoje para o XIII Festejo Ceará Junino

Fonte: ANDRADE, Domitila. Festa pra mais de mês. *O Povo*, 7 jul. 2011. Vida & Arte, p. 6.

Fonte: *Guia Folha de S.Paulo*, 1 jul. 2011. Capa.

A preposição 285

- ✓ podem funcionar como introdutoras tanto de complementos como de adjuntos do verbo;
- ✓ são mais frequentes que as menos gramaticalizadas.

> Denomina-se **gramaticalização** o processo de alteração das palavras ao longo de sua história.

O Quadro 1 reúne as preposições simples, ordenadas de acordo com o critério da gramaticalização.

Quadro 1: Preposições simples menos e mais gramaticalizadas, segundo Ilari et al. (2008)

MENOS GRAMATICALIZADAS	MAIS GRAMATICALIZADAS
←	→
contra < sem < até < entre < sobre < sob	*por < com < a < em < de < para*

Segundo Ilari et al. (2008: 647), "a seta bidirecional na segunda linha indica que a gramaticalização deve ser entendida como um *continuum*, não como uma alternativa bipolar. O sinal < indica a gradação da gramaticalização".

B) Preposições complexas

As **preposições complexas**, também conhecidas como locuções preposicionais, são formadas por um advérbio ou um substantivo antecedidos opcionalmente por certas preposições e seguidos obrigatoriamente pelas preposições **de** ou **a**, formando, nesse caso, uma espécie de "sanduíche preposicional":

Quadro 2: Preposições complexas

adv	+ prep	prep	+	sub	+ prep	prep	+ adv	+ prep	prep	+ prep
dentro	*de*	*a*		*cabo*	*de*	*diante*		*de*	*de*	*a*
fora	*de*	*a*		*par*	*de*	*por/*	*debaixo*	*de*	*para*	*com*
perto	*de*	*ao*		*redor*	*de*	*por/em*	*cima*	*de*	*por*	*entre*
longe	*de*	*por*		*amor*	*de*		*acerca*	*de*		
antes	*de*	*em*		*meio*	*de/a*	*por*	*trás*	*de*		
depois	*de*	*em*		*vez*	*de*					
quanto	*de*	*a*		*respeito*	*de*					
junto	*de*	*de*		*fronte*	*de*					
através	*de*	*em*		*presença*	*de*					
ademais	*de*	*à*		*beira*	*de*					
		em		*prol*	*de*					

286 Pequena gramática do português brasileiro

ATIVIDADE 1

1. Leia os quadrinhos.

**Não quero chatear você...
Quero "chatear" com você...**
© Mauricio de Sousa Produções Ltda.

Fonte: SOUSA, Mauricio de. *Mônica – Cartão de Saudades*. Disponível em: <http://www.monica.com.br/cards/load.cgi?file=saudade/saudade.htm&i=saudade/images/cart-05.gif&p=1>. Acesso em: 24 jun. 2011.

Fonte: ALBANO, Denílson. Wolverine parte pra cima do lateral. *Universo HQ*, s/d. Disponível em: <http://www.universohq.com/quadrinhos/charges57.cfm>. Acesso em: 19 jun. 2011.

2. Compare:

(a) *Não quero chatear você* com *Quero chatear com você*.
(b) *partir na lateral* com *partir o lateral*.

2.1 Qual a diferença entre as duas construções da letra (a)?
2.2 Explique o significado de: *Não quero chatear você* e de *Quero chatear com você*.
2.3 Qual a diferença entre as duas construções da letra (b)?
2.4 Explique o significado de: *partir na lateral* e *partir o lateral*.
2.5 Escreva a sua conclusão.

ATIVIDADE 2

1. Focalizando o uso da preposição, observe no anúncio os três primeiros enunciados:

Um bar em Curitiba.
Um bistrô em São Paulo.
Uma rede de restaurantes no Brasil.

Fonte: HSBC. *O Estado de S. Paulo*, 18 ago. 2010. Economia & Negócios, p. B1.

2. Responda:
   2.1 Quais as preposições presentes nos três enunciados primeiros do anúncio?
   2.2 Qual o sentido dessas preposições nas construções?

ATIVIDADE 3

1. No título do texto a seguir:
   1.1 Identifique as preposições.
   1.2 Diga se essas preposições são **simples** ou **complexas** e justifique a sua resposta.

Fonte: *Revista Ultracão. Ultrafarma*, ed. 1, jun. 2011, p. 4.

ATIVIDADE 4

1. No anúncio, ganha destaque o enunciado *Fale à vontade com a sua família*. Veja:

Fonte: CLARO. *Veja*, 27 abr. 2011.

2. Substitua a preposição *com* por outras possíveis e explique as alterações no plano de sentido.

Atividade 5

1. Leia os textos.

Texto 1

Fonte: *Folha de S.Paulo*, 8 out. 2010. Guia Folha, p. 31.

Texto 2

TROPA NA ELITE - PARTE 2

Filme de José Padilha é ovacionado no Festival de Berlim. E conquista a imprensa internacional

Fonte: *O Estado de S. Paulo*, 14 fev. 2011. Caderno 2, p. D5.

2. Compare a expressão *Tropa de Elite 2* (texto 1) com a expressão *Tropa na elite – Parte 2* (texto 2).
3. Explicite o sentido provocado pela mudança da preposição.
4. Substitua a preposição das expressões dos textos 1 e 2 por outras, sempre indicando o que a alteração da preposição promove no plano do sentido.

Depois dessa apresentação da preposição, podemos agora sistematizar nossas observações sobre essa classe. Tal como temos feito, identificaremos suas propriedades gramaticais, semânticas e textuais.

7.1 PROPRIEDADES GRAMATICAIS DA PREPOSIÇÃO

Ao tratar das propriedades gramaticais das preposições, vamos focalizar sua sintaxe. Selecionaremos os seguintes tópicos:

(1) Escopo da preposição: o complementador do sintagma preposicional.
(2) Tipos estruturais do sintagma preposicional.

(3) Funções do sintagma preposicional.
(4) Verbos e seleção de preposições.
(5) Colocação dos sintagmas preposicionais na sentença.

7.1.1 ESCOPO DA PREPOSIÇÃO

Várias classes de palavras funcionam como escopo das preposições, constituindo o complementador do sintagma que elas organizam. Nos exemplos a seguir, transcrevemos o sintagma preposicional entre colchetes, negritando o núcleo e sublinhando o especificador e o complementador.

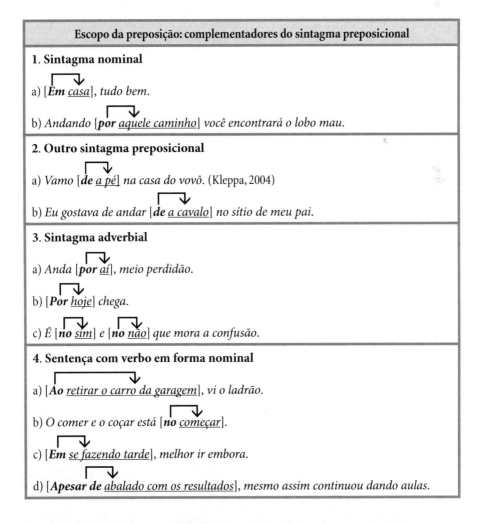

Escopo da preposição: complementadores do sintagma preposicional
1. Sintagma nominal a) [***Em*** _casa_], tudo bem. b) Andando [***por*** _aquele caminho_] você encontrará o lobo mau.
2. Outro sintagma preposicional a) Vamo [***de*** _a pé_] na casa do vovô. (Kleppa, 2004) b) Eu gostava de andar [***de*** _a cavalo_] no sítio de meu pai.
3. Sintagma adverbial a) Anda [***por*** _aí_], meio perdidão. b) [***Por*** _hoje_] chega. c) É [***no*** _sim_] e [***no*** _não_] que mora a confusão.
4. Sentença com verbo em forma nominal a) [***Ao*** _retirar o carro da garagem_], vi o ladrão. b) O comer e o coçar está [***no*** _começar_]. c) [***Em*** _se fazendo tarde_], melhor ir embora. d) [***Apesar de*** _abalado com os resultados_], mesmo assim continuou dando aulas.

7.1.2 TIPOS ESTRUTURAIS DE SINTAGMA PREPOSICIONAL

Ao estudar os sintagmas nominal, adjetival e adverbial, vimos que seu tamanho varia, numa escala que vai desde o sintagma mínimo até o sintagma máximo. O mesmo acontece no caso dos sintagmas preposicionados. Utilizando a sigla **E** para "estrutura", podemos identificar a seguinte tipologia de sintagmas preposicionais:

✓ **E1: sintagma preposicional composto pelo especificador + núcleo**

(a) *Ih, cara, você ainda está [longe de]!* = *Você está longe de casa!*
(b) *Leve o guarda-chuva, [junto com].* = *Leve o guarda-chuva, junto com a capa.*

✓ **E2: sintagma preposicional composto por núcleo + complementador**

(a) *Este sentimento vem [do coração].*
(b) *Você não deveria atirá-lo [para o espaço].*

✓ **E3: sintagma preposicional máximo, composto por especificador + núcleo + complementador**

(a) *Ih, cara, você ainda está [longe de casa]!*
(a') *Ih, cara, você ainda está [muito longe de casa]!*

7.1.3 FUNÇÕES SENTENCIAIS DOS SINTAGMAS PREPOSICIONAIS

As preposições têm como função genérica reunir expressões, funcionando como conectivos, fato que as aproxima das conjunções. A diferença entre elas é que as preposições ligam palavras e as sentenças apenas por subordinação, enquanto as conjunções ligam palavras e sentenças por coordenação, subordinação ou correlação, como veremos no capítulo 8.

O sintagma preposicional pode assumir a função de complemento ou adjunto da sentença. Vejamos:

A preposição 293

1. Sintagmas preposicionais funcionando como complementos

1.1 Objeto indireto
a) *Deu a prova ao aluno*.
b) *Entregou a medalha ao vencedor*.

1.2 Complemento oblíquo
a) *Preciso de remédios*.
b) *Um homem não pode hesitar entre a escolha de um desencaminhamento e a disposição de tais bens ameaçados de próxima perda*. (Kewitz, 2007)

2. Sintagmas preposicionais funcionando como adjuntos adverbiais

2.1 Adjunto adverbial locativo
a) *Eles se encontraram no bar*.
b) *Naquele país, tudo podia acontecer*.

2.2 Adjunto adverbial aspectualizador
a) *Eles se falavam com frequência*. (= iterativo, ou seja, eles se falavam muitas vezes)
b) *Ela ajeitou os cabelos de um golpe*. (= perfectivo, ou seja, ela ajeitou os cabelos sem demorar nada)

2.3 Adjunto adverbial de tempo
a) *Naqueles tempos, as coisas eram assim mesmo*. (= tempo indeterminado)
b) *Tenho meditado profundamente desde hoje cedo até a hora do almoço na crise que abala o mundo. Nem por isso perdi o apetite*. (= tempo determinado)

2.4 Adjunto adverbial de qualidade
Falei com franqueza tudo o que estava atravessado na minha garganta.

2.5 Adjunto adverbial de instrumento
Cortei o bolo com a faca.

2.6 Adjunto adverbial de companhia
Saí com os colegas para comer umas pizzas.

2.7 Adjunto adverbial de modalização
a) *Mas sem dúvida alguma... dizer que é uma economia desenvolvida...* (EF RJ 379)
b) *Ele falou isso com certeza porque tinha evidências do caso*.

3. Sintagmas preposicionais funcionando como adjuntos adnominais

Ocorrem encaixados num sintagma nominal indicando posse, companhia etc.
a) *Comi pão com manteiga*. (= *com manteiga* integra o sintagma nominal [*pão com manteiga*]
b) *Encontrei o livro perdido do meu colega*. (= *do meu colega* integra o sintagma nominal [*o livro perdido do meu colega*]

294　Pequena gramática do português brasileiro

ATIVIDADE 6

1. Indique se o sintagma preposicional destacado é: **objeto indireto**, **complemento oblíquo**, **adjunto adverbial** ou **adjunto adnominal**.

---

1. *Bovespa cai **pelo sexto dia** e fecha **abaixo dos 60 mil pontos***

Fonte: *Folha de S.Paulo*, 13 jul. 2011. Mercado.

---

2. *Cão **de guarda** dá status e segurança por até US$ 230 mil*
*Além de proteger e fazer companhia, cachorros **com treinamento militar** substituem seguranças particulares.*

Fonte: *Folha de S.Paulo*, 20 jul. 2011. Mercado.

---

3. *História **com durex***
Pesquisadores refazem, pedaço por pedaço, papéis destruídos pela polícia secreta do regime comunista da Alemanha Oriental.

Fonte: *Folha de S.Paulo*, 12 jul. 2011. Mundo.

---

4. *RÚSSIA*
Navio superlotado naufraga ***em rio** e deixa **ao menos** 55 mortos*

Fonte: *Folha de S.Paulo*, 12 jul. 2011. Mundo.

---

5. *ACIDENTE*
*Atrás de flor para dar **à namorada**, homem cai **de penhasco** e morre*

Fonte: *Folha de S.Paulo*, 12 jul. 2011. Cotidiano.

---

6. *Pior **para eles**, melhor **para nós***
*As companhias aéreas têm altos custos e baixas margens de lucro. No Brasil, elas agora veem a competição crescer. Ruim **para elas**, mas bom **para os passageiros***

Fonte: Borsato, Cíntia. Pior para eles, melhor para nós. *Veja*, 27 maio 2009. Disponível em: <http://veja.abril.com.br/270509/p_154.shtml>. Acesso em: 28 jun. 2011.

---

7. *Escola em São Paulo ensina alunos a gostar **de alimentos saudáveis***
Os pequenos aprendem a identificar os alimentos pelo tato. Em uma experiência sensorial, a criançada pega, sente e, às vezes, estranha.

Fonte: *Globo Repórter*, 13 maio 2011. Disponível em: <http://g1.globo.com/globo-reporter/noticia/2011/05/escola-em-sao-paulo-ensina-alunos-gostar-de-alimentos-saudaveis.html>. Acesso em: 25 jun. 2011.

---

8. *Substitutos **de gordura** não ajudam a emagrecer*

Fonte: Romanzoti, Natasha. Substitutos de gordura não ajudam a emagrecer. *HypeScience*, 21 jun. 2011. Disponível em: <http://hypescience.com/substitutos-de-gordura-nao-ajudam-a-emagrecer/>. Acesso em: 25 jun. 2011.

Atividade 7

1. Leia a tirinha.

Na constituição do texto, notamos que o enunciado na vertical **O cardápio lá de casa** orienta a leitura dos enunciados na horizontal.

2. Responda:
   2.1 Quais os sintagmas preposicionais existentes na tirinha?
   2.2 Explique que função esses sintagmas assumem no texto.

Atividade 8

1. Leia o texto

Fonte: *O Estado de S. Paulo*, 28 out. 2010. Paladar, p. P1.

2. Identifique a função da expressão *sem moderação*. Justifique.
3. Explique o sentido das preposições **de** e **a** na construção **Do drinque à sobremesa**.

7.1.4 VERBOS E SELEÇÃO DE PREPOSIÇÕES

As sequências formadas por **verbo + sintagma preposicional** encerram uma cadeia de transitividades, pois o verbo seleciona uma preposição, e esta seleciona um sintagma nominal como seu complementador, constituindo com ele um sintagma preposicional.

> – Como assim, "cadeia de transitividades"?
> – Pois é. Em "*Vou à escola*", *vou* selecionou *à*, que selecionou *escola*. A propriedade da transitividade foi acionada duas vezes, pelo verbo *ir* e pela preposição *a*, formando uma cadeia. Se quiser mais elos nessa cadeia, troque a sentença "*Vou à escola*" por "*Vou até a escola*", em que *vou* selecionou *até*, que selecionou *a*, que selecionou *escola*. Esse simples comentário mostra como a **recorrência** de categorias é fundamental quando falamos ou escrevemos. Através da recorrência, ativamos nesse exemplo uma categoria, a preposição *a*, que já tinha sido ativada previamente pela preposição *até*.

Vamos listar alguns verbos que selecionam preposições. Para bem interpretar o que se segue, você precisará ter em mente alguns conceitos já mencionados, que são indispensáveis ao entendimento de como as preposições funcionam:

- ✓ FIGURA é a expressão que vem antes da preposição, significando o objeto a ser localizado;
- ✓ PONTO DE REFERÊNCIA é a expressão que vem depois da preposição, significando o objeto ou evento por referência ao qual a FIGURA será localizada;
- ✓ OBJETO designa pessoas, animais, coisas;
- ✓ EVENTO designa qualquer ação, estado ou processo que afetam os objetos.

Classes de verbos que selecionam preposições

1. Verbos de movimento/direção
Envolvem o deslocamento da FIGURA em direção a um PONTO DE REFERÊNCIA. A FIGURA é representada pelo sujeito da sentença, ou seja, é o sujeito que se desloca ao PONTO DE REFERÊNCIA. Pertencem a essa categoria os verbos: *ir*, *vir*, *chegar*, *seguir*, *partir*, *caminhar*, *dirigir-se*, *viajar*, *passar*, *entrar*, *sair*, *mudar-se*, *transferir-se* etc.

Exemplos
a) *A criança deve **ir** o mais cedo possível **à escola**, entendeu?* (DID SSA 231)
b) ***Seguimos** brevemente **para o Guarujá**, onde vamos passar uns quinze dias.* (Kewitz, 2007).
c) ***Viaje com a família**.*

2. Verbos de transferência

Envolvem a transferência da FIGURA para seu PONTO DE REFERÊNCIA. Os verbos de transferência são usados quando dispomos de um OBJETO funcionando como FIGURA que será transferida ao PONTO DE REFERÊNCIA. Alguns verbos desse grupo são: *dar*, *oferecer*, *fornecer*, *levar*, *trazer*, *enviar*, *proporcionar*, *deixar*, *comprar*, *vender*, *pagar*, *dever* etc.

Exemplos
a) *A Prefeitura Municipal dava novecentos reais aos professores*.
b) *Mande as cópias para mim, que eu mando o dinheiro pelo correio*.

3. Verbos de comunicação

Neste grupo, a FIGURA, representada pelo objeto direto do verbo, é deslocada virtualmente para o PONTO DE REFERÊNCIA, representado pelo objeto indireto. Alguns verbos desse grupo são *dizer*, *falar*, *prometer*, *contar*, *apelar*, *rogar*, *declarar*, *avisar* etc.

Exemplo
O meliante contou uma nova história ao guarda.

Nesse exemplo, é como se a preposição *a* tivesse deslocado virtualmente a história para o guarda.

4. Verbos de percepção visual

O sujeito do verbo faz com que o referente do objeto direto, que funciona como FIGURA, entre no campo visual do participante, codificado no sintagma preposicional, cujo complementador funciona como PONTO DE REFERÊNCIA. Verbos desse grupo: *mostrar*, *exibir*, *ensinar*, *apresentar*, *expor*, *indicar*, *apontar*, *provar*.

Exemplos
a) *Eu mostrei a roupa nova a você*. (= a preposição fez com que o referente *roupa nova* entrasse no campo visual de *você*)
b) *O promotor exibiu/mostrou/apresentou as provas ao júri*.

Nesses exemplos, o sujeito do verbo fez com que a FIGURA fosse vista pela expressão que funciona como PONTO DE REFERÊNCIA.

5. Verbos de criação/produção

Caracterizam-se por ter como objeto direto uma entidade, um produto, que resulta da ação verbal. Verbos desse grupo: *fazer*, *escrever* e *produzir*.

Exemplo
O escriturário fez a procuração para o advogado. (A FIGURA *procuração* passou a existir, como um produto do verbo *fazer*, de interesse para o PONTO DE REFERÊNCIA *o advogado*.

Quando o verbo pede a preposição *a*, seguindo-se (1) um substantivo precedido do artigo *a*, ou (2) um pronome demonstrativo iniciado por *a*, ocorre a fusão desses dois *a*, assinalada na língua escrita pelo acento grave, como em:

> *Dei o livro à aluna. Repartiu as prendas às pessoas presentes. O meliante contou uma nova história à polícia. Entregou àquela classe os prêmios devidos.*

Dá-se o nome de **crase** a essa fusão. Essa palavra vem do grego *krásis*, que significa "fusão". Fica claro que só teremos crase se duas condições forem preenchidas: a existência da preposição *a* e do artigo *a*, que ocorre antes de substantivo feminino, ou do primeiro *a-* dos demonstrativos.

A crase também ocorre em expressões adverbiais no singular, para evitar confusão de sentido, como em:

> *Cortou a carta à faca. Chegou à tarde. A garota foi morta à bala.*

Observe que haveria dificuldade de interpretação dessas sentenças se faltasse o sinal grave, na língua escrita. Em *Chegou a tarde*, *a tarde* é o sujeito de *chegou*. Em *Chegou à tarde*, *à tarde* é o adjunto adverbial de *chegou*, indicando o momento em que alguém chegou.

Expressões adverbiais no plural também exigem o uso do sinal grave, indicador da crase:

> *Às vezes falava tudo, sempre gostou das coisas às claras.*

ATIVIDADE 9

Verifique se a crase ocorre nas seguintes sentenças. Explique o que ocorreu:

Dei a ela o que ela merecia.
Dirijo-me a todos para pedir desculpas e também um dinheirinho.
Afinal, não posso ficar a ver navios.

7.2 PROPRIEDADES SEMÂNTICAS DA PREPOSIÇÃO

Temos insistido neste capítulo em que o sentido de base das preposições consiste em expressar as categorias cognitivas de ESPAÇO e TEMPO. Entende-se por categorias cognitivas os arranjos mentais que fazemos sobre o mundo real e fictício, organizando tudo em categorias tais como PESSOA, COISA, ESPAÇO, TEMPO, MOVIMENTO, VISÃO, QUALIDADE, QUANTIDADE, entre outras. Todas as línguas do mundo dispõem desses produtos de nossa mente. Elas diferem no modo como as categorias cognitivas são representadas em sua estrutura.

Para entender melhor como as categorias de ESPAÇO e TEMPO funcionam, precisaremos lançar mão das subcategorias POSIÇÃO, DESLOCAMENTO e DISTÂNCIA NO ESPAÇO/TEMPO.

> – Xi, estou achando tudo isso muito complicado!
> – É complicado explicar, mas não é complicado usar as preposições. Afinal, usamos preposições o tempo todo! Nosso trabalho aqui é buscar entender o que se passa em nossa mente quando empregamos com tanta naturalidade a preposição e o advérbio numa sentença banal como *estou até aqui com este assunto*. Que sentido passamos com *até* e *aqui*?

Para localizar seres e coisas no ESPAÇO/TEMPO, tomamos por referência o corpo humano. Nessa representação, dispomos as COISAS:

1. ao lado esquerdo ou direito de nosso corpo (= eixo horizontal),
2. acima ou abaixo de nosso corpo (= eixo vertical),
3. atrás ou à frente de nosso corpo (= eixo transversal),
4. dentro ou fora de nosso corpo (= eixo continente/conteúdo),
5. longe ou perto de nosso corpo (= eixo distal/proximal).

7.2.1 PREPOSIÇÕES DO EIXO HORIZONTAL

As preposições do eixo horizontal dispõem a FIGURA em pontos específicos de um percurso imaginário: o ponto inicial, o ponto medial e o ponto final.

O eixo horizontal implica a imagem de percurso, de deslocamento, assinalado pelos seguintes pontos:

- PONTO INICIAL, ORIGEM (*de, desde, a partir de*)

> *Tirei a estante da sala. A partir de hoje não aceitarei mais reclamações. Viajei desde a Patagônia até a Guiana Inglesa.*

- PONTO MEDIAL (*por, no meio de*)

> *Esta estrada passa por Araçatuba. A coisa por aqui está preta.*

300 Pequena gramática do português brasileiro

- PONTO FINAL, META (*a*, *para*, *até*, *em*, *contra*)

> *Eu ia **à** escola / **para** a escola / **na** escola, mas agora não vou mais. Estou atolado **até** o pescoço de tanto trabalho.*

O falante pode operar com um movimento fictício, em que a FIGURA se desloca imageticamente pelo ESPAÇO. A operação cognitiva que subjaz ao uso de um partitivo integra esses casos, figurando-se que de um todo se retirou uma parte, movimentando-a para fora desse todo.

a) *Uma **delas** quer ser arquiteta... decoradora...* (D2 SP 360) (= uma gêmea foi movimentada ficticiamente para fora do conjunto formado pelas gêmeas)
b) *(Há) a ginástica rítmica... mas a natação **de** todos [os esportes] eu acho que toda a escola devia praticar a natação.* (DID SSA 231) (= a natação foi movimentada ficticiamente para fora do conjunto dos esportes)

Verbos de movimento físico e de movimento fictício, tais como *ir*, *vir*, *chegar*, *partir*, *entrar*, *sair*, *viajar* etc., ocorrem com as preposições do eixo horizontal.

7.2.2 PREPOSIÇÕES DO EIXO VERTICAL

Como vimos, as preposições da linha horizontal fundamentam a metáfora geométrica do MOVIMENTO, do percurso que tem um começo, um meio e um fim, através do qual nos deslocamos no ESPAÇO e no TEMPO. Já as preposições do eixo vertical equilibram o MOVIMENTO com a ausência de MOVIMENTO.

Elas indicam que a FIGURA se encontra acima ou abaixo do PONTO DE REFERÊNCIA.

- Ponto SUPERIOR (*sobre*, *por cima de*, *em cima de*)

> *Sabe o livro que estava **em cima da** estante? Pois é, caiu **sobre** minha cabeça!*

- Ponto INFERIOR (*sob*, *embaixo de*, *por baixo de*, *debaixo de*)

> *Quando eu estava **sob** / **por baixo do** viaduto, um ônibus despencou lá de cima.*

A preposição   301

Observações:
1. São muito raras as ocorrências de *sob*, que sofre a concorrência das preposições complexas *embaixo de*, *debaixo de*, construídas com o advérbio *baixo*.
2. *Sob* encontrou nas lexias (vocábulos ou expressões) *estar sob tensão*, *fazer X sob várias formas* etc., uma espécie de nicho sintático, que resiste ao seu desaparecimento.

---

a) *Essa gente (es)tá quieta por quê? porque (es)tão **sob** tensão, é isso?* (EF POA 278)
b) *L1 – Peixe a gente come... galinha também... uma vez por semana a titia faz as galinhas **sob várias formas**... em casa come várias coisas de galinha...* (DID RJ 328)

---

3. Outro refúgio de ***sob*** é ocorrer como prefixo, ainda em sua forma latina *sub*, em *subestimar*, *subliterato*, *subordinado* etc.
4. Temos o hábito de avaliar positivamente o que está localizado no espaço superior, expresso pelas preposições complexas calcadas no item *cima* (como em *ele está **por cima da** situação*), e avaliar negativamente o que está localizado no espaço inferior, expresso pelas preposições calcadas em *baixo* (como em *coitado*, *ficou **por baixo** mesmo*, *está **com baixo** astral*). Lakoff (1987) desenvolveu essas observações.

7.2.3 PREPOSIÇÕES DO EIXO TRANSVERSAL

As preposições do eixo transversal assim representam o ESPAÇO/TEMPO: olhando para frente se constrói a categoria cognitiva de ESPAÇO ANTERIOR, situado imageticamente à nossa frente; olhando para trás se constrói a categoria cognitiva de ESPAÇO POSTERIOR, situado imageticamente às nossas costas. Também se liga a esse eixo a categoria de TEMPO, associando-se imageticamente ao FUTURO o espaço à nossa frente, para o qual nos dirigimos, e ao PASSADO o espaço posterior, do qual nos afastamos

- Ponto ANTERIOR (*ante*, *antes de*, *diante de*, *em frente de*, *em face de*, *defronte de*, *defronte a*, *à frente de*)

(a) *Os brasileiros de bem se horrorizam **ante** o espetáculo dado pelos maus políticos.*
(b) ***Antes de** entrar no elevador, verifique se ele está no seu andar.*

302 Pequena gramática do português brasileiro

- Ponto POSTERIOR (*atrás (de)*, *por trás de*, *após*, *depois (de)*).

> (a) *Pois é,* **por trás dos** *bastidores é uma confusão completa!*
> (b) *Começou a tossir,* **após** *ter comido o bolo de fubá.*

Observações:

1. As preposições do eixo anterior que dispõem da base *fronte* mostraram-se menos produtivas no português culto falado no Brasil. De *defronte*, encontrou-se apenas uma ocorrência nos dados do Projeto Nurc:

> *Eu acho que uma:: última peça que eu assisti foi da::... foi lá* **defronte** *o* SESC. (DID SP 234)

2. O substantivo *frente* gramaticalizado como preposição é de uso escasso, figurando na maioria das vezes ou como um adverbial (em *vá em frente*) ou como as preposições complexas *frente a*, *em frente de*:

> a) *E como a gente vê é um período... eNORme* **frente ao** *que a gente conhece da história humana.* (EF SP 405)
> b) *Lá em Ipanema 5* **em frente aquele** *cine-parque* [...] (DID POA 45)

As preposições de ESPAÇO ANTERIOR têm uma variedade de formas e uma frequência de uso superiores às preposições de ESPAÇO POSTERIOR, pois os objetos localizados no espaço diante dos olhos integram uma hierarquia cognitiva mais alta que aqueles localizados às costas.

7.2.4 PREPOSIÇÕES DO EIXO CONTINENTE/CONTEÚDO

Nas preposições que representam o eixo continente/conteúdo, a FIGURA é considerada um conteúdo que será localizado dentro ou fora do espaço verbalizado através do PONTO DE REFERÊNCIA, interpretado como um continente, real ou imaginário.

O mundo, uma cidade, uma sala, uma situação, um momento são imageticamente considerados um continente, dentro do qual é possível situar um conteúdo expresso pela FIGURA. Os eventos localizados por essas preposições são predominantemente estáticos.

- Localização no espaço INTERIOR (*em, com, entre, dentro de, em meio de, em meio a*)

(a) *Gosto de morar dentro da cidade.*
(b) *Às vezes fica difícil agir no meio de toda essa confusão.*
(c) *Dizem que o estatístico é o homem que senta numa barra de gelo e bota a cabeça dele dentro do forno e diz que a temperatura média está ótima.* (D2 REC 05)
(d) *Quando cheguei ao meio da aula, percebi que tinha esquecido os exercícios em casa.* (= tempo)

As preposições complexas expressam com mais clareza que as simples a localização no ESPAÇO INTERIOR.

- Localização no espaço EXTERIOR (*sem, fora de, na ausência de*)

Morar bem é morar fora da cidade.

7.2.5 PREPOSIÇÕES DO EIXO LONGE/PERTO

As preposições que representam esse eixo localizam a FIGURA num espaço próximo ou distante em relação ao PONTO DE REFERÊNCIA. As noções que configuram esse eixo são na maior parte das vezes expressas por advérbios. A utilização de preposições desse eixo acarreta noções de "copresença" para o traço /proximal/, e de "ausência" para o traço /distal/.

- Localização PROXIMAL (*perto de, acerca de, a cabo de, junto de, a par de, em presença de, à beira de*)

Moro perto de um posto de gasolina, na beira do asfalto.

É raro no português brasileiro culto falado o emprego de *a* em seu sentido etimológico de "proximidade", como em:

Não é uma casa grande né... apenas com um jardim... com planta... com passarinho [...] a: a: a cem metros do rio Capibaribe que é o meu rio sagrado... (D2 REC 05) (= a *casa grande* está localizada próxima ao *rio Capibaribe*)

---

304 Pequena gramática do português brasileiro

As preposições complexas *acerca de*, *a cabo de*, *junto de*, *a par de*, *em presença de*, *à beira de* são de maior uso na língua escrita.

- Localização DISTAL (*longe de*, *distante de*)

> *Longe dos* olhos, perto do coração.

O ESPAÇO DISTAL é expresso com mais frequência por meio de preposições complexas, que predominam na língua escrita: *na ausência de*, *distante de*.

A lista de preposições que aparece após cada eixo é meramente exemplificativa, pois um mesmo item pode integrar mais de um eixo. Bem, você já sabe que as palavras são polifuncionais. Assim, *em* pode exemplificar:

- tanto **o eixo continente ~ conteúdo**, em

> *O doce está **na** geladeira.*

- quanto **o eixo horizontal**, em

> *Fui **na** feira.*

entrando, ademais, na formação de várias preposições complexas. É isso mesmo, também as preposições são polifuncionais.

Resumindo, do ponto de vista semântico:
✓ As preposições são palavras que realizam a relação assimétrica entre o objeto A que queremos localizar (= a FIGURA) e o objeto B com referência ao qual queremos localizar o objeto A (= o PONTO DE REFERÊNCIA).
✓ De modo geral, a preposição localiza a FIGURA:
   (i)   em lugares precisos e em estados de coisa dinâmicos, considerando um percurso hipotético, tais como o ponto inicial do percurso, o segmento medial do percurso, o ponto final do percurso;
   (ii) em lugares precisos e em eventos estáticos, tais como em cima/embaixo, à frente/atrás, à direita/à esquerda;
   (iii) em lugares imprecisos, tais como dentro/fora, longe/perto, ausência/copresença.

A preposição 305

✓ Note que o uso das preposições demonstra que nós *corporificamos* muitas de nossas expressões, ou seja, tomamos nosso corpo como referência quando criamos palavras. Fazemos isso tão naturalmente, que até nos esquecemos de como tudo isso aconteceu. O estudo das preposições tem um interesse muito particular se queremos entender como a linguagem é produzida em nossas mentes.

ATIVIDADE 10

Bom, considerando que a preposição localiza um objeto (a FIGURA):
(i) em lugares precisos e em estados de coisa dinâmicos;
(ii) em lugares precisos e em eventos estáticos;
(iii) em lugares imprecisos,
indique as preposições e analise semanticamente o seu uso nos textos:

Texto 1

EUA correm atrás, mas caem diante de Gana

Fonte: FARIA, Glauco. EUA correm atrás, mas caem diante de Gana. *Copa na Rede – Rede Brasil Atual*, 26 jun. 2010. Disponível em: <http://copanarede.redebrasilatual.com.br/2010/06/eua-correm-atras-mas-caem-diante-de-gana/>. Acesso em: 29 jun. 2011.

Texto 2

Trabalho e profissões: Desde as cavernas até as novas profissões da Web

Fonte: SUCUPIRA, Luis. Trabalho e profissões: desde as cavernas até as novas profissões da web. *Blog Techmotoblog*, 11 maio 2011. Disponível em: <http://www.luissucupira.com.br/archives/1478>. Acesso em: 27 jun. 2011.

Texto 3

Mineradores resgatados silenciam sobre experiência sob a terra

Mineiros ainda se mantêm em silêncio sobre muitos detalhes da provação que passaram nos 69 dias

Fonte: REUTERS. *Ig Último Segundo*, 16 out. 2010. Disponível em: <http://ultimosegundo.ig.com.br/mineiroschile/mineradores+resgatados+silenciam+sobre+experiencia+sob+a+terra/n1237804306988.html>. Acesso em: 29 jun. 2011.

Texto 4

Longe dos olhos...
perto do mouse!

© Mauricio de Sousa Produções Ltda.

Fonte: SOUSA, Mauricio de. Cartão de Saudades. Disponível em: <http://www.monica.com.br/cards/load.cgi?file=saudade/saudade.htm&i=saudade/images/cart-03.gif&p=1>. Acesso em: 24 jun. 2011.

Texto 5

prato feito

Chefs se unem a ceramistas na criação de louças sob medida para acolher receitas inventivas Págs. 4 e 5

Fonte: *Folha de S.Paulo*, 16 jun. 2011. Comida, p. 1.

Texto 6

O BURACO É MAIS EMBAIXO

Prefeitura de Campo Grande passa a exigir assinaturas de **duas testemunhas** para verificar a existência de buracos e impedir **reparos desnecessários**

Fonte: VARGAS, Rodrigo. O buraco é mais embaixo. *Folha de S.Paulo*, 28 jun. 2011. Cotidiano, p. C10.

308 Pequena gramática do português brasileiro

7.3 PROPRIEDADES TEXTUAIS DA PREPOSIÇÃO

Os sintagmas preposicionais (i) completam a predicação verbal, quando funcionam como complemento, ou (ii) agregam informações secundárias, quando funcionam como adjuntos.

Assim, seu papel textual mais saliente é o de concorrer para a informação que está sendo veiculada pelo texto.

Além disso, concorrem para a organização do texto:

✓ as construções de tópico preposicionadas;

✓ as expressões de conectividade textual.

7.3.1 CONSTRUÇÕES DE TÓPICO PREPOSICIONADAS

As construções de tópico preposicionadas criam a moldura à volta da qual girará o texto. Essa moldura opera na modalização, na temporalização e na delimitação do texto. Em consequência, teremos construções de tópico modalizadoras, temporalizadoras e delimitadoras.

A) Construção de tópico modalizadora

> (a) **De certo**, *logo havendo o uniforme fica sempre o mesmo vício que se quer evitar.*
> (Fonte: correspondência de leitor, *Farol Paulistano*, 1828.)
> (b) **Porventura** *estes mesmos estudantes pobres não têm uma casaca para o seu passeio?*
> (Fonte: correspondência de leitor, *Farol Paulistano*, 1828.)

As expressões destacadas funcionam como uma "preposição de sentença", semelhante aos advérbios de sentença. Quando as usamos, queremos estender seu sentido a toda a sentença.

Em **De certo**, *logo havendo o uniforme fica sempre o mesmo vício que se quer evitar*, *de certo* modaliza tudo o que se segue, que passa então a ser entendido como uma certeza.

Em **Porventura** *estes mesmos estudantes pobres não têm uma casaca para o seu passeio?* ocorre o contrário, e agora toda a sentença fica sujeita à dúvida. Retome o capítulo dos advérbios e observe que os exemplos dados correspondem a adverbiais construídos com preposições.

A preposição 309

B) Construção de tópico temporalizadora

> (a) **De volta**, *sentei-me a descansar na ponte franca e aí estavam talvez ao mesmo fim dois sujeitos.* (Fonte: correspondência de leitor, *Farol Paulistano*, 1828.)
> (b) **Antes de tudo**, *vamos estabelecer os parâmetros teóricos que fundamentam esta tese.*
> (c) **Depois disto**, *para que continuar insistindo nesse ponto?*

O que temos agora são expressões que situam o conteúdo das sentenças numa perspectiva temporal, de importância para o texto de onde foram retiradas. Note que:

   (i) *de volta* pode ser parafraseado por *quando voltei*;
   (ii) *antes de tudo* dispõe *estabelecer os parâmetros* como uma atividade anterior às que se seguirem;
   (iii) *depois disto* dispõe a pergunta que se segue numa perspectiva futura.

C) Construção de tópico delimitadora

> (a) **Para nós**, *a situação de Ruanda é igual à de Botsuana.*
> (b) **Com respeito à globalização**, *eu gostaria que o senhor falasse sobre o significado da globalização no mundo moderno.*

Agora, as expressões negritadas criam por assim dizer os limites em que o que se segue deve ser interpretado. *Para nós* passa o sentido de que a situação de Ruanda ser igual à de Botsuana é uma verdade que só vale para nós, não para os outros. *Com respeito à globalização*, igualmente, cria a moldura dentro da qual deve ser entendido o pedido formulado ao interlocutor.

7.3.2 PREPOSIÇÕES E CONECTIVIDADE TEXTUAL

Construções de tópico preposicionadas funcionam também como conectivos textuais, associando unidades discursivas que serão estudadas no capítulo 9, seção 9.2.

> (a) **Enfim**, *é vestimenta muito cômoda; eu via em Coimbra os estudantes trazerem dentro do gorro o livro, o tinteiro.* (Fonte: correspondência de leitor, *Farol Paulistano*, 1828.)
> (b) *As chuvas chegaram com uma fúria incontrolável, as lavouras foram destruídas, perdeu-se a criação.* **Com isso/desse modo**, *os prejuízos se avolumaram, e a miséria se abateu sobre a região.*
> (c) **Entretanto/no entanto**, *verifique se eu não estou lá na esquina.*

ATIVIDADE 11

Indique a função da preposição na organização dos textos:

Texto 1

huh	Oct 30 2007, 22:59 PM
Moderador MODERADOR	Movi o tópico para cá, na área de violão. Ana, com respeito à sua dúvida, os acordes originais já são relativamente simples. As vezes, a notação pode parecer complicada, como Bm7/F#, D7(9), etc... mas são posições razoavelmente simples de executar. Se você está sentindo dificuldades nos acordes, nada que um pouco de prática não resolva.

Fonte: *Fórum Violão.org*, 30 out. 2007. Disponível em: <http://www.violao.org/index.php?s=e2087ddaa 19c32e2a8666a4b4cc3848f&showtopic=3125&st=0&p=45456&#entry45456>. Acesso em: 28 jun. 2011.

Texto 2

De volta à praça: Prefeitura quer restaurar antigo hábito dos pouso-alegrenses

Fonte: POUSOALEGRE.NET, 22 jun. 2011. Disponível em: <http://www.pousoalegre.net/de-volta-a-praca-prefeitura-quer-restaurar-antigo-habito-dos-pousoalegrenses/>. Acesso em: 28 jun. 2011.

Texto 3

Como fazíamos sem... telefone

Antes do telefone, mandávamos telegramas. É bem possível que você nunca tenha nem ouvido falar neles, mas telegramas eram a única maneira de dar notícias urgentes para pessoas que moravam longe quando o telefone ainda não tinha sido inventado. Funcionava assim: se você queria mandar parabéns para alguém, por causa do aniversário, ou queria avisar de um acontecimento imprevisto, você ia até o correio e digitava a mensagem para o telegrafista (existia um profissional que ficava só por conta do assunto). A pontuação era dada usando um código de letras e o preço variava conforme o número de palavras. Com isso, o texto era sempre bem enxutinho. [...]

Fonte: SOALHEIRO, Barbara. *Como fazíamos sem...* São Paulo: Panda Books, 2006, p. 44.

Texto 4

[...] Meu improvável leitor estará, a esta altura do texto, perguntado se minhas "previsões" só ocorrem no que se refere à suprema mandatária. Por certo que não. Embora eu não tenha o talento do polvo Paul (aquele que acertou todos os resultados da Copa da África do Sul), arriscarei alguns resultados esportivos.

A preposição 311

O Corinthians será eliminado da Copa Libertadores da América bem antes de chegar à final e seus torcedores exigirão a saída do técnico e do presidente do clube. O São Paulo será campeão da Taça Sul-Americana, vencendo a final por pênaltis. Rogério Ceni fará um dos gols e defenderá uma bola incrível, após o que se candidatará a presidente do clube. Wanderley Luxemburgo será declarado em decadência até pelos jornalistas esportivos mais míopes e Celso Roth sonhará todas as noites do ano de 2011 com a derrota para um time da República Democrática do Congo. Bernardinho será mais uma vez campeão. As torcidas do Grêmio e do Internacional de Porto Alegre brigarão, assim como as de Atlético e Cruzeiro.

Enfim, nada de surpresas no esporte. Mas no governo, podemos esperar muitas.

Fonte: PINSKY, Jaime. Previsões para 2011. *Site Jaime Pinsky*, 3 jan. 2011. Disponível em: <http://www.jaimepinsky.com.br/site/main.php?page=artigo&artigo_id=191>. Acesso em: 28 jun. 2011.

Texto 5

A terceira [batalha] ocorreu em 451 em Chalons, na Gália, e ficou conhecida como batalha de Campos Cataláunicos. De um lado estava o exército romano, composto em sua quase totalidade por uma infantaria leve de guerreiros francos e por uma cavalaria de guerreiros visigodos, liderado pelo general Aécio. De outro lado estava o exército composto de hunos e demais povos por eles dominados, sob a liderança de Átila. Após duro e prolongado combate, os hunos vieram a ser derrotados e foram obrigados a retroceder, abandonando a Gália.

Fonte: MACEDO, José Rivair. Conquistas Bárbaras. In: MAGNOLI, Demétrio (org.). *História das guerras*. 3. ed. São Paulo: Contexto, 2007, p. 87.

Texto 6

ANTES DE TUDO, clareza e transparência.
ANTES DE TUDO, pequisas em fazendas brasileiras.
ANTES DE TUDO, rentabilidade.

ANTES DE TUDO,
conheça a CAPACIDADE REPRODUTIVA
do seu rebanho.

Fonte: *Pfizer Saúde Animal*. Disponível em: <http://www.pfizeranimalgenetics.com.br/default.aspx>. Acesso em: 28 jun. 2011.

Texto 7

> Algumas vezes os cartagineses saíam à noite pelo porto para incendiar e destruir as máquinas que os romanos usavam para abrir e fechar brechas pela muralha. Dessa forma, os cartagineses resistiram por três anos dentro das muralhas da cidade, mas não puderam evitar finalmente o saque e a destruição de Cartago.
>
> Fonte: GARRAFFONI, Renata Senna. Guerras Púnicas. In: MAGNOLI, Demétrio (org.). *História das guerras*. 3. ed. São Paulo: Contexto, 2007, p. 72.

SUMARIZANDO

Com o estudo das preposições, terminamos nosso "périplo sintagmático", ao longo do qual examinamos o comportamento das classes de palavras mais importantes da língua: o **verbo**, o **substantivo**, o **adjetivo**, o **advérbio** e a **preposição**.

Estamos, assim, preparados para assaltar a fortaleza da sentença, que é de longe a unidade gramatical mais estudada, dada sua enorme complexidade e dada sua importância na construção do texto.

Vamos a ela!

> **QUERO MAIS**
> ILARI, Rodolfo; NEVES, Maria Helena Moura (orgs.). *Gramática do português culto falado no Brasil*. Coord. geral Ataliba T. de Castilho. Campinas: Ed. Unicamp, 2008 (v. 2: Classes de palavras e processos de construção).

MINISSENTENÇA, SENTENÇA SIMPLES, SENTENÇA COMPLEXA

RETOMANDO O PAPO

Estudamos até aqui as palavras, em suas dimensões fonológica, morfológica e sintática. O estudo da sintaxe das palavras mostrou que cinco dentre elas organizam estruturas denominadas sintagmas: o verbo, o substantivo, o adjetivo, o advérbio e a preposição.

Várias vezes nesta gramática pedimos sua atenção para a organização das sílabas, das palavras e dos sintagmas. Você notou que em todos esses casos a estrutura é sempre a mesma. Esse fato notável volta a ocorrer com as sentenças, como você pode ver em:

314 Pequena gramática do português brasileiro

Palavras	→	*[especificador +*	*núcleo*	*+ complementador]*
		↓	↓	↓
		prefixos	*radical*	*sufixos*

Sintagma	→	*[especificador +*	*núcleo*	*+ complementador]*
		↓	↓	↓

	especificador	núcleo	complementador
Sintagma nominal →	artigos pronomes demonstrativos, possessivos, quantificadores	substantivo ou pronome pessoal	sintagma adjetival, sintagma preposicional, sentença relativa
Sintagma adjetival →	advérbio	adjetivo	sintagma preposicional
Sintagma verbal →	verbo auxiliar, advérbio	verbo pleno	sintagma nominal, sintagma preposicional
Sintagma adverbial →	advérbio	advérbio	sintagma preposicional
Sintagma preposicional →	advérbio	preposição	sintagma nominal, sintagma verbal

Compare essas estruturas com a da sentença:

Sentença	→	*[especificador +*	*núcleo*	*+ complementador]*
		↓	↓	↓
		sujeito	verbo pleno	objeto direto objeto indireto complemento oblíquo

Adicione fermento a uma palavra: ela vira um sintagma.
Adicione fermento ao sintagma: ele vira uma sentença simples.
Adicione fermento a uma sentença simples: ela vira uma sentença complexa.
Adicione fermento às sentenças simples e complexas: elas viram um texto.
É dessa cozinha que a gramática se ocupa. O nome técnico dessa receita é **recorrência**. A mesma regra de estruturação se repete várias vezes. Na fase de aquisição da língua, aprendemos que um sintagma é uma palavra que se tornou mais complexa, porque associou outras. Uma sentença é um sintagma que se tornou mais complexo, porque associou outros.
– Ainda não entendi direito. Por que palavras, sintagmas e sentenças têm a mesma estrutura?
– Porque se cada uma dessas unidades tivesse regras de estruturação diferentes, não conseguiríamos aprender uma língua. Felizmente, o mecanismo da estruturação é **recorrente**. Só aprendemos a falar quando identificamos esse mecanismo. Conseguimos fazer isso por volta de 1 ano. Agora que somos adultos, vamos explicitar as regras que nossas mentes identificaram na infância, enquanto conversávamos com nossos pais, tios, avós, sei lá.

Neste capítulo, estudaremos como os sintagmas assim formados dão origem às **minissentenças** e como, combinando-se uns com os outros, esses sintagmas dão origem às **sentenças**.

Os sintagmas e as sentenças ocupam os pontos extremos do eixo sintático das línguas, cujo ponto médio é ocupado pelas minissentenças, que compartilham propriedades dos sintagmas e das sentenças:

O esquema acima nos fornecerá um roteiro para nossos estudos. Comecemos pelas minissentenças.

8.1 A MINISSENTENÇA E SUA TIPOLOGIA

Em diferentes situações sociais – que você facilmente identificará, como falante do português –, ouvimos expressões como as destacadas nos textos a seguir:

>> **geyria** - 24.04.2009 - 08:40
oi seu doido quanto tempo! ei manda um alô pro povo ke estão te ouvindo lá no stio santa maria, e pra todos ke stão te ouvindo aki em camocim. bjos tu sabe ke eu adoro teu programa..
Fonte: *Blog da Rádio Meio Norte*, 24 abr. 2009. Disponível em:<http://www.meionorte.com/garely/>. Acesso em: 4 fev. 2011.

Carro de R$ 2.000 vira o esportivo dos sonhos

Foto: Daia Oliver/R7

De patinho feio a carrão de luxo, admirado nas ruas.

As histórias dos carros fora de série "feitos em casa", quase sempre, têm o mesmo começo. Aparece uma pechincha, com mecânica Volkswagen a ar (como Fusca e Brasília), e a vontade de transformar aquele combalido carro em um modelo exclusivo fala mais alto. Cheque assinado e começa a odisseia, que inclui muito investimento – de dedicação, dinheiro e emoções.

O Arrow TT pintado em laranja, que você vê na foto, nasceu assim. Há dois anos, o leitor D. Andrade se deparou com um carrinho verde água mal conservado, montado sobre a base de um Karmann Ghia 1974. O candidato perfeito para a realização de ter um esportivo do jeito que sempre sonhou. Ainda mais, quando soube o preço: R$2.000. Negócio fechado.

– O carro ficou um ano e meio parado na oficina para fazer várias modificações, principalmente na parte de fibra de vidro. [...]

Fonte: CARVALHO, Luiz de. Carro de R$ 2.000 vira o esportivo dos sonhos. *Odiário.com*, 23 jan. 2011. Disponível em: <http://maringa.odiario.com/blogs/luizdecarvalho/>. Acesso em: 26 jan. 2011.

@DuzaoHB difícil cara, mudei de casa, to erradicado por tempo indeterminado nos confins da Vila Pires, A.K.A. in a galaxy far far away!

Fonte: *Twitter Marin*, 17 jan. 2011. Disponível em: <http://twitter.com/Marin_rhcp/status/26982493009739776>. Acesso em: 4 fev. 2011.

Abrindo um jornal ou revista, você vai lendo as manchetes e os títulos das matérias, e encontra expressões como estas:

Insensato barracão

A nova trama das 9 é recordista em bate-bocas. Com socos e gritaria, espera-se atrair o público desgarrado

Fonte: *Veja*, 2 fev. 2011. Artes & Espetáculos, Televisão, p. 103.

@Suidedos
Dennys Suidedos

Promoção: Pague minhas dívidas, resolva meus problemas e ganhe totalmente grátis o direito de falar da minha vida. Simples assim.

Fonte: *Twitter Suidedos*, 24 jun. 2011. Disponível em: <http://twitter.com/#!/boboexponja/status/84310439143546880>. Acesso em: 24 jun. 2011.

COM O NOSSO DINHEIRO

Fonte: *Veja*, 2 fev. 2011. Brasil, p. 48-9.

HOJE
SELEÇÃO EM DOSE DUPLA
Jogo contra a França

Fonte: *Estadao.com.br*, 9 fev. 2011. Disponível em: <http://www.estadao.com.br/>. Acesso em: 9 fev. 2011.

Amigo ou vilão?

Fonte: *Veja*, 26 jan. 2011. Guia, p. 108.

[DIVULGAÇÃO CIENTÍFICA]

Em ebulição

Ano Internacional
da Química mostra
a ciência dos átomos
no dia a dia

Fonte: *Pesquisa Fapesp*, fev. 2011, p. 180.

Em gravações da língua falada, ou mesmo bisbilhotando a conversa dos outros, ouve-se isto com frequência:

(a) *aliás Física* (D2 sp 167)
(b) *uma coisa interessante* (D2 rec 05)
(c) *esse aqui atrás* (D2 rj 355)

Note-se que em alguns casos parece que foram omitidos os verbos *ser* e *estar*, como se comprova por estas paráfrases:

a) *Seu doido! = Esse aí é um doido!*
b) *Difícil, cara! = Está difícil, cara!*
c) *Negócio fechado. = O negócio está fechado.*
d) *Insensato barracão. = É um insensato barracão.*
e) *Simples assim. = É simples assim.*
f) *Em ebulição. = Está em ebulição*
g) *Amigo ou vilão. = É amigo ou vilão?*

Que conhecimento do português brasileiro o uso dessas expressões revela? Que sabendo organizar os sintagmas, sabemos também organizar as **minissentenças**, exemplificadas pelos casos citados.

As minissentenças podem ser definidas como sintagmas que

✓ não são selecionados por um verbo em forma pessoal;
✓ são dotados da mesma entoação encontrável nas sentenças;
✓ são utilizados quando se quer imprimir rapidez ao texto.

Minissentença, sentença simples, sentença complexa **319**

O termo *minissentença* é formado por *mini + sentença*:

✓ *mini* se justifica: as minissentenças não têm verbo pleno;

✓ *sentença* também se justifica, porque sentenças e minissentenças são expressões predicadoras.

Como você sabe, predicar é atribuir propriedades a um escopo, ou seja, a um termo expresso ou omitido.

Ora, as nossas minissentenças predicam um termo inferível a partir desses enunciados. Afinal, se grito *Seu doido!*, atribuí a alguém a propriedade de doidice. Temos predicação, temos o termo predicado, ainda que não expresso no enunciado. As minissentenças predicam um termo que foi *pressuposto*. A predicação do que é *posto* é uma tarefa muito bem desempenhada pelas sentenças simples e complexas, que estudaremos mais adiante.

Resumindo o que foi dito até aqui, um verbo em forma pessoal <u>seleciona</u> seus sintagmas, organizando uma **sentença simples**.

Sintagmas nominais, adjetivais, adverbiais e preposicionais <u>não selecionados</u> por um verbo em forma pessoal organizam uma **minissentença**.

A denominação das minissentenças acompanhará a denominação dos sintagmas.

Veja os exemplos a seguir:

8.1.1 MINISSENTENÇA NOMINAL

A minissentença nominal é constituída por um **sintagma nominal** dotado de entoação própria:

Fantasiou vários doentes na imaginação. Uma velha. Sequinha e miúda, tossindo, tossindo, sentada na cama... Uma menina. Abrindo os olhos, espantada com o luar no quarto, e sentindo no peito o aperto, aquele aperto.

(Fonte: QUEIRÓS, D. S. *Floradas na serra*. 8. ed. Rio de Janeiro: José Olympio, 1955, p. 19).

Rosa fizera da boca uma rosa vermelha. Os dentes regulares muito brancos.

(Fonte: ANDRADE, Mário de. *Os contos de Belazarte*. 4. ed. São Paulo: Martins, 1956, p. 16).

Algum tempo depois Colodino se despediu. A trouxa no ombro, o fifó na mão, o revólver na cintura. Nós sentíamos o coração apertado.

(Fonte: AMADO, Jorge. *País do Carnaval*. 9. ed. São Paulo: Martins, 1959, p. 235).

320 Pequena gramática do português brasileiro

A Espada

Uma família de classe média alta. Pai, mulher, um filho de sete anos. É a noite do
dia em que o filho fez sete anos. A mãe recolhe os detritos da festa. O pai ajuda o filho
a guardar os presentes que ganhou dos amigos. Nota que o filho está quieto e sério,
mas pensa: "É o cansaço". Afinal ele passou o dia correndo de um lado para o outro,
comendo cachorro-quente e sorvete, brincando com os convidados por dentro e por
fora da casa. Tem que estar cansado. [...]

(Fonte: VERÍSSIMO, Luis Fernando. A espada. *Comédias para se ler na escola*. Rio de Janeiro: Objetiva, 2001, p. 19).

8.1.2 MINISSENTENÇA ADJETIVAL

A minissentença adjetival é formada por um **sintagma adjetival** dotado
de entoação própria:

---

a) *Já nossa amiguinha Graciete Santana quer o "Dia da Progenitora", como se já não
bastasse o "Dia da Genitora".* [...] **Lamentável**. (Fonte: PONTE PRETA, S. *Última Hora*, 19
abr. 1965.)

b) **Invisível, macio, traiçoeiro**, *o tempo passa.* (Fonte: RESENDE, Otto Lara. *Folha de S.Paulo*,
8 abr. 1992.)

c) **Horrível** *o teu cabelo.*

Há minissentenças adjetivais que modificam o objeto direto dessas sentenças,
como no exemplo a seguir:

(a) *Os pesquisadores encontraram o povo* **doente**. = **doente** modifica o objeto direto
o povo

(b) *O índio encarna,* **idealizadas, utópicas**, *a pureza e a inocência que todos perdemos na vida brutal da cidade.* (Fonte: RESENDE, Otto Lara, *Folha de S.Paulo*, 20 jun. 1992.) =
idealizadas, utópicas modificam o objeto direto *a pureza e a inocência*.

Esses casos em que o adjetivo modifica o objeto direto foram denominados
"predicativos do objeto" pela Nova Nomenclatura Gramatical Brasileira.

Minissentença, sentença simples, sentença complexa   321

8.1.3 MINISSENTENÇA ADVERBIAL

A minissentença adverbial é formada por um sintagma adverbial dotado de entoação própria:

(a) *Hoje, só amanhã*. (= trabalhador no final de sua jornada)

(b) A – *E aí, vamos ou não vamos passear?*
    B – *Só!* (= vamos passear, sim)

(c) *Aqui! Aqui!* (= jogador pedindo a bola)
(d) *Eu também!*
(e) *Isso mesmo! Assim!*
(f) *Felizmente, arre!*

8.1.4 MINISSENTENÇA PREPOSICIONAL

Você adivinhou: a minissentença preposicional é formada por um **sintagma preposicional** dotado de entoação própria:

(a) *Os eleitores escolheram um advogado para prefeito.*
(b) *Sobre globalização, eu gostaria que o senhor falasse sobre o significado da globalização no mundo moderno.*
(c) *Quanto à minha dívida, esqueça.*

Observe que no exemplo *Os eleitores escolheram um advogado para prefeito* ocorreu o verbo em forma pessoal *escolheram*, que selecionou *um advogado* como seu complemento; *os eleitores escolheram um advogado* é uma sentença. A minissentença *para prefeito* predica, modifica *um advogado*.

A minissentença *Sobre globalização* igualmente não foi selecionada por nenhum verbo; ela indica o assunto que o entrevistador pede para ser tratado pelo entrevistado. A mesma análise cabe à minissentença *Quanto à minha dívida*.

ATIVIDADE 1

Leia os enunciados e observe que em todos há uma minissentença. Destaque as minissentenças e indique se são formadas por **sintagma nominal**, **sintagma adjetival**, **sintagma adverbial** ou **preposicional**. Marque a sua resposta na tabela e bom estudo.

Enunciados	MINISSENTENÇA			
	nominal	adjetival	adverbial	preposicional
Inimigo dos inimigos da nossa saúde Amigo do sangue, dos órgãos internos; da pele, do cabelo. Antioxidante. Bactericida. Desintoxicante. Limpa artérias. Regula a pressão. Ajuda nosso organismo a absorver ferro. Aumenta nossa capacidade imunológica – nossas defesas. Gargarejar o suco é bom para afecções da garganta, gengiva, laringe. Marinar a carne no suco deixa-a macia e, como ele quebra indigestas proteínas, facilita a digestão. Eis um pouco do muito que ele faz. (Fonte: BRASIL. *Almanaque de cultura popular*, n. 138, ano 12. São Paulo: Andreato Comunicação & Cultura, out. 2010, p. 33. Disponível em: <http://www.almanaquebrasil.com.br/>. Acesso em: 27 jan. 2011.)				
Biblioteca de sons Biblioteca é uma sala cheia de livros, certo? Mais ou menos. No México existe uma biblioteca de sons especializada no canto de aves nativas. Visite http://www.ecologia.edu.mx/sonidos/ e confira a lista de aves, identificadas pelo nome científico. (Fonte: ALVES, Fernanda. Na rede. *Ciência Hoje das Crianças*, ano 20, n. 183, set. 2007, p. 25.)				

Minissentença, sentença simples, sentença complexa 323

Um, dois, três... seis vezes Sylvester Stallone. Há uma overdose do astro de *Rocky* e *Rambo* nas atrações da TV paga de hoje. Rambo era um personagem bem interessante quando surgiu num ótimo filme de ação de Ted Kotcheff, *Programado para matar*. Infelizmente, Stallone se apropriou do herói e o transformou num emblema da era Ronald Reagan. (Fonte: MERTEN, Luiz Carlos. Quantas vezes Stallone? *O Estado de S. Paulo*, 10 jul. 2011. TV, p. 12.)				
Douradas, crocantes e livres de gordura trans. Simplesmente as batatas mais famosas do mundo. (Fonte: McDONALD'S. *Veja*. 16 mar. 2011, p. 28-9.)				
Todas as conquistas soam muito comemoradas, claro. Enchem a gente de orgulho. Mas não ficamos na busca do holofote pelo holofote. Buscamos, sim, ideias maiores que os releases. Com criatividade em todos os setores da agência. Afinal, enfrentamos o mundo com verbas de filial, não de matriz. (Fonte: ALMAPBBDO. *Veja*, 13 jul. 2011, p. 96-7.)				

ATIVIDADE 2

Tomando como materiais de observação as conversas com seus colegas e dados de jornais, identifique os "sintagmas soltos" e verifique as minissentenças que eles estão formando. Depois, procure identificar a função dessas minissentenças na organização do texto.

8.2 A SENTENÇA SIMPLES E SUA TIPOLOGIA

Vimos na seção anterior que os sintagmas estudados nos capítulos 4 a 7 organizam uma minissentença, com exceção do sintagma verbal, pois este organiza toda uma sentença, ao selecionar também um sujeito.

Vamos agora observar como os sintagmas funcionam no interior da sentença simples. Mas antes de tudo, como é mesmo que as sentenças são organizadas?

Retornando ao capítulo 4, seção 4.1.3, nos lembraremos de que o verbo se destaca dentre as outras classes de palavras por se valer de sua estrutura morfológica para organizar uma sentença. A utilização de sua morfologia ocorre assim:

✓ o radical verbal seleciona os complementos da sentença;

✓ o morfema número-pessoal seleciona o sujeito da sentença.

Dá-se o nome de **transitividade** a essa propriedade sintática, conforme indicado no capítulo 4. Você já sabe que a **transitividade** não é uma propriedade exclusiva dos **verbos**, pois ela ocorre também entre **substantivos, adjetivos, advérbios** e **preposições**, sempre que essas palavras selecionam outras para seu complemento (capítulos 5-7).

É preciso que fique claro que a **transitividade** se realiza **na sentença**, visto que as palavras acima tanto podem ser intransitivas como transitivas; e sendo transitivas, podem ser mono, bi ou tritransitivas. Observe isso no exemplo:

> – *Você namora?*
> – *Namoro.*

→ *namorar* foi usado como <u>verbo intransitivo</u>.

> *Estou namorando aquele carro novo.*

→ *namorar* foi usado como verbo <u>transitivo direto</u>, tendo selecionado *aquele carro novo* para seu complemento.

> *Estou namorando com minha vizinha.*

→ *namorar*, agora, foi usado como verbo transitivo oblíquo, tendo selecionado com minha vizinha para seu complemento. Segundo Sírio Possenti, essa sintaxe foi calcada em construções como *noivar com, casar com*. Alguns gramáticos condenam esse modo de dizer, preferindo Estou namorando minha vizinha.

ATIVIDADE 3

Continue a análise do verbo ***namorar***, agora, no enunciado:

Fonte: SOUSA, Mauricio. *Magali*, Osasco: Panini, n. 10, mar. 2009, p. 29.

– Olhe aqui, o que interessa mesmo é o namoro, com ou sem preposição!
– Certo, mas interessa também saber que um verbo como *namorar* não é sempre transitivo direto. Isso vai depender de como o falante o arranjou na sentença.

Tendo isso em mente, compare agora estas duas sentenças:

(a) *Fulano contou muitas histórias.*
(b) *O vizinho disse que Fulano contou muitas histórias.*

Em Fulano contou muitas histórias temos um só verbo: contou. Dizemos que é uma **sentença simples**.

Em O vizinho disse que Fulano contou muitas histórias temos dois verbos: disse e contou, ligados pela conjunção que. Dizemos que é uma **sentença complexa**, também denominada *período* nas gramáticas escolares.

Nas sentenças complexas, há sempre uma relação entre os verbos das duas sentenças. No exemplo anterior, *contou* está subordinado a *disse*, por organizar toda uma sentença que ocupa o lugar de um sintagma nominal com a função de objeto direto de *disse*. Compare:

O vizinho disse a verdade. (o sintagma nominal [*a verdade*] é o objeto direto sintagmático de *disse*)

O vizinho disse que Fulano contou muitas histórias. (a sentença *"que Fulano contou muitas histórias"* é o objeto direto sentencial de *disse*).

O que temos a aprender com o estudo da sentença simples? Com que finalidade comunicativa usamos as sentenças simples? Falando mais tecnicamente, que **atos de fala** são expressos pelas sentenças simples?

Bem, falamos para declarar algo, para perguntar sobre o que não sabemos, para dar uma ordem ou pedir um favor, para insinuar etc. A cada uma dessas finalidades corresponde um ato de fala. A cada ato de fala corresponde uma sentença simples. Estamos entrando no domínio textual das sentenças.

8.2.1 PROPRIEDADES TEXTUAIS DA SENTENÇA SIMPLES: SENTENÇA SIMPLES E ATOS DE FALA

Observe os seguintes exemplos:

(a) *O menino estudou matemática na sala.*
(b) *O menino não estudou matemática na sala.*
(c) *Quem estudou matemática na sala? Onde o menino estudou matemática? O menino estudou o que na sala?*
(d) *Estude matemática na sala, menino!*

Imagine agora as diferentes situações em que as sentenças simples citadas foram usadas. Note que cada uma das estruturas de (a-d) corresponde a uma situação de fala.

Em *O menino estudou matemática na sala*, alguém fez uma afirmação, criando uma **sentença simples asseverativa afirmativa**.

Em *O menino não estudou matemática na sala*, alguém negou uma afirmação, criando uma **sentença simples asseverativa negativa**.

Em *Quem estudou matemática na sala? Onde o menino estudou matemática? O menino estudou o que na sala?*, alguém fez várias perguntas, certamente porque não sabia quem estudou, onde estudou e o que estudou. *Quem estudou matemática na sala? Onde o menino estudou matemática? O menino estudou o que na sala?* são **sentenças simples interrogativas**.

Em *Estude matemática na sala, menino!*, alguém está dando uma ordem ao menino, criando uma **sentença simples imperativa**.

Sumarizando, usamos as sentenças simples quando fazemos uma afirmação, uma negação, uma pergunta, ou quando damos uma ordem. Como poderíamos nos arranjar no dia a dia se não dispuséssemos das sentenças simples?

ATIVIDADE 4

Leia o texto e, em seguida, separe as sentenças indicando que atos de fala elas expressam, no contexto em que aparecem.

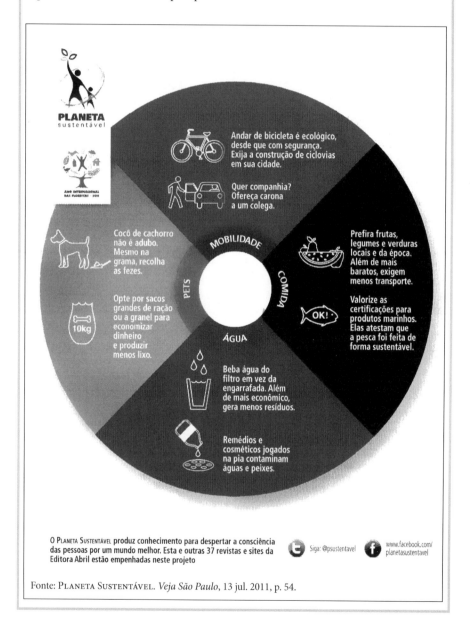

Fonte: PLANETA SUSTENTÁVEL. *Veja São Paulo*, 13 jul. 2011, p. 54.

Minissentença, sentença simples, sentença complexa **329**

ATIVIDADE 5

Com base nos seguintes dados, descreva os mecanismos da negação no português brasileiro:

(a) *O menino **não** estudou na sala.*
(b) *O menino **não** estudou **não**.*
(c) *O menino estudou **não**.*
(d) *O menino **não** estudou **nada** na sala.*
(e) ***Ninguém** estudou na sala.*
(f) ***Não** vi **ninguém** hoje.*
(g) ***Não** vou fazer isso **de jeito nenhum**.*
(h) *O menino estudou **uma ova**.*
(i) *O menino estudou **bulhufas**.*
(j) ***Não** vi **coisa igual** na minha vida.*
(k) ***Não** moveu **um dedo** em minha defesa.*
(l) ***Não** tinha **uma alma** naquela rua.*
(m) ***Não** deu **um pio**, simplesmente levantou-se e foi embora.*
(n) *O menino **não**, a menina é que estudou a lição na sala.*
(o) *Bom... **não**... o que eu quero dizer é outra coisa.*

ATIVIDADE 6

1. Vejamos agora o que fazemos quando queremos perguntar alguma coisa. Comece por observar as seguintes correspondências entre uma **sentença asseverativa afirmativa** e a correspondente **sentença interrogativa**:

(a) *Fulano vem jantar hoje.* → ***Quem** vem jantar hoje?*
(b) *O livro caiu da estante.* → ***O que** caiu da estante?*
(c) *Você disse a verdade.* → *Você disse **o quê**?*
(d) *Minhas férias chegam na próxima semana.* → *Minhas férias chegam **quando**?*
(e) *Você quer dez mil reais por seu calhambeque.* → *Você quer **quanto** por seu calhambeque?*
(f) *Você se escondeu nos fundos, seu diabo!* → *Você se escondeu **onde**, seu diabo?*
(g) *Você vai sair dessa da forma habitual.* → *Você vai sair dessa **como**?*

2. Com base nos exemplos recolhidos, como você descreveria os pronomes interrogativos negritados nos exemplos acima? Todos eles são usados para obter o mesmo tipo de informação?

330   Pequena gramática do português brasileiro

ATIVIDADE 7

1. Sejam os seguintes exemplos:

> (a) *A sua família é grande?* (D2 SP 360)
> (b) *Você **não** veio, veio?*
> (c) *Você veio, **não** veio?*

2. Quem fez a pergunta *A sua família é grande?* estava esperando que tipo de resposta?
3. Quem fez as perguntas *Você **não** veio, veio?* e *Você veio, **não** veio?* estava pressupondo que tipo de resposta?

Refletindo sobre esses exemplos, você notará que às vezes organizamos uma sentença simples interrogativa com base no que esperamos como resposta. Afinal de contas, se perguntamos é porque queremos saber. Também fazemos *perguntas retóricas*, quando já sabemos de antemão qual será a resposta. O curioso nisto tudo é que a suposição da resposta serviu para construir sintaticamente a pergunta, como se vê em

*Você **não** veio, veio?* e *Você veio, **não** veio?*

> – Que coisa mais doida! Suposição de resposta?!
> – Pois é. Quando falamos, produzimos expressões linguísticas que são <u>postas</u> no diálogo. Mas essas expressões partem de ideias <u>pressupostas</u>, ou seja, daquele conjunto de percepções em que nos baseamos quando conversamos. Muitas dessas pressuposições não são expressas, permanecendo como uma espécie de "diálogo interior". Mas, de vez em quando, elas mostram sua cara, como na organização das sentenças *Você **não** veio, veio?* e *Você veio, **não** veio?*

ATIVIDADE 8

Veja agora este outro fenômeno. Quando perguntamos rapidamente, produzimos sentenças interrogativas do tipo:

> (a) ***Quique*** *você disse?*
> (b) ***Cumeque*** *você vai se sair dessa?*
> (c) *Quer dizer que eu cheguei **niquique** ele saiu?*

Nessas sentenças, as formas negritadas procuram representar a pronúncia espontânea. A ortografia nos levaria a escrevê-las diferentemente. Em todo caso, como você explicaria a formação dessas expressões?

Minissentença, sentença simples, sentença complexa   331

ATIVIDADE 9

Finalmente, me diga o seguinte: as expressões interrogativas negritadas nos exemplos a seguir exigem que o interlocutor dê uma resposta? Se não exigem, então que tipo de reação se está esperando?

(a) *Agora vou sair,* **tá**? *Agora vou sair,* **falô**?
(b) *Vê se presta atenção,* **entende**?/**viu**?/**compreendeu**?
(c) *Esse negócio tá muito enrolado,* **é ou não é**?

Enquanto você acha a resposta, vamos estudar como organizamos uma **sentença imperativa**. Você sabe que essas sentenças expressam uma ordem ou um pedido que uma pessoa está formulando a outra. Será que em sua organização sintática é possível descobrir se quem dá a ordem ocupa uma posição superior ou inferior a quem ela é dirigida? Bem, antes de mais nada releia a seção 4.2.2.4 do capítulo 4, em que tratamos da morfologia do imperativo.

ATIVIDADE 10

Observe as sentenças agrupadas abaixo no primeiro quadro, que são *ordens diretas*, e compare-as com aquelas agrupadas no segundo quadro, que são *ordens indiretas*. O que você conclui sobre a posição social de quem dá a ordem, em relação a quem a recebe? Veja:

(a) *Vaza! Some! Dá o fora! Cai fora!*
(b) *Ponha-se na rua! Desapareça! Deite-se! Ajoelhe! Agache!*
(c) *Saindo, saindo! Circulando! Andando! Direita, volver!*
(d) *Vai saindo! Pode ir andando! Pode sair!*

(a) *Eu lhe peço que fique lá fora.*
(b) *Eu queria que o senhor saísse.*
(c) *Eu gostaria que o senhor entrasse.*
(d) *Eu quero que você faça isso para mim.*

Obtidas as respostas, observe agora o modo verbal empregado em

Vaza! Some! Dá o fora! Cai fora!

332 Pequena gramática do português brasileiro

em comparação com o modo verbal empregado em

> *Ponha-se na rua! Desapareça! Deite-se! Ajoelhe! Agache!*

Por outras palavras, poderíamos ter dito

> *Vaze! Suma! Dê o fora! Caia fora!*

ATIVIDADE 11

Como se fala na região em que você mora? *Dá o fora!* ou *Dê o fora!*? É possível que as pessoas ora usem *dá o fora*, ora *dê o fora*. Se esse for o caso, como explicar por que a ordem ora é dada na forma no indicativo, ora na forma do subjuntivo? Para esquentar seu motor, leia o capítulo 10.

Note também que outras formas verbais podem igualmente ser usadas para dar uma ordem. Basta observar:

> *Saindo, saindo! Circulando! Andando! Direita, volver!*
> e
> *Vai saindo! Pode ir andando! Pode sair!*

Que formas verbais são essas?

ATIVIDADE 12

Procure em textos veiculados em diferentes mídias outros exemplos de formas verbais que expressam ordem. Organize os exemplos em um quadro e dê uma explicação para o uso dessas expressões no contexto em que apareceram.

Juntando as respostas obtidas, agora você já pode escrever uma gramatiquinha das sentenças imperativas no português brasileiro.

8.2.2 PROPRIEDADES SINTÁTICAS DAS SENTENÇAS SIMPLES

Até aqui desenvolvemos reflexões sobre as propriedades textuais das sentenças simples. Vejamos agora suas propriedades sintáticas. Para isso, volte à seção 4.1.4 do capítulo 4 e, com base na tipologia verbal ali apresentada, organize uma tipologia das sentenças simples.

Minissentença, sentença simples, sentença complexa **333**

> – Espere aí! Uma sentença simples é um fato textual ou um fato sintático? Não bastava fazer o estudo textual da sentença?
> – Estudamos no capítulo 1 que qualquer expressão linguística é um fato lexical (falamos por meio de palavras), é um fato de discurso (falamos por meio de textos), é um fato de sintaxe (precisamos das estruturas para nos comunicar) e é também um fato de semântica (transmitimos sentidos quando falamos ou quando escrevemos). Assim, ao refletir sobre a linguagem, não podemos deixar de lado o conjunto dessas propriedades. As sentenças não ficaram de fora disso. Não basta, portanto, fazer apenas seu estudo textual. Suas propriedades vão além disso.
> – Mas isso não vai transformar tudo numa tremenda confusão?
> – Não, se você perguntar uma coisa de cada vez, como temos feito aqui, separando as perguntas sobre as propriedades lexicais, textuais, sintáticas e semânticas da sentença. Agora, por exemplo, estamos te convidando a "pensar sintaticamente" as sentenças simples.

Aqui vai uma dica para estudar as propriedades sintáticas das sentenças simples: observe o verbo que as organiza.

ATIVIDADE 13

Procure exemplos de **sentenças simples intransitivas**, **monotransitivas**, **bitransitivas** e **tritransitivas** nas conversas, nos jornais, em peças de teatro. Não vale copiar os exemplos que aparecem na seção 4.1.3 do capítulo 4.

Ora, uma pergunta puxa outra. Se tenho sentenças simples monotransitivas, que função o sintagma único que aí aparece exerce nessa sentença? E no caso de uma sentença simples bi ou tritransitiva, que funções os sintagmas que aí aparecem recebem do verbo que os selecionou?

Como sempre, vamos escolher alguns dados para nossa reflexão:

(a) *A casa da fazenda... ela era... uma casa antiga... tipo colonial brasileiro... janelas largas...* (DID SP 18)

(b) *Ali havia/tinha uns eucaliptos, não é mesmo?/Existem muitos outros meios de transporte que não são explorados.* (DID SP 46, exemplos de Franchi, Negrão e Viotti, 1998)

(c) *O guarda desviou o trânsito para longe do acidente.*

(d) *O guarda desviou o trânsito para longe do acidente.*

(e) *O livro pertence ao aluno.*

(f) *Nós fomos ao Rio de Janeiro de carro.*

(g) *Nós fomos ao Rio de Janeiro de carro.*

334 Pequena gramática do português brasileiro

Analisando a sintaxe das expressões negritadas, constata-se o seguinte:

1. Em *A casa da fazenda... ela era... uma casa antiga... tipo colonial brasileiro... janelas largas...*, o sintagma nominal [*a casa da fazenda*] localiza-se fora da sentença, sendo retomada em seu interior pelo pronome *ela*: trata-se de uma **construção de tópico**.

2. Em *Ali havia/tinha **uns eucaliptos**, não é mesmo?/Existem **muitos outros meios de transporte** que não são explorados*, [*uns eucaliptos*] e [*muitos outros meios de transporte*] são sintagmas nominais únicos, selecionados por um verbo monotransitivo: vamos denominá-los **absolutivos**.

3. Em *O guarda desviou o trânsito para longe do acidente*, o sintagma nominal [*o guarda*] é proporcional ao pronome nominativo *ele*: trata-se do **sujeito** sentencial.

4. Em *O guarda desviou o trânsito para longe do acidente*, o sintagma nominal [*o trânsito*] é proporcional aos pronomes acusativo *o/ele*: é o **objeto direto** da sentença.

5. Em *O livro pertence ao aluno*, o sintagma preposicional [*ao aluno*] é proporcional ao pronome dativo *lhe*: é o **objeto indireto** da sentença.

6. Em *Nós fomos **ao Rio de Janeiro** de carro*, o sintagma preposicional [*ao Rio de Janeiro*] é proporcional ao pronome-advérbio *lá*: é o **complemento oblíquo** da sentença.

7. Finalmente, em *Nós fomos ao Rio de Janeiro **de carro***, o sintagma nominal [*de carro*] não foi selecionado pelo verbo *ir*, que já dispõe do sujeito [*nós*] e do complemento oblíquo [*ao Rio de Janeiro*]: trata-se de um **adjunto adverbial** da sentença. Funcionam como adjuntos (adverbiais, nominais) as expressões não selecionadas pelo verbo da sentença.

Essas observações mostram que os mesmos sintagmas assumem diferentes funções na sentença; elas abrem caminho para uma exploração sistemática da sintaxe das sentenças, em que estudaremos:

(1) as expressões <u>não</u> selecionadas pelo verbo, como a construção de **tópico** e os **adjuntos**;

(2) as expressões selecionadas pelo verbo, tais como **o absolutivo, o sujeito e os complementos (objeto direto, objeto indireto, oblíquo)**.

São termos da sentença os segmentos que "passam" pelos testes mencionados no capítulo 6, seção 6.1.1. Quando estudamos ali o que vem a ser um dos constituintes sentenciais (naquela altura, o que vinha a ser um adjunto), mostramos que essas expressões são passíveis de:

(i) focalização por *apenas, só*;

(ii) clivagem por *é que*;

(iii) interrogação.

O mesmo ocorrerá com o objeto direto, o objeto indireto, o oblíquo, estudados adiante. Você mesmo poderá comprovar isso.

8.2.2.1 Construções de tópico

Você decerto já ouviu ou mesmo leu construções como:

(a) *O prefeito, ele hoje está inaugurando umas obras.*

(b) *Peixe... peixe aqui no Rio Grande do Sul... a gente come peixe somente na Semana Santa.* (DID POA 291)

(c) *Dessa vez eu não pude mesmo assistir nada, o seriado da televisão.*

(d) *A comida da pensão tá muito fraca, a comida da pensão.*

(e) *A harmonização, trata-se de um esforço inadiável, considerando-se as demandas da atual sociedade de informação.*

Denominamos as expressões negritadas de **construções de tópico**. Qual é a função das construções de tópico?

Do ponto de vista **gramatical**, temos aí sintagmas nominais não selecionados pelo verbo, situados

(i) antes da sentença, retomados ou não em seu interior pelo pronome pessoal *ele, ela*, como em *O prefeito, ele hoje está inaugurando umas obras; Peixe... peixe aqui no Rio Grande do Sul... a gente come peixe somente na Semana Santa; A harmonização, trata-se de um esforço inadiável, considerando-se as demandas da atual sociedade de informação.*

(ii) depois da sentença, como em *Dessa vez eu não pude mesmo assistir nada, o seriado da televisão*; *A comida da pensão tá muito fraca, a comida da pensão.*

Do ponto de vista **textual**, as construções de tópico são expressões que fornecem um quadro de referências, a partir do qual vai ser elaborado o texto, criando a hierarquização tópica que será estudada no capítulo 9.

Do ponto de vista **semântico**, essas expressões veiculam uma informação ainda não integrada em nossa memória. Uma vez integradas, elas costumam reaparecer no texto, agora como sujeito ou como complemento da sentença.

Concluindo, do ponto de vista **sintático** são construções de tópico os sintagmas **não** escolhidos pelo verbo.

ATIVIDADE 14

Examine estes outros casos, descobertos por Pontes (1987).

(a) *Essa bolsa aberta aí*, *eu podia te roubar a carteira.*
(b) *A Belina o Hélio levou para a oficina.*
(c) *Meu cabelo desta vez eu não gostei nem um pouco.*
(d) *Isso eu tenho uma porção de exemplos.*
(e) *Isso aí eu tenho muita dúvida.*
(f) *O seu regime entra muito laticínio?*
(g) *A rapadura mofada*, *meu tio jogou ela fora.*
(h) *Meu tio, ele jogou fora a rapadura mofada.*

Veja que no texto a seguir a expressão em destaque é uma **construção de tópico**. A esse exemplo, acrescente outros extraídos de suportes variados. Em seguida, analise essas construções de tópico quanto às suas propriedades gramaticais, sintáticas, semânticas e textuais.

Sobrinha da top Gisele Bündchen, *ela acabou assinando contrato de exclusividade com a catarinense Brandili até 2012.*

Fonte: Sobrinha de Gisele Bündchen é disputada por grifes infantis. *Folha Online*, 29 jun. 2011. Disponível em: <http://www1.folha.uol.com.br/ilustrada/936493-sobrinha-de-gisele-bundchen-e-disputada-por-grifes-infantis.shtml>. Acesso em: 30 jun. 2011.

8.2.2.2 Absolutivo

Observe as expressões negritadas:

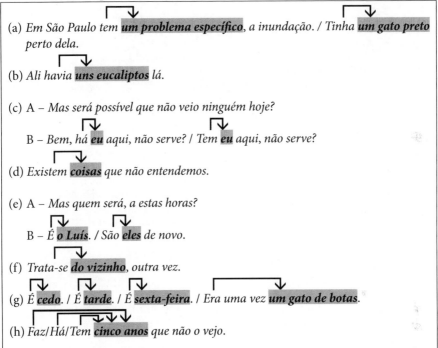

(a) *Em São Paulo tem **um problema específico**, a inundação.* / *Tinha **um gato preto** perto dela.*

(b) *Ali havia **uns eucaliptos** lá.*

(c) *A – Mas será possível que não veio ninguém hoje?*
   *B – Bem, há **eu** aqui, não serve?* / *Tem **eu** aqui, não serve?*

(d) *Existem **coisas** que não entendemos.*

(e) *A – Mas quem será, a estas horas?*
   *B – É **o Luís**.* / *São **eles** de novo.*

(f) *Trata-se **do vizinho**, outra vez.*

(g) *É **cedo**.* / *É **tarde**.* / *É **sexta-feira**.* / *Era uma vez **um gato de botas**.*

(h) *Faz/Há/Tem **cinco anos** que não o vejo.*

Para começo de conversa, observe que esses exemplos reunidos trazem seu verbo na cabeça da sentença. Normalmente, os verbos vêm no meio da sentença. Outra coisa: eles selecionam um único termo. Em geral, os verbos selecionam dois termos, **o sujeito** e **o complemento**.

Conclusão: os verbos do exemplo anterior são **monotransitivos apresentacionais**: olhe de novo a seção 4.1.4.2 do capítulo 4. O termo único que eles selecionam introduz uma informação nova no texto. O sintagma único das sentenças acima exerce a função de **absolutivo**.

338 Pequena gramática do português brasileiro

> – Espere aí, já me disseram que esses termos devem ser analisados como
>   • sujeito da sentença, em
>   *Existem **coisas** que não entendemos.*
>   • como objeto direto, em
>   *Em São Paulo tem **um problema específico**, a inundação.*
>   *Tinha **um gato preto** perto dela.*
>   *A – Mas será possível que não veio ninguém hoje?*
>   *B – Bem, há **eu** aqui, não serve?/Tem **eu** aqui, não serve?*
>   • como objeto indireto, em
>   *Trata-se **do vizinho**, outra vez*
>   • como adjunto adverbial, em
>   *É **cedo**. / É **tarde**. / É **sexta-feira**. / Era uma vez **um gato de botas**.*
>   *Faz / Há / Tem **cinco anos** que não o vejo.*
>
> Por que vocês estão reunindo tudo isso sob a denominação de **absolutivo**?
> – Você não achou esquisito analisar de modos tão diversos todos esses sintag-
> mas, que compartilham a propriedade de serem únicos na sentença, tendo sido
> selecionados por verbos monotransitivos? Não parece uma "forçação de barra"?
> Vamos em frente, estudando o sujeito e os complementos, depois voltaremos a
> esta seção para ver se as análises que você mencionou "param de pé".

8.2.2.3 Sujeito

Vamos retomar alguns exemplos que já apareceram nesta gramática:

Exemplo 1

> (a) **Eu** estive em Cumaná.
> (b) **Ø** Fiquei lá durante três meses.
> (c) **Luís** descobriu a pólvora. **Ele** acha que vai ficar rico.
> (d) **A gente** não enxerga por bloqueio, e **esse bloqueio** tem de acabar. (EF RJ 251)
> (e) É possível **que eles não venham hoje**.

Como um médico que examina seu paciente, comecemos por verificar os "sintomas" (= as propriedades) das expressões grifadas no exemplo:

- São sintagmas nominais preenchidos
    - (i) por um substantivo, como em **Luís** descobriu a pólvora. **Ele** acha que vai ficar rico e **A gente** não enxerga por bloqueio, e **esse bloqueio** tem de acabar;

Minissentença, sentença simples, sentença complexa 339

(ii) por um pronome pessoal, como em *Eu estive em Cumaná*.

- Esses sintagmas concordam em pessoa e número com o verbo: *eu estive*, *Luís descobriu*, *a gente não enxerga*.
- Esses sintagmas não precisam aparecer obrigatoriamente na sentença, e nesse caso anotamos com o símbolo Ø o lugar em que poderiam ter aparecido: *Ø Fiquei lá durante três meses*.
- Esses sintagmas podem ser substituídos por "ele": *Luís descobriu a pólvora. Ele acha que vai ficar rico*.
- Toda uma sentença pode aparecer nessa função: *É difícil que esse bloqueio acabe*.

Denomina-se **sujeito** a expressão que preenche os requisitos acima. Observe que em todos esses exemplos o sujeito veio antes do verbo. Mas poderia também vir colocado após o verbo:

Exemplo 2

(a) *Que grande asneira, ponderou o príncipe*.
(b) *Que veio ele fazer aqui?*
(c) *Feitas as malas e saindo os convidados, eles deixariam a mansão*.
(d) *Falar-me ele desse jeito, que desaforo!*
(e) *Venha a nora, fique a sogra de fora!*
(f) *Quisesse ele, tudo estaria arranjado*.

Note que nos exemplos 2 poderíamos ter colocado o sujeito antes do verbo:

(a') *Que grande asneira, o príncipe ponderou*.
(c') *As malas feitas, e os convidados saindo, eles deixariam a mansão*.
(d') *Ele falar-me desse jeito, que desaforo!*

ATIVIDADE 15

Em *Quisesse ele, tudo estaria arranjado*, para antepor o sujeito seria necessário explicitar a conjunção *se*. Comparando esses exemplos com os de (1), que condições teriam levado os autores de (2) a pospor o sujeito?

340 Pequena gramática do português brasileiro

ATIVIDADE 16

Por outro lado, quando dispomos de um sintagma nominal máximo funcionando como sujeito (sobre o que é isso, veja o capítulo 5), parece-lhe normal colocá-lo antes do verbo? Que ordem de colocação produziria um texto mais espontâneo? Espie os exemplos a seguir e dê sua explicação:

(a) *Eu, que não gosto nada de viajar, muito pelo contrário, estive em Cumaná.*
(b) *Esse bloqueio de todos os dias, ruas lotadas de carros, motoqueiros apitando, tem de acabar.*
(c) *Aquela encomenda que eu trouxe da Bahia, depois de tanta demora, fora as muitas vezes que tive de ir ao correio, chegou.*

ATIVIDADE 17

Ah, sim, e por que ocultamos o sujeito em *Ø Fiquei lá durante três meses*?

Seria possível omitir o sujeito no inglês? Por exemplo, quando alguém nos pergunta:

– Você viu meu celular?

podemos perfeitamente responder:

– Vi.

Note que não foi necessário dizer:

– *Eu vi seu celular.*

Agora, traduza esse pequeno diálogo para o inglês e o francês e verifique se nessas línguas é possível omitir tanto o sujeito *Eu* quanto o complemento *seu celular*. O que aprendemos sobre nossa língua quando a comparamos com outras línguas?

8.2.2.4 Complementos

De novo, reunamos alguns dados para o estudo dos complementos:

(a) *João pôs o livro na estante.*
(b) *Pedro viajou do Brasil para o México.*
(c) *Os alunos precisam de livros.*
(d) *O agente contactou com alguém./O agente foi com alguém.*
(e) *A garota cortou-se com a faca.*
(f) *O namorado pintou um quadro para a Maria.*
(g) *O turista almoçou no restaurante Leão.*
(h) *O barco mede vinte metros.*
(i) *A festa durou três meses.*

Só para esquentar o motor, analise os sujeitos dessas sentenças. Depois, ataque de teste sintático e substitua as expressões grifadas acima por pronomes pessoais/advérbios dêiticos/demonstrativos neutros. Você obterá os seguintes resultados:

(a') *João pôs ele lá./João o pôs lá.*
(b') *Pedro viajou daqui para lá.*
(c') *Os alunos precisam deles.*
(d') *O agente contactou com ele./O agente foi com ele.*
(e') *A garota cortou-se com ela.*
(f') *O namorado pintou-o para ela.*
(g') *O turista almoçou lá.*
(h') *O barco mede isso.*
(i') *A festa durou (tudo) isso.*

Os diferentes resultados desse teste de proporcionalidade com pronomes mostram que nos exemplos de (a) a (i) as expressões grifadas exercem funções diferentes nessas sentenças.

- Expressões proporcionais ao pronome nominativo *ele* são **sujeitos** sentenciais, como vimos na seção anterior.
- Expressões proporcionais ao pronome pessoal *o*, ou *a ele* acusativo, são **objetos diretos**.
- Expressões proporcionais ao pronome pessoal dativo *lhe* são **objetos indiretos**.
- Expressões proporcionais a uma preposição + pronome pessoal/advérbio dêitico/demonstrativo neutro são **complementos oblíquos**.

342 Pequena gramática do português brasileiro

Vamos agora olhar os complementos mais de perto, examinando suas propriedades.

✓ **Objeto direto**
- É proporcional aos pronomes *o / ele*: *Perdi **o caderno** = Perdi-**o**, Perdi **ele***.
- Transforma-se no sujeito da voz passiva: *João pôs **o livro** na estante - **O livro** foi posto por João na estante*.
- Pode ser representado:
  - por substantivo (*João pôs **o livro** na estante*),
  - por pronome (*João pôs **ele** na estante*),
  - ou por toda uma sentença (*João disse **que pôs o livro na estante***).
- Pode ser omitido: *João pôs Ø na estante*.
- Pode ser colocado antes ou depois do verbo: *João **o** pôs na estante/ João pôs **ele** na estante*. Em Portugal, o pronome *o* pode ser colocado após o verbo: *João pô-lo na estante*. Como vimos no capítulo 3, esse pronome está desaparecendo no português brasileiro.

✓ **Objeto indireto**
- É proporcional aos pronomes dativos *me, te, lhe*: *O livro pertence-**me**, -**te**, -**lhe**. O Diretor escreveu-**lhes** cartas. Dou-**lhe/te** esta maçã*.
- É preenchido por sintagma preposicional nucleado por *a* e *para*: *O livro pertence **a mim**. O Diretor escreveu cartas **para eles**. Dou esta maçã **a ela***.
- A construção em que figuram não é conversível à voz passiva. Seria muito estranho dizer **O livro foi pertencido a ele*. A voz passiva só ocorreria se o verbo fosse bitransitivo, admitindo ao mesmo tempo o objeto direto e o objeto indireto: *As cartas foram escritas pelo Diretor a eles. Esta maçã foi dada a ela*. Nesses casos, o português brasileiro não reúne numa só expressão o pronome objeto direto e o pronome objeto indireto, como se faz em Portugal: *O Diretor escreveu-**lhas** (lhe + as). Esta maçã, dou-**lha** (lhe + a). Esta maçã, **dou-ta** (te + a)*.
- Sua colocação habitual é após o verbo; ocorrendo objeto direto, após este: *Dei o livro **ao aluno***.

✓ **Complemento oblíquo**
- Você deve estar estranhando esse lance de *complemento oblíquo*. Afinal, nossas gramáticas escolares costumam incluir esse complemento

Minissentença, sentença simples, sentença complexa **343**

entre os de objeto indireto, mesmo que os testes sintáticos mostrem que se trata de funções diferentes. Você pode comprovar isso experimentando trocar esses falsos objetos indiretos pelo pronome *lhe*, ou pelos sintagmas preposicionais *a ele*, *para ele*, característicos do objeto indireto, para ver no que dá. Vamos retomar exemplos da p. 341:

(b) *Pedro viajou do Brasil para o México*. **Pedro viajou-lhe lhe*. Conclui-se que *de Portugal para o México* não é objeto indireto. Mas posso dizer *Pedro viajou daqui para lá*: conclui-se que *de Portugal para o México* são complementos oblíquos.

(c) *Os alunos precisam de livros*. **Os alunos precisam lhes/precisam para eles*: *de livros* não é objeto indireto. *Os alunos precisam deles*: *de livros* é complemento oblíquo.

(d) *O agente contactou com alguém*. **O agente contactou-lhe*: *com alguém* não é objeto indireto. *O agente contactou com ele*: *com alguém* é complemento oblíquo.

(e) *A garota cortou-se com a faca*. **A garota cortou-se-lhe*, **A garota cortou-se para ela*: *com a faca* não é objeto indireto. *A garota cortou-se com ela*: *com a faca* é complemento oblíquo, *se* é objeto direto.

ATIVIDADE 18

Aplicando os testes, analise se os termos destacados nas sentenças simples assumem a função de **sujeito**, **objeto direto**, **objeto indireto** ou **complemento oblíquo**.

Gatos gostam de pizza

Fonte: *Blog Bobagento*, 23 mar. 2011. Disponível em: <http://bobagento.com/gatos-gostam-de-pizza/>. Acesso em: 9 jul. 2011.

Panamá ganha fama de joia da América Central

Fonte: *O Estado de S. Paulo*, 31 jul. 2011. Internacional, p. A20.

Mercado de trabalho aquecido e falta de mão de obra fomentam a mudança cada vez mais rápida de emprego

Fonte: *O Estado de S. Paulo*, 31 jul. 2011. Classificados.

Estabelecimentos não cedem a exigências do freguês

Fonte: *Folha de S.Paulo*, 1º ago. 2011. The New York Times.

Cinto de segurança salva vidas

Fonte: *Portal do Trânsito*, 13 jul. 2009. Notícias. Disponível em: <http://www.portaldotransito.com.br/noticias/cinto-de-seguranca-salva-vidas.html>. Acesso em: 4 ago. 2011.

344 Pequena gramática do português brasileiro

Observe que os advérbios dêiticos de lugar podem, portanto, funcionar como complementos da sentença. Os advérbios predicativos e de verificação não podem funcionar como complementos.

Tome um advérbio como *francamente*, e tente usá-lo como sujeito ou como complemento. Não vai dar certo. Só os advérbios dêiticos de lugar e de tempo podem ocupar essas funções.

Nas sentenças *Aqui é Campinas*, *Hoje é domingo*, *aqui* e *hoje* funcionam como **sujeito**.

Na sentença *Ele veio daqui*, *daqui* funciona como **complemento oblíquo**.

> → Por falar nisso, está na hora de você retornar agora àquelas dúvidas que surgiram quando estudamos **o absolutivo** (ver p. 337). Verifique se aquelas expressões "passam nos testes" de identificação do sujeito e dos complementos.

8.2.2.5 Adjuntos

Já vimos anteriormente que não é possível substituir um adjunto por um pronome – logo, eles não exercem funções semelhantes às do sujeito e dos complementos. Para testar essa afirmação, tente pronominalizar as expressões negritadas abaixo:

(a) *A criança caiu da cama **durante a noite**.* (Bechara, 1992/1999: 436)
(b) *Eu gosto de viajar **de trem**.*
(c) *Viajei daqui para lá **pela rodovia Bandeirantes**.*
(d) ***Realmente**, cair da cama **à noite** deve ser bem chato.*

Observando os constituintes negritados, nota-se que:

- Eles agregam informações acessórias, pois a transitividade dos verbos *cair* e *viajar* projetou e preencheu o lugar do sujeito (*a criança*, *eu*, *deve ser bem chato*) e do complemento oblíquo (*da cama*, *de viajar*, *daqui para lá*), fornecendo a informação essencial.
- *Durante a noite* se aplicou a *cair da cama*, localizando esse evento no tempo; *de trem* se aplicou a *gosto de viajar*, predicando-o qualitativamente; *pela rodovia Bandeirantes* se aplicou a *viajei*, dispondo-o no eixo locativo; *à noite* se aplicou ao predicado *cair de cama*, dispondo-o no eixo do tempo. Trata-se,

Minissentença, sentença simples, sentença complexa 345

portanto, de adjuntos adverbiais. Já *realmente* toma por escopo toda a sentença, predicando-a. Trata-se de **um adjunto adverbial adsentencial**.

- Nenhum desses adjuntos é proporcional a um pronome, propriedade sintática privativa do sujeito e dos complementos da sentença, como temos visto.
- Os adjuntos "passeiam" livremente pela sentença, o que nem sempre é possível para o sujeito e os complementos, como se pode ver em:

(a) *A criança caiu da cama **durante a noite**./**Durante a noite**, a criança caiu da cama./A criança **durante a noite** caiu da cama.*
(b) *Eu gosto de viajar **de trem**./**De trem** eu gosto de viajar.*
(c) *Viajei **pela rodovia Bandeirantes** de Campinas para São Paulo./**Pela rodovia Bandeirantes**, viajei de Campinas para São Paulo. Viajei de Campinas para São Paulo **pela rodovia Bandeirantes**.*
(d) ***Realmente**, cair da cama à noite deve ser bem chato./Cair da cama à noite, **realmente**, deve ser bem chato./Cair da cama à noite deve ser bem chato, **realmente**.*

Experimente jogar sujeitos e complementos para todo lugar, verifique se eles se ajustam a essa movimentação toda.

Agora, por que denominaram essas figuras de *adjuntos?* Porque funcionam sempre junto do **verbo**, do **sujeito** e dos **complementos**. Na dependência da classe a que se juntaram, os adjuntos podem ser adverbiais ou adnominais.

✓ Adjuntos adnominais

Os adjuntos adnominais ocorrem próximos a um substantivo, predicando-o, classificando-o ou dispondo-o no eixo espaço-temporal. Com base nessa atuação semântica, é possível distinguir três classes de adjuntos adnominais, que reproduzem as propriedades semânticas dos adjetivos:

- Adjunto adnominal predicativo:

---

*A causa **real / provável / possível / plausível** da dor de dentes é a falta de escovação.*

- Adjunto adnominal quantificador:

---

*Aqui a saída **normal / habitual / semanal** é nas quintas-feiras.*

---

346 Pequena gramática do português brasileiro

- Adjunto adnominal classificador:

> Mais da metade da população **paulista** reside no interior do Estado.

Complete essa tipologia dos adjuntos adnominais relendo a seção 5.3.1 do capítulo 5.

✓ Adjuntos adverbiais

Os adjuntos adverbiais ocorrem próximos a um verbo, um adjetivo, um advérbio ou a toda uma sentença, atribuindo-lhes propriedades semânticas:

- Adjunto adverbial predicativo:

> Você falou **francamente**. (o adjunto atribui uma qualidade ao verbo)
> Você agiu **muito** acertadamente. (o adjunto intensifica o advérbio)

- Adjunto adverbial modalizador:

> **Felizmente** essa fase ainda não começou. (o adjunto modaliza a sentença inteira)

- Adjunto adverbial de afirmação/negação:

> Expliquei, **sim**, que não aceitaria aquele encargo. A ordem **não** foi executada.

- Adjunto adverbial de inclusão/exclusão:

> Aquela moreninha é bailarina **também**. Deu tudo certo, **exceto** o que deu errado.

Você pode completar a tipologia dos adjuntos adverbiais consultando o capítulo 6, seção 6.2.

Minissentença, sentença simples, sentença complexa **347**

ATIVIDADE 19

Analise a atuação semântica dos **adjuntos adverbiais** nas sentenças em destaque que compõem o texto.

Filhos podem não custar nada

Frequentemente, sou convidado por publicações especializadas a criar simulações do preço de ter ou de educar um filho.

Apesar de esse tipo de reflexão econômica aparecer com frequência na mídia, considero-a bastante descabida, a ponto de me recusar a fazer qualquer simulação nesse sentido.

Racionalmente, somos motivados a acreditar que a decisão de ter um filho ou não é **essencialmente** econômica, em razão dos custos de saúde, educação, alimentação, fraldas e afins.

Quem adota esse raciocínio considera, portanto, que, além dos gastos que já tem **atualmente**, terá que arcar com os extras trazidos pelo pequeno ser.

Isso é verdade se seu orçamento se esgota com moradia, alimentação, saúde e transporte, os mais essenciais dos gastos básicos, o que não deveria acontecer.

Esse é um evidente sinal do desequilíbrio financeiro em que vivem as famílias de hoje.

Consumir todo um orçamento com despesas fixas e burocráticas – o tal do pagar contas – reflete uma péssima qualidade de consumo.

Gastamos tão mal nosso dinheiro que qualquer mudança nos conduz ao desequilíbrio. Imprevistos não são tolerados nem desejados, seja um problema de saúde, um acidente ou a bênção de ter filhos. [...]

Fonte: CERBASI, Gustavo. Filhos podem não custar nada. *Folha de S.Paulo*, 18 jul. 2011. Folhainvest, p. B8.

Feito isso, você está preparado para escrever uma gramática das sentenças simples que você e seus amigos usam.

8.3 A SENTENÇA COMPLEXA E SUA TIPOLOGIA

Já vimos que são complexas as sentenças que têm mais de um verbo. Onde há um verbo na forma pessoal, há uma sentença simples. As sentenças complexas são conjuntos de sentenças simples.

Observe agora estes exemplos:

348 Pequena gramática do português brasileiro

(a) *Escreveu, não leu, o pau comeu.*
(b) *Não pagou, foi para a cadeia.*
(c) *O aluno falou e o professor saiu. O aluno falou, mas o professor não saiu.*
(d) *O aluno que falou era o melhor da classe.*
(e) *O aluno falou que o professor tinha saído.*
(f) *O aluno entrou quando o professor saiu.*
(g) *O aluno não só falou como também foi aplaudido.*
(h) *O aluno ou falava ou ficava quieto.*
(i) *O aluno falou tanto que ficou rouco.*
(j) *O aluno falou mais do que desejava.*

Primeiramente, grife os verbos nas sentenças anteriores, para ter certeza de que elas são complexas. Depois, observe como foram ligadas as sentenças simples que compõem essas sentenças complexas. Nós fazemos isso de vários modos.

Note que em *Escreveu, não leu, o pau comeu* e *Não pagou, foi para a cadeia*, as sentenças foram colocadas umas ao lado das outras. Dizemos que elas são sentenças complexas **justapostas**.

Já em *O aluno falou e o professor saiu. O aluno falou, mas o professor não saiu*, as sentenças foram ligadas por *e* e por *mas*.

Continuando nossa exploração, notaremos que em

O aluno que falou era o melhor da classe
O aluno falou que o professor tinha saído
O aluno entrou quando o professor saiu
O aluno não só falou como também foi aplaudido
O aluno ou falava ou ficava quieto
O aluno falou tanto que ficou rouco
O aluno falou mais do que desejava

---

as seguintes conjunções ligam essas sentenças: *que*, *quando*, *não só... como também*, *ou... ou*, *tanto que*, *mais do que*. Dizemos que elas são sentenças complexas **conjuncionais**.

Conjunções são as palavras que ligam sentenças simples para formar uma sentença complexa. Mas será que justapostas e conjuncionais são mesmo dois tipos diferentes de sentenças complexas? Para responder a essas perguntas, precisaremos submetê-las a alguns testes sintáticos.

– Mais testes? Isso aqui virou agora algum tipo de laboratório?
– É isso mesmo! A sintaxe é uma ciência, como a Linguística em seu todo. Testamos as expressões linguísticas para entender como funcionam, como estão estruturadas, que tipos elas integram.

Comecemos por alterar a ordem de figuração das sentenças para ver o que se aprende com isso.

A inversão da ordem nos leva a enunciados gramatical e semanticamente aceitáveis:

(a) *Foi para a cadeia, não pagou.*
(b) *O professor saiu e o aluno entrou.*
(c) *O aluno ou ficava quieto ou falava.*

Nos demais casos, a inversão das sentenças relacionadas conjuncionalmente:

- dá origem a construções inaceitáveis, como em:

(a) **O pau comeu, não leu, escreveu.*
(b) **Que falou era o melhor aluno da classe.*
(c) **Como também foi aplaudido o aluno não só falou.*
(d) **Que ficou rouco o aluno falou tanto.*

- dá origem a construções marcadas, isto é, semanticamente mais expressivas, como em:

(a) *Que o professor tinha saído o aluno falou.*
(b) *Quando o professor saiu o aluno entrou.*
(c) *Mais do que desejava, o aluno falou.*

- dá origem a construções que liberam outro sentido, como em:

Foi para a cadeia, não pagou

que significa algo como "foi para a cadeia porque não pagou", diferente de *Não pagou, foi para a cadeia*, que significa algo como "quem não paga vai para a cadeia".

Esses testes revelam que essas sentenças estão estruturadas de formas diferentes:

350 Pequena gramática do português brasileiro

1. Em

(a) *Foi para a cadeia, não pagou.*
(b) *O professor saiu e o aluno entrou.*
(c) *O aluno ou ficava quieto ou falava.*

---

a ordem das sentenças é reversível, patenteando-se que elas têm o mesmo nível. Constatamos que essas sentenças constituem *estruturas independentes ou* **coordenadas.**

2. Em

(a) **O pau comeu, não leu, escreveu.*
(b) **Que falou era o melhor aluno da classe.*
(c) **Como também foi aplaudido o aluno não só falou.*
(d) **Que ficou rouco o aluno falou tanto.*

---

a ordem das sentenças não é reversível, patenteando-se que elas têm níveis diferentes. Se forçarmos a barra, descobriremos que mudar a ordem dessas sentenças nos levará a sentenças inaceitáveis. Visto que essas sentenças têm uma ordem mais rígida, constatamos que elas constituem *estruturas dependentes ou* **subordinadas.**

3. Finalmente, em

(a) *O aluno falou tanto que ficou rouco.*
(b) *O aluno falou mais do que desejava.*

---

nota-se que a sentença *que ficou rouco* se correlaciona com *falou tanto*, de tal forma que se omitirmos *tanto*, teremos uma sentença que não parafraseia: *O aluno falou que ficou rouco*, em que a segunda sentença é agora uma substantiva. Constatamos que *O aluno falou tanto que ficou rouco* e *O aluno falou mais do que desejava* constituem *estruturas interdependentes ou* **correlatas.**

Esses testes fornecem um plano de estudos das sentenças complexas, que deverá lidar com **as coordenadas, as subordinadas** e **as correlatas.**

Minissentença, sentença simples, sentença complexa **351**

ATIVIDADE 20

Aplique os testes e explique se as sentenças complexas são:

1. **coordenadas;** 2. **subordinadas;** 3. **correlatas.**

Chesf confirma que sistema de geração de energia falhou

Fonte: *EBand*, 4 fev. 2011. Disponível em: <http://www.band.com.br/jornalismo/cidades>. Acesso em: 21 fev. 2011.

O cordão não só aumentou como está com o bloco na rua

Fonte: OLIVEIRA, Thiago. *Blog Lado B*, 27 nov. 2010. Disponível em: <http://blogladob.com.br/geral>. Acesso em: 21 fev. 2011.

Ronaldo pendurou as chuteiras, mas não vai calçar chinelos.

Fonte: Começa o segundo tempo. *Época*, 18 fev. 2011. Disponível em: <http://revistaepoca.globo.com/Revista/Epoca/>. Acesso em: 21 fev. 2011.

Como se viu, as conjunções aparentemente se especializaram na representação dos três tipos de estruturas sentenciais. Na parte final deste capítulo vamos nos perguntar de onde vieram essas criaturas.

Antes disso, porém, teremos uma questão a resolver: qual é o estatuto gramatical da primeira sentença? Não se trata de uma questão sem importância, pois os rótulos gramaticais refletem uma percepção analítica sobre as estruturas denominadas.

As designações mais correntes para a primeira sentença duma sentença complexa são: (1) principal, (2) nuclear, (3) matriz. Como tudo na vida, cada uma delas tem uma vantagem e uma desvantagem.

O termo *principal* é frequente em nossas gramáticas, para designar a sentença que encabeça as estruturas independentes e as dependentes. As gramáticas empregam esse termo para designar "a sentença que traz a informação principal da proposição". Uma interpretação sem dúvida errada, pois na subordinada substantiva, a informação principal está na subordinada, como veremos mais adiante. Dado esse risco, vamos deixar a designação *principal* de lado.

352 Pequena gramática do português brasileiro

Os termos *nuclear* e *matriz* são mais razoáveis, servindo à denominação da sentença em que as subordinadas substantivas e adjetivas se encaixam ou estão em adjunção:

(i)   as substantivas se encaixam no sintagma verbal, como seu sujeito ou seu complemento;
(ii) as adjetivas se encaixam no sintagma nominal, como seu complementador;
(iii) as adverbiais se adjungem à matriz, como seu adjunto.

Ora, esse não é o caso das coordenadas e das correlatas, que não funcionam como constituintes da primeira sentença. Você disse *primeira sentença*? Ótimo, fiquemos com esse rótulo, no caso das sentenças complexas por coordenação e por correlação. Então, fica combinado o seguinte:

1. Usaremos a expressão *primeira coordenada* no caso da sentença complexa por coordenação.
2. Usaremos *primeira correlata* no caso da sentença complexa por correlação.
3. Usaremos *matriz* no caso da sentença complexa por subordinação substantiva, adjetiva e adverbial.

ATIVIDADE 21

Retorne às sentenças da atividade 20 e identifique **a primeira coordenada, a primeira correlata, a matriz.**

8.3.1 SENTENÇAS COMPLEXAS COORDENADAS

Observe os exemplos a seguir:

(a) *Fulano saiu **e** Beltrano entrou.*
(b) *Fulano saiu **mas** Beltrano entrou.*

Comparando *Fulano saiu **e** Beltrano entrou* e *Fulano saiu **mas** Beltrano entrou*, notamos que em *Fulano saiu **e** Beltrano entrou* uma afirmação simplesmente foi adicionada a outra, sendo que em *Fulano saiu **mas** Beltrano entrou* uma afirmação foi contrastada com a outra, pressupondo que Beltrano não deveria ter entrado.

Minissentença, sentença simples, sentença complexa 353

A segunda sentença de *Fulano saiu e Beltrano entrou* é denominada coordenada **aditiva**, e a segunda sentença de *Fulano saiu mas Beltrano entrou* é denominada coordenada **adversativa**.

8.3.1.1 Coordenada aditiva

Seja o seguinte conjunto de exemplos:

(a) *Na rua, é aquele movimento de vai e vem que não termina nunca.*
(b) *Com este e aquele argumento acabou convencendo a todos.*
(c) *Com um bom argumento e grandes gritos, acabou convencendo a todos.*
(d) *Convenceu a todos e não precisou mais gritar.*
(e) *L1 - E...*
  L2 - E daí o entusiasmo [...]
  L1 - É... e... mas...depois [...]
  L2 - Ahn ahn...
  L1 - Não é? e estamos muito contentes e...
  L2 - E dão muito trabalho [...]

(Fontes: NEVES,2000: 740 ss. e DIAS DE MORAES, 1987: 101 ss.)

Notamos nessas sentenças que a conjunção *e* coordenou os mais variados segmentos, unindo:
- ✓ os elementos de composição de uma palavra em *Na rua, é aquele movimento de vai e vem que não termina nunca*;
- ✓ os especificadores de um sintagma nominal em *Com este e aquele argumento acabou convencendo a todos*;
- ✓ dois sintagmas nominais em *Com um bom argumento e grandes gritos, acabou convencendo a todos*;
- ✓ duas sentenças em *Convenceu a todos e não precisou mais gritar*;
- ✓ vários turnos conversacionais em *E daí o entusiasmo [...]/É... e... mas... depois [...]/Não é? e estamos muito contentes/E dão muito trabalho [...]*.

Em resumo, a conjunção *e* é um prodígio!
Quando uma negação precede a conjunção aditiva *e*, usamos **nem**:

Exemplo

> *então a arte SURge <u>não</u> em função:: de uma necessidade de autoexpressão... **nem** em função de uma necessiDAde... de::... embelezar o ambiente em que eu vivo... deveria ser uma necessidade estética de ver coisas bonitas... mas unicamente... em função da necessidade de eu assegurar... a caça... e continuar podendo comer e me manter vivo* (EF SP 405).
>
> (Fonte: PEZATTI E LONGHIN-THOMAZI, 2008.)

ATIVIDADE 22

Reúna diferentes ocorrências da conjunção **e**, identificando:
(1) que expressões ela reúne;
(2) que posição ela ocupa na sentença;
(3) que expressões podem vir depois dela, quando queremos abreviar nosso texto.

8.3.1.2 Coordenada adversativa

As **coordenadas adversativas** também são denominadas **contrajuntivas**, pois o que é dito na segunda sentença contraria as expectativas geradas pela primeira, como se pode ver em:

> (a) *Pensei que ia dar certo, **mas** me enganei.*
> (b) *Estudei muito, **mas** não passei de ano.*

A conjunção adversativa mais frequente é **mas**, que tem uma biografia muito interessante. Ela deriva do advérbio latino *magis*, que mudou para *mais* (advérbio usado para somar elementos num conjunto e para estabelecer comparações), como em:

> (a) *Precisamos de **mais** pedreiros.*
> (b) *Ele tem **mais** livros do que seu vizinho.*
> (c) *Falou **mais** alto do que seu colega.*
> (d) *Minha filha está pra casar **mais** o filho do Manuel.*

Do advérbio **mais** derivou a conjunção **mas**, que ainda hoje em dia é usada para indicar a soma de constituintes sentenciais:

Minissentença, sentença simples, sentença complexa   355

> (a) *A gente vive de motorista o dia inteiro,* **mas** *o dia inteiro.* (D2 POA 360)
> (b) *Nós temos tantos amigos desintegrados... * **mas** *nós só temos amigos assim de família desestruturada.* (D2 RJ 147)

Nesses exemplos, **mas** soma os sintagmas nominais [*o dia inteiro*] em (a) e as sentenças [*nós temos amigos desintegrados*] a [*nós só temos amigos assim de família desestruturada*] em (b).

Num segundo momento, a palavra **mas** começou a ser usada com advérbios de negação, como em:

> *Ela está lá* **mas não** *funciona.* (D2 SP 343)

O valor de negação foi assimilado por **mas**, que passou a negar as expectativas criadas pela sentença anterior, transformando-se na conjunção adversativa que conhecemos:

> *As mais velhas estão entrando na adolescência* **mas** *são muito acomodadas.* (D2 SP 360)

O valor adversativo desenvolveu-se por metonímia, ou seja, por ser frequentemente precedida de **não**, **mas** assimilou esse valor, negando expectativas.

Também funcionam como conjunções adversativas as palavras **contudo**, **todavia**, **entretanto**. Essas conjunções não têm as mesmas propriedades de **mas**. Perini (1995: 145) mostrou que *porém* ainda é um advérbio, pois se desloca livremente pela sentença, o que não ocorre com *mas*:

> (a) *Titia adormeceu;* **porém**, *vovó continuou a cantar.*
> (b) *Titia adormeceu; vovó,* **porém**, *continuou a cantar.*
> (c) *Titia adormeceu; vovó continuou,* **porém**, *a cantar.*
> (d) *Titia adormeceu; vovó continuou a cantar,* **porém**.

ATIVIDADE 23

1. Nas sentenças do exemplo anterior, substitua *porém* por *contudo* e *todavia*. Agora, nos diga: o que acontece?

2. Tente substituir *porém* pela conjunção *mas*. A que conclusão chegou?

3. Ao comparar os resultados obtidos em 1 e 2, notaremos que a conjunção *mas* é "mais gramaticalizada". O que quer dizer isso? Leia a seção final deste capítulo.

ATIVIDADE 24

Observe o uso de **mas** no enunciado a seguir, diga que valor a conjunção assume no enunciado e por quê.

ATIVIDADE 25

Observe no texto as duas ocorrências de **mas** em destaque e analise:
(i) a posição que ocupam no enunciado;
(ii) o sentido que imprimem ao texto;
(iii) a função que assumem.

Como fazíamos sem...
Energia elétrica

Quem cuidava da iluminação eram os vaga-lumes. Não o inseto, é claro. **Mas os profissionais responsáveis por acender e apagar os lampiões das cidades.** Eles eram fundamentais até 1930, quando a eletricidade ainda era artigo raro e, no lugar de lâmpadas, os postes usavam gás. Eles tinham que ser acendidos e apagados todos os dias por alguém e já eram uma invenção e tanto. Antes deles, a rotina de todo mundo durava só enquanto houvesse luz do sol. No Brasil, onde os dias são sempre longos e claros, isso não era um problema tão grande, **mas** nos países mais frios, como a Inglaterra, isso significava ter apenas seis ou sete horas ativas durante o inverno. [...]

Fonte: SOALHEIRO, Bárbara. *Como fazíamos sem...* São Paulo: Panda Books, 2006, p. 102.

8.3.2 SENTENÇAS COMPLEXAS SUBORDINADAS

As subordinadas dispõem de três processos de marcação gramatical:
(i) por meio das conjunções subordinativas, cuja origem será explicada na seção "Sumarizando" deste capítulo;
(ii) por meio de morfemas do modo subjuntivo;
(iii) por meio das formas nominais do verbo.

Comparando os termos *subjuntivo* e *subordinada*, note que nos dois casos ocorreu o prefixo *sub-* que significa "embaixo de", seguido de derivações dos verbos *juntar* e *ordenar*. Os dois termos, portanto, são sinônimos, pois significam "juntar/ordenar embaixo de": juntar e ordenar sentenças debaixo de outra, ou seja, debaixo da *primeira sentença* (no caso da coordenação), da *primeira correlata* (no caso da correlação) e da *sentença matriz* (no caso da subordinação).

Com o tempo, o termo *subjuntivo* especializou-se na designação do modo verbal que ocorre nas orações subordinadas, e o termo *subordinada* especializou-se na designação de um tipo oracional. Justamente o tipo que passamos a descrever.

Há três tipos de sentenças subordinadas:
✓ **as substantivas**, que funcionam como sujeito ou como complemento;
✓ **as adjetivas** e **as adverbiais**, que funcionam como adjuntos.

Entenda melhor isso observando estes exemplos:

(a) *Ela disse que voltaria hoje*.
(b) *A carta que chegou trouxe boas notícias*.
(c) *Quando você voltar, traga boas notícias*.

A sentença negritada em *Ela disse que voltaria hoje* é uma **subordinada substantiva**, porque funciona como objeto direto da sentença matriz *ela disse*. Dizemos que ela está encaixada no sintagma verbal nucleado por *disse*. Esse sintagma verbal (= SV) pode ser analisado assim:

Sentença complexa → SV [*disse   que voltaria hoje*]
                  ↓   ↓
            núcleo   sentença substantiva complementadora

A sentença negritada em *A carta que chegou trouxe boas notícias* é uma **subordinada adjetiva**, porque funciona como adjunto adnominal do sintagma nominal *a carta*. Dizemos que ela está encaixada no sintagma nominal organizado por *a carta*. Esse sintagma nominal (= SN) pode ser analisado assim:

Finalmente, a sentença negritada em **Quando você voltar,** *traga boas notícias* é uma **subordinada adverbial**, porque funciona como adjunto do verbo *trazer*. Dizemos que ela está em adjunção ao sintagma verbal *traga boas notícias*. Esse sintagma verbal pode ser analisado assim:

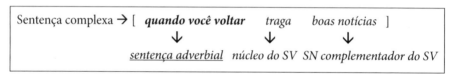

Assim devidamente apresentadas, vamos agora observar mais de perto os três tipos de sentenças subordinadas. Como você notou pelas análises, a [**sentença matriz** + **a sentença subordinada**] organizam uma espécie de *sintagma verbal máximo*, integrado por vários sintagmas mínimos. Você se lembra do sintagma nominal máximo? Pois é, as sentenças complexas não passam de um sintagma verbal máximo, por serem integradas por mais de um sintagma verbal, cada um deles nucleado por um verbo.

No exemplo **Quando você voltar,** *traga boas notícias*, você encontrou os verbos *voltar*, conjugado no futuro do subjuntivo, e *traga*, conjugado no presente do subjuntivo, sendo que o primeiro está subordinado ao segundo, por adjunção.

ATIVIDADE 26

Indique as **sentenças subordinadas** e diga a função que exercem.

1. *Americano recupera anel que havia perdido há 41 anos no chuveiro.*
Fonte: *G1*, 6 out. 2010. Planeta bizarro. Disponível em: <http://g1.globo.com/planeta-bizarro/noticia>. Acesso em: 24 fev. 2011.

2. *Quando o pai tolera o consumo, o adolescente tem mais chance de desenvolver problemas de dependência de álcool.*

Fonte: LARANJEIRA, Ronaldo. Frases. *Folha de S.Paulo*, 1º ago. 2011. Cotidiano.

3. **Bom Tempo**
Um marinheiro me contou
Que a boa brisa lhe soprou
Que vem aí bom tempo
O pescador me confirmou
Que o passarinho lhe cantou
Que vem aí bom tempo

Fonte: Chico Buarque, *Chico Buarque de Hollanda* (compacto), 1968.

8.3.2.1 Subordinadas substantivas

Para uma descrição sistemática das substantivas, vejamos inicialmente os seguintes exemplos:

(a) *Ordenei fechar a porta.*
(b) *Ordenei que fechassem a porta.*
(c) *Começa que eu não sei onde isso vai parar.*
(d) *Parece que eu não sei, sô.*
(e) *É preciso que todos entendam o seguinte...*
(f) *Luís descobriu que pólvora queima.*
(g) *Eu acho que não vai mais parar de chover.*
(h) *Gosto de que ele tenha essas companhias.*
(i) *Não há necessidade de que você se preocupe.*

Observando as sentenças complexas reunidas nesses exemplos anteriores, notamos que

(1) A sentença matriz
 • é organizada por classes de palavras tais como
   (i) os verbos *ordenar*, *começar*, *parecer*, *descobrir*, *achar*, *gostar*,
   (ii) o substantivo *necessidade*, precedido do verbo *haver*,
   (iii) o adjetivo *preciso*, precedido do verbo *ser*;

360 Pequena gramática do português brasileiro

- modaliza a subordinada, atribuindo-lhe valores de certeza, dúvida, ordem;
- assume vários papéis na organização do texto.

(2) A sentença subordinada substantiva
- pode ter o verbo em forma infinitiva (*Ordenei **fechar a porta***) ou em forma finitiva precedida de conjunção (todas as outras);
- funciona como sujeito ou como complemento da sentença matriz, posicionando-se em geral depois dela.

(3) Há uma correlação modo-temporal entre o verbo da matriz e o verbo da subordinada.

As observações anteriores nos permitem estabelecer um plano de estudo das substantivas.

8.3.2.1.1 A SENTENÇA MATRIZ

1. As seguintes classes de palavras organizam a **sentença matriz**, selecionando a **sentença substantiva**, atribuindo a estas as funções estudadas na seção 8.2 deste capítulo:

- Verbos impessoais como em ***Começa*** *que eu não sei onde isso vai parar* e ***Parece*** *que eu não sei, só* e estruturas formadas por ***ser*** + **adjetivo** selecionam uma sentença substantiva que funciona como sujeito (= subjetiva), como em ***É preciso*** *que todos entendam o seguinte...*
- Verbos transitivos diretos selecionam uma sentença substantiva que funciona como objeto direto, como em ***Ordenei*** *fechar a porta*, ***Ordenei*** *que fechassem a porta*, *Luís* ***descobriu*** *que pólvora queima* e *Eu* ***acho*** *que não vai mais parar de chover*. Os seguintes verbos operam na matriz das objetivas diretas:
  - ✓ **verbos declarativos** (*dizer, declarar, informar, fazer, saber, comentar*);
  - ✓ **verbos evidenciais** (*pensar, raciocinar, supor, achar*);
  - ✓ **verbos volitivos** e **optativos** (*querer, desejar*);
  - ✓ **verbos causativos**, cujo sujeito é o causador do estado de coisas expresso na subordinada (*deixar, fazer, mandar, conseguir*);
  - ✓ **verbos perceptivos** (*ver, ouvir*);

Minissentença, sentença simples, sentença complexa 361

✓ **verbos de inquirição** (*perguntar, indagar,* com conjunção *se*);
✓ **verbos avaliativos** (*lamentar, adorar, sentir*).

- Verbos transitivos oblíquos como *gostar,* em *Gosto de que ele tenha essas companhias.*
- Substantivos deverbais, tais como *preocupação, impressão, necessidade,* como em *Não há **necessidade** de que você se preocupe,* e adjetivos tais como *ciente, consciente, acostumado, habituado, apto* etc. selecionam as substantivas que funcionam como complementos nominais.

Alguns verbos da matriz vêm-se fundindo com a conjunção integrante *que*: *diz que* e *acho que* reúnem-se numa só palavra fonológica, *disque* ['diski] e *ach'que* ['aʃki], a primeira já documentada na língua escrita.

Às vezes, as novas formas *ach'que* e *disque* se comportam como uma espécie de advérbio, deslocando-se pela sentença, deixando de ser interpretadas como sentenças matrizes:

(a) ***Disque*** *esse candidato ganhará as próximas eleições.*
(b) *Esse candidato **disque** ganhará as próximas eleições.*
(c) *Esse candidato ganhará as próximas eleições, **disque**.*

(a) ***Ach'que*** *vai faltar luz.*
(b) *Vai, **ach'que**, faltar luz.*
(c) *Vai faltar luz, **ach'que**.*

Verbos declarativos têm admitido a preposição *de* antes da conjunção integrante, dando lugar a substantivas objetivas diretas preposicionadas:

(a) *Disse **de que não sabia nada**.*
(b) *Afirmo **de que não sou o criminoso** que vocês procuram.*

Verbos de inquirição selecionam as sentenças substantivas interrogativas indiretas: ver seção 8.2.

2. A matriz modaliza a subordinada, atribuindo-lhe valores de <u>certeza,</u> <u>dúvida</u>, <u>ordem</u>.

- A sentença matriz contém verbos e adjetivos que expressam a <u>certeza</u>, valor que é atribuído à substantiva:

362 Pequena gramática do português brasileiro

> (a) *Eu sei que os filmes eram muito ruins.*
> (b) *Digo/afirmo/declaro que os filmes eram muito bons.*
> (c) *Nego que os filmes fossem ruins.*
> (d) *Pergunto se os filmes eram muito ruins.*
> (e) *É certo/exato/claro que os filmes eram muito ruins.*
> (f) *É verdade que os filmes eram muito ruins.*

Nesses exemplos, os verbos e adjetivos da matriz atribuem à sentença substantiva um valor de certeza, de verdade.

A sentença matriz contém verbos e adjetivos que expressam a <u>dúvida</u>, valor que é atribuído à subordinada:

> (a) *Eu acho que esse salário de dez mil cruzeiros fará diferença.*
> (b) *Julgam que esse salário de dez mil cruzeiros fará diferença.*
> (c) *Parece que esse salário de dez mil cruzeiros fará diferença.*
> (d) *Consideram que esse salário de dez mil cruzeiros fará diferença.*
> (e) *Supõem que esse salário de dez mil cruzeiros fará diferença.*
> (f) *Segundo os economistas, é provável que esse salário de dez mil cruzeiros fará diferença.*
> (g) *É possível que este supermercado de Recife seja o maior do Brasil.*

Nesses exemplos, os verbos e adjetivos da matriz atribuem à sentença substantiva um valor de crença, de dúvida de possibilidade.

- A sentença matriz contém verbos, substantivos e adjetivos que expressam a necessidade, a obrigatoriedade, valores atribuídos à subordinada:

> (a) *Toda cirurgia tem de implicar em despesas.*
> (b) *agora... para ele chegar à análise ele tem que ter passado pelo conhecimento... pela compreensão... mas não necessariamente precisa aplicar.* (EF POA 268)
> (c) *É obrigatório que toda cirurgia implique em despesas.*

8.3.2.1.2 A SENTENÇA SUBSTANTIVA

Já identificamos as funções sintáticas desempenhadas pelas sentenças substantivas. Nesta seção, observaremos outras características dessa sentença.

✓ Colocação das substantivas

As sentenças substantivas são colocadas após a sentença matriz, na ordem não marcada, como os exemplos (a) a (i) da p. 359, analogamente ao que ocorre com os complementos. Na ordem marcada, elas se antepõem à sentença matriz, como nestes exemplos:

(a) **Que a Maria não tenha vindo à festa** surpreendeu o João. (Mira Mateus et al. 2005: 606)
(b) **Viajar de Kombi** não é moleza, viu? (Gonçalves, Souza e Casseb-Galvão, 2008)
(c) **Trabalhar depois de uma refeição dessas** é realmente impossível. (Gonçalves, Souza e Casseb-Galvão, 2008)

✓ **Correlação modo-temporal entre a matriz e a substantiva**

De um modo geral, **os verbos declarativos** e **perceptivos** selecionam o **indicativo** na substantiva (exemplos a-b) e os demais verbos selecionam o subjuntivo (exemplos c-f):

(a) **Declaro** que você **está** aprovado.
(b) **Vi** que você se **esforça** bastante.
(c) **Suponho** que você **venha**.
(d) **Quero** que você **venha**.
(e) **Consigo** que você **venha**.
(f) **Lamento** que você **venha**.

ATIVIDADE 27

Explique a correlação modo-temporal entre a matriz e a oração substantiva nos trechos em destaque.

Texto 1

Fonte: *Twitter Magno Silvestre*, 27 jan. 2011. Disponível em: <http://twitter.com/MagnoSilvestre>. Acesso em: 23 fev. 2011.

Texto 2

> ...e pra quem me **pediu** que **voltasse** a falar **sobre política nesse blog**, segue o post:
>
> Fonte: *Blog Intensa Distração*, 15 jun. 2008. Disponível em: <http://intensadistracao.blogspot.com>. Acesso em: 23 fev. 2011.

Texto 3

> *Cartas*
>
> **Fã das profissões 2**
>
> Olá, pessoal! Quero dizer que gostei muito das seções Quando crescer, vou ser... arquivista (CHC 211), animador (CHC 213) e perito criminal (CHC 215). **Gostaria** que vocês **publicassem** uma matéria sobre os escritores de livros infantis, como Monteiro Lobato, e **fizessem** um Quando crescer, vou ser... sobre escritor.
> **Tifanny Yasmin Rocha de Sousa.**
> **Alcântaras/CE.**
>
> Fonte: *Ciência Hoje das Crianças*. Rio de Janeiro: SBPC, ano 23, n. 219, dez. 2010, p. 29.

✓ **Papel das sentenças matrizes na organização do texto**

Quando observamos o papel das sentenças matrizes na organização do texto, notamos que elas servem para introduzir um assunto – e, nesse caso, as matrizes são **apresentacionais**, ou servem para fazer declarações sobre o assunto assim introduzido – e neste caso as matrizes são **predicadoras**.

- **Matriz apresentacional**
  Já estudamos que "apresentar" é introduzir no discurso um novo participante, um tópico, um assunto. Os **verbos apresentacionais** pedem um só termo, figurando na cabeça da sentença complexa. Nos exemplos a seguir, *acontecer* e *ocorrer* introduzem na corrente do discurso os assuntos *Fulano apareceu*, *pode nos jogar numa próxima crise*, *a prefeitura exigiu...*, e *levar a lugar nenhum*, à volta dos quais o texto passará a girar.

Minissentença, sentença simples, sentença complexa **365**

> (a) **Acontece** *que Fulano apareceu quando menos se esperava.*
> (b) **Acontece** *que sair de uma crise com uma reforma repelida pelos eleitores pode nos jogar numa próxima crise.* (Fonte: GABEIRA, F. Reforma a toque de caixa. *Folha de S.Paulo*, 8 maio 2009.)
> (c) **Ocorreu** *na conclusão da construção de um edifício aqui próximo que a prefeitura exigiu para esse edifício o serviço de coleta sanitária...* (DID REC 004)
> (d) **Ocorre** *que tal condescendência não nos vai levar a lugar nenhum.*

- **Matriz predicadora**

  Uma vez instalado o tópico do texto, seguem-se declarações sobre ele, manifestações de vontade, e outras possibilidades que o leitor facilmente documentará nos exemplos a seguir.

> (a) **É bem verdade** *que é da índole presidencial uma grande tolerância com relação a essa multiplicidade de aliados.* (Fonte: MARTINS, I. G. da Silva. Radiografia atual da crise. *Folha de S.Paulo*, 8 maio 2009.)
> (b) **Diz-se** *que a nova Lei das Falências foi "recomendada" pelo Banco Mundial ao governo brasileiro.* (Fonte: GONÇALVES, J. E. "A verdade sobre a nova Lei das Falências", *Folha de S.Paulo*, 8 maio 2009.)
> (c) **Alegava**, *à época, que a "fraternidade entre os colegas" retirava dos parlamentares a condição de fazer julgamentos de quebra de decoro de seus pares.* (Fonte: *Folha de S.Paulo*, 8 maio 2009.)
> (d) *Nós imaginávamos... no princípio... trazer... ou fazer a con/a: cobertura da casa com telha canal... telha canal aparente... ou seja telha de barro finalmente como se* **diz** *que/se usa por aí... com os ca:ibros apa/aparecendo tudo isso...* (DID REC 004)
> (e) **Declarou** *perante todos que estava exausto.*
> (f) *Ou alguém* **acha** *que banqueiros e empresários financiam campanhas sempre movidos pelo ideal democrático?*
> (g) **Acho** *que nós nunca vamos nos preocupar... em dar uma mão de massa nas paredes* (DID REC 004)
> (h) **Parece** *que os deputados estão querendo ver o circo pegar fogo.*
> (i) *Eu* **gostaria** *que você faLAsse... a respeito da sua casa eu sei que você... lutou MUIto para construir.* (DID REC 004)
> (j) *Daqui em diante,* **quero** *que todo mundo fique lendo dicionários.*

ATIVIDADE 28

Procurando em textos variados, identifique verbos, substantivos e adjetivos que organizam a sentença matriz e explique o valor modal que essas classes de palavras atribuem à sentença substantiva. Comece com a sentença destacada na tirinha (**Espero** que o efeito do remédio seja retroativo).

Fonte: THAVES, Bob. Frank e Ernest. *O Estado de S. Paulo*, 5 fev. 2011. Caderno 2, p. D7.

8.3.2.2 Subordinadas adjetivas

Observe os seguintes exemplos:

(a) Eu, *que estou lendo*, cheguei primeiro.
(b) Perdi o livro *que estava lendo*.
(c) Devolvi o livro ao aluno *a quem ele pertencia*.
(d) Não há uma área em São Paulo *em que a polícia não entre*.
(e) Os painéis solares geram a energia *com que sempre sonhamos*.
(f) O livro de história *cuja capa está rasgada* merece ser encadernado.

Em todos esses casos, a sentença subordinada adjetiva:

(1) Está encaixada nos sintagmas nominais *eu*, *o livro*, *os painéis solares*, *o livro de história* e nos sintagmas preposicionais *ao aluno*, *em São Paulo*.
(2) É introduzida pelos pronomes relativos estudados no capítulo 3.
Os pronomes relativos funcionam como pronomes e como conjunções:
   (i) como conjunções, encaixam a sentença adjetiva no sintagma nominal ou no sintagma preposicional precedente;
   (ii) como pronomes, funcionam como sujeito, complemento ou adjunto de seu verbo.

Assim:

- No exemplo *Eu, **que estou lendo**, cheguei primeiro*, o pronome *que* funciona como pronome sujeito de *estou lendo*, e como conjunção, encaixando *que estou lendo* no sintagma nominal *eu*.
- No exemplo *Perdi o livro **que estava lendo***, o pronome *que* funciona como pronome objeto direto de *estou lendo*, e como conjunção, encaixando *que estava lendo* no sintagma nominal *o livro*.
- No exemplo *Devolvi o livro ao aluno **a quem ele pertencia***, o pronome preposicionado *a quem* funciona como pronome objeto indireto de *pertencer*, e como conjunção, encaixando *a quem ele pertencia* no sintagma preposicional *ao aluno*.
- No exemplo *Não há uma área em São Paulo **em que a polícia não entre***, o pronome preposicionado *em quem* funciona como pronome complemento oblíquo de *entrar*, e como conjunção, encaixando *em que a polícia não entre* no sintagma preposicional *em São Paulo*.
- Descubra agora as funções de *que* em *Os painéis solares geram a energia **com que sempre sonhamos***.
- Finalmente, o raro pronome *cujo* funciona como adjunto adnominal de *capa*, encaixando a adjetiva *cuja capa está rasgada* no sintagma nominal *o livro de história*.

As sentenças anteriores são consideradas **adjetivas padrão**, segundo Lemle (1984). Na adjetiva padrão, os pronomes relativos exibem as formas correspondentes à função que exercem.

Estavam as coisas nesse pé quando o nosso bom pronome relativo se cansou dessa vida dupla de pronome e de conjunção, optando por ser uma conjunção apenas, o que já estaria de bom tamanho. Deixando progressivamente de ser um pronome, ele não podia mais exercer funções sintáticas na sentença. Isso sem falar na forma *cujo*; em rápido processo de desaparecimento, o pobre virou motivo de piada, na expressão *o dito cujo*. Assim passa a glória desta vida...

O problema é que, quando o pronome relativo se despronominaliza, reduzindo-se à condição de conjunção, ele perde a propriedade de retomar seu antecedente e de receber uma função de seu verbo; agora, precisaremos de um pronome pessoal, preposicionado ou não, para exercer essa função:

368 Pequena gramática do português brasileiro

> (d) *Não há uma área em São Paulo que a polícia não entre nela.*
> (e) *Os painéis solares geram a energia que sempre sonhamos com ela.*
> (f) *O livro de história que a capa dele está rasgada...*

Observe que nesses exemplos as funções de complemento oblíquo e de adjunto adnominal do *que* passam a ser preenchidas pelos pronomes pessoais preposicionados *nela*, *com ela*, *dele*. Essas sentenças são chamadas **adjetivas copiadoras**, visto que a função pronominal do relativo é copiada pelo pronome pessoal.

> – Escute aqui: a propriedade de pronome do relativo já deu no pé, tudo bem. E o que acontecerá, então, se os pronomes pessoais convocados pelas adjetivas copiadoras também desaparecerem?
> – O amigo está demonstrando um fino faro de investigador, pois isso já está acontecendo. Espie as seguintes sentenças, não aceitas pelo padrão culto:

> (d) *Não há uma área em São Paulo que a polícia não entre.* (*Folha de S.Paulo*, 17 dez. 2008, Cotidiano, p. C3)
> (e) *Os painéis solares geram a energia que sempre sonhamos.*
> (f) *O livro de história que a capa está rasgada merece ser encadernado.*

Dado o sumiço do pronome pessoal, essas adjetivas foram denominadas **adjetivas cortadoras**. Deve haver alguma relação entre essa sintaxe e o uso crescente do advérbio *onde*, que substituiria a estrutura padrão *em que*:

> (d") *Não há uma área em São Paulo onde a polícia não entre.*

> – OK, professor, então, se eu encontrar uma sentença começada por **que**, primeiro verifico se esse **que** é uma conjunção integrante ou um pronome relativo. Se for uma integrante, não substituível por **o qual**, identifiquei uma substantiva. Se for um pronome relativo, substituível por **o qual**, identifiquei uma adjetiva. Estou pronto pro vestibular!
> – Você fez um raciocínio fundamentado na oposição "sentença substantiva *versus* sentença adjetiva". Mas note que há algumas estruturas que aparentemente ficaram no meio do caminho, compartilhando as propriedades que separam as substantivas das adjetivas.

Veja, por exemplo, as estruturas ligadas pela palavra *quem*, entendido habitualmente como um pronome relativo:

Minissentença, sentença simples, sentença complexa 369

> (a) **Quem foi a Portugal** *perdeu o lugar.*
> (b) *Já se apresentou ao emprego* **quem você recomendou**.

As sentenças negritadas, supostamente adjetivas, não vêm encaixadas num sintagma nominal, logo, não teríamos aí sentenças adjetivas. Nesse caso, que diabo de estrutura é essa?

As seguintes análises têm sido feitas:

- *Quem foi a Portugal* e *quem você recomendou* são sentenças encaixadas nos sintagmas verbais *perdeu o lugar* e *já se apresentou ao emprego*, funcionando como sujeito; logo, são substantivas. Luft (1974) fez essa análise, incluindo **Quem foi a Portugal** *perdeu o lugar* e *Já se apresentou ao emprego* **quem você recomendou** entre as substantivas, a que denominou *substantivas de adjunto adnominal*. Nesse caso, teríamos de admitir que a palavra **quem** pode funcionar como conjunção integrante, e que as substantivas funcionam também como adjuntos, disputando um lugar ao sol com as adjetivas e as adverbiais.

- O pronome **quem** tem por antecedente um sintagma nominal cujo núcleo foi omitido, sendo parafraseável por [*aquele Ø que*]. Com isso, desdobrando-se **quem** em **aquele que**, a candidatura das adjetivas volta a ser cogitada:

> (a') *Perdeu o lugar aquele* **Ø que foi a Portugal**.
> (b') *Já se apresentou ao emprego aquele* **Ø que você recomendou**.

Explicitado o antecedente de **quem**, pode-se argumentar que essas sentenças estão encaixadas num sintagma nominal de núcleo elíptico, algo como:

> (a") [*Aquele sujeito que*] *foi a Portugal perdeu o lugar.*

- O pronome **quem** organiza uma sentença adjetiva apenas quando preposicionado, situação em que ele funciona como complemento do verbo da adjetiva. Essa é a solução de Bechara (1992/1999: 487) e Neves (2000: 385):

(a) *Só trato de negócios* **com quem** *eu me dou bem.*
(b) *Entreguei o presente* **a quem** *me pediste.*
(c) *Vivia colado no profeta,* **de quem** *se tornara seguidor.*

Nos demais casos, como os do exemplo **Quem foi a Portugal** perdeu o lugar e **Já se apresentou ao emprego quem você recomendou**, teríamos **adjetivas livres**, dada a dificuldade de localizar seu ponto de encaixamento.

ATIVIDADE 29

1. Observe a **adjetiva livre** no enunciado.

> ● **Quem coloca sacos na rua fora de hora também é culpado pelas inundações**
> Fonte: *Veja São Paulo*, 19 jan. 2011. Capa.

2. Explique o que gramaticalmente caracteriza esse tipo de sentença e por que a denominação "adjetiva livre".
3. Transforme a adjetiva livre em adjetiva padrão.
4. Que efeito de sentido a adjetiva livre produz se comparada, por exemplo, à adjetiva padrão?

ATIVIDADE 30

1. As adjetivas livres são mais comuns do que podemos imaginar. Quer conferir? Então, olhos e ouvidos bem abertos, registre em seu bloco de anotações as adjetivas livres que identificar em textos falados ou escritos.
2. Analise o "comportamento" gramatical, semântico e textual dessas sentenças nos textos que selecionou.
3. Elabore as suas conclusões e comunique os resultados do seu trabalho aos seus colegas e professor.

ATIVIDADE 31

1. Além de livres, as adjetivas podem ser **copiadoras** ou **cortadoras**. A fim de compreender um pouco mais esses dois fenômenos linguísticos, selecione um material para análise que poderá ser um conjunto de textos orais ou escritos.

2. Levante no material selecionado as ocorrências de adjetivas copiadoras e adjetivas cortadoras.
3. Aplique os testes estudados para explicar cada uma das ocorrências.
4. Produza um pequeno texto de divulgação dos resultados de sua análise que poderá ser distribuído para os colegas e professor de sua turma ou ser publicado no jornalzinho da escola, no seu blog etc....

8.3.2.3 Subordinadas adverbiais

Imagine a cena: você pretende ficar em dado lugar, porém, a situação discursiva em que se encontra exige algo mais do que simplesmente declarar *Ficarei*. Por qualquer razão, não cairá bem se você for tão telegráfico, tão econômico em suas palavras. Você, definitivamente, precisará acrescentar informações adicionais a isso. Ah, meu amigo, nessa hora você caiu em cheio nos braços das sentenças adverbiais! Elas existem precisamente para fornecer informações desse tipo.

Eis aqui algumas de suas alternativas:

(a) *Ficarei **porque Maria vem**.*
(b) ***Se Maria vier**, ficarei.*
(c) *Ficarei **quando Maria vier**.*
(d) *Ficarei **para que Maria venha**.*
(e) *Ficarei, **embora Maria não venha**.*
(f) *Ficarei mais tempo **do que Maria pensa**.*
(g) *Ficarei tanto tempo **que Maria se chateará**.*
(h) *Maria falou alto, **como costumava fazer**.*
(i) *Inscrevi-me entre os pretendentes a Maria, **à medida que ela os chamava para o teste**.*

Nos exemplos citados anteriormente, as sentenças negritadas verbalizam informações adicionais. A informação central já foi veiculada pela sentença matriz. A sentença adverbial funciona em adjunção ao verbo da sentença matriz.

A tradição gramatical tenta captar essas informações adicionais, extraindo daí uma tipologia para essas sentenças:

- Causal (*Ficarei porque Maria vem*): a adverbial expressa uma causa para *ficar*.
- Condicional (***Se Maria vier eu fico***): a adverbial submete *ficar* a uma condição.

- Temporal (*Ficarei **quando Maria vier***): a adverbial localiza *ficar* no tempo.
- Final (*Ficarei **para que Maria venha***): a adverbial estabelece uma finalidade para *ficar*.
- Concessiva (*Ficarei, **embora Maria não venha***): a adverbial contraria a expectativa criada por *ficar*.
- Comparativa (*Ficarei mais tempo **do que Maria pensa***): a adverbial compara a duração de *ficar* a *pensar*.
- Consecutivas (*Ficarei tanto tempo **que Maria se chateará***): a adverbial expõe uma consequência de *ficar*.
- Conformativa ou modal (*Maria falou alto, **como costumava fazer***): a adverbial expressa o modo como *Maria falou*.
- Proporcional (*Inscrevi-me entre os pretendentes a Maria, **à medida que ela os chamava para o teste***): a adverbial estabelece uma proporção para *inscrever-se*. (Cunha e Cintra, 1985: 589-593)

Se fôssemos identificar todas as alterações de sentido que as adverbiais provocam na sentença matriz, teríamos uma tipologia inesgotável. Melhor parar por aqui.

Dotadas de propriedades semanticamente homogêneas (= apresentam uma informação adicional), essas sentenças, entretanto, mostram propriedades sintáticas heterogêneas, distintas (= não passam pelos mesmos testes sintáticos).

Funcionando como constituintes em adjunção ao verbo da sentença matriz, todas elas deveriam aceitar o teste da focalização por meio de *somente* e *é que*. Os constituintes sentenciais são identificáveis por meio desse processo. Admitindo-se que todas elas funcionem como um adjunto adverbial, todas poderiam ser focalizadas.

Entretanto, se fizermos esse teste, notaremos que elas mostram um comportamento heterogêneo. Assim, podem ser focalizadas **as causais, as condicionais, as temporais, as finais** e **as proporcionais**, estas, na verdade, um subtipo das temporais. Não podem ser focalizadas **as concessivas, as comparativas, as consecutivas** e **as conformativas**, que não são, portanto, sentenças adverbiais prototípicas:

Minissentença, sentença simples, sentença complexa 373

(a) *Ficarei somente porque Maria vem. Ficarei é porque Maria vem.*
(b) *Somente se Maria vier eu fico. É se Maria vier que eu fico.*
(c) *Ficarei somente quando Maria vier. Ficarei é quando Maria vier.*
(d) *Ficarei somente para que Maria venha. Ficarei é para que Maria venha.*
(e) **Ficarei somente embora Maria não venha. *Ficarei é embora que Maria não venha.*
(f) **Ficarei somente mais tempo do que Maria pensa. Ficarei é mais tempo do que Maria pensa.*
(g) **Ficarei somente tanto tempo que Maria se chateará. *Ficarei é tanto tempo que Maria se chateará.*
(h) **Maria falou alto somente como costumava fazer. *Maria falou alto é como costumava fazer.*
(i) *Inscrevi-me entre os pretendentes a Maria, somente à medida que ela os chamava para o teste. Foi à medida que ela os chamava para o teste que me inscrevi entre os pretendentes a Maria.*

Moral da história: **as concessivas**, **as comparativas**, **as consecutivas** e **as proporcionais** "foram reprovadas no teste". O que fazer com elas? Fazer de conta que não existem? Integrá-las em outra tipologia?

Vamos admitir que haja um *continuum* entre as adverbiais, ficando de um lado as adverbiais mais bem estruturadas, que passaram pelos testes, e metendo de outro lado as reprovadas, considerando que estas ainda não estão suficientemente estruturadas.

Concessivas e **adversativas** compartilham a mesma propriedade textual, a da **contrajunção**, distinguindo-se gramaticalmente pelo uso do modo verbal. Ambas nos dão certo desgosto, pois ambas negam nossas expectativas. A única diferença é que as adversativas "dão um tempo" para esse desgosto, enquanto que as concessivas liquidam a fatura logo de cara. Basta você comparar:

Embora Maria não tenha aparecido, *eu fui pra balada.*
Maria não apareceu, **mas eu fui pra balada**.

Então por que não meter concessivas e adversativas no mesmo saco das sentenças coordenadas? Porque as concessivas trazem o verbo no subjuntivo, que é o modo da subordinação. Será difícil deixar de considerá-las subordinadas, mesmo "reprovadas no teste".

As correlatas **comparativas** e **consecutivas** se distinguem gramaticalmente das demais por conterem uma conjunção redobrada, cujos termos ocorrem espaçosamente na primeira e na segunda sentença: em *Ficarei mais tempo **do*** *que Maria pensa*, temos o advérbio *mais*, que se correlaciona com *do que*, e em *Ficarei tanto tempo que Maria se chateará*, temos o advérbio *tanto*, que se correlaciona com *que*. Vamos considerá-las correlatas, descrevendo-as na seção 8.3.3.

As adverbiais não se mostram tão estruturadas como as substantivas e as adjetivas, pois apresentam uma ligação mais fraca com a sentença matriz. Se, de um lado, elas são menos estruturadas sintaticamente, de outro, elas são mais sensíveis às necessidades do discurso.

Nas seções que se seguem, repertoriamos sumariamente o conhecimento acumulado sobre as adverbiais.

8.3.2.3.1 CAUSAIS

As seguintes conjunções introduzem uma adverbial causal: *porque, desde que, como, que, já que*. A primeira é a conjunção prototípica da causalidade no português brasileiro.

Vejam-se os seguintes exemplos:

(a) *É uma concepção falsa... porque supôs que eles atribuíam uma alma a objetos e plantas...*

(b) *É uma concepção falsa, por supor que eles atribuem uma alma a objetos e plantas.*

(c) *É uma concepção falsa, devido a/em razão de supor que eles atribuem uma alma a objetos e plantas.*

Nesses exemplos, a sentença negritada expressa a verdade ou a falsidade contida na sentença matriz. Também a preposição *por* e as locuções prepositivas *por causa de, devido a, em razão de* + **infinitivo** concorrem com as conjunções causais enumeradas acima, como se pode ver em *É uma concepção falsa, por supor que eles atribuem uma alma a objetos e plantas* e *É uma concepção falsa, devido a/em razão de supor que eles atribuem uma alma a objetos e plantas*.

Minissentença, sentença simples, sentença complexa **375**

8.3.2.3.2 CONDICIONAIS

Sejam os seguintes exemplos:

(a) **Se o patrão tivesse os meios**, *isto viraria um fazendão.*
(a') **Tivesse o patrão os meios**, *isto viraria um fazendão.*
(b) **Se eu estudo**, *passo de ano.*
(c) **Se sair antes das seis horas da manhã**, *sai melhor.* (D2 ssa 98)
(d) *A imagem que eu fazia era a seguinte:* **se o Japão fosse uma Birmânia** [...] *as economias industriais que ganharam a Segunda Guerra não teriam ajudado o Japão.*
(EF RJ 379)

A primeira observação que podemos fazer é sobre a ordem: **as condicionais** vêm habitualmente antes da sentença matriz, de que funcionam como adjuntos. É por isso que se tem considerado a condicional uma construção de tópico da sentença complexa em que ela aparece: sobre construção de tópico, ver 8.2.2.1.

Vamos chamar a condicional de S1 (= primeira sentença) e a matriz, de S2 (= segunda sentença). A S1 expressa uma condição que, uma vez preenchida, torna aceitável o conteúdo da S2.

Leão (1961: 60) escreveu um dos estudos mais abrangentes sobre as condicionais. Ela afirma que "no período hipotético propriamente dito, a ideia de condição ou hipótese se exprime não só pela conjunção, mas ainda pelo tempo e o modo dos verbos". É por isso que a sentença negritada de **Tivesse o patrão os meios**, *isto viraria um fazendão*, mesmo não tendo a conjunção *se*, corresponde à sentença **Se o patrão tivesse os meios**, *isto viraria um fazendão*.

Tradicionalmente, reconhece-se que as S1 apresentam três tipos semânticos de relacionamento com as S2, a propósito da qual expressam uma condição real, uma condição eventual, ou uma condição irreal:

✓ **Condicional real**: S1 expressa um evento real, em decorrência de que o enunciado de S2 é tido como uma consequência necessária, igualmente real. Essas condicionais remetem para o mundo do já sabido, e geralmente apresentam o esquema [*se* + indicativo/indicativo], como se vê em **Se eu estudo**, *passo de ano*. Observe: *estudo* = presente do indicativo.

As condicionais reais mostram paralelismo com as causais e as conclusivas, como se vê pelos esquemas:

376 Pequena gramática do português brasileiro

(a) Se S1, é porque S2: *Se há persistência do nódulo... é porque* aquele nódulo é
patológico. (EF SSA 49)
(b) Se S1, então S2: *Se essa aréola possui uma série de tubérculos... então* o tubérculo
é nomeado de [...] (EF SSA 49)

✓ **Condicionais eventuais**: S1 expressa um fato eventual, possível, e S2
confirma a hipótese expressa por S1, desde que seja satisfeita a condição
que ela verbaliza. Essas condicionais remetem para o mundo do que é
possível, e seu esquema habitual é [*se* + subjuntivo/indicativo], como
se vê em *Se eu estudar, passarei de ano*. Observe: *estudar* = futuro do
subjuntivo.

✓ **Condicionais irreais**: S1 encerra uma afirmação falsa, contrária à realidade. Temos aí o esquema [*se* + subjuntivo/forma em -*ria*], como em *A
imagem que eu fazia era a seguinte: se o Japão fosse uma Birmânia [...]
as economias industriais que ganharam a Segunda Guerra não teriam
ajudado o Japão*. Observe: *fosse* = imperfeito do subjuntivo; como o Japão
não é a Birmânia, S1 expressa uma afirmação falsa.

8.3.2.3.3 Finais

Segundo Bechara (1999: 501), as adverbiais finais expressam *a intenção, o
objetivo, a finalidade do pensamento* contido na sentença matriz.

As finais só se construem com o subjuntivo, ao passo que as adverbiais, de
modo geral, se construem no indicativo e no subjuntivo, como se pode ver em:

(a) *Vestiu-se bem para que todos notassem.*
(b) *Vestiu-se bem a fim de que todos notassem.*

ou com o infinitivo preposicionado por *para*:

(c) *Vestiu-se bem para ser notada por todos.*

As sentenças finais são introduzidas pelas conjunções *para que, a fim de
que, para* + **infinitivo**.

Minissentença, sentença simples, sentença complexa   377

8.3.2.3.4 CONCESSIVAS

As concessivas estabelecem um contraste com a matriz, assumindo a estrutura "*Embora p, q*". Também figuram como conjunções concessivas se bem que, mesmo que, apesar que.

Já é de nosso conhecimento um caso gramaticalmente mal resolvido entre as adversativas e as concessivas. Que há uma relação entre elas, não há dúvida, pois as primeiras podem ser parafraseadas pelas segundas:

> (a) *As adversativas e as concessivas andam de mãos dadas*, **mas deveriam discutir a relação**.
> (b) **Embora as adversativas e as concessivas andem de mãos dadas**, *deveriam discutir a relação*.

Nesses exemplos (a) e (b), há um fato textual e alguns fatos gramaticais.

Do ponto de vista textual, **as adversativas** e **as concessivas** alteram o eixo argumentativo: enquanto na adversativa adiamos a negação de expectativas para a segunda sentença, na concessiva o desgosto vai estampado logo de cara, na primeira sentença. Ou seja, você escolhe discursivamente se quer negar logo de uma vez – e vai de concessiva – ou se acha melhor adiar o conflito – e vai de adversativa.

Do ponto de vista da organização da sentença, **as adversativas** se expressam no indicativo e se situam em segundo lugar na sentença complexa; **as concessivas** se expressam no subjuntivo, que é o modo da subordinação, e se colocam em primeiro lugar na sentença complexa. Essa diferente seleção dos modos fez com que as adversativas fossem despachadas para a coordenação e as concessivas, para a subordinação, explicadas antes.

O exame das concessivas mostra dois esquemas sintáticos:

(1) **Sentença 1, embora não sentença 2**

> *Eu gosto muito de chuchu*, **embora todo mundo ache chuchu uma coisa sem graça**.
> (DID RJ 328)

Aqui o caráter negativo da concessiva está implícito em "achá-lo uma coisa sem graça", portanto, "não gostar dele".

O símile com a adversativa é evidente:

378 Pequena gramática do português brasileiro

> *Todo mundo acha chuchu uma coisa sem graça, **mas eu gosto de chuchu**.*

(2) **Não sentença 1, embora sentença 2**

> *Não como queijos, **embora goste muito**.*

A paráfrase com a sentença adversativa evidencia o esquema mencionado:

> *Não como queijos, **mas gosto muito**.*

ATIVIDADE 32

1. Considerando que semanticamente as conjunções ***embora*** e ***mas*** encerram a ideia de contrajunção, porém, operam textualmente de maneira diferente, observe o uso dessas conjunções nos enunciados a seguir e explique o efeito de sentido produzido pelo uso de uma e de outra.

> ***Embora** tenha assegurado que não sairá do Santos antes do Mundial Interclube no Japão em dezembro, a saída de Neymar para a Europa é motivo de preocupação para muitos santistas.*
>
> Fonte: *Notícias BR*, 3 ago. 2011. Esportes. Disponível em: <http://www.noticiasbr.com.br/pele-alerta-neymar-sobre-transferencia-para-europa-11523.html>. Acesso em: 4 ago. 2011.

> *'Efeito Google' reduz a memória, **mas aumenta habilidades de busca**.*
> *As pessoas não memorizam dados porque acreditam encontrá-los on-line.*
> *Estudo mostra dependência da internet para guardar informações.*
>
> Fonte: *G1.globo.com*, 14 jul. 2011. Tecnologia e Games. Disponível em: <http://g1.globo.com/tecnologia/noticia/2011/07/efeito-google-reduz-a-memoria-mas-aumenta-habilidades-de-busca.html>. Acesso em: 4 ago. 2011.

8.3.2.3.5 TEMPORAIS

As temporais expressam um tempo anterior, simultâneo ou posterior ao da matriz, sendo introduzidas por *quando*, *enquanto*, *ao mesmo tempo em que*, *à medida que*, *antes que*, *depois que*.

Koch (1987: 84) divide as temporais comparando a noção de tempo que elas encerram, em relação ao tempo da matriz. Ela encontrou as seguintes possibilidades:

- **Tempo simultâneo/anterior/posterior**

(a) *Comi toda a sobremesa, enquanto/ao mesmo tempo em que você falava.*
(b) *Quando você chegou, eu já tinha comido toda a sobremesa.*
(c) *Quando você chegar, eu já terei comido toda a sobremesa.*

- **Tempo progressivo**

Exemplo

À medida que eu comia a sobremesa, eu via bater seu desespero.

Braga (1999) identificou as seguintes propriedades formais das temporais:
(i) no português falado culto do Brasil, predominam as conjunções *quando* (97,5% dos casos), *logo que* e *enquanto* (2,5%);
(ii) o sujeito da temporal é majoritariamente codificado por um pronome;
(iii) quanto à correlação tempo-modo, em 66% dos casos a sentença matriz e a temporal compartilham o mesmo tempo e modo, com previsível prevalência do indicativo;
(iv) predomina a anteposição das temporais em relação à sentença matriz, em 72% dos casos.

ATIVIDADE 33

1. As adverbiais temporais podem expressar em relação à matriz ideia de anterioridade, posterioridade, simultaneidade ou de tempo progressivo. Avalie quanto a esse aspecto semântico as adverbiais temporais.

> 1. *Na ciência, como aconteceu com Marie (Curie), muitas descobertas novas e inesperadas são feitas* **quando as pessoas buscam entender algum fenômeno novo e desconhecido**.
> Fonte: *Ciência Hoje das Crianças*, ano 24, n. 225, jul. 2011, pp. 14-5.

> 2. *Furacão Eugene alcança categoria 3* **enquanto se afasta do México**
> Fonte: *Portal Terra*, 3 ago. 2011. Mundo, América Latina. Disponível em: <http://noticias.terra.com.br/mundo/noticias/0,,OI5277184-EI8140,00-Furacao+Eugene+alcanca+categoria+enquanto+se+afasta+do+Mexico.html>. Acesso em: 4 ago. 2011.

> 3. **Assim que me viu**, abriu um largo sorriso.

> 4. **À medida que estudava**, dirimia suas dúvidas.

> 5. Foi embora, **antes que eu desfizesse o mal-entendido**.

2. Produza subordinadas temporais que indiquem ideia de:
   – anterioridade:
   – simultaneidade:
   – posterioridade:
   – progressão:

8.3.3 SENTENÇAS COMPLEXAS CORRELATAS

Nas seções anteriores, foram caracterizadas a **coordenação** e a **subordinação**. A **correlação** é o terceiro tipo de relacionamento entre as sentenças.

Vejamos previamente o que deve se passar na mente de um falante do português que esteja às voltas com dois eventos, *estudar* e *aprender*.

Se ele não quiser estabelecer nenhuma relação entre *estudar* e *aprender*, construirá duas sentenças simples, como em:

> (a) *O aluno estuda.*
> (b) *O aluno aprende.*

Entretanto, se ele quiser relacionar esses dois eventos, atribuindo-lhes um mesmo sujeito, construirá com eles uma sentença complexa, coordenando a segunda sentença à primeira, através de uma conjunção, como em (c):

> (c) *O aluno estuda e Ø aprende.*

Nessa sentença, o falante não considerou necessário repetir o sujeito na segunda sentença; anotamos esse fato com o sinal [Ø].

Ainda não satisfeito, nosso inquieto falante, levado pelo senso comum de que só aprende quem estuda, subordinou *estudar* a *aprender*, encaixando um evento no outro, construindo uma sentença adjetiva como:

> (d) *O aluno **que** estuda aprende.*

Minissentença, sentença simples, sentença complexa 381

Comparando as sentenças complexas obtidas em *O aluno estuda e Ø aprende* e *O aluno que estuda aprende*, e ainda insatisfeito, esse hipotético falante achou melhor dar um ar de autoridade a essa formulação. Resultado: subordinou tudo a um bom verbo de declaração, de que obteve:

(e) *Fazemos saber que o aluno que estuda aprende.*

O falante dispõe agora de um hiperpredicador, *fazemos saber*, que tomou por escopo *que o aluno que estuda aprende*, subordinando essa sentença por meio da conjunção integrante *que*. Os vizinhos, admirados, perceberiam que ele sabia muito bem jogar com aquela enfiada de *quês*, pronomes relativos uns, conjunções integrantes outros. Tinha sido um grande esforço!

Passado o primeiro momento de glória, entretanto, nosso diligente produtor de exemplos retomou o fio da meada, matutando sobre o seguinte ponto: por que teria ele jogado inicialmente com esse lance de "estudar" e "aprender"? Decerto por que perpassara em sua mente um conjunto enorme de eventos, e escolhera esses dois, muito convenientes, aliás, aos exemplos de uma gramática. Mas isso não resolvia suas angústias linguísticas. Por que *estudar*? Por que *aprender*?

Para encontrar alguma resposta satisfatória, começou, então, um longo percurso de comparações entre *estudar* e *aprender*. Num primeiro momento, focalizou *estudar*, conseguindo *somente estudar*. Depois, incluiu *aprender* no bolo, conseguindo *também estudar*. Indo adiante, negou *somente estudar*, recitando pelo quarteirão esta palavra de ordem: *não somente estudar!* Mas essa era uma pregação estéril, pois essa expressão não era comparada a nada. Melhor esclarecer a opção feita por meio de um termo de comparação, exigência que o levou a *como também estudar*. Ótimo, agora ele dispunha de uma construção bastante complexa, que englobava e ultrapassava as anteriores:

---

*Fazemos saber **que** o aluno **não somente** estuda **como também** aprende.*

Nas construções (i) *O aluno estuda e Ø aprende* e (ii) *Informo que o aluno estudioso aprende*, (iii) *O aluno que estuda aprende*, uma sentença foi ligada a outra por meio das conjunções simples *e*, *que*. É isso mesmo que fazemos, quando coordenamos ou subordinamos eventos.

Já na construção *O aluno **não somente** estuda **como também** aprende*, a conjunção foi desdobrada em duas expressões, ***não somente... como também***, ocorrendo ***não somente*** na primeira sentença, e ***como também*** na segunda. Essas

382 Pequena gramática do português brasileiro

sentenças não são, portanto, ligadas por coordenação nem por subordinação, e sim por **correlação**. Observe que a correlação exemplificada em *Fazemos saber **que** o aluno **não somente** estuda **como também** aprende* associa vários processos linguísticos:

(i) comparação, donde o *como*,
(ii) negação, por meio de *não*,
(iii) focalização, através de *somente*,
(iv) inclusão, donde o *também*.

Vamos examinar as correlatas mais de perto. Sejam os exemplos citados a seguir:

> (a) *O aluno **não só** estuda **como também** trabalha*.
> (b) ***Não só** o aluno **como também** a aluna trabalham*.
> (c) *O aluno **não só** inteligente **como também** esforçado só tem a ganhar*.
> (d) *Você **ou** estuda **ou** trabalha, as duas coisas ao mesmo tempo serão muito difíceis*.
> (e) ***Seja** o aluno, **seja a aluna**, ambos dão duro na universidade*.
> (f) *O aluno, **seja do colégio**, **seja da universidade**, tem de dar duro para passar de ano*.
> (g) *Dona ministra e sua coleção de escudeiras capricharam **tanto para a coletiva que a mistura de perfumes** deixou a galera mareada*. (Módolo, 2004).
> (h) *Apareceu com um perfume **tão adocicado quanto** enjoativo*.
> (i) *Hoje eu tenho **mais medo de economista do que de general*** (Módolo, 2004).

Observando os exemplos reunidos, nota-se que a primeira sentença (ou o primeiro sintagma) contém um elemento gramatical, negritado, a que corresponde obrigatoriamente outro elemento gramatical da segunda, igualmente negritado, sem os quais o arranjo sintático seria inaceitável ou duvidoso, como você pode observar por estes testes:

> (a') *O aluno não só estuda trabalha.
> (a") ?O aluno estuda como também trabalha.
> (d') *Você estuda trabalha...
> (e') *O aluno a aluna, ambos dão duro na universidade.
> (g') *Ministra e escudeiras capricharam que a mistura de perfumes deixou a galera mareada.
> (g") *Ministra e escudeiras capricharam tanto a mistura de perfumes deixou a galera mareada.
> (h') ?Apareceu com um perfume adocicado enjoativo.
> (i') *Hoje eu tenho mais medo de economista de general.
> (i") *Hoje eu tenho medo de economista do que de general.

Vê-se que as conjunções negritadas nos exemplos de (a) a (i) são conjunções complexas, assim estruturadas:

1. Junção de advérbios de negação e de focalização na primeira sentença (= *não só*), e de comparação e inclusão na segunda sentença (= *como também*), em:

> O aluno **não só** estuda **como também** trabalha
> **Não só** o aluno **como também** a aluna trabalham
> O aluno **não só** inteligente **como também** esforçado só tem a ganhar

2. Repetição das expressões *ou... ou, seja... seja*, em:

> Você **ou** estuda **ou** trabalha, as duas coisas ao mesmo tempo serão muito difíceis.
> **Seja** o aluno, **seja** a aluna, ambos dão duro na universidade.
> O aluno, **seja** do colégio, **seja** da universidade, tem de dar duro para passar de ano.

3. Junção de advérbios de intensificação (= *tanto, tão, mais*) às conjunções *que, quanto, do que* em:

> Dona ministra e sua coleção de escudeiras capricharam **tanto** para a coletiva **que** a mistura de perfumes deixou a galera mareada.
> Apareceu com um perfume **tão** adocicado **quanto** enjoativo.
> Hoje eu tenho **mais** medo de economista **do que** de general.

A designação dada a esse arranjo sintático, *correlação*, significa "relacionamento simultâneo". Aparentemente, Oiticica (1952: 22-40) foi o primeiro a destacar

384 Pequena gramática do português brasileiro

que as relações de coordenação e de subordinação não descrevem todas as possibilidades de relacionamento sentencial. Em seu estudo, ele destacou as correlatas entre as coordenadas e as subordinadas, identificando a seguinte tipologia:

- correlação aditiva, como em *O aluno **não só** estuda **como também** trabalha*;
- correlação comparativa, como em *Apareceu com um perfume **tão** adocicado **quanto** enjoativo*;
- correlação consecutiva, como em *Dona ministra e sua coleção de escudeiras capricharam **tanto** para a coletiva **que** a mistura de perfumes deixou a galera mareada*.

Pesquisas posteriores acrescentaram a estas a

- correlação alternativa, como em *O aluno **ou** estuda, **ou** vai arranjar um emprego*.

Conclui-se que não é adequado tratar as aditivas e as alternativas exclusivamente como coordenadas, nem as comparativas e as consecutivas exclusivamente como subordinadas adverbiais. Elas são diferentes

(i) textualmente, pois põem em relevo dois atos de fala;
(ii) semanticamente, pois combinam diferentes categorias; e
(iii) gramaticalmente, pois são interligadas por meio de conjunções complexas.

Vejamos em detalhe os quatro tipos de correlatas.

8.3.3.1 Correlatas aditivas

Módolo (2004) enumerou as seguintes conjunções correlatas aditivas:

- Construídas com uma única expressão na segunda parte correlacionada: *não só/somente... **mas**, não só... **senão**, não só... **porém**, não só... **como**, não só... **também***.
- Construídas com duas expressões na segunda parte correlacionada: *não só/somente... **mas também**, não só... **mas ainda**, não só... **mas até**, não só... **senão também**, não só... **senão ainda**, não só... **senão que**, não só...*

Minissentença, sentença simples, sentença complexa 385

porém também, *não só... porém sim*, *não só... que também*, *não somente...*
mas também, *não somente... como também*.

- Construídas, por cruzamento sintático, de três expressões na segunda
  parte correlacionada: *não só/somente ... senão que também*.
- Ocorrência do termo intensificador *tão* no primeiro elemento da correlação: *não tão somente... mas*, *não tão somente... mas ainda*.

8.3.3.2 Correlatas alternativas

As coordenadas alternativas ou disjuntivas são marcadas pelo redobramento
por repetição de expressões tais como *ou... ou*, *ora... ora*, *seja... seja*, *quer...*
quer. O que é dito para o primeiro termo não vale para o segundo.

A construção correlata alternativa:

– se aplica a sintagmas, como em:

> (a) Às 8 da noite estarei *ou* em casa *ou* na universidade./*seja* em casa *seja* na uni-
> versidade./*quer* em casa, *quer* na universidade.
> (b) *Estarei *ora* em casa, *ora* na universidade.

– ou se aplica a sentenças, como em:

> (c) *Ou* estarei na universidade *ou* ficarei em casa./Estarei *seja* em casa, *seja* na uni-
> versidade./Estarei *quer* em casa, *quer* na universidade.
> (d) *Seja* estarei na universidade, *seja* ficarei em casa.

A sentença *Às 8 da noite estarei ou em casa ou na universidade./seja em*
casa seja na universidade./quer em casa, quer na universidade documenta a
alternância de sintagmas preposicionais locativos, vetados pelo uso de *ora...*
ora em *Estarei ora em casa, ora na universidade*, pois a origem temporal desta
conjunção impede mais de uma localização espacial. Algo parecido ocorre em
Ou estarei na universidade ou ficarei em casa./Estarei seja em casa, seja na uni-
versidade./Estarei quer em casa, quer na universidade. A correlata *seja... seja*
não se aplica a verbos, dada a origem apresentacional do verbo de que surgiu
essa conjunção.

ATIVIDADE 34

1. Observe as sentenças correlatas alternativas que compõem o **texto 1** e o **texto 2**.

Texto 1

Texto 2

Fonte: VOLKSWAGEN. *O Estado de S. Paulo*, 14 set. 2010. Ultra.

2. Agora, responda:
2.1 O que gramaticalmente caracteriza as correlatas nos **textos 1** e **2**?
2.2 Que sentido imprime ao texto a reiteração da conjunção ou (**texto 1**) e da conjunção ora (**texto 2**)?
2.3 É possível nos textos o uso não reiterado das conjunções? Justifique.

8.3.3.3 Correlatas comparativas

Segundo Módolo (2004), "a comparação correlativa pode manifestar-se estabelecendo uma igualdade (*tanto... quanto*), uma superioridade (*mais... que ou do que*), uma inferioridade (*menos... que ou do que*) entre duas realidades ou conceitos".

A tipologia das correlativas comparativas é bastante rica e variada. Nas correlatas comparativas encontramos basicamente três construções:

1. Na primeira sentença, há intensificação relativa de um processo (verbo), de uma qualidade (adjetivo), de uma circunstância (advérbio) ou quantificação de um referente (substantivo). Na segunda sentença, há apenas um segundo termo da comparação, da mesma natureza que o primeiro:

(a) *Tecnologia importa mais que capital.* (*mais* intensificador de *importa*)
(b) *Afinal quem é este Madruga, a voz agora menos agressiva que antes.* (*menos* graduador de *agressiva*)
(c) *Vós a conheceis tão bem quanto eu.* (*tão* intensificador de *bem*)
(d) *Tenho mais coragem do que muito homem safado.* (*mais* quantificador de *coragem*)

2. Na primeira sentença, um termo é destacado por uma marca formal, como primeiro membro de um cotejo; a segunda sentença também traz um membro destacado por uma marca formal, como segundo membro do cotejo. Tais construções são sempre de igualdade, implicando uma adição correlativa do tipo *não só... mas também*, que se soma a uma comparação.

Tanto Dozinho quanto Rodopião tinham morrido por vaidade.

Assim, poderíamos ter nesse exemplo a ideia de adição:

Não só Dozinho como também Rodopião tinham morrido por vaidade.

388 Pequena gramática do português brasileiro

3. Na segunda sentença, o segundo termo correlacionado é equalizado ao primeiro, expresso na primeira sentença, ocorrendo ambos em pé de igualdade:

> *Assim como nas discussões atuais sobre o aborto há opiniões divergentes, assim nos papos de botequim sobre o futebol nunca há acordo à vista.*

Pode ou não ocorrer apagamento da segunda sentença, o que é uma particularidade das correlatas comparativas:

> *Tecnologia importa mais que capital. (importa)*
> *Esfregar o chão emagrece mais que levantar peso na academia. (emagrece)*

(Fonte: *Portal Terra*, 29 jan. 2011. Disponível em: <http://saude.terra.com.br/noticias/0,,OI4909719-EI1497,00. html>. Acesso em: 4 ago. 2011.)

ATIVIDADE 35

1. Em nossas interações diárias, produzimos sentenças correlatas comparativas em várias situações, por várias razões. Já pensou nisso? A partir deste estudo, registre em seu bloquinho de anotações as comparativas que você produzir ou que seus interlocutores produzirem.
2. Eleja critérios para agrupamento das sentenças registradas/transcritas.
3. Descreva as características gramaticais, semânticas e textuais de cada um dos grupos de sentenças comparativas que constituiu.
4. Elabore um resumo do estudo que realizou. Lembre-se de que essa produção deve conter: (i) o assunto pesquisado; (ii) os objetivos de seu estudo; (iii) o modo como você realizou a investigação e (iv) os resultados obtidos.
5. Reúna o seu resumo e o dos seus colegas em um *Caderno de Resumos* (impresso ou digital), para divulgação dos resultados. Bom trabalho!!!

8.3.3.4 Correlatas consecutivas

As correlatas consecutivas apresentam uma causa na primeira sentença, de que a segunda apresenta a consequência:

(a) *Falou tanto que me deixou confuso.*
(b) *e então nós:: ficávamos jogando... aí que eu aprendi a jogar buRAco... e a gente gostou tanto que ficava todo o dia jogando...* (DID POA 45)

Módulo (2004) mostra que as seguintes conjunções aparecem nas correlatas consecutivas:

1. A correlação consecutiva apresenta normalmente como primeiro elemento conjuntivo as expressões *tanto*, *tão*, *tal*, *tamanho*, *assim*, e, como segundo, a conjunção *que*.
2. Substantivos entram na composição do primeiro membro da consecutiva, organizando-se expressões tais como **de tal + substantivo + que**: *de tal arte... que*, *de tal modo... que*, *de tal sorte... que*, *em tal maneira... que*, *por tal figura... que*.
3. O advérbio *tal* pode ser elidido: *de modo... que*, *de forma... que*, *de jeito... que*, *de maneira... que*, *de modo... que*, *de sorte... que*, *por forma... que*, *por maneira... que*, *por modo... que*.

ATIVIDADE 36

Na tirinha, indique a sentença correlata consecutiva.

Fonte: WALKER, Mort. Recruta Zero. *O Estado de S. Paulo*, 4 nov. 2010. Caderno 2, p. D4.

À correlata identificada, acrescente outras que encontrar em textos variados. Com esse rico material em mãos, investigue o funcionamento das sentenças correlatas. Compare as sentenças e descreva os traços gramaticais, semânticos e discursivos caracterizadores desse tipo de construção.

390 Pequena gramática do português brasileiro

SUMARIZANDO: DE ONDE VIERAM AS CONJUNÇÕES QUE LIGAM AS SENTENÇAS?

As palavras podem mudar de classe ou podem mudar suas propriedades, fenômeno denominado **gramaticalização**. Assim, o pronome demonstrativo latino *ille* mudou de classe, na passagem do latim para o português, transformando-se no pronome pessoal de terceira pessoa, *ele*. Para continuar funcionando como demonstrativo, foi preciso reforçá-lo com a expressão também latina *accu*, de onde procedeu o atual *aquele*. Dizemos, então, que *ille* se gramaticalizou. Desse mesmo demonstrativo, agora no acusativo, *illu(m)*, *illa(m)*, surgiu o artigo *o*, *a*.

Estudando a **gramaticalização das conjunções**, descobre-se que algumas vieram do latim, e que outras foram criadas pela língua portuguesa. Vamos usar o sinal ">" para indicar que a palavra antes desse sinal é a fonte da conjunção, anotada depois do sinal.

Esse estudo mostraria os seguintes resultados:

(1) **Substantivo > conjunção**

Os substantivos *modo* e *amor* foram usados no passado para formar as locuções conjuncionais causais *a modos que* e *por amor de*, hoje substituídas por *porque*, como em *Não sairei mais, a modos que hoje vai chover*, *Desisti da briga por amor de evitar maiores confusões*. Essas locuções desapareceram da língua culta, mas ainda são usadas na variedade popular como *amoque* (= *Vesti a capa, amoque hoje vai chover*), *prumode* (= *Vesti a capa, prumode/prumode que hoje vai chover*).

(2) **Verbo > conjunção**

Os verbos *dizer* e *fazer* deram origem a conjunções no português. Em *Digamos que eu possa ir lá, então irei*, *digamos* equivale à conjunção condicional *se*: *Se eu puder ir lá, então irei*. Em *Ele anda por aí feito doido*, o particípio *feito* equivale à conjunção comparativa *como*: *Ele anda por aí como doido*.

(3) **Advérbio > conjunção**

Um caso notável é o da transformação do advérbio latino *magis* "mais" na conjunção adversativa *mas*, já estudada na seção 8.3.1.2. Outros advérbios estão em curso de transformação para conjunções adversativas, como vimos nesta seção.

(4) **Pronome > conjunção**

O pronome relativo *que*, herdado do latim, funciona nas sentenças adjetivas ao mesmo tempo como pronome (pois substitui um substantivo e pode funcionar como sujeito, complemento ou adjunto e seu verbo) e como conjunção (pois liga a sentença subordinada adjetiva a um sintagma nominal). Como vimos na seção 8.3.2.2, esse termo perde progressivamente seus traços de pronome, reduzindo-se a uma conjunção.

A conjunção integrante *que* deriva do latim vulgar *quid*, palavra que competia com *quod*, *quia*, *quomodo*. Mas foi o pronome relativo *quid* > *que* a forma que sobreviveu (Maurer Jr., 1959: 167-168; 217).

A conjunção integrante e a conjunção condicional *se* derivam de um mesmo étimo latino, *si*. Provavelmente, quando fazemos uma pergunta indireta (como em *Pergunto se ela vai vir*), pressupomos diferentes respostas como hipóteses, (como em *Se ela vier, vou pular de alegria*), o que teria levado a escolher a mesma conjunção nos dois tipos de sentença.

Fixando a atenção no *que*, conjunção que marca as substantivas asseverativas, vê-se que essa forma resulta da gramaticalização do pronome relativo, via apagamento de seu antecedente e final despronominalização. Os seguintes passos devem ter ocorrido nessa recategorização do relativo *que*:

(a) *Digo isto: que amanhã é sábado*. (= *isto*, antecedente do pronome relativo *que*)
(b) *Digo que amanhã é sábado*. (= *isto* é omitido e *que* é reanalisado como conjunção integrante)

---

(5) Sintagma preposicional > conjunção

A conjunção concessiva *embora* deriva do sintagma preposicional *em boa hora*, usado até o século XV após o verbo *ir* no subjuntivo volitivo, para expressar um bom augúrio, um desejo:

(a) *Vá em boa hora!*
(b) *Vamos em boa hora nosso caminho.*

Deu-se o primeiro passo na gramaticalização de *em boa hora* quando a expressão perdeu a noção de volição, sofreu redução fonológica, dando origem ao advérbio locativo *embora*, que indica um espaço vago. O novo advérbio continua a figurar posposto ao verbo de movimento:

392 Pequena gramática do português brasileiro

> (a) *Fomos **embora**.*
> (b) *A firma fala "tchau... vai **embora**!"* (D2 SP 343)
> (c) *Com todos os problemas por aí a gente vai **embora**.* (DID RJ 135)
> (d) *Empilhava as carcaças e ia **embora**.* (DID RJ 135)

Outros verbos passam a figurar com esse advérbio:

> (e) *Tem todo direito... ninguém vai poder mandar ele **embora**.* (EF RJ 364)

Um segundo passo é dado quando *embora* passa a construir-se com verbos quaisquer, migrando para a cabeça de uma sentença negativa, figurando antes de *que* volitivo, que rege o subjuntivo:

> (a) ***Embora que** não tenha razão, ainda assim insiste.*
> (b) ***Embora** não tenha razão, ainda assim insiste.*

Num terceiro passo, *embora* desaloja *que*, assume seu papel de conjunção, desenvolvendo, segundo Rodolfo Ilari (comunicação pessoal), um sentido aproximado de:

> (b') *OK, tudo bem, admito que não tenha razão.*

Construído com uma expressão de negação, *embora* parece ter seguido a mesma trajetória de *magis*, absorvendo por metonímia o valor de negação de expectativas, como em:

> (a) ***Embora** o que o C. falou seja verdade, não vou cair nessa.*
> (b) ***Embora** não tivesse tirado o hábito, já se comportava como um leigo.*

QUERO MAIS

CASTILHO, Ataliba T. *Nova gramática do português brasileiro*. São Paulo: Contexto, 2010, capítulos 7 a 9.

URBANO, Hudinilson. *A frase na boca do povo*. São Paulo: Contexto, 2011.

O TEXTO

O QUE É UM TEXTO?

Vimos na seção 1.4 do capítulo 1 que, ao longo de uma conversação, vamos construindo um texto.

O objetivo deste capítulo é discutir o conhecimento linguístico que demonstramos quando organizamos um texto, seja falado, seja escrito. Continuamos, assim, o programa iniciado no capítulo 2: considerar o português brasileiro a partir do que sabemos sobre ele, sem que tivéssemos nos dado conta disso.

Inicialmente, veremos como se transcreve um texto, para melhor descrevê-lo. Em seguida, acompanharemos as descobertas feitas por vários pesquisadores brasileiros sobre a organização textual-interativa, reunidas no livro de Jubran e Koch (2006). Esses pesquisadores mostraram que o texto resulta dos seguintes processos de construção:

(1) Representação do tópico discursivo: a unidade discursiva e o parágrafo.
(2) Reformulação do quadro tópico: a repetição e a paráfrase.
(3) Descontinuação do quadro tópico: a parentetização e a digressão.
(4) Conexão textual.

Fecharemos o capítulo abordando o que se entende por gêneros textuais.

9.1 TRANSCRIÇÃO TEXTUAL

Como você já sabe, a transcrição dos materiais é fundamental para refletir sobre a língua. Já vimos isso anteriormente, tratando da transcrição fonética, fonológica, morfológica, sintática e conversacional. Faltava considerar a transcrição textual.

A transcrição textual toma por unidade de análise as unidades discursivas, como veremos adiante no exemplo 2. Para maior comodidade, vamos copiar aquele recorte de conversa que apareceu no capítulo 1.

Exemplo 1 – Transcrição de uma conversa

(adaptado do Projeto da Norma Urbana Culta, D2 sp 167)

Loc 1 – *eu estive na... em Cumaná... é uma praia... é um lugar... um litoral muito bonito que aliás é muito parecido com o nosso litoral norte... sabe? e... fiquei lá durante três meses e nesse tempo todo eu conheci bastante o povo de lá... que é bem diferente e... bem diferente de nós...*

Loc 2 –   [
                            sei

Loc 1 –   [
                      eles são por exemplo esse lá... é nessa praia que pertence à Universidade... como aqui na nossa Oceanográfica também pertence à USP e... toda a Universidade detesta ir pra praia... sabe...

Loc 2 –   [
                                ah... é?

Loc 1 –   [
                        então é coisa ((inaudível))... e todo o curso foi feito ali... inclusive nós saímos assim durante... fazer compras de material e tudo isso e... ah... e conhecemos toda a região referente... sabe? bem bonito... colorido o fundo do mar lá... é... num existe e.. e... e a água é muito transparente... sabe... muito coral...

Loc 2 – *que curso ocê foi fazer?*

Loc 1 – *o... o curso mesmo era só Oceanografia Biológica... aliás Física... mas eles complementavam porque a maior parte do pessoal só conhecia assim a Bi/... a Biológica... né... nessa nova parte entra Biologia...*

Para transcrever textualmente o exemplo 1, dividiremos o papel em quatro colunas, dispondo:

- na coluna 1, a numeração das unidades discursivas (= UDs);
- na coluna 2, os marcadores discursivos orientados para o texto;
- na coluna 3, as minissentenças e as sentenças tematicamente centradas;
- na coluna 4, os marcadores discursivos orientados para o interlocutor; se o marcador ocorrer no interior das sentenças, ele será removido para a esquerda ou para a direita, de acordo com sua função, deixando-se em seu lugar de ocorrência o símbolo ← (= marcador removido para a esquerda) ou → (= marcador removido para a direita).

Exemplo 2 – transcrição textual do exemplo 1

Unidades discursivas	Marcador discursivo orientado para o texto	Minissentenças e sentenças tematicamente centradas	Marcador discursivo orientado para o interlocutor
UD1	Ø	(1) *eu estive na... através de ((inaudível))... em Cumaná...* (2) *é uma praia...* (3) *é um lugar...* (4) *um litoral muito bonito*	Ø
UD2	Mas	(5) *que aliás é muito parecido com o nosso litoral norte...* (6) *eu não conheço o nosso litoral norte...*	sabe?
UD3	E... e... ←[1]	(7) *fiquei lá durante três meses* (8) *e nesse tempo todo eu conheci bastante ((inaudível)) o povo de lá...* (9) *que é bem diferente* ←[1] (10) *bem diferente de nós...*	
UD4	Ø	(11) *sei*	Ø
UD5	e... ←[2]	(12) *eles são por exemplo esse lá...* (13) *é nessa praia que pertence à Universidade...* (14) *como aqui na nossa Oceanográfica também pertence à* USP ←[2] (15) *toda a Universidade detesta ir pra praia...*	sabe...

UD6	ah...	(16) é?	Ø
UD7	*Então* *e... ah...* ←³ *e.. e...* ←⁴	(17) *é coisa ((inaudível))...* (18) *e todo o curso foi feito ali...* (19) *inclusive nós saímos assim durante...* (20) *fazer compras de material e tudo isso* ←³ (21) *e conhecemos toda a região referente...* (22) *bem bonito...* (23) *colorido o fundo do mar lá...* (24) *é...* Ø (25) *num existe...* ←⁴ (26) *e a água é muito transparente...* (27) *muito coral...*	*sabe?* *sabe...*
UD8	Ø	(28) *que curso ocê foi fazer?*	Ø
UD9		(29) *o... o curso mesmo era só Oceanografia Biológica... aliás Física...* (30) *mas eles complementavam* (31) *porque a maior parte do pessoal só conhecia assim a Bi/... a Biológica...* (32) *nessa nova parte entra Biologia...*	*né...*

O recorte de conversa do exemplo 2, uma vez transcrito textualmente, mostra que os interlocutores organizaram 9 unidades discursivas, compreendendo 32 minissentenças e sentenças.

Os marcadores foram anotados de acordo com sua função: os da margem esquerda servem para articular o texto, funcionando como conjunções textuais; os da margem direita estão orientados para o interlocutor, servindo para a monitoração da conversa.

As sentenças e minissentenças desenvolvem o assunto. É por isso que dissemos que elas são "tematicamente centradas". Quando acrescentamos novos aspectos durante o tratamento do assunto, começamos uma nova unidade discursiva. Pode-se estabelecer a seguinte correlação:

> **A unidade discursiva está para a língua falada,**
> **assim como o parágrafo está para a língua escrita.**

Vamos converter essa conversa em língua escrita, e ver o que se aprende com isso.

Exemplo 3

Eu estive em Cumaná.

É uma praia, é um litoral muito bonito, parecido com o nosso litoral norte.
Fiquei lá durante três meses, e nesse tempo todo eu conheci o povo de lá, que é bem diferente de nós.

Essa praia pertence à Universidade. O Instituto Oceanográfico também pertence à USP.

Toda a Universidade detesta ir à praia. Todo o curso foi feito ali. Inclusive, nós saímos para fazer compras de material e conhecemos toda a região referente ao Instituto. É bem bonito, o fundo do mar é colorido, a água é muito transparente, tem muito coral.

– Que curso você foi fazer?

O curso mesmo era só de Oceanografia Biológica. Aliás, de (Oceanografia) Física. Mas eles complementavam nosso curso porque a maioria do pessoal só conhecia a Biologia, essa parte nova da Biologia.

Comparando os exemplos 1 e 3, você notará que a língua escrita:

1. Não aceita habitualmente expressões apenas esboçadas, sem concluí-las. Quando escrevemos, não contamos com a cumplicidade do ouvinte, que completa com os dados do contexto as lacunas que vamos deixando. A sintaxe da língua escrita, por isso, tem de ser "mais completa".

2. A língua escrita dispõe de poucos marcadores discursivos, limitando-se na maioria dos casos às conjunções e à pontuação. Já falamos sobre os marcadores discursivos no capítulo 1. Note que o exemplo 2 mostra que os marcadores não são expressões obrigatórias, assinalando-se sua ausência com símbolo [ø]. Por que assinalar na transcrição textual a ausência de uma expressão? Porque algumas línguas, como o português brasileiro,

combinam o silêncio com a emissão do sinal fônico, e tanto um quanto outro são significativos. Ou seja, <u>significamos</u> quando emitimos sinais, e também <u>significamos</u> quando calamos a boca, lançando mão do silêncio. Você já encontrou nesta gramática a omissão de certas expressões na estruturação da sílaba (= apagamento da vogal), da palavra (= morfema zero), do sintagma e da sentença (= categoria vazia/sujeito ou complemento elíptico). Fazemos o mesmo na estruturação do texto. Então, nada de novo.

3. A passagem de um tópico (= assunto) para outro é assinalada pelo parágrafo. O texto escrito reduziu a 6 parágrafos as 9 unidades discursivas do texto falado.

> **ATIVIDADE 1**
>
> 1. Selecione uma das conversas que você tenha gravado para realizar atividades propostas em capítulos anteriores.
> 2. Faça uma transcrição textual, de acordo com os critérios anteriores. Observe que para estudarmos uma língua qualquer, precisamos a cada momento apresentar os dados de uma forma diferente, pois diferente está sendo a pergunta formulada. Qualquer ciência depende sempre de dados, de perguntas, ou hipóteses de trabalho, de análises dos dados e da busca de generalizações sobre as análises feitas.

Vamos agora detalhar o que se aprende com a transcrição textual do exemplo 2, e de outros textos.

9.2 TÓPICO DISCURSIVO: UNIDADE DISCURSIVA, PARÁGRAFO

Utilizaremos aqui o conceito de **tópico discursivo**, que é central para a análise dos textos, sejam orais, sejam escritos. Entende-se por tópico discursivo **o assunto, o tema**, que foi considerado relevante pelos locutores, e que está sendo utilizado para estruturar o texto em produção.

Aqui nos deparamos, de novo, com uma categoria que aparece tanto no Discurso quanto na Gramática. **No Discurso, o tópico** é o assunto, o tema, à volta do qual giram as intervenções; ele é fundamental para a organização da unidade discursiva. **Na Gramática, o tópico**, tema ou sujeito sentencial é o constituinte sobre o qual o verbo declara alguma coisa; ele é fundamental para a organização da estrutura funcional da sentença. Quando localizado fora da sentença, ele é chamado de *construção de tópico*, funcionando como uma ponte estendida entre o texto e a sentença, vale dizer, entre o Discurso e a Gramática: veja o capítulo 8, seção 8.2.2.1.

A **unidade discursiva** é um segmento do texto caracterizado por reunir um grupo de sentenças que elaboram o tópico, preservando a coerência temática da unidade maior, que é o próprio texto. Formalmente, a unidade discursiva se compõe de um núcleo e de duas margens, sendo facultativa a figuração destas. O núcleo é tomado pelas sentenças tematicamente centradas. As margens são tomadas pelos marcadores discursivos.

No exemplo 2, consideramos que o texto que nos serve de exemplo 1 foi organizado a partir de 9 unidades discursivas (UD):

UD1: O Loc 1 informa o Loc 2 de sua viagem a Cumaná.

UD2: Ele interrompe o fluxo de sua narrativa para fazer uma comparação entre Cumaná e o litoral norte.

UD3: Ele retoma a narrativa, informando sobre suas atividades naquele lugar.

UD4: O Loc 2 assinala que tem conhecimento das informações do Loc 1.

UD5: Surgem novas informações sobre a praia de Cumaná, acrescentando que (o pessoal da) Universidade não gosta de frequentar o local.

UD6: O Loc 2 mostra que desconhecia essa atitude da Universidade. Tal como na UD4, ele foi bem sumário em sua intervenção.

UD7: São fornecidas informações sobre as atividades desenvolvidas no Instituto Oceanográfico.

UD8: Corresponde a uma pergunta formulada pelo Loc 2.

UD9: Traz informações sobre as atividades do Loc 1 nesse Instituto.

O conjunto de tópicos desenvolvidos nas unidades discursivas compõe o **quadro tópico** do texto.

Ao adaptar esse texto para a língua escrita, notamos que as UDs correspondem aos **parágrafos**.

Um texto pode constar de uma só unidade discursiva/parágrafo, ou de um somatório dessas unidades. Os parágrafos, tanto quanto os próprios textos, apresentam propriedades, tais como a conectividade conceitual, ou coerência, e a conectividade sequencial, ou coesão.

Como vimos no exemplo 2, as UDs contêm narrações, descrições e comentários motivados pelo tópico discursivo.

Ao refletir sobre como construímos nossos textos, os linguistas mostraram que três situações básicas motivam a criação de um texto:

(i)   a necessidade de compartilhar experiências, impressões e opiniões;
(ii) o impulso para informar, descrever, narrar algo supostamente desconhecido pelo interlocutor, dar uma ordem ou instrução;
(iii) o desenvolvimento de comentários dissertativos sobre (i) e (ii).

A seleção de tempos e aspectos verbais é associada a esses planos do discurso, como vimos no capítulo 4, seção 4.3.

Unidades discursivas e **parágrafos** integram, portanto, ao menos três subclasses: a descrição, a narração e a argumentação, também conhecida como dissertação. Voltaremos a isso na última seção deste capítulo.

ATIVIDADE 2

1. Grave e transcreva conversacionalmente um papo entre seus colegas.
2. Faça uma transcrição textual da mesma conversa.
3. Identifique os tópicos versados pelos interlocutores e descubra as unidades discursivas aí contidas.
4. Transponha para a língua escrita essa conversa, identificando os parágrafos.

ATIVIDADE 3

Você já reparou que em e-mails, blogs ou mensagens postadas em redes sociais (Facebook, Twitter etc.), há um campo em especial para **o assunto**? Temos certeza de que você não só observou como já produziu muitas mensagens especificando o assunto, o tópico. Veja alguns exemplos de tópicos construídos nesse contexto e diga por que essas escritas solicitam a especificação do tópico?

9.3 INSERÇÃO DO TÓPICO TEXTUAL. QUADRO TÓPICO

Diferentes funções das expressões nominais referenciais têm sido identificadas, e em todas elas os substantivos exercem um papel central. Seu papel é o de:

(1) expressar um tópico novo inserido no texto, organizando assim o quadro tópico;

(2) expressar as derivações referenciais, ou "como um substantivo puxa outro";

(3) estruturar a informação do texto, desenvolvendo várias estratégias.

Vejamos como é isto.

9.3.1 INSERÇÃO DE TÓPICO NOVO

A língua opera com um conjunto de expressões sinalizadoras de que um novo assunto, bem como suas subdivisões, está sendo trazido à baila. Os substantivos integram essas expressões, como se pode ver por este fragmento de aula:

> *Agora nós vamos passar para o nosso outro* **assunto**... *o outro assunto*... *é a* **região mediastínica**... *então nós vamos começar a nossa região mediastínica* [...]. *Definição*... *nós vamos definir região mediastínica*... *aquela região*... *limitada pelas pleuras*... *pelas pleuras mediastínicas direita e esquerda* [...] *nós temos o cavado da aorta*... *nós temos aorta descendente e*... *aorta toráxica*... *esses* **elementos**... *nós temos que encontrar os troncos arteriais* [...] *esses elementos*... *todos estão encontrados*... *estão situados na região denominada de região mediastínica*... *que é esta aqui que vocês estão vendo*... *quanto aos* **limites**... *qual o limite dessa região?* [...] *não há*... *um limite desde que essa região para cima se constitua*... *como as regiões do pescoço*... *e para baixo nós temos*... *aquele elemento que já conhecemos e mais*... *que é o nosso diafragma*... *esses elementos então constituem*... *um limite*... *do::.../da região mediastínica* [...] *pois bem*... *nesta* **parte** *interna em relação aos hilos do pulmão* [...] *não há um plano*... *não há um elemento que sirva de:: limite eXAto*... *para este/essa* **divisão**... *diz-se que essa região para cima se continua com as regiões do pescoço*... (EF SSA 49)

O texto começa pelo **assunto geral**, ou **hipertópico** *região mediastínica*, que vai sendo dividido nos seguintes tópicos:

(i) *limites da região mediastínica* (= pleura etc.),

(ii) *elementos* (= troncos arteriais), e

(iii) *limites* (= região do pescoço, diafragma, parte interna, divisão), os quais expressam o quadro tópico que se vai construindo.

Quadro 1: Substantivos e organização do quadro tópico

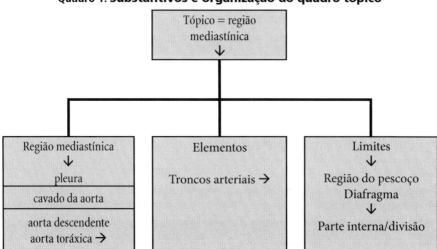

O Quadro 1 capta os tópicos versados pelo autor do texto que nos serve de exemplo, segundo nossa leitura. Mais do que uma lição de anatomia, para nós importa reter que nesse texto os substantivos que vão sendo inseridos são

(i) novos, como os inscritos no quadro;
(ii) repetidos (como *assunto*, *região mediastínica*, *limites*);
(iii) inferidos (= *elementos*, que resume o que se achou na região mediastínica).

Chama-se *quadro tópico* o conjunto dos tópicos, ou assuntos, que movimentam um texto, como no Quadro 1.

O quadro tópico configura o *status* informacional do texto, comportando:
✓ as informações dadas, sabidas, já contidas no texto ou ocorrentes no contexto;
✓ e as informações novas, não sabidas, não vinculadas no contexto.
Entre ambas, insere-se a informação inferida.

Os demonstrativos exercem um importante papel na introdução de um tópico novo ou em sua retomada, pois apontam para a identidade ou para a alteridade dos referentes, como vimos no capítulo 3.

Como *operadores de identidade*, os demonstrativos desempenham na organização do texto o papel de associar-se a outros dispositivos para assegurar a coesão textual. As seguintes estratégias discursivas são, então, usadas:

A) Inserção do tópico discursivo

O demonstrativo *este* + **substantivo** constitui um tipo de expressão que usamos com a função de situar o nosso interlocutor sobre o tópico ou assunto que será tratado. É esse papel que assumem as expressões Este texto e Este ambiente nos textos 1 e 2, respectivamente:

Texto 1

A era digital

Este texto não foi escrito com lápis e papel. Foi escrito no computador.
Os livros de cabeceira são cada vez mais deixados de lado para o uso de e-readers.
Um garoto não precisa sequer sair de casa para jogar videogame com um amigo, já que podem fazer isso na internet.
Algumas escolas largaram o uso até de apostilas e cadernos, substituídos por tablets.
Reuniões? Via videoconferência...
Para comprar seja o que for, de um carro a uma TV até mantimentos ou roupas, basta acessar a internet.
E muitos dizem que não somos dependentes dessas invenções...
Agora me dá licença, que preciso entrar no Facebook.

Fonte: João Marcelo da Silva Elias, 14 anos, aluno do Colégio Madre Alix, São Paulo/SP.

Texto 2

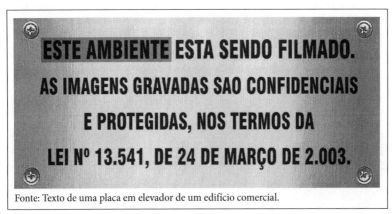

Fonte: Texto de uma placa em elevador de um edifício comercial.

B) Continuidade do tópico discursivo

Podemos usar *esse/essa* para manter o mesmo assunto. No exemplo, cria-se o esquema uma árvore → essa (árvore), observe:

Fonte: SOUSA, Mauricio. Quadrinhos – Tira 195. Disponível em: <http://www.monica.com.br/comics/tirinhas/tira195.htm>. Acesso em: 5 mar. 2011.

C) Encerramento do tópico discursivo

Espero que todos tenham entendido as estratégias de uso dos demonstrativos. É isso aí.

ATIVIDADE 4

1. Vamos analisar como as expressões nominais referenciais contribuem para a organização do texto? Então, antes de mais nada, identifique as expressões que retomam o principal referente do texto – *uma máquina de calcular* – e que compõem uma cadeia referencial.
2. Observe a configuração dessa cadeia referencial e responda:
    2.1 Por que razão o referente aparece repetido de diferentes maneiras no texto? Descreva as estratégias de repetição do referente apresentadas no texto.
    2.2 Imagine o texto sem as repetições do referente. O que aconteceria?
    2.3 Que expressões referenciais vêm acompanhadas de artigo? Qual a função do artigo nessas expressões?
    2.4 Que posição as expressões da cadeia referencial analisada ocupam no texto? Analisando essa posição, que função assumem essas expressões?
    2.5 Elabore um texto apresentando as suas conclusões sobre o papel das expressões referenciais na organização do texto.

China

Pensando em divórcio?
Faça uns cálculos antes

● Uma máquina de calcular que estima os custos de um divórcio vem fazendo sucesso entre os casais chineses. Com a invenção, eles começaram a repensar se vale a pena deixar seus parceiros.

A máquina, inventada pelo departamento de Educação Financeira ao Consumidor da Grã-Bretanha, pode ser acessada na internet. Ela serve para evitar problemas financeiros que podem surgir depois da separação.

O aparelho calcula as despesas da divisão de propriedades, do litígio, os custos com as crianças e as perdas de tempo de trabalho, oferecendo depois um número final sobre quanto custa se separar.

No início, o produto foi visto como uma ferramenta de entretenimento, mas após os cálculos que ofereceu, assustou muitos que tinham a intenção de se divorciar.

Um usuário contou que, no seu caso, a calculadora estimou que, após o divórcio, de todos os lucros gerados em seu casamento só sobrariam o equivalente a cerca de R$ 60 e que, além de cobrir as despesas do divórcio, no futuro deveria assumir a despesa mensal de R$ 500 para sustentar seu filho e pagar a renda da casa.

Além disso, detalhou o usuário, a máquina indicou que não necessariamente ele ficaria com a metade das coisas que comprou com a esposa. Resultado: a máquina o aconselhou "a valorizar mais seu casamento e a sua família."

Na China, segundo o governo, mais de 465 mil casais se divorciaram nos primeiros três meses deste ano, com uma média de cinco mil divórcios por dia. ::

Fonte: Pensando em divórcio? Faça uns cálculos antes. *Jornal da Tarde*, 30 jan. 2011. Radar, p. 12A.

9.3.2 DERIVAÇÃO REFERENCIAL: COMO UM SUBSTANTIVO "PUXA" OUTRO

Por **derivação referencial** designa-se o processo de constituição do texto que implica que "uma referência puxa a outra" ou, em termos mais técnicos, "um espaço mental projeta outro", seja por repetição pura e simples do substantivo, seja por sinonímia, seja por inferência. Os substantivos desempenham aqui um papel importante.

406 Pequena gramática do português brasileiro

Exemplo de derivação:

> *Apareceu aí um **rapaz** pedindo **emprego**. O **moço** dizia que tinha muitas **habilidades** e que poderia aceitar qualquer **incumbência**. As **referências** que apresentava eram bem razoáveis. O **desemprego** está em alta nestes dias e a **tentação** de cair no crime ronda o tempo todo os jovens à procura de **trabalho**. O rapaz certamente não queria cair na **esparrela** e esperava arranjar trabalho.*

No quadro a seguir explicamos como se deu a derivação dos substantivos nesse texto.

Quadro 2: Substantivos e derivação referencial

Informação nova	*rapaz, emprego*
Informação velha, derivada por sinonímia	*moço, trabalho*
Informação velha, derivada por inferência	*habilidade, incumbência, referências, tentação de cair no crime, desemprego, esparrela*

A informação inferida, a rigor, não é nova, pois decorre de um espaço mental projetado a partir de um dado veiculado no texto. Veja-se mais um exemplo:

> *Nós somos:: seis filhos [...] e a do marido... eram doze agora são onze... quer dizer somos de famílias GRANdes e::... então ach/acho que::... dado **esse fator** nos acostumamos a:: muita gente...* (D2 SP 405)

em que *esse fator* é projetado pelos elementos linguísticos anteriores, ou seja, o tamanho da família é um fator de acomodação à convivência com muita gente. O demonstrativo, aqui, desliza de operador de uma identidade explícita para a ativação de uma identidade inferida, assegurando a continuidade da interação.

Um substantivo inferido pode também resultar da paráfrase de termo anterior. Esse processo já foi apontado como um fator importante na construção do texto (Hilgert, 1989). Assim, em

> *O **entusiasmo** contagiou muitas áreas... os ecos dessa **animação** chegaram aos brasileiros.* (EF SP 153)

animação parafraseia *entusiasmo*. Ao repetir ou parafrasear um sintagma nominal, o falante assegura a identidade entre ambos através da especificação de um demonstrativo. Sobre a paráfrase, veja a seção 9.4.2, adiante.

ATIVIDADE 5

De forma resumida, vimos que na derivação referencial "uma referência puxa a outra", por repetição, sinonímia ou inferência. Analise como esse processo se dá no texto.

Roubada obra de Picasso em galeria

A polícia busca um homem que entrou em uma galeria de arte de São Francisco, nos EUA, e retirou da parede um valioso desenho a lápis feito pelo artista espanhol Pablo Picasso. Logo depois o ladrão escapou em um táxi que o esperava. A obra, avaliada em centenas de milhares de dólares, é intitulada Cabeça de Mulher (1965) e estava na Galeria Weinstein, que ainda exibe trabalhos de Marc Chagall, Salvador Dalí e Joan Miró. A polícia, segundo o diário *San Francisco Chronicle*, espera que alguma pessoa reconheça o desenho, caso seja colocado à venda. O suspeito foi descrito como um homem de 30 anos que usava óculos escuros. / AP

Fonte: *O Estado de S. Paulo*, 7 jul. 2011. Caderno 2, p. D10.

9.3.3 ESTRATÉGIAS DE ESTRUTURAÇÃO DA INFORMAÇÃO

Outro papel importante dos substantivos é o de estruturar a informação veiculada num texto. Assim, observando a sucessão dos temas sentenciais, Daneš (1966) fez uma importante observação, de interesse para o estudo das propriedades textuais do substantivo. Partindo da ideia de que o *tema* da sentença contém a informação sabida, ao passo que seu *rema* contém a informação nova, esse autor identificou diferentes estratégias de articulação textual: o **tema caótico**, o **tema constante**, o **tema derivado** e o **tema fendido**.

> – Devagar com a coisa. Que lance é esse de tema e rema?
> – São termos técnicos fáceis de entender. Normalmente, dispomos numa sentença primeiro a informação já sabida, ou *tema*, e depois agregamos a informação nova, ou *rema*. Numa conversa sobre futebol, você pode ouvir algo como *Meu time vai vencer o seu de goleada*. Nessa sentença, *Meu time* é o tema, *vai vencer o seu de goleada* é o rema. Observando como lidamos com os temas das sentenças, poderemos entender o que se segue.

408 Pequena gramática do português brasileiro

- Tema caótico

Nas conversações mais espontâneas, não planejadas, o falante hesita em fixar-se em determinado tema, produzindo sequências truncadas, separadas por reticências:

> *Aí a lama desceu sobre os barracos... o corpo de bombeiros ficou lá embaixo... criança berrava pela mãe... o governador em Nova York... a escola de samba... aí então... mas do que é mesmo que eu estava falando?*

- Tema constante

O tema é sempre o mesmo, podendo ser introduzido por um substantivo e retomado por repetições, sinônimos, pronomes ou por um zero, entre outras manhas. Ele se articula com diferentes remas, num procedimento comum nas narrativas.

> *O cinema brasileiro... nun::ca... nunca morreu... houve sempre uma continuidade... ah marginalizado... ah completamente... [...] mas o cinema sempre... sempre continuou a existir... o cinema brasileiro... e no começo dessa década... que nós vamos abordar aqui... o cinema brasileiro estava exTREmamente vivo...* (EF SP 153)

> *O rei vivia muito preocupado... esse rei era viúvo... e ainda por cima Ø tinha um filha solteirona... ele concebeu um plano para casá-la... Ø começou então a procurar um príncipe...*

- Tema derivado

No processo de derivação temática, o rema da primeira sentença fornece o tema da segunda sentença, através dos seguintes processos:

(i) Tema e rema repetem o mesmo item lexical:

> *E eu queria uma fuga... a minha fuga... era deitar na cama.* (D2 SP 360)

(ii) O tema derivado é uma nominalização do rema:

> *O assassino foi preso ontem. Sua prisão deixou todo mundo aliviado.*

(iii) O tema derivado é preenchido por um substantivo inferido a partir do rema:

> *O diretor da escola encarregou os professores de organizar a festa. **A decisão** foi tomada na última reunião.*

(iv) O tema derivado tem uma relação antonímica com algum termo do rema: | Os substantivos são antônimos quando expressam sentidos contrários.

> *Soluções técnicas para resolver o problema da moradia popular temos em excesso... a escassez está na vontade política para enfrentar esse problema...*

- Tema fendido

Neste esquema, o primeiro tema se desdobra em diversos temas sentenciais, como em:

> *A **Linguística** é a ciências dos signos verbais. A **Pragmática** estuda as relações entre os signos e a sociedade. A **Semântica** estuda as relações entre os signos e seus referentes. A **Gramática** estuda as relações dos signos entre si.*

Nesse exemplo, o tema Linguística foi fendido em Pragmática, Semântica e Gramática.

ATIVIDADE 6

Os textos que compõem esta atividade apresentam variadas estratégias de estruturação da informação. Leia-os com atenção, indique o tema e diga se a organização textual ocorre por tema caótico, constante, derivado ou fendido. Faça uma representação em diagrama de cada um dos textos e elabore a sua resposta.

Texto 1

Obeliscos

Obelisco é um pilar alto de pedra, geralmente monolítico, esculpido em forma de pirâmide no ápice. Símbolo do culto ao deus-sol, Rá, representa a ligação entre céu e terra, identificando-se com a árvore da vida, o paraíso perfeito dos primórdios da civilização. Indica, como as colunas, limites e passagens de um mundo a outro, daí o uso de ambos ao lado dos portões e portas de entrada dos templos. Os mais famosos são os de Heliópolis e Karnac. Existem, também, obeliscos que foram retirados do Egito e agora podem ser encontrados em cidades como Roma, Paris, Londres e Nova York. [...]

Fonte: BAKOS, Margaret (org.). *Egiptomania*: o Egito no Brasil. São Paulo: Paris Editorial, 2004, p. 51.

Texto 2

Que... aliás

Vou falar sobre a Copa do Mundo de 2010, que não terminou bem pro Brasil. Nem pro Brasil, nem pro seu Mané, meu vizinho, o pobrezinho não aguentou assistir a mais uma derrota da seleção e morreu. Ninguém sabe direito o que aconteceu com ele, os médicos dizem que foi "Nó nas tripas". Quem ficou muito mal com a morte do seu Mané foi a mulher dele, dona Zulmira, que aliás é uma "doceira de mão cheia": faz cada bolo, pudim, doce... Nossa, dá até "água na boca". Falando em bolo, semana passada eu estava num restaurante, comendo minha sobremesa, um bolo de cenoura com cobertura de chocolate, que aliás era muito caro: 10 reais a fatia! Mas também, com a inflação subindo do jeito que está... Tenho que "apertar o cinto" no final do mês para conseguir pagar as contas. Principalmente porque minha filha não sai do telefone, fica falando com o namorado, Jorginho, que aliás é filho do César, o advogado do Rui, que é dono do banco "Rui's". Ele está metido em uma "maracutaia", parece que desviou dinheiro do banco e mandou tudo pra fora do país. Pra mim, lugar de bandido é na cadeia e quem faz isso é bandido. O Brasil está começando a ser conhecido como o país da impunidade. Um absurdo! Aliás, sobre o que eu estava falando mesmo?

Fonte: Texto de João Marcelo da Silva Elias, 12 anos, aluno do Colégio Madre Alix, São Paulo/SP.

Texto 3

> A COELHO DA FONSECA VENDE MAIS IMÓVEIS
> NOVOS E USADOS PORQUE TEM SEMPRE EXCELENTES
> OFERTAS. TEM SEMPRE EXCELENTES
> OFERTAS PORQUE TRABALHA COM OS
> MELHORES CONSTRUTORES E
> INCORPORADORES. TRABALHA
> COM OS MELHORES CONSTRUTORES E INCORPORADORES PORQUE
> TEM PROFISSIONAIS QUE
> CONHECEM TUDO SOBRE
> MERCADO IMOBILIÁRIO
> TEM PROFISSIONAIS
> QUE CONHECEM TUDO
> SOBRE O MERCADO
> PORQUE RESPEITA
> O CONSUMIDOR.
> E RESPEITAR O
> CONSUMIDOR
> DÁ NISSO:
>
> 30 anos de Sucesso
> hoje, 21 de março de 2005
>
> Fonte: COELHO DA FONSECA. *Folha de S.Paulo*, 21 mar. 2005.

9.4 REFORMULAÇÃO DO QUADRO TÓPICO: REPETIÇÃO E PARÁFRASE

Podemos reconhecer que as unidades discursivas correspondem à ativação das categorias do discurso. Entretanto, ao longo de uma conversação temos de voltar atrás, reativando nosso discurso. E como a estrutura textual-interativa assenta no tópico discursivo, descrito na seção anterior, é natural esperar que a reativação discursiva corresponda a uma reformulação tópica.

São muitas as estratégias de reformulação tópica, mas vamos focalizar aqui apenas duas: a repetição e a paráfrase. Repetir e parafrasear é fazer retornar à consideração algum tópico já versado anteriormente. A **repetição** é a recorrência das mesmas palavras e sentenças. A **paráfrase** é a repetição de seu conteúdo, de seu significado, valendo-se, porém, de outras palavras.

9.4.1 REPETIÇÃO

A **repetição** é um dos processos constitutivos da língua falada. Detestada na língua escrita, sobretudo nas redações escolares, pois indica ali pobreza de meios, a repetição é indispensável na organização da língua falada.

Entende-se por repetição a recorrência de estruturas linguísticas, como os sintagmas nominais do exemplo 4 e as sentenças do exemplo 5. Marcando a primeira ocorrência com a letra M, de *matriz*, e sua *repetição* com a letra R, assim podem ser transcritas as repetições:

Exemplo 4 – repetição do sintagma nominal

M	*peixe*	
R1	*peixe*	*aqui no Rio Grande do Sul*
R2 *eu tenho impressão que se come*	*peixe*	*exclusivamente na Semana Santa*

(D2 POA 291)

Exemplo 5 – repetição de sentença

M1 *a mercadoria mais cara no país inda é o dinheiro... como é caro comprar dinheiro*
R1 *é o negócio mais caro inda é dinheiro*
M2 *porque **o dinheiro é um elemento de troca**, certo?*
R2 **o dinheiro é um elemento de troca**

(Exemplo de Marcuschi e outros, 2006: 246)

Comparando os exemplos, vê-se que a repetição da sentença vem associada ao mecanismo de paráfrase que será examinado a seguir. Assim, *mercadoria* em (M1) foi parafraseada por *negócio* em R1.

Marcuschi (1992, 2006) descreveu cuidadosamente esse processo na língua falada, mostrando que o falante

- repete-se mais a si mesmo do que ao seu interlocutor;
- situa as repetições em contiguidade linear ou as separa por meio de outros tópicos;
- repete sintagmas, com larga preferência pela repetição de sintagmas nominais e sintagmas verbais.

O texto **413**

9.4.2 PARÁFRASE

A **paráfrase** é outro processo constitutivo do texto, consistindo na recorrência de conteúdos. Fuchs (1982: 49-50) assim a definiu: "Transformação progressiva do 'mesmo' (sentido idêntico) no 'outro' (sentido diferente). Para redizer a 'mesma coisa' acaba-se por dizer 'outra coisa', no termo de um processo contínuo de deformações negligenciáveis, imperceptíveis."

O paradoxo da paráfrase está nisto: é uma repetição de conteúdos que, precisamente por terem sido repetidos, acrescentaram-se semanticamente e, nesse sentido, mudaram. Não é preciso dizer mais nada para mostrar a importância da paráfrase na manutenção da conversação e na criação do texto.

Vejamos este exemplo, em que M representa o segmento Matriz e P, o segmento parafraseado:

Exemplo 6

M	*então a minha de onze anos...* **ela supervisiona** *o trabalho dos cinco...* *então ela vê se as gavetas estão em ordem... se o:: material escolar já foi re/arrumado para o dia seguinte... se nenhum:: fez:: arte demais no banheiro... porque às vezes... estão tomando banho e ficam jogando água pela janela*
P	*quer dizer...* **é supervisora** *nata*

(Retirado de Hilgert, 2006: 290)

Como se vê nesse exemplo, a paráfrase "tece a macroestrutura de um tópico conversacional, na medida em que mantém a centração tópica" (Hilgert, 2006: 284).

São muitas as funções da paráfrase no tratamento discursivo do tópico:

(1) expansão *vs.* redução do tópico;
(2) determinação *vs.* indeterminação do tópico;
(3) ênfase *vs.* atenuação do tópico etc.

Vejamos exemplos dos dois primeiros processos.

Exemplo 7 – paráfrase expansiva/redutora

M	*não que eu deseje:::* **liberda...de...**
P	*deseje eh eh estar assim* **sem obrigações** *para com as crianças.* (D2 SP 360)

(Extraído de Hilgert, 2006: 290-291)

414 Pequena gramática do português brasileiro

No exemplo 7, foi usado o esquema matriz expansiva → paráfrase redutora, visto que *liberdade* tem uma amplitude semântica maior do que *sem obrigações*.

Exemplo 8 – paráfrase determinadora/indeterminadora

> (a)
> M *eu noto que* **muito paulista fica** *um pouco chocado... com o linguajar carioca*
> P ***nós ficamos*** *um pouco chocados com o esse e o erre exagerados.* (D2 SP 333)
> (b)
> M *agora* ***vamos usar*** *um termo que eu uso bastante*
> P *e que* ***todo mundo usa***. (D2 SP 333)

No exemplo 8, observe-se que em (a) o locutor usou o esquema genérico → específico, ao trocar *muito paulista*, ou seja, um paulista que não se sabe direito quem é, por *nós*, ou seja, "nós os paulistas", especificando o sujeito da sentença. Já em (b) o mesmo locutor seguiu o caminho inverso, específico → genérico, localizando em si mesmo a responsabilidade pelo uso de um termo (= *vamos usar um termo*), generalizando depois esse uso, talvez para preservar sua face de bom falante do português (= *que todo mundo usa*).

ATIVIDADE 7

Observe se ocorreram **repetições e paráfrases** nas conversas que você transcreveu em atividades anteriores. Identifique os recursos linguísticos que movimentamos nas paráfrases. São fortes candidatas as relações de **hiperonímia** (= significação ampla) e **hiponímia** (= significação estrita) entre a M e a P, relações de **nominalização**, como em (4), em que o verbo *supervisionar* é parafraseado pela forma nominalizada *supervisora* etc.

Outras dicas: parece que as **paráfrases expansivas** jogam com definições, explicações – e, portanto, com **sinônimos** e **hipônimos**. Já as **paráfrases redutoras** partem para os resumos, manipulando **hiperônimos**. É muito provável que o desenvolvimento dessas categorias léxico-semânticas se explique através das estratégias de parafraseamento que usamos todo dia, mantendo uma conversa, organizando um texto.

ATIVIDADE 8

Nas escritas nas redes sociais também é comum nos depararmos com **a repetição** e **a paráfrase**.
Veja um exemplo de repetição.

Débora J. - 21 minutos atrás - Amigos   opções ▼

Você ja copiou as minhas folhas?
Bjs

Daniel Paulo -- Ja sim...amanhã eu te devolvo!!! Sem falta eu te devolvo !!!! segundos atrás

Fonte: Trecho de conversa via Orkut.

E, agora, um de paráfrase:

Cheguei da reunião na sala do grêmio. Uma verdadeira zona! Ninguém tem organização por lá.

Fonte: Trecho de conversa via Messenger.

Assim como os autores dessas mensagens, você deve ter produzido textos na internet que apresentam repetições ou paráfrases. Então, tome como material de análise as mensagens que produziu ou, se preferir, as que recebeu, e verifique a ocorrência da repetição e da paráfrase. Explique como essas **estratégias de reformulação** se configuram nos textos que selecionou e indique a razão pela qual os produtores fizeram uso dessas estratégias.

9.5 DESCONTINUAÇÃO DO QUADRO TÓPICO: PARENTETIZAÇÃO E DIGRESSÃO

A construção do quadro tópico alterna-se com sua descontinuação, deixando-o de lado por alguns momentos, nos *parênteses*, ou mesmo encaixando um tópico novo dentro do quadro, nas *digressões*. As duas estratégias ilustram o princípio da desativação de propriedades.

416 Pequena gramática do português brasileiro

9.5.1 PARENTETIZAÇÃO

Os segmentos parentéticos se constituem de pequenos esclarecimentos, comentários, perguntas, em que encaixamos observações rápidas ao tópico em desenvolvimento, sem comprometer a centração tópica. A sentença (5) da UD2 (ver exemplo da p. 395) é um parêntese, assinalado pelo marcador *aliás*. Veja este outro exemplo:

Exemplo 9

> *aqui nós só vamos... fazer uma leitura em nível* PRE-*iconográfico nós vamos reconhecer as formas... então que tipo de formas que nós vamos reconhecer?... nós vamos reconhecer bisontes... ((vozes))...* **bisonte é o bisavô... do touro... tem o touro o búfalo:: e o bisonte MAIS lá em cima ainda***... nós vamos reconhecer ahn:: cavalos... nós vamos reconhecer veados...()... e algumas vezes MUIto poucas... alguma figura humana... aí parte... de estatuária que a gente vai reconhecer a figura humana mas é muito raro... neste período...* (EF SP 405)

Os trechos parentéticos do exemplo 9 foram negritados. O locutor vinha dando uma aula sobre animais pré-históricos, e ao mencionar os bisontes achou conveniente interromper o fluxo da exposição para localizar esse animal em sua árvore genealógica.

As seguintes marcas formais assinalam os parênteses:
(1) pausa inicial e final;
(2) entoação descendente no final, em contraste com a ascendente na retomada tópica;
(3) incompletude sintática do enunciado anterior ao parêntese;
(4) marcas de reintrodução tópica, como *agora*, *porque*, entre outros.

9.5.2 DIGRESSÃO

Na digressão, aprofundamos o processo de descontinuação tópica, inserindo um tópico desviante, como em

O texto **417**

Exemplo 10

> L1 – *a outra de nove quer ser bailarina*
> L2 – *ahn ahn*
>   [
> L1 –   *ela vive dançando ((risos))*
>   [
> L2 –   *dançan/((risos))*
> L1 – *é ela vive dançando a Laura a:: Estela a Laura não se definiu tenho impressão*
>   [
> L2 – *(...)*
> L1 – *de que ela vai ser PROmotora...*
> L2 – *ah*
> L1 – *que ela vive acusando é aquela que...*
>   [
> L2 –   *é aquela*
> L1 – *toma conta do pessoal ((risos)) oh... agora ah:: –* **nossa! foi além do que eu...**
>   **imaginava... o horário [...] não... por causa das crianças na escola** *– ((risos))*
>   *agora a Estela vive dançando... e ela quer ser bailarina...* (D2 SP 360)

Fica bastante claro que no exemplo o tópico "profissões futuras das filhas" foi interrompido por uma observação sobre o horário. Esse tópico desviante passa a ocupar longamente a atenção das locutoras, na continuação da entrevista, até que se retome o tópico das profissões.

Uma série de marcas formais destaca a digressão do quadro tópico:

(1) muda-se o tempo verbal, de presente para pretérito;

(2) pausas separam a digressão do texto maior;

(3) marcadores discursivos podem assinalar que se entrou por um desvio do assunto.

9.6 CONEXÃO TEXTUAL

Ao identificar as unidades discursivas e os parágrafos de um texto, nota-se que eles podem vir ligados por conectivos que ultrapassam obviamente os limites da sentença.

No exemplo 2 (p. 395), por exemplo, viu-se que as expressões *mas...*, *e...* e *então...* interligam unidades discursivas. Nesse uso, elas **não** funcionam como conjunções sentenciais, pois não ligam sentenças. O *mas* conectivo textual que

418 Pequena gramática do português brasileiro

liga a UD2 à UD1, por exemplo, não é adversativo, não desmente o conteúdo da UD1, e o conectivo *e* apresenta-se repetido, num polissíndeto. Nada disso ocorre nas sentenças complexas que estudamos no capítulo 8.

> **Polissíndeto:** termo que se refere à coordenação de várias palavras e sentenças, por meio da repetição de uma ou mais conjunções.

De todo modo, há certos requisitos para que os itens lexicais atuem como **conectores textuais**. Eles devem ser **expressões fóricas**, ou seja, devem ter a capacidade de retomar o que vinha sendo dito e anunciar o que se segue. Expressões referenciais, como os substantivos, não reúnem as condições para atuar como conectivo. Veja o seguinte exemplo, que transcrevemos de forma a pôr em relevo os conectivos textuais, negritando-os:

Exemplo 11 – conectivos textuais

L1 – *não não não é questão disso não*
   mas
   realmente a cadeia de supermercados aqui é de de de de de Recife provavelmente é superior a qualquer uma do país... isso vocês podem julgar lá vendo...
   mas
   não não não é propaganda não é coisa nenhuma
   agora
   o que eu acho é o seguinte... é que nós temos
L2 – *( ) problema de saneamento isso é seriíssimo*
L1– *nós temos aquelas aquelas desvantagens de qualquer civilização colocada no trópico...*
   mas
   como eu dizia há pouco a cada::...vantagem a desvantagem corresponde a uma vantagem também... aqui tem brisa marinha...
   então
   nós temos os ventos alísios que vêm aqui éh:... soprando aqui perto soprando temos a brisa terral de manhãzinha cedo...o que faz com que a poluição seja um bem mais difícil
L2 – ***agora***
   Recife tem um problema muito sério é porque em sendo Recife a a maior cidade do Nordeste... há uma convergência
L1 – *não Recife é a maior cidade do mundo... porque é aqui que o Capibaribe se encontra com o Beberibe pra formar o Oceano Atlântico*
                                                                        [
L2 –   *eu concordo com você*
L1 – *((riu))*

L2 – **mas então**
  há esse problema
  então
  a coisa se agrava (D2 REC 05)

O que essas expressões negritadas têm em comum? Muitas coisas:

(1) Todas elas conectam segmentos textuais.
(2) Funcionalmente, **mas** "soma" a expressão anterior à expressão seguinte; **então** e **agora** marcam os diversos tempos do discurso; **mas** e **então** podem figurar em contiguidade, o que mostra que cada um desempenha um papel diferente na conectividade textual.
(3) Do ponto de vista gramatical, elas se situam fora das sentenças do exemplo 11.

Ocorrências como essas deram origem a um conjunto de pesquisas, em que se indagava a relação entre os conectivos textuais e as conjunções sentenciais. O primeiro estudo do português brasileiro nessa linha foi preparado por Dias de Moraes (1987).

ATIVIDADE 9

Mostramos nesta seção que conectivos textuais e conjunções sentenciais são expressos pelas mesmas palavras. Mas será que elas têm a mesma função? Para responder a essa pergunta, compare o **agora** de

Fulano saiu **agora** *mesmo*

com o **agora** do exemplo 11

agora *o que eu acho é o seguinte... é que nós temos [...] aquelas aquelas desvantagens de qualquer civilização colocada no trópico...*
agora *Recife tem um problema muito sério é porque em sendo Recife a a maior cidade do Nordeste... há uma convergência*

Dica: qual das expressões (1) **agora, Recife tem um problema muito sério**, (2) **Fulano saiu agora mesmo** poderia responder a uma pergunta iniciada por *quando*? Seguindo por aí, compare

(a) *Nós dobramos a barraca,* **então** *pusemos tudo no carro,* **então** *guiamos para a praia.*
(b) *Não recebi o salário,* **então** *saí por aí pedindo dinheiro emprestado.*

420 Pequena gramática do português brasileiro

ATIVIDADE 10

Tomando como material de análise o depoimento de Tom Jobim sobre Vinicius de Moraes, indique:
1. as **unidades discursivas**;
2. os **conectivos textuais** responsáveis pela interligação das unidades discursivas;
3. a ocorrência das estratégias de reformulação do quadro tópico: **repetição e paráfrase**;
4. a ocorrência da estratégia de descontinuação do quadro tópico: **digressão**.

> ### *Depoimento de Tom Jobim*
>
> Meu nome é Antonio Carlos Jobim, mais conhecido como Tom Jobim, ou seja Tom do Vinicius. Quando eu falava assim no telefone: "É o Tom", o sujeito dizia: "Que Tom?" "Tom do Vinicius". Aí, o sujeito dizia: "Ah, sim, pois não." Eu falar aqui sobre o Vinicius é depoimento rápido e carinhoso porque não posso me estender sobre a magnífica e imensa obra do meu querido amigo, parceiro, homem tão bom, tão humano, que é Vinicius de Moraes.
>
> E nós percorremos, como ele dizia, muitas canções, juntos, fizemos Orfeu, fizemos – Ih! Quanta coisa! – eu sei que ele sempre foi um parceiro adorável, uma pessoa muito humana que sempre cuidou dos parceiros dele.
>
> O Vinicius me ensinou muita coisa assim... da vida. Me ensinou... eu digo, puxa vida, estou aprendendo tanto com você. E ele me disse: não, Tonzinho, eu é que aprendo com você, eu me lembro tanta coisa.
>
> O Vinicius... Fizemos o Orfeu da Conceição, que depois virou L'Orfée Noir, que virou Black Orpheus, que tirou Palma em Cannes, e tirou Oscar, que ganhou todos os prêmios.
>
> Me lembro do show do Bom Gourmet e depois aqui, no fim da vida de Vinicius, ainda teve o show no Canecão. O Vinicius era múltiplo como o Sérgio Porto dizia, senão ele seria Viniciu de Moral e ele não era, ele era o Vinicius de Moraes, uma criatura ubíqua, vasta, estava sempre e ao mesmo tempo em Nova York, na Bahia, no Rio, em Paris... ah, em Buenos Aires, eu sinto assim... eu acho o Vinicius assim: o meu poeta e também um músico excelente, tremendo ouvido, acho uma pessoa inesquecível.
>
> Fonte: JOBIM, Tom. Depoimento de Tom Jobim. *Vinicius 90 anos*. Som Livre, 2003, CD.

9.7 GÊNEROS TEXTUAIS

Vimos no exemplo que aparece no início do capítulo 1 que no interior de uma conversa se encontram narrativas, descrições e trechos argumentativos. Um mesmo segmento narrativo poderá funcionar como um recurso da argumentação. Descrevendo cenas e pessoas, estaremos narrando eventos. Como em tudo o mais, os tipos textuais são classificações cômodas, mas é preciso atentar para a simultaneidade de suas propriedades.

Vamos admitir que é possível esquematizar as diversas situações de fala em dois tipos textuais básicos, jogando com a categoria cognitiva de PESSOA, vale dizer, com o processo da dêixis. A primeira pessoa, P1, é o locutor, entendido como o participante do discurso com direito à voz. A segunda, P2, é o interlocutor, ou ouvinte. Vamos representar por P3 o tópico conversacional, o assunto do texto que está sendo construído.

Quando P1 e P2 funcionam como articuladores principais do texto, temos o *diálogo*, passível de representação através da fórmula P1+P2 (P3). Uma condição do texto dialógico é que locutor e interlocutor estejam em presença, e o tópico não seja dominado previamente por nenhum dos participantes, donde sua representação está entre parênteses.

Na conversa, o tópico será elaborado em coautoria, juntando-se os dados que cada participante vai veiculando. Nessa situação, constitui-se o espaço intersubjetivo, tomado pela busca da informação, do intercâmbio, da explicitação de conteúdos, enfim, das motivações todas que levam as pessoas a conversarem.

Entretanto, um dos participantes pode dispor de informações e argumentos desconhecidos por seu interlocutor. Nesse caso, ele tomará a palavra por um tempo maior, para *descrever*, *narrar* ou *generalizar*, elaborando essa informação nova. Isso quer dizer que passou a haver uma ênfase em P3, diluindo-se a participação de P1 e de P2. Em casos como esses, a conversa pode abrigar os tipos textuais descritivo, narrativo e argumentativo.

Na circunstância esboçada anteriormente, P3 passa a ocupar o palco, diluindo-se a presença de P1 e de P2, numa situação verbal que poderia ser representada por P3 (P1+P2).

Quando P3 predomina, poderemos ter uma descrição, uma narração ou uma dissertação, assim entendidas, superficialmente:

✓ a descrição é uma enumeração de propriedades de seres, coisas, paisagens etc.;
✓ a narração é uma enumeração de eventos;
✓ a dissertação é uma enumeração de argumentos.

À medida que dialogamos, vamos passando por esses tipos textuais, ao sabor das necessidades do intercurso.

422 Pequena gramática do português brasileiro

A narração é de longe o tipo textual mais estudado. Situadas no tempo da história, as narrativas compreendem dois planos. **O plano da ação**, em que se situam as personagens, e **o plano da situação**, em que se situa o narrador. As ações, ou *figura* da narração, expressam-se através dos tempos do passado, discriminando-se o pretérito perfeito para as ações pontuais. A situação, ou *fundo* da narração, se expressa através do pretérito imperfeito, pois as situações são durativas. Numa narrativa, portanto, falam as personagens a respeito dos eventos e fala o narrador a respeito do ambiente em que se deram os eventos.

Essa é uma apresentação bastante simplificadora da narração. Se você colecionar outros exemplos, verá que tanto o plano da ação, ou plano das personagens, quanto o plano do narrador, ou plano do autor, podem cindir-se em mais de uma perspectiva. Assim, o *plano da ação* habitualmente compreende uma ação principal e uma ação secundária. As novelas exploram essa possibilidade, reunindo numa só trama um conjunto de narrativas que compartilham personagens ou situações comuns. Por isso mesmo, uma novela não precisa necessariamente ter um fim – que o digam os autores das novelas de televisão!

O *plano da situação* não fica atrás, e, com isso, ora o narrador descreve o ambiente das ações, ora promove uma narrativa de demonstração, em que ele faz algum comentário, argumenta – ou seja, disserta. Quer dizer que a dissertação deriva da narração, de que representa uma busca de generalização.

Vamos exemplificar tudo isso com esta crônica de Paulo Mendes Campos, que transcrevemos em duas colunas. Na primeira, anotamos as categorias mencionadas anteriormente e, na segunda, os segmentos correspondentes.

Exemplo 12

(Transcrição da crônica de Paulo Mendes Campos, "Menina no jardim")

Narrativa de situação (fundo)	*Em seus 14 meses de permanência neste mundo, a garotinha não tinha tomado o menor conhecimento das leis que governam a nação.*
Narrativa de ação (figura)	*Isso se deu agora na praça, logo na chamada República Livre de Ipanema.*
Narrativa de situação	*Até ontem ela se comprazia em brincar com a terra.*

Narrativa de ação	*Hoje, de repente, deu-lhe um tédio enorme do barro de que somos feitos: atirou o punhado de pó ao chão, ergueu o rosto, ficou pensativa, investigando com ar aborrecido o mundo exterior. ( ) Determinada, levantou-se do chão e correu para a relva,*
Narrativa de situação	*Que era, vá lá, bonita, mas já bastante chamuscada pela estiagem.*
Narrativa de ação	*Não durou mais que três minutos, e apareceu um guarda.*
Narrativa de comentário	*Diga-se, em nome da verdade, que no diálogo que se travou em seguida, maior violência se registrou por parte da infratora do que por parte da lei ( ).*
Diálogo	*– Desce da grama, garotinha –*
Narrativa de ação	*disse a lei.*
Diálogo	*– Blá blé bli blá –*
Narrativa de ação	*protestou a garotinha.*
Diálogo	*– É proibido pisar na grama –*
Narrativa de ação	*explicou o guarda.*
Diálogo	*– Bá BA bá –*
Narrativa de ação	*retrucou a garotinha com veemência.*

Fonte: CAMPOS, Paulo Mendes. *Para gostar de ler.* 2. ed. São Paulo: Ática, 1977, v. i, pp. 16-7.

A análise do texto transcrito revela as seguintes características:

- Diálogo e narrativa se sucedem ao longo do texto.
- A narrativa de ação se expressa no pretérito perfeito simples, criando o plano da *figura*, ao passo que a narrativa de situação se expressa no pretérito imperfeito, criando o plano do *fundo*. Essas formas temporais promovem uma sensação de aproximação, no primeiro caso, que contrasta com uma sensação de afastamento, no segundo caso.
- Na narrativa de comentário, o autor se torna mais presente no texto, secundarizando por um momento a ação que está narrando. O trecho não inclui uma dissertação propriamente dita, em que o tempo a escolher seria o presente do indicativo.

Labov (1972) diz que a **narração** tem cinco partes:

(1) resumo, que funciona como um prefácio da história que se vai narrar;

(2) orientação: pano de fundo descritivo, com indicações sobre onde e quando os eventos ocorreram;

(3) complicação: os eventos são apresentados numa ordem temporal;
(4) coda: movimento do interior da história para a situação conversacional em que ela ocorreu;
(5) avaliação: de que modo o narrador usa uma experiência particular para concretizar o tópico.

O discurso argumentativo pode aparecer em monólogos e diálogos, em disputas, confrontos, debates. Segundo Schiffrin (1987: 18 ss.), uma **dissertação** envolve três partes:
(1) a posição,
(2) a disputa, e
(3) a sustentação.

A posição é a adesão a uma ideia, situação em que o falante parece dirigir-se a uma audiência maior. **Na disputa**, o falante se refere direta ou indiretamente à pessoa ou à ideia com que concorda/discorda. Esses movimentos verbais pressupõem, muitas vezes, um conhecimento que não é apresentado no interior do texto. **A sustentação** é a explanação de uma ideia, a justificação da adesão a ela, a defesa da forma como foi apresentada. Através desse momento, o falante induz o interlocutor a tirar conclusões sobre a credibilidade de sua posição.

ATIVIDADE 11

1. Assim como Tom Jobim, Chico Buarque também deu seu depoimento sobre Vinicius de Moraes. Curioso para saber o que ele disse? Então, leia o texto e vá assinalando os momentos narrativos, descritivos e argumentativos constitutivos do depoimento.
2. Feito isso, responda: o que orientou você na identificação dos trechos narrativos? E dos descritivos? E dos argumentativos? Que marcas linguísticas serviram como pistas nessa atividade de reconhecimento?

Depoimento de Chico Buarque

Meu nome é Chico Buarque, eu conheci muito Vinicius. Convivi muito com ele e tenho lembranças demais. Agora, não sei por que, agora, as que me ocorrem são lembranças engraçadas quase sempre se ligam a shows que fizemos juntos, porque o Vinicius é uma pessoa... era muito distraído, né? E ao mesmo tempo tinha uma autoconfiança incrível, que então mesmo quando errava, passava, ficava bem, porque ele errava com uma confiança incrível. Eu me lembro de um show, aliás isto é uma exceção, não sei se é covardia dizer isso agora, porque eu nunca disse para ele. Um show em Portugal em que a gente fez, em Coimbra e tal, aqueles estudantes todos e foi um final apoteótico. O show foi um sucesso danado. Os estudantes de esquerda e tal. Aí, o Vinicius terminou depois do décimo bis, aí o copo de uísque na mão e ele disse assim: agora eu queria fazer uma saudação muito especial à mocidade portuguesa. Aí, o público de repente, começou a vaiar, vaiar, vaiar, e o Vinicius continuava agradecendo as vaias como quem agradecesse aplausos. Aí, depois, eu também não sabia o que estava acontecendo, fui saber que mocidade portuguesa é uma coisa tipo juventude hitlerista, que tinha lá no tempo de Salazar, né? Mas falar, não falava muito bem, nenhuma dessas línguas. Eu lembro de um show na Itália, isso foi-me contado por um amigo em comum nosso, o italiano Sérgio Bradotti, que ele tava falando, falando, falando, o pessoal, ria, ria, ria, aí, o sujeito ao lado do Sérgio deu uma gargalhada incrível, porque Vinicius falou uma coisa muito engraçada, ele falou: *bravissimo, pero scusi, che lingua parla*? E isso em todas as línguas.

Fonte: BUARQUE, Chico. Depoimento de Chico Buarque. *Vinicius 90 anos*. Som Livre, 2003, CD.

ATIVIDADE 12

Retome as suas transcrições e identifique os momentos narrativos, descritivos e argumentativos ali exemplificados. Compare depois com textos publicados em blogs. Que semelhanças ou dessemelhanças há entre esses textos?

9.8 TEXTO, LEITURA E SENTIDO

Nesta seção, focalizaremos a leitura e a produção de sentidos, levando em conta aspectos do funcionamento do português brasileiro no texto escrito. Consideraremos que a leitura é uma atividade complexa de produção de sentido que solicita do leitor uma postura ativa perante o texto (Koch e Elias, 2006; 2009) ou, no dizer de Bakhtin (1953/1992), uma atitude responsiva, visto que:

426 Pequena gramática do português brasileiro

✓ o texto não se resume apenas à sua materialidade linguística, embora essa materialidade seja o ponto de onde partimos;
✓ o texto contém implícitos que demandam do leitor a produção de inferências;
✓ a produção de inferências exige ativação de um conjunto de conhecimentos (linguísticos, enciclopédicos, textuais, interacionais etc.) armazenados na memória e constantemente atualizados, graças às nossas experiências textuais, interacionais, sociais e culturais;
✓ todos esses conhecimentos compõem uma "bagagem cognitiva" a que recorremos constantemente para entender o nosso interlocutor e para nos fazermos entender;
✓ o sentido é uma construção que se dá com base no texto e no contexto, pressupondo, por conseguinte, compartilhamento de conhecimentos diversos entre leitor e autor;
✓ o leitor, em sua atividade de produção de sentido, recorre a muitas e sofisticadas estratégias: estabelece objetivos, ativa conhecimentos, formula hipóteses, produz inferências, preenche lacunas, realiza avanços e recuos no texto para confirmação (ou não) de hipóteses, segue orientações dadas pelo autor no texto etc.;
✓ as orientações dadas pelo autor do texto manifestam-se linguisticamente por meio da seleção das palavras e do modo como elas se organizam no texto.

Orientados por esses pressupostos, vamos simular a nossa atuação como leitor em interação com o autor do texto. Com esse objetivo, selecionamos o texto:

"vc é o ar q respiro" é a pior declaração de amor q se pode ouvir em São Paulo.

Fonte: SÁ, Xico. *Clássicos da Twitteratura Brasileira - @xicosa*. São Paulo: Suzano Papel e Celulose, 2010.

Certamente, na leitura do texto, não deixamos escapar aspectos contextualizadores como o autor do texto (@xicosa); o modo como essa informação é apresentada, pois diferentemente de outras ocorrências, identifica o autor por meio do símbolo @; o título do livro de onde foi extraído o texto; o neologismo *twitteratura*, resultado da combinação das palavras *twitter* + *literatura*; a breve extensão do texto justificada, no caso, pelo fato de o espaço de escrita do Twitter determinar um limite de até 140 caracteres ou toques etc. Esses elementos, antes mesmo de adentrarmos o texto, nos aguçam a curiosidade e estimulam a exploração do texto ou, do contrário, nos afastam dele. Portanto, o que sabemos do autor; sobre o que e como escreve; qual é o assunto do texto; a que conhecimentos o título nos remete; como se encontra configurado o texto são algumas questões que nos fazemos em um primeiro contato com o texto, que nos fazem prosseguir ou não na leitura e, em caso positivo, nos (re)orientam no percurso a ser feito no tempo em que durar a nossa atividade. Bom, só aqui já temos uma pequena amostra do quanto somos ativos quando lemos. Você já pensou nisso?

Avançando no texto, observamos que:

1) o enunciado *"vc é o ar q respiro"*
   (i) está entre aspas para marcar que se trata de uma produção pertencente ao repertório de uma comunidade, não podendo ser especificada a sua autoria tal como acontece com os provérbios. Trata-se de uma intertextualidade implicitamente constituída;
   (ii) é reconhecido, geralmente, como uma declaração de amor;
   (iii) assume na organização do texto a função de tópico discursivo (o assunto do texto).

2) *vc* e *q* estão grafadas abreviadamente, traço característico da escrita produzida nas redes sociais;

3) *é a pior declaração de amor q se pode ouvir em São Paulo* é um comentário que:
   i) apresenta valoração negativa marcada na expressão *a pior declaração de amor*
   ii) possibilita, na relação com o enunciado primeiro, inferências como: a) São Paulo é poluída; b) o ar poluído de São Paulo não favorece o uso de "vc é o ar que respiro" como declaração de amor; c) uma crítica à poluição da cidade.

Bom, e vamos parando por aqui, não porque tenhamos "desvendado todos os segredos do texto", mas, simplesmente, porque já atingimos o nosso objetivo: mostrar o quanto trabalhamos quando lemos, o quanto interagimos com o texto, o quanto somos "caçadores de sentido", nas palavras de Dascal (2005). Daqui para a frente, passaremos a bola para você, caro leitor.

428 Pequena gramática do português brasileiro

ATIVIDADE 13

Leia o texto e responda:

> O ATLÉTICO-MG evoluiu aos poucos. Cuca é o responsável. Fez no Galo o
> que Luxemburgo e Dorival Júnior não fizeram. Escalou os melhores jogadores nas
> posições certas, definiu o esquema tático e formou um time. Essa é a importância
> de um técnico. O restante é conversa fiada.
>
> Fonte: Continuam os foguetes. Folha de S.Paulo, 2 nov. 2011. Esporte.

1. Qual é o tema (tópico) do texto? Que elementos do texto possibilitam a identificação do tema?

2. No trecho

> O ATLÉTICO-MG evoluiu aos poucos. Cuca é o responsável.

notamos o encadeamento de enunciados sem elementos explícitos de ligação, ou seja, por justaposição. A estratégia funciona como uma demonstração do quanto o texto contém implicitudes e do quanto o autor configura o texto confiante na atuação do leitor, em sua cumplicidade. Sendo assim, que relação de sentido você estabelece entre os enunciados destacados? Que conectores (veja capítulo 8, seção 8.3.1) podem ser usados para se estabelecer explicitamente o encadeamento entre os enunciados de modo coerente?

3. Releia com atenção o trecho:

> Fez no Galo o que Luxemburgo e Dorival Júnior não fizeram. Escalou os
> melhores jogadores nas posições certas, definiu o esquema tático e formou um time.

Agora, nos diga: que procedimento é recorrente nas sentenças que compõem o trecho? Que efeito produz?

4. Considere o trecho:

> Essa é a importância de um técnico. O restante é conversa fiada.

Relacionando o trecho ao todo do texto e a seus conhecimentos, responda:
4.1 A que se refere o pronome *essa*? Qual a sua função no texto?
4.2 A expressão *O restante* faz remissão a quê?
4.3. O que significa a expressão *conversa fiada*? Por que <u>não</u> há artigo ou pronome acompanhando a expressão?

Atividade 14

1. Leia e compare os textos:

Texto 1

> Coloquei tantos pontos finais em nós que acabamos cheios de reticências...
>
> Fonte: Bernardi, Tati. *Clássicos da Twitteratura Brasileira - @tati_bernardi*. São Paulo: Suzano Papel e Celulose, 2010.

Texto 2

Vírgula

Teu amor é fatal – vírgula
Qual mulher sensacional – ponto e vírgula
Queres dar teu coração – interrogação
Que pecado original – exclamação

Teu amor é fatal – vírgula
Qual mulher sensacional – ponto e vírgula
Queres dar teu coração mas comigo não
Ponto final

Teu amor entre aspas
Já consegui descrever
Reticências reticências
Agora adivinhe o que eu quero dizer

Composição: Alberto Ribeiro/Erastótenes Frazão

2. Responda:
    2.1 O que os dois textos têm em comum?
    2.2 Ative os conhecimentos que possui sobre sinais de pontuação e explique o efeito que promove o modo como esses sinais foram "usados" no texto.

430 Pequena gramática do português brasileiro

ATIVIDADE 15

1. Leia o texto

> **Futuro?**
>
> *"O Brasil, com seus políticos ineptos, legisladores corruptos, banquei-
> ros loucos por taxas e juros, empresários lobistas e, principalmente,
> com seu povo que a tudo assiste sem reagir, está se tornando o 'país do
> futuro do pretérito'."*
>
> Fonte: CHUEIRI, Antonio R. S. Futuro? *Folha de S.Paulo*, 13 ago.2006. Opinião, Painel
> do leitor.

2. Recupere o conhecimento que possui sobre *futuro do pretérito* (veja capítulo 4, seção 4.2) e explique: Por que o autor afirma que "O Brasil está se tornando o país do futuro do pretérito"?

3. Que relação você estabelece entre essa predicação e o título do texto *Futuro?*

4. Explique o uso da perífrase de gerúndio em *O Brasil* **está se tornando** *um país do futuro do pretérito*. Antes de elaborar a sua resposta, faça o seguinte exercício de comparação: e se o autor tivesse dito *O Brasil se tornou um país do futuro do pretérito*? O que a escolha da forma verbal numa e noutra construção nos diz? Agora, sim, capriche na sua resposta.

5. Em

> *com seus políticos ineptos, legisladores corruptos, banqueiros loucos por
> taxas e juros, empresários lobistas e, principalmente, com seu povo que
> a tudo assiste sem reagir*

preste atenção ao advérbio *principalmente*. Qual é a sua função no texto? (veja capítulo 6)

6. No texto, o autor apresenta razões pelas quais *o Brasil está se tornando um país do futuro do pretérito*? E que condições você apresenta para que *o Brasil se torne um país do futuro do presente*?

Atividade 16

1. Leia o trecho da música e, se gostar de cantar, aproveite!

   > **Hoje eu não saio, não**
   >
   > Hoje eu não saio não
   > Hoje eu vou ficar em casa, neném
   > Hoje eu não saio não
   > Eu quero ver televisão
   > Hoje eu não saio não
   > Não troco meu sofá por nada, meu bem
   > Hoje eu não saio não
   > Não quero ver a multidão
   > Na padaria, não
   > No lançamento, não
   > No movimento, não
   > Na praia, não
   >
   > Composição: Arnaldo Antunes/Marcelo Jeneci/Betão/Chico Salem

2. Na atividade de sequenciação textual, o autor realiza várias atividades para fazer o texto progredir, garantindo a continuidade do tema. Uma dessas atividades é a recorrência de estruturas ou paralelismo sintático. Esse procedimento se caracteriza pela repetição de uma estrutura sintática que é preenchida com itens lexicais diferentes. Identifique o paralelismo no texto e explique o sentido da recorrência da estrutura no texto.

3. O texto está cheio de negações, percebeu? Pois bem, descreva a forma como foram construídas essas negações e explique o sentido que imprimem ao texto (veja capítulo 8, seção 8.2).

Atividade 17

No trecho a seguir, chama a atenção o boletim meteorológico produzido por uma criança. Veja:

> *Hoje o céu está azul, Max, e tem uma nuvem grande e comprida, espichada feito uma corda. Na ponta dela, o sol parece um buraco amarelo...*
> *Naquele momento, Max soube que só uma criança seria capaz de lhe fornecer um boletim meteorológico desses.*
>
> Fonte: Zusak, Markus. *A menina que roubava livros*. Trad. Vera Ribeiro. Rio de Janeiro: Intrínseca, 2007, p. 223.

Em seu comentário, a personagem Max nos diz que o texto é diferente porque produzido por uma criança com toda a singularidade que marca essa fase da vida. Implicitamente, o trecho nos informa que Max conhece o gênero textual em questão e, mentalmente, comparou o que a criança produziu com um modelo historicamente constituído desse texto, deixando ao leitor a tarefa de inferir o resultado de sua comparação. Pois bem, na qualidade de leitor, entre em cena e compare o boletim contido no trecho com outros que encontrar em jornais ou sites da internet. Explicite as semelhanças e diferenças encontradas entre as produções.

ATIVIDADE 18

O texto que lerá a seguir tem como tópico o novo acordo ortográfico da língua portuguesa. Como sabe, esse acordo entrou em vigor em janeiro 2009 e objetiva uniformizar a grafia das palavras dos países que têm o português como língua oficial. Vamos ao texto.

Tremenda saudade

Ando intranqüilo, desmilingüido. Não sei se agüento. Desculpe a rima, mas talvez precise de um ungüento. Com freqüência tenho sonhado com pingüins bilíngües e eqüinos grandiloqüentes. Achava que não teria maiores conseqüências, mas agora tenho medo de seqüelas. Você já viu os sagüis da Anhangüera? Os seqüestradores foram alcagüetados por delinqüentes que gostavam de lingüiça.

Desculpe. Eu sei que nada disso faz sentido. Mas é que não tenho muito tempo. Preciso gastar meu estoque de tremas até o fim do ano. Em 2008, dizem, uma reforma ortográfica abater-se-á (mesóclise proposital: deixa o assunto mais pesado) sobre nossos teclados, exterminando o trema do lado de cá do Atlântico. (Em Portugal já não existe há muitos, ahn, qüinqüênios.)

Originalmente, essa reforma serviria para unificar a grafia do português em todos os países. Balela. Mesmo que Portugal venha a adotar a nova regra – o que não parece muito provável – muitos acentos continuarão a embarcar agudos em Lisboa e a desembarcar circunflexos em Cumbica. Questão de gênero – ou de género, entende?

Muitos portugueses, de fa(c)to, não querem abrir mão de suas consoantes mudas. E se todas caíssem, seriam criadas novas palavras com grafias diferentes aqui e lá. Por exemplo: enquanto no Brasil continuaríamos a fazer nosso check-in na recepção, em Portugal precisaríamos nos dirigir à receção.

Prepare-se para mais caos aéreo: se não bastassem todos os problemas, a partir do ano que vem vôo não vai mais ter acento. O que é um perigo – desde o primário eu sei que é aquele chapeuzinho que faz o avião planar.

Ah, sim: vai mudar também a regra do hífen. O que não deve fazer diferença nenhuma, porque ninguém sabia a regra antiga, mesmo. Mas fico feliz em saber que a primeira proposta do Houaiss (sim, tudo começou com ele; por isso continuo fiel ao Aurélio), que recomendava que escrevêssemos "sulafricano" e "malumorado", acabou não vingando. Ufa.

Cheguei a pensar em fundar uma resistência a essa reforma inútil, mas sei que sou voto vencido. A abolição do trema encontrará tanta aprovação popular quanto a abolição da escravatura. Pouca gente percebe que, se escrever vai ficar mais fácil, ler vai ficar mais difícil.

Aos fetichistas dos dois pontinhos pairando sobre a vogal, resta-nos o consolo de que o Houaiss não conseguiu abolir o trema em outras línguas. Vou ler Anaïs Nin. Ver fotos da nova Übermodel. E descer na estação Argüelles em Madri.

Fonte: FREIRE, Ricardo. Tremenda saudade. *O Estado de S. Paulo*, 24 ago. 2007. Guia, p. 114.

Responda:

1. No texto, o autor retoma algumas regras que compõem o novo acordo. Indique essas regras.

2. O autor é a favor ou contra o acordo? Cite passagens do texto para justificar a sua resposta.

3. No trecho:

Originalmente, essa reforma serviria para unificar a grafia do português em todos os países. Balela.

identifique a minissentença e diga qual é a sua função no texto.

4. Observe no texto todos os trechos contidos entre parênteses. Retome o que estudamos neste capítulo sobre parentetização e justifique por que e para que foram produzidos os segmentos parentéticos observados.

ATIVIDADE 19

1. Leia o texto:

Pela paz no Oriente Médio

Direitos históricos não devem ser alegados: não há consenso sobre quanto tempo a terra precisa ser habitada para que passe a pertencer a um povo

Continuar acreditando em uma paz estável e duradoura no Oriente Médio pode parecer ainda mais ingênuo que acreditar em Papai Noel. Pode, mas não é: o passar dos anos só reforça a convicção de que a paz entre israelenses e palestinos é não apenas viável, mas inevitável.

Não há outra solução para o conflito: a vitória de qualquer dos lados envolvidos não é possível, a não ser que ocorra um inconcebível massacre de proporções diluvianas.

Assim, a única solução será um acordo de paz entre as partes, mediado pela ONU, pelos EUA, pela União Europeia ou até pelo Brasil.

Já que pode nos caber papel relevante nesse palco, convém pensar em uma atuação eficiente, decisiva, não voltada para o aplauso fácil da plateia. É o caso, pois, de tentar listar os pontos sobre os quais um acordo de paz poderia ser fechado:

1 - Nenhuma das duas nações deve reivindicar seu direito a territórios com base no direito divino.

Até prova em contrário, divindades manifestam-se de modo diferente para diferentes seguidores, mesmo quando as partes cultuam o mesmo Deus. De resto, verdades divinas são, por definição, inquestionáveis (deuses costumam ficar irascíveis quando contrariados) e se manifestam como dogmas de fé, não como pontos para um debate.

2 - Nenhuma das duas nações deve alegar direitos históricos sobre territórios.

Não há consenso sobre quanto tempo uma terra precisa ser habitada para passar a pertencer, em definitivo, a um povo. Fica difícil também estabelecer o período que um povo pode ficar sem aparecer em um território e continuar tendo a propriedade moral e material sobre ele.

Por outro lado, também é complicado determinar se uma nação tem direito a um território não reivindicado durante séculos.

O melhor, portanto, é dar como certo que palestinos e israelenses possuem, ambos, direitos sobre um pedaço daquela nesga de terra. E que eles devem entrar em acordo sobre como dividi-la melhor.

3 - Chega de hipocrisia: israelenses (inclusive os de direita) devem reconhecer a existência de um Estado palestino e estes (inclusive o Hamas) devem aceitar o fato de o Estado de Israel existir.

4 - Os líderes devem parar de envenenar os povos um contra o outro. Que tiranos da região finjam ter pena dos palestinos e demonizem os israelenses para unir seus povos contra um suposto inimigo externo (Israel) entende-se perfeitamente, embora se lastime.

Mas que líderes de povos vizinhos (israelenses e palestinos), com muito em comum, incitem os jovens de seus povos contra o "demônio" sionista ou os "terroristas" palestinos é difícil de aceitar.

Assim, preliminarmente, israelenses e palestinos devem assinar um compromisso de começar a tratar "o outro" com respeito e com dignidade.

5 - Israel deve cessar, imediatamente, de construir na Cisjordânia. Quando houver um acordo de paz, pode ser que parte do território israelense seja cedida aos palestinos em troca de terras ocupadas e colonizadas. Essa virtualidade não pode ser entendida, contudo, como uma licença para construir no terreno do vizinho.

Depois, é resolver o resto. Ah, e a questão de Jerusalém? Sem mísseis disparados sobre os israelenses, sem revistas humilhantes para os palestinos, haverá atmosfera para acertar todo o resto, como dividir ou não Jerusalém.

É uma falácia a ideia de que a coexistência em uma cidade dividida é impraticável: é muito mais fácil dividir a capital entre amigos do que um vasto território entre inimigos. Jerusalém não perderia seu encanto e potencializaria sua capacidade de atrair peregrinos e outros turistas se sediasse os dois governos.

Muitos já ganharam o Nobel pelos esforços feitos pela paz no Oriente Médio. É chegada a hora de os povos ganharem a paz.

Jaime Pinsky, historiador, é professor titular da Unicamp
e diretor da Editora Contexto.

Fonte: Pinsky, Jaime. Pela paz no Oriente Médio. *Folha de S.Paulo*, 23 out. 2011. Tendências e Debates.

2. Qual a tese defendida pelo autor?

3. Apresente de forma resumida os argumentos utilizados pelo autor em defesa de sua tese.

4. Considerando que os argumentos foram construídos em resposta a outros, seguindo o princípio segundo o qual todo dizer se constitui em resposta a outro, indique os argumentos que se contrapõem aos do autor.

5. Releia o trecho

> *É uma falácia a ideia de que a coexistência em uma cidade dividida é impraticável: é muito mais fácil dividir a capital entre amigos do que um vasto território entre inimigos. Jerusalém não perderia seu encanto e potencializaria sua capacidade de atrair peregrinos e outros turistas se sediasse os dois governos.*

e explique: o que é falácia?

6. Considerando que os advérbios assumem papel relevante na orientação argumentativa, faça um levantamento de todos os advérbios usados no texto e distribua-os em um quadro, indicando a sua classificação e função (ver capítulo 6) de acordo com o contexto em que aparecem.

7. Observe que no trecho

> *Muitos já ganharam o Nobel pelos esforços feitos **pela paz** no Oriente Médio. É chegada a hora de os povos ganharem **a paz**.*

a expressão **a paz** aparece duas vezes. Em ambas as ocorrências, analise sintática e semanticamente a expressão.

Sumarizando

No capítulo 1, fizemos uma rápida apresentação do que vem a ser uma língua natural como o português brasileiro. Nos capítulos de 2 a 8, estudamos sua estrutura fonológica, morfológica e sintática. Neste capítulo, ultrapassamos o limite da sentença e nos aventuramos pela organização do texto.

Vocês já estão preparados para desenvolver outras análises, aprofundando o que viram nesses capítulos.

Para finalizar, precisamos ter uma ideia sobre a diversidade do português brasileiro e sobre seu percurso histórico. Estamos chegando ao capítulo 10.

> **Quero mais**
>
> Castilho, Ataliba T. de. *A língua falada no ensino de português*. São Paulo: Contexto, 1998.
>
> Castilho, Ataliba T. de. *Nova gramática do português brasileiro*. São Paulo: Contexto, 2010, capítulo 5.
>
> Elias, Vanda Maria (org.). *Ensino de língua portuguesa*: oralidade, escrita e leitura. São Paulo: Contexto, 2011.
>
> Guimarães, Elisa. *Texto, discurso e ensino*. São Paulo: Contexto, 2009.
>
> Jubran, Clélia Cândida Spinardi; Koch, Ingedore Grunfeld Villaça (orgs.). *Gramática do português culto falado no Brasil*, v. i, Construção do texto falado. Campinas: Ed. Unicamp, 2006.
>
> Koch, Ingedore G. V.; Elias, Vanda Maria. *Ler e escrever*: estratégias de produção textual. São Paulo: Contexto, 2009.
>
> Koch, Ingedore G. V. *A coesão textual*. São Paulo: Contexto, 1989.

HISTÓRIA E DIVERSIDADE DO PORTUGUÊS BRASILEIRO

INTRODUÇÃO

No capítulo 1, foram apresentados os sistemas que constituem a língua portuguesa e as categorias que constituem esses sistemas. Vimos, também, que um dispositivo depreendido da conversação administra esses sistemas, para que a língua desempenhe suas funções sociais.

Tudo bem, mas quantos anos terá a língua portuguesa, ou mais especificamente, o português brasileiro? Que transformações os brasileiros estão operando sobre sua língua? Nossa língua é absolutamente homogênea, do Oiapoque ao Chuí, ou ela varia, mostrando-se diversa?

Este capítulo encaminha algumas respostas a essas perguntas. Como sempre, os autores confiam a você outras tarefas, para completar nosso conhecimento sobre a história e a diversidade do português brasileiro.

Se você quiser considerar os antepassados remotos do português, precisará recuar 6.000 anos no tempo, percorrendo a seguinte caminhada:

- Entre 4.000 e 3.500 a.C: indo-europeu, a "língua avó" do português, falado por um povo que migrou do norte do Mar Negro em direção às planícies do Danúbio. O indo-europeu é a maior família de línguas do mundo, abrigando 60 delas, faladas por 1.700.000.000 de indivíduos, entre falantes nativos e não nativos.
- Entre 700 a.C. até 600 d.C.: Nasce o latim, língua derivada do ramo Itálico do indo-europeu, falado inicialmente na região do Lácio, na península

itálica. Entre 218 a.C. e 19 a.C., o latim foi levado à península ibérica, em que se implantaria apenas por volta do ano 400 d.C.

- Entre os séculos VII e IX d.C., o latim vulgar sofre alterações, dando surgimento ao Romance, estágio linguístico que anuncia o desaparecimento do latim e o surgimento das línguas românicas, entre elas o Português.
- Entre os séculos IX e XIII, o romance do noroeste da península ibérica dá origem ao galego-português, e posteriormente ao português.
- A partir do século XVI, o português expande-se pelo mundo, chegando à África, à Ásia e ao Brasil.

Se quiser concentrar-se apenas no surgimento do português, poderá reduzir essa história a novecentos anos, mais ou menos, recuando no tempo até entre os séculos XI e XII, para estudar as transformações do latim vulgar no romance ibérico, e o aparecimento dos primeiros documentos escritos na nova língua.

Se quiser concentrar-se na história do português brasileiro, "bastará" estudar quinhentos anos de história linguística, começando pela chegada dos primeiros colonos portugueses à baía de São Vicente, em 1532, rebolando aí pelos séculos até chegar ao momento atual.

Para historiar uma língua, precisamos acompanhar os povos que deram origem a essa língua. Chama-se história social esse tipo de estudo. Mas será necessário também estudar as transformações a que os povos submeteram a fase linguística anterior, no caso dos portugueses, o latim vulgar, e no caso dos brasileiros, o português médio, falado em Portugal entre 1450 e 1520. Chama-se mudança lexical, semântica, gramatical e textual esse tipo de estudo.

10.1 BREVE HISTÓRIA SOCIAL DO PORTUGUÊS BRASILEIRO

Concorreram para a formação do português brasileiro os seguintes contingentes humanos: colonos portugueses, indígenas, africanos, imigrantes europeus e asiáticos.

10.1.1 OS COLONOS PORTUGUESES

Os colonos portugueses que vieram ao Brasil falavam o português médio, que recebeu essa designação por se situar entre o português arcaico (séculos XII a XIV) e o português clássico (séculos XVI a XVIII).

História e diversidade do português brasileiro **439**

O castelhano e o português foram as línguas românicas que mais se difundiram pelo mundo. A implantação do português no Brasil resultou das grandes navegações empreendidas pelos portugueses.

A partir do século xv, impulsionados pelo Infante D. Henrique (1394-1460), um dos filhos de D. João i, têm início os grandes descobrimentos, que revelaram o caminho marítimo para as Índias, a América do Sul, e a passagem para o Pacífico.

Os arquipélagos dos Açores, Madeira e São Tomé e Príncipe, situados ao largo da costa europeia e africana, foram os primeiros lugares ocupados fora de Portugal continental. Consulte um livro de História para saber como isso se deu.

Contratado pelos reis castelhanos, Fernão de Magalhães costeia parte da América do Sul, encontrando o estreito que levaria seu nome, e que abria uma passagem para o Pacífico, por ele assim denominado.

Cabral descobre o Brasil em 1500 – depois da passagem de Duarte Nunes Pacheco, em 1498 – e a ocupação do território tem início em 1532.

O Brasil é hoje a maior nação de língua portuguesa do mundo. Falado por mais de 200 milhões de indivíduos, o português é a oitava língua mais falada no mundo. Apesar da precariedade de alguns dos dados disponíveis, deve ser a seguinte a distribuição de seus falantes:

Tabela 1: Distribuição aproximada dos falantes de português pelo mundo

Portugal	10.000.000
Brasil (censo de 2007)	185.974.000
Moçambique (censo de 1997)	6.000.000
Angola	(?) 1.600.000
São Tomé e Príncipe	67.000
Ilhas de Cabo Verde	285.000
Guiné-Bissau	570.000
Estados Unidos	365.300
Goa	250.000
França	150.000
Canadá (censo de 1971)	86.925
Timor Leste	(parte da população de) 800.000
Macau	2.000

440 Pequena gramática do português brasileiro

A implantação da língua portuguesa no Brasil se deu a partir de oito focos irradiadores, quase todos eles localizados no litoral:

- quatro focos no século XVI: São Vicente/São Paulo (1532, 1554), Olinda/ Recife (1535), Salvador (1549), Rio de Janeiro (1557);
- dois focos no século XVII: São Luís do Maranhão (1612) e Belém (1616);
- dois focos no século XVIII: Florianópolis (1738) e Porto Alegre (1752).

Cada um desses polos gerou outros tantos centros de irradiação, e ainda hoje as fronteiras sociais continuam a expandir-se, sobrepondo-se em alguns casos mais de uma onda demográfica.

A partir do final do século XVIII o português sobrepõe-se à língua geral paulista, ou tupi antigo. Entretanto, na região Norte a língua geral amazônica, ou nheengatu, sobrevive até hoje.

Aparentemente, os colonos portugueses que para cá vieram procediam de todas as regiões da metrópole, notando-se uma provável predominância de portugueses do sul, dados os seguintes fenômenos fonéticos existentes no português brasileiro:

(1) ocorrência absoluta do [s] predorsodental, típico do sul português, e inexistência do [s̺] apicoalveolar, típico do norte de Portugal;

(2) monotongação do ditongo [ey > e], como em *primero*, em lugar da pronúncia [ây], como em *primâyru*, comum no norte português;

(3) manutenção da distinção entre /p/ e /b/, que são pronúncias alternantes no norte português, ocorrendo tanto *varrer* como *barrer*.

É um fato que os portos espanhóis e portugueses de saída para a América se situavam no sul desses países, e é por isso que se tem falado na hipótese meridionalista da romanização da América: predominância de andaluzes na América Espanhola e de portugueses sulistas na América Portuguesa. Em todo caso, pode-se também pensar que as características meridionais do português do sul poderiam ter-se disseminado por todo Portugal, antes da lusitanização do Brasil.

Grandes partes do português brasileiro de Santa Catarina e do Rio Grande do Sul ficaram à margem da influência meridionalista, dadas as fortes influências açorianas no seu povoamento. Há certo consenso em que o português catarinense é a variedade do português brasileiro que mais lembra o português europeu.

Mas é preciso lembrar que o predomínio do contingente branco é um fato recente no Brasil. Os índios e os africanos correspondiam a 70% da população nacional do século XVI ao começo do século XIX, contra 30% de habitantes brancos, portugueses e espanhóis. A maioria branca só se impôs a partir do final do século XIX. De todo modo, não deixa de ser notável que no momento de nossa Independência, e mesmo durante o Brasil Império, predominassem não brancos no país.

No quadro a seguir, sintetizamos a história social do português brasileiro.

Quadro 1: Cronologia da história social do português brasileiro

1500	Descoberta do Brasil, por Pedro Álvares Cabral.
1532	Começo do povoamento, em São Vicente (SP).
1534	Organização das Capitanias Hereditárias, doadas a pessoas de "pequena nobreza". Apenas São Vicente e Pernambuco dão certo.
1535	Fundação de Olinda e Recife. Tem início a chegada de escravos africanos. O tráfico só terminaria em 1855. Teriam sido trazidos 18 milhões de escravos.
1549	Fundação de Salvador e organização do Governo Geral do Brasil, com sede em Salvador, Bahia.
1550	Povoadores minhotos se instalam em Pernambuco.
1554	Fundação de São Paulo.
1557	Fundação do Rio de Janeiro.
1612	Fundação de São Luís do Maranhão.
1616	Fundação de Belém.
1654	O território passa a ser governado diretamente de Lisboa, como duas colônias independentes: o Estado do Brasil, com sede em Salvador, e o Estado do Grão Pará e Maranhão, com sede em São Luís.
1738	Fundação de Florianópolis.
1751	O Estado do Grão-Pará e Maranhão passa a ter sua sede em Belém. O irmão de Pombal, Francisco Xavier de Mendonça Furtado, impõe a língua portuguesa sobre a língua geral do norte. A lei não deu certo, e até hoje se ouve falar nheengatu na Amazônia.
1752	Fundação de Porto Alegre.
±1790	A língua portuguesa domina a língua geral paulista.
1806	Chegada da família real ao Rio de Janeiro; 16.000 portugueses saem dos navios, fugindo da invasão francesa.
1820	Independência do Brasil.
1827	Fundação das Faculdades de Direito de São Paulo e Recife.
1870	Intensifica-se a migração europeia, sobretudo para o Sudeste e o Sul do país.

1889	Proclamação da República.
1922	Movimento modernista.
1930	Estado Novo.
1945	Redemocratização do Brasil.
1970	A população urbana excede a população rural.
1980	Expande-se a fronteira rural, surgindo novos centros em Rondônia e Roraima.

Vejamos mais de perto as populações com que o português interagiu à sua chegada ao Brasil.

10.1.2 OS INDÍGENAS

À chegada dos portugueses, entre 1 e 6 milhões de indígenas povoavam o território, falando cerca de 300 línguas diferentes, de que sobreviveram hoje cerca de 160.

Essas línguas compreendem dois grandes troncos, o tronco macrotupi e o tronco macro-jê, cada qual com suas famílias, línguas e dialetos, além de 20 línguas isoladas, não classificadas em tronco.

Os índios do tronco macro-jê ocupavam as selvas abertas, isto é, os cerrados do Brasil Central. Esses índios são altos, corpulentos, construíam aldeias circulares, bem definidas, ocupando terrenos amplos. Não eram nômades. Algumas das tribos ligadas a este tronco habitavam o Vale do Paraíba, no estado de São Paulo, e possuíam o [ɻ] retroflexo, presente no falar caipira.

Os índios do tronco macrotupi eram nômades, ocupavam toda a costa brasileira quando os portugueses chegaram. De hábitos discretos, mais arredios que os jês, têm estatura média, e construíam suas aldeias de modo irregular. Com a chegada dos portugueses, os tupis-guaranis não podiam fugir para o interior do país, pois esse território estava ocupado pelos jês, seus inimigos. Contornaram então o território destes e foram para o Paraguai, o litoral do Nordeste e a Amazônia, espalhando-se mais que os jês. No século XVIII eles começam a voltar para o sul, encontrando-se narrativas de viajantes do século XIX a esse respeito. Valendo-se do Caminho do Peabiru, atravessaram o Paraná e entraram no estado de São Paulo à altura do Peruíbe, ocupando todo o litoral paulista.

Designados genericamente *tupinambás* por nossos primeiros cronistas – que se referiam com certeza às tribos que habitavam o litoral –, as populações indígenas foram sendo dizimadas, restando hoje cerca de 300 mil indivíduos.

História e diversidade do português brasileiro   443

A variedade de línguas indígenas e o nomadismo dos índios levaram-nos a praticar duas línguas gerais: a língua geral paulista e a língua geral amazônica, também chamada nheengatu. Segundo Aryon Dall'Igna Rodrigues, a língua geral paulista

> foi-se constituindo já no século XVI, tendo como base a língua dos índios Tupi de São Vicente e do alto rio Tietê, uma língua tupi-guarani ligeiramente diferente da língua dos Tupinambá. Foi a língua dos mamelucos paulistas e, com as bandeiras, foi a língua de penetração no interior de São Paulo, Minas Gerais, Mato Grosso e Paraná. Pela segunda metade do século XVIII passou a perder terreno para o português e seus últimos falantes devem ter morrido no início do século XX (Rodrigues, 1993: 97; ver também Rodrigues (1986)).

A maior parte das contribuições léxicas indígenas para o português brasileiro provém do tupi-guarani, que cedeu cerca de dez mil vocábulos, constantes em sua maioria de topônimos e antropônimos, a que se somam substantivos comuns designativos de vegetais e de animais. Não se comprovou algum tipo de influência fonológica ou gramatical, estando pendente de mais pesquisas a eventual importação pelos paulistas do [ɹ] retroflexo dos índios do tronco macro-jê.

Quadro 2: Contribuições léxicas indígenas ao português brasileiro

(1)	**Pessoas**: *caipira, caipora, cacique, pajé, morubixaba, curumim, cunhã*.
(2)	**Comidas**: *pururuca, puba, pipoca, maracujá, aipim*.
(3)	**Animais, figuras míticas**: *graúna, colibri, arara, acauã, sabiá, irara, sagui, pium, jaguar, jacaré, uru, urutau, urutu, tatu, jararaca, muçurana, paca, içá, boitatá, taturana, saracura*.
(4)	**Vegetais**: *imbira, urucu, tapioca, taquara, araçá, jenipapo, mandioca, mandi, pitanga, goiaba, taioba*.
(5)	**Moradias**: *tapera, tipiti, oca, jirau*.
(6)	**Topônimos** e **antropônimos**: *Iracema, Guaraciaba, Moema, Paraguaçu, Jaçanã, Maracanã, Guanabara, Canindé, Itu, Araraquara, Jaú, Butantã*.

10.1.3 OS AFRICANOS

O português brasileiro foi mais extensivamente exposto à influência das línguas africanas, pois de 1538 a 1855 foram trazidos cerca de 18 milhões de

444 Pequena gramática do português brasileiro

escravos negros, sujeitos a um contato mais intenso com a escassa população branca, em contraposição aos 6 milhões de indígenas.

Os africanos trazidos para o Brasil integram duas culturas: a cultura banto e a cultura sudanesa.

A cultura banto cinde-se no Grupo Ocidental, originário do Congo e de Angola, e no Grupo Oriental, originário de Moçambique, Tanganica e Região dos Lagos. Seus representantes se fixaram no Rio de Janeiro, São Paulo, Minas Gerais, Maranhão, Pernambuco e Alagoas.

A cultura sudanesa compreende os fulás, os mandingas, os fantis-ashantis, os hausás, os ewês e os iorubás ou nagôs, originários da costa oeste africana: Sudão, Senegal, Guiné, Costa do Ouro, Daomé e Nigéria. Eles se fixaram principalmente na Bahia, vieram em número menor que os bantos, e dois séculos mais tarde.

Estima-se em 300 o número de palavras africanas que foram incorporadas ao léxico do português brasileiro. São ainda escassos os estudos sobre as influências linguísticas africanas. Os primeiros textos atribuem aos africanos simplificações da morfologia nominal e verbal que outros tantos textos atribuem igualmente aos indígenas. Quanto ao léxico, eles procuram identificar as origens do vocabulário africano difundido no Brasil.

Quadro 3: Contribuições léxicas africanas ao português brasileiro: palavras bantos,
segundo Castro (1980; 2001)

Palavra banto	Significado
Bagunça	Desordem, confusão, baderna, pândega ruidosa
Banguela	Desdentado ou que tem arcada dentária falha na frente
Beleléu	Cemitério: "ir para o *beleléu*": morrer, sumir
Cachaça	Aguardente que se obtém mediante a fermentação e a destilação do caldo da cana; qualquer bebida alcoólica
Cachimbo	Pito de fumar
Caçula	O mais novo dos filhos ou dos irmãos
Carimbo	Selo; sinete; sinal público com que se autenticam documentos
Encafifa(r)	Amuar; calar-se de repente; envergonhar-se; desagradar
Lenga-lenga	Conversa fiada, enganosa; discurso longo, enfadonho
Mambembe	Medíocre, de má qualidade, inferior
Maracutaia	Engodo, trapaça
Moleque	Menino, garoto, rapaz; menino negro
Quilombo	Povoação de escravos fugidos
Xinga(r)	Insultar, ofender com palavras

| Zonzo | Atordoado, tonto, distraído |

A extraordinária complexidade linguística dos povos africanos, associada à prática portuguesa de misturar suas etnias às dos indígenas, para dificultar as revoltas, deve ter dado origem, após o século XVII, a um "dialeto das senzalas", sorte de língua franca, segundo a hipótese de Castro (1980; 2001). Nesse dialeto, tanto quanto nas palavras que passaram para o português brasileiro, as línguas bantos tiveram grande importância. Delas provêm as expressões *vir de Aruanda* (isto é, de Luanda, costa norte de Angola), *dançar um Moçambique*, *rainha do Congo* e *congada*.

As palavras bantos incorporadas no português brasileiro conheceram uma dispersão maior pelas áreas lexicais, como atestam os itens:

cacunda, caçula, fubá, angu, jiló, carinho, bunda, quiabo, dendê, dengo, samba etc.

Já as palavras da cultura sudanesa concentram-se em 65,7% na linguagem litúrgica dos candomblés, tais como estas palavras do iorubá incorporadas ao português:

afoxé: cortejo carnavalesco da Bahia
agogô: instrumento musical usado no candomblé
auê: confusão, alvoroço
babalorixá: pai de santo
ebó: despacho, oferenda
ialorixá: mãe de santo
Iansã: orixá do fogo, do trovão e da tempestade
Iemanjá: orixá do mar
Ogum: orixá do ferro e da guerra
odara: bem, bom, bonito
orixá: divindade
Oxumaré: orixá da riqueza
Xangô: orixá dos raios e do trovão
xinxim: cozido de galinha com camarões secos, amendoim e castanha de caju

10.1.4 OS MIGRANTES EUROPEUS

Na segunda metade do século XIX, houve uma grande expansão da lavoura brasileira, combinada com a libertação dos escravos e graves episódios de fome na Europa. Deu-se início a uma segunda onda migratória de europeus para as

446 Pequena gramática do português brasileiro

Américas, e o Brasil se transformou no destino de muitos italianos, espanhóis, alemães e portugueses, notadamente depois de 1870.

Em São Paulo, o trabalho escravo foi substituído nos cafezais paulistas pela mão de obra europeia, sobretudo italiana. Entre 1882 e 1930, chegaram a São Paulo 2.223.000, imigrantes, 46% dos quais eram italianos, provenientes inicialmente do norte da Itália, e depois do sul. Seguem-se os portugueses, que responderam por 18% da migração, totalizando 404.000 indivíduos. Nesse período, os espanhóis representam 17% e os demais, sobretudo japoneses, alcançaram 19% (Love, 1982: 27-8).

O ano de 1930 assinalou uma virada no processo migratório brasileiro. Pela primeira vez, o número de migrantes internos superou o dos migrantes externos. A Depressão diminuiu o afluxo de migrantes externos, e as autoridades brasileiras passaram a tomar medidas restritivas ao seu ingresso.

A partir dos anos 1950, registrou-se um aumento drástico da população de nossas metrópoles, o que decerto afetará o português aí falado. Na maior cidade de língua portuguesa do mundo, São Paulo, ocorreram no século xx dois fluxos migratórios: um do interior do Estado e outro do próprio país, dada a atração que a cidade passou a exercer.

Algo semelhante deve estar se passando na fala de Brasília. Também aqui, as coisas ainda estão por se definir, notando-se desde logo algumas tendências. Stella Maris Bortoni-Ricardo vem estudando há 20 anos a fala de nossa capital. Num trabalho de 1985, ela mostrou que os candangos mais integrados na cidade deixavam mais depressa que os candangos isolados os traços linguísticos mais salientes de sua variedade de origem. Ela notou que a fala dos brasilienses se ressente de três movimentos: do rural para o urbano, do oral para o letrado e do regional para o suprarregional (Bortoni-Ricardo, 1985/2011).

O movimento do rural para o urbano se deve a que Brasília foi construída numa área de rica e tradicional cultura rural. A fundação da cidade se chocou com essa realidade, simbolizando a alteração da sociedade brasileira, que se urbanizava rapidamente nas décadas de 1950 e 1960, década esta em que a cidade foi fundada. A cultura rural ainda subsiste, mas certamente será abandonada pelos netos dos antigos moradores do cerrado goiano que compõem hoje a população da capital.

Finalmente, a fala dos brasilienses não reflete uma cultura regional, que ainda não se desenvolveu, como aconteceu em outras metrópoles. Foram diluídos os traços linguísticos e culturais dos povoadores da cidade, e a resultante deverá ser um amálgama de características, calcada numa cultura cosmopolita, suprarregional.

Estude a história do município em que mora: quando foi fundado, de onde vieram os primeiros moradores, qual era a etnia dos indígenas que habitavam o território.

Se possível, faça entrevistas com moradores antigos do lugar, formulando perguntas sobre os quesitos acima.

Teria ocorrido a saída de moradores de seu município para fundar outras localidades?

O lugar dispõe de algum arquivo? Qual é o documento mais antigo produzido no município? De que trata ele?

10.2 PRINCIPAIS MUDANÇAS GRAMATICAIS DO PORTUGUÊS BRASILEIRO

O estudo da mudança linguística do português brasileiro envolverá pelo menos quatro programas: a mudança lexical, a mudança semântica, a mudança gramatical e a mudança discursiva. Nesta gramática, vamos nos restringir à mudança gramatical.

Os estudiosos da história do português brasileiro identificaram várias mudanças no sistema gramatical do português médio, para cá trazido pelos primeiros colonos. Eis aqui uma síntese dessa matéria.

10.2.1 MODIFICAÇÕES NO QUADRO DOS PRONOMES

Os pronomes pessoais reduziram a quatro itens as seis formas herdadas de Portugal. Em lugar de *eu, tu, ele, nós, vós, eles*, temos agora *eu, você, ele, a gente, vocês, eles*. *Tu* e *vós* desaparecem, substituídos por *você, vocês*. *Nós* vai sendo substituído por *a gente*.

Os pronomes possessivos e demonstrativos acompanharam essa simplificação. Em lugar de *meu, teu, seu, novo, vosso, dele*, temos agora *meu, seu* (que substituiu *teu*), *dele* (que substituiu *seu*), *nosso, deles*. Em lugar de *este, esse, aquele*, temos só duas formas, *este/esse e aquele*. Para maiores informações, ver o capítulo 3.

448 Pequena gramática do português brasileiro

10.2.2 MODIFICAÇÕES NA MORFOLOGIA

A simplificação do quadro dos pronomes pessoais acarretou a simplificação da conjugação verbal. Quer ver? Organize dois esquemas de conjugação do verbo *falar*, o primeiro com os seis pronomes herdados de Portugal, e o segundo com os quatro pronomes desenvolvidos pelo português brasileiro. Lidamos com isso no capítulo 4.

10.2.3 MODIFICAÇÕES NA SINTAXE

Ora, se a morfologia verbal se simplifica, será necessário preservar sempre o sujeito na sentença, pois nem sempre será possível recuperá-lo pela morfologia do verbo. Assim, uma forma como *fala* pode pertencer à segunda pessoa do singular (*você fala*), à terceira pessoa do singular (*ele fala*) e ainda à primeira pessoa do plural (*a gente fala*). Se o sujeito não aparecer na sentença, teremos dificuldades para entendê-la. Por outras palavras, adeus sujeito oculto!

Mas voltando aos pronomes pessoais, observando os do caso oblíquo, notamos que outras formas estão desaparecendo: *vos*, da segunda pessoa do plural (pouca gente diria **Não *vos* conheço**), *o* e *lhe*, da terceira pessoa (pouca gente diria **Peguei-*o* antes que caísse, Dei-*lhe* o livro**). Essas formas funcionam, respectivamente, como objeto direto e como objeto indireto, e vão sendo substituídas por *ele* (como em **Peguei *ele***; e pela preposição *para + ele*, como em **Dei o livro *para ele***).

Os dois últimos casos mostram que as mudanças na morfologia dos pronomes e do verbo estão alterando também a sintaxe da sentença. Lidamos com isso no capítulo 8, seção 8.3.

ATIVIDADE 2

Faça gravações com moradores de seu município, escolhendo uma pessoa de formação universitária e outra sem estudos. Nos dois casos, pergunte sobre seus antepassados, peça que contem alguma história familiar. Depois, indague se o entrevistado já participou ou se presenciou algum tipo de desastre (natural, de carro, de transporte coletivo) ou de desentendimento sério entre pessoas.

Transcreva a entrevista, levando em conta os critérios explicados no capítulo 1 e depois redija um texto sobre a história social do português brasileiro de sua cidade, organizando as informações contidas nessas entrevistas.

10.3 DIVERSIDADE DO PORTUGUÊS BRASILEIRO

As línguas do mundo não são homogêneas, exibindo uma grande diversidade. Isso porque locutor e interlocutor atuam em diferentes espaços sociais, concretamente configurados, o que se reflete no material linguístico utilizado.

Imagine uma pessoa conversando com outra, ou escrevendo para ela sobre determinado assunto. Depois de algumas palavras, analisando sua linguagem, é possível identificar as características sociais dos falantes (sua origem geográfica, nível sociocultural, idade), o canal que eles escolheram para se comunicar (língua falada, língua escrita) e o registro que selecionaram (fala espontânea, fala formalizada).

A linguagem dos brasileiros não é absolutamente idêntica, apresentando mais de um ponto de variação. O resultado dessas observações mostrará que o português brasileiro é uma língua heterogênea, como qualquer outra, pois está submetida a uma natural diversidade. É possível avaliar essa diversidade a partir dos seguintes parâmetros:

(1) variação geográfica;
(2) variação sociocultural;
(3) variação individual;
(4) variação de canal;
(5) variação temática.

Cada uma dessas variações, por sua vez, é organizada por um conjunto de usos linguísticos considerados relevantes para sua caracterização. Esses usos são tecnicamente conhecidos como *variantes*. Com isso, entende-se por *variação* a manifestação concreta das variantes, e por *variedade* a soma das variações.

10.3.1 VARIAÇÃO GEOGRÁFICA: DIALETOS DO PORTUGUÊS BRASILEIRO

Falantes do português brasileiro, como de qualquer outra língua natural, estão localizados em determinado espaço geográfico. Há uma correlação entre a região de origem dos falantes e as marcas específicas que aparecem em sua produção linguística. Brasileiros do Norte, do Nordeste, do Sudeste, do Centro-Oeste e do Sul não falam exatamente do mesmo jeito. Uma língua natural conterá, portanto, diferentes *dialetos*, relacionados aos espaços geográficos que ela ocupa.

De todas as variedades do português, a variedade geográfica é a mais perceptível. Quando começamos a conversar com alguém, logo percebemos se ele é ou não originário de nossa região. No Brasil, as diferenças assim notadas não dificultam a intercompreensão, fato que pode ocorrer em outros países.

A sociedade brasileira tem-se caracterizado nos últimos trinta anos por uma enorme mobilidade, causada pela intensa urbanização e pela expansão da fronteira agrícola. No começo do século xx, apenas 8% da população habitava as cidades, porcentagem que passou para 36% na década de 1950, para 67,6% na de 1980, e pouco mais de 80% no final do século xx. Nos dois casos, passam a conviver brasileiros de regiões geográficas diferentes, usuários de dialetos igualmente diferentes.

A variação geográfica é anotada nos *atlas dialetológicos*. Simplificando bastante as coisas, vejamos quais são as principais características do português brasileiro do Norte e as do português brasileiro do Sul. No quadro a seguir, são utilizados alguns símbolos fonéticos explicados no capítulo 2.

Quadro 4: Características do português brasileiro do Norte e do português brasileiro do Sul
(Obs.: Transcrevemos foneticamente apenas o segmento diferenciador, ou a palavra inteira, quando o fenômeno o exigia.)

PORTUGUÊS BRASILEIRO DO NORTE	PORTUGUÊS BRASILEIRO DO SUL
PRONÚNCIA DAS VOGAIS	
Abertura das átonas pretônicas no Nordeste: [cɔ'vardi, nɔ'turno, nɛ'blina, rɛ'cruta].	Fechamento dessas vogais no Sul: [cu'vardi, nu'turnu], alternando com [co'vardi, no'turnu] etc.
Fechamento maior em palavras dissilábicas, donde [fi'liz, chu'ver].	Mesmos fenômenos, embora não por todo o Sul.
Vogais átonas finais -e, -o são fechadas, encontrando-se as pronúncias pente/penti, lobo/lobu.	Vogais átonas finais -e, -o são mantidas em algumas regiões do Sul.
PRONÚNCIA DAS CONSOANTES	
Produção de /r/ no Nordeste e no Rio de Janeiro como [R] vibrante posterior.	Produção de /r/ no Sudeste e Sul como [r] vibrante anterior. O [ɻ] retroflexo ocorre na área dos falares caipiras, no final da palavra, na posição inicial de sílaba e nos grupos consonantais: porta, caro, cobra. Nas situações formais, a execução retroflexa é discriminada.
Troca de v por b em palavras tais como [barrer, bassoura, berruga, bespa], na variedade popular de Pernambuco e Bahia.	Mesmo fenômeno, na variedade popular.
As dentais [t] e [d] em posição postônica são palatizadas, como em ['dēti, 'pēdi], ou mesmo africadas, como em ['dētʃi, 'pētʃi].	Manutenção da execução dental de [t] e [d] em algumas regiões, produzindo-se uma ligeira palatização nas demais, como em ['dēti, 'pēdi].
Espiração e perda de [-s] final: vamos > [vamoh] > vamo; pôs > [poih] > pô.	Manutenção da sibilante: vamos, pôs. Palatização na área do Rio de Janeiro: ['vamuʃ, 'poiʃ]. Não realização em São Paulo e em Minas Gerais.
MORFOLOGIA	
Morfologia nominal e pronominal	
Generalização do pronome relativo que, perdendo-se cujo, onde.	Mesmo fenômeno.
Morfologia verbal	
Elevação da vogal temática no pretérito perfeito do indicativo, no português brasileiro popular: [fiquemo, falemo, bebimu].	Mesmo fenômeno, na mesma variedade.

SINTAXE	
Simplificação da concordância nominal de número, expressa apenas pelo determinante (como em *as pessoa*). Mantém-se a concordância nominal quando as formas de singular e de plural do substantivo se distinguem mais fortemente. Dizemos que ocorreu uma saliência morfológica, como em *a colher/ as colheres*, cuja forma de plural tem uma sílaba a mais que a do singular, em contraste, por exemplo, com *o menino/os meninos*, que dispõem de número igual de sílabas. A concordância verbal ocorre pela mesma razão, ou seja, há concordância do verbo com o sujeito quando a forma de plural do verbo é muito diferente da forma do singular, como em *o menino é alto/os meninos são altos*. Nesse exemplo, o verbo contrasta morfologicamente, o que não acontece em e*le fala/eles falam*, em que a saliência morfológica e menor, e a concordância não ocorre.	A concordância é feita mediante a redundância das marcas gramaticais. Mesmos fenômenos na fala popular.
Objeto direto expresso por *ele, lhe*: *eu não vi ele/eu não lhe vi, eu não conheço ele/eu não lhe conheço*.	Preferência pela omissão dos pronomes nessas funções: *eu não vi Ø, eu não Ø conheço*.
Preferência pela sentença relativa cortadora, em que se omite a preposição antes do pronome relativo (*perdi a revista que a capa estava rasgada*) e pela relativa copiadora, em que se insere pronome pessoal depois do relativo (*o menino que ele chegou trouxe a correspondência*). Veja capítulo 8, seção 8.3.2.2. Nos dois casos, nota-se que o relativo se "despronominaliza" e é cada vez mais apenas uma conjunção.	Mesmos fenômenos.
Preferência pela oração substantiva "dequeísta": *Ele falou de que não sabia de nada*.	Mesmo fenômeno.

O Quadro 4 aponta a presença de muitos traços comuns entre Norte e Sul. Muitos desses fenômenos se correlacionam mais com a classe social dos falantes do que com a região de onde procedem. Veremos isso na próxima seção.

10.3.2 VARIAÇÃO SOCIOCULTURAL: PORTUGUÊS CULTO *VERSUS* PORTUGUÊS POPULAR

Mesmo que observemos a linguagem de falantes do português brasileiro originários de uma mesma região, ainda assim localizaremos variação em sua linguagem, pois cada falante procede de um segmento diferente da sociedade; reconhece-se que há uma correlação entre fatos linguísticos e o segmento social de onde o falante procede.

Costuma-se sistematizar as variedades socioculturais levando em conta as seguintes variáveis: (i) falante não escolarizado, (ii) falante escolarizado.

Analfabetos e cidadãos escolarizados não falam exatamente da mesma forma. Analfabetos usam o *português popular*, ou variedade não culta. Pessoas escolarizadas usam o *português culto*, ou variedade padrão, ensinada na escola.

Tanto o português popular quanto o português culto foram trazidos pelos colonos portugueses, entre os quais predominaram os falantes do português popular. A história se repetiu também aqui. Afinal, que classe social de romanos invadiu a península ibérica? O alto patriciado romano? Nada disso, foi a massa menos favorecida da população, que esperava tornar-se proprietária das terras conquistadas. E, de fato, melhoraram de vida e passaram a ensinar aos povos conquistados suas técnicas de plantar, construir casas e administrar. Também ensinaram sua língua, o *latim vulgar*.

E que portugueses enfrentavam no século XVI as incertezas da longa travessia marítima? Os portugueses "bem de vida"? Não, estes financiavam as esquadras e ficavam com grande parte dos lucros. Quem enfrentava os problemas das novas terras, encarava o índio, plantava, construía e procurava ficar rico eram os sem-terra daqueles tempos. É verdade que não eram uns pobretões acabados. Eles tinham que pagar o transporte nos navios e a comida que comeriam durante a travessia.

Se você sair por aí catando diferenças entre o português popular e o português culto, provavelmente organizará um quadro como o que segue.

Quadro 5: Características do português brasileiro popular e do português brasileiro culto
(Obs.: Transcrevemos foneticamente apenas o segmento diferenciador, ou a palavra inteira, quando o fenômeno o exigia.)

PORTUGUÊS BRASILEIRO POPULAR	PORTUGUÊS BRASILEIRO CULTO
VOGAIS E DITONGOS	
Ditongação das vogais tônicas seguidas de sibilante no final das palavras: ['meis, 'luiz].	Manutenção dessas vogais: *mês, luz*.
Perda da vogal átona inicial: [ma'relu, 'sucra].	Manutenção da vogal átona inicial: *amarelo, açúcar*.
Nasalação das átonas iniciais: [ĩ'zame, ĩduca'ção, ĩlei'ção, ĩdēti'dade].	Execução oral da átona inicial, flutuando sua altura em pronúncias como: *exame/izame, educação/iducação*.
Nasalação dos monossílabos tônicos: "Eu vou im pra São Paulo", "Ele vai vim de São Paulo".	Manutenção dos infinitivos monossilábicos orais: *ir, vir*.
Queda das vogais átonas postônicas nas proparoxítonas: ['pêzgu, 'cɔsca, 'ɔclos, 'arve, 'figu], por *pêssego, cócegas, óculos, árvore, fígado*. Com isso, predominam as paroxítonas.	Mantêm-se as vogais átonas postônicas nas proparoxítonas *pêssego, cócegas, óculos, árvore, fígado*.
Perda da distinção entre ditongos e vogais em contexto palatal: monotongação em ['caʃa, 'peʃe, 'beʒu, que'ʒu], por *caixa, peixe, beijo, queijo*; ditongação em [ban'deyʒa, fey'ʃar].	Perda dessa distinção, variando regionalmente a presença da ditongação.
Perda da nasalidade e monotongação dos ditongos nasais finais: [eis cómi, os hómi, eis faláru, viági, reciclági], por *eles comem, os homens, eles falaram, viagem, reciclagem*.	Manutenção dos ditongos nasais: *eles comem* ['cɔmẽy], *os homem* [oz'ɔmẽy], *eles falaram* [fa'larãw]. Monotongação desses ditongos: ['cɔmĩ], [o'zɔmĩ], [fa'larũ].
Monotongação dos ditongos crescentes átonos em posição final: *ciença, experiença, negoço*.	Manutenção desses ditongos: *ciência, experiência, negócio*.

CONSOANTES	
Troca de [l] por [r] em final de sílaba e em grupos consonantais: *marvado, pranta*.	Manutenção do [l]: *malvado, planta*.
Iodização da palatal [ʎ]: [oˈreya], [ˈvɛyu], por *orelha, velho*.	Manutenção da palatal: *orelha, velho*.
Perda das consoantes [d] e [b] quando precedidas de vogal nasal: *andano* por *andando*, *emora* por *embora*.	Manutenção dessas consoantes na fala formal: *andando, embora*. Na fala espontânea, perda dessa consoante.
SÍLABA	
Eliminação da consoante travadora da sílaba, que passa a terminar por vogal: (i) a perda das consoantes travadoras [-s], [-l], [-r] em sílaba final: *as criança, os papé, comê*; (ii) idem em sílaba medial: [ˈmemu, ahtu], ou substituição de [l] por [r]/[h]: [ˈmermu/ˈmehmu, ˈartu], ou iodização de [l]: [ˈaytu]. (iii) se essa consoante for mantida, insere-se uma vogal anterior alta: [ˈmɛli, ˈmari, caˈlori] por *mel, mar, calor*.	Manutenção ou perda da consoante travadora da sílaba: (i) perde-se apenas [-r]: *comê*, salvo quando a palavra é seguida de outra iniciada por vogal, como em *ir andando*. Começa-se a perder [-r] pós-vocálico, antes de fricativas: *emegência, exécito, ceveja, univesidade*, na fala culta e popular. (ii) mantém-se a consoante travadora de sílaba medial: *mesmo, alto*. (iii) mantém-se a consoante travadora de sílaba final: *mel, mar, calor*.
MORFOLOGIA	
Morfologia nominal e pronominal	
Perda progressiva do *-s* para marcar o plural, que passa a ser expresso pelo artigo: *os hómi, as pessoa*.	Manutenção das regras redundantes de marcação do plural, salvo na fala rápida: *os homens, as pessoas*.
Perda do valor do sufixo *-ior* nos comparativos de superioridade, utilizando-se o advérbio *mais*: *mais mió, mais pió*.	Preservação do valor comparativo do sufixo *-ior*: *melhor, pior*.

Alterações no quadro dos pronomes pessoais:	Alterações no quadro dos pronomes pessoais:
(i) substituição de *tu* por *você* na maior parte do país; o uso de *tu* ocorre em variação com *você*; (ii) substituição de *nós* por *a gente*; (iii) perda do [-l-] da terceira pessoa: *ey*, *eys*; (iv) os reflexivos, especialmente *se*, perdem o traço de pessoa: *eu se esqueci, nós não se falemo mais*; (v) perda do pronome *o*, generalização do pronome *lhe* como acusativo quando em referência à segunda pessoa (*eu não lhe vi, eu não lhe conheço*), em que *lhe* é realizado como *le, li*.	(i) usa-se *tu* nas regiões Norte e Sul do país, e na cidade do Rio de Janeiro; neste caso, não há concordância do verbo com esse pronome: *tu sabe de uma coisa?*; (ii) substituição progressiva de *nós* por *a gente*; (iii) manutenção do [-l-] da terceira pessoa: *ele, eles*, salvo em Minas Gerais, onde se ouve com frequência [ɛs], em *eles vêm pro jantar*; (iv) os reflexivos mantêm seu traço de pessoa gramatical (*ele se esqueceu, nós não nos falamos mais*) ou é omitido (*eu esqueci, eu formei em 1980, ele queixou para a polícia*); (v) difunde-se a perda de *o* na língua falada, para referência à segunda e terceira pessoas, mantendo-se na língua escrita; difunde-se igualmente a perda de *lhe* para referência à terceira pessoa, sendo substituído por *pra ele/ela*. Mantém-se, porém, o uso de *lhe*, alternando com *te*, em referência à segunda pessoa em algumas regiões (*eu lhe mato/eu te mato*). Manutenção na língua escrita.
Redução do quadro dos pronomes possessivos para *meu/seu/dele*, com perda progressiva de *teu* nas regiões em que desapareceu *tu*, e de *seu* em referência à terceira pessoa. Pesquisadores mostraram que neste caso *seu* continua apenas em contextos de quantificação: *ela terá seus quarenta anos, cada um leva o seu*.	Mesmas características. O pronome *teu* pode aparecer em contextos marcados, alternando com *seu*: *Meta-se com os <u>seus</u> negócios, isto não é da <u>tua</u> conta!*
Redução dos pronomes demonstrativos a dois tipos, *este/esse* versus *aquele*, perdendo-se a distinção lexicalmente marcada entre primeira e segunda pessoa. *Este/esse* ocorrem para indicar objetos próximos ou para retomar informações próximas, mantendo-se *aquele* para indicar objetos e informações remotas.	Mesmas características.

Generalização do pronome relativo *que*, perdendo-se *cujo*, *onde*.	Mesmas características.
Morfologia verbal	
Elevação da vogal temática no pretérito perfeito do indicativo: *fiquemu, falemu, bebimu*, distinguindo-se do presente *ficamu, falamu, bebemu*.	Manutenção da vogal temática, continuando indistintos o presente e o pretérito: *ficamos, falamos, bebemos*.
Simplificação na morfologia de pessoa, reduzindo-se a conjugação a apenas duas formas diferentes: *eu falo, você/ele/a gente/eles fala*. Por hipercorreção, pode-se ouvir *a gente falamos*.	A morfologia de pessoa reduz-se a três formas, ou a quatro formas diferentes, quando ocorre *nós*: *eu falo, você/ele/a gente fala/eles falam, nós falamos*.
SINTAXE	
Simplificação da concordância nominal: (i) expressa apenas pelo determinante: *as pessoa, essas pessoa*; (ii) simplificação acentuada quando o substantivo e o adjetivo vêm no diminutivo: *aqueles cabelim branquim* (Scherre, 1988: 55).	Manutenção da concordância nominal com redundância de marcas: (i) *as pessoas, aqueles cabelinhos branquinhos*; (ii) Em algumas regiões do país a simplificação alcançou também os diminutivos.
Simplificação da concordância verbal: *"As pessoa fala, fala, mas não resolve nada."*	Manutenção da concordância do verbo com o sujeito anteposto: *"As pessoas falam, falam, mas não resolvem nada."*
Manutenção da concordância apenas quando há saliência fônica entre a forma do singular e a forma do plural: (i) Concordância nominal: *a colher/as colheres*. (ii) Concordância verbal: *as pessoa saíru, elas são bão*.	Manutenção da morfologia do substantivo e do verbo no plural: *as colheres, as pessoas saíram, eles são bons*. Em Minas Gerais a redução morfológica se mostra também na fala culta: *cantáru, bêberu, fizéru, saíru*.

Falta de concordância: (i) de gênero, como em *o meu sobrinha, cabelo grossa*, no Vale do Ribeira (SP) e na baixada cuiabana. (ii) de pessoa gramatical entre o verbo e o sujeito, como em *eu foi, eu apanhou 2 quilos*, nos mesmos lugares. (iii) de número entre o sujeito posposto e o verbo, como em "*Tava lá as empregadas*".	Manutenção da concordância nos casos (i), (ii). A regra pode não se aplicar em (iii), quando o sujeito é posposto a verbo monoargumental: *Faltou as respostas mais interessantes*. Na fala culta documentada pelo Projeto Nurc, a concordância ocorre com o absolutivo, como em "*Haviam muitas pessoas na sala*".
Predominância do sujeito expresso e colocado antes do verbo, evitando-se o sujeito posposto.	Mesma característica. Sujeito "pesado" (= constituído por muitas sílabas) tende a pospor-se, mas a sintaxe torna-se progressivamente mais rígida.
Omissão do objeto direto: "*Eu vi Ø*". Quando expressa, essa função vem preenchida pelo pronome *ele* ("*Eu vi ele*") ou por *lhe*, em referência à segunda pessoa ("*Eu não lhe conheço*").	Omissão do objeto direto em 70% dos casos: "*Eu vi Ø*". Na fala culta espontânea, é comum dizer-se "*Eu vi ele*", nas mesmas proporções da fala popular. Dependendo da região, amplia-se o uso de *lhe* como objeto direto, quando em referência à segunda pessoa: "*Eu lhe vi, mas não lhe reconheci*". O mesmo ocorre na escrita, em que oscilações do tipo "*Isso o agrada/o interessa*", "*Este amor lhe levou a fazer loucuras*" se devem à falta de familiaridade com os clíticos.
Supressão da preposição em alguns complementos oblíquos: "*Eu preciso Ø isso*", ou quando o complemento preposicionado é movido para a cabeça da sentença: "*Isso eu preciso*".	Manutenção da preposição: "*Eu preciso disso*", salvo quando o complemento é movido para a esquerda: "*Isso eu preciso*".
Uso de *ter* nas construções existenciais: "*Hoje tem aula*".	Mesmo fenômeno. Manutenção de *haver* existencial na língua escrita.
Abundância de construções de tópico sujeito, com retomada pronominal no interior da oração: "*A menina, ela chegou agora mesmo*".	Mesmo fenômeno.

Preferência pela oração relativa cortadora, em que se omite a preposição antes do pronome relativo ("*Perdi a revista que a capa estava rasgada*") e pela relativa copiadora, em que se insere pronome pessoal depois do relativo ("*O menino que ele chegou trouxe a correspondência*"). Nos dois casos, nota-se que o relativo se "despronominaliza", transformando-se cada vez mais numa conjunção.	Mesmos fenômenos na língua falada culta. Na língua escrita, discreta preferência pela oração relativa padrão: "*Perdi a revista de que a capa estava rasgada*", "*O menino que chegou trouxe a correspondência*". Mesmo nesta variedade, há variação entre cortadoras e copiadoras. Nos registros do Projeto Nurc, o relativo *cujo* desapareceu por completo.
Preferência pela oração substantiva "dequeísta": "*Ele disse de que não sabia de nada*".	Há certa preferência pela oração substantiva "queísta": "*Ele falou que não sabia de nada*". Nota-se, entretanto, uma variação grande mesmo na escrita, em que é frequente a queda da preposição em substantivas: "*A certeza que todos vão colaborar*". Este é mais um ponto em que as falas culta e popular confluem para soluções semelhantes.

Fontes: ROBERTS e KATO (orgs.), 1993; OLIVEIRA e SILVA, SCHERRE, (orgs.), 1996; NARO e SCHERRE, 2007; Maria Eugênia Lamoglia Duarte (com. pessoal).

Observando o Quadro 5, seriam muito diferentes entre si as variedades popular e culta? De fato não, pois brasileiros que praticam essas variedades se entendem. Vamos deixar claro o seguinte: quando distinguimos português brasileiro popular de português brasileiro culto, estamos nos referindo a variações socioculturais não separáveis rigidamente. Ninguém é exclusivamente "falante popular" nem "falante culto". As linhas divisórias entre essas modalidades são muito tênues – afinal não se trata de duas línguas diferentes! No limite, só fala errado quem não consegue fazer-se entender.

É preciso reconhecer, entretanto, que ao usarmos o português brasileiro, não só criamos formas linguísticas, como também avaliamos o que falamos e avaliamos a fala do outro. Esse é um fato antropológico inevitável. É nesse ponto que se fundamenta a diferença entre culto e popular. Ao praticar qualquer uma dessas variedades, estamos buscando manter a identidade de nosso grupo. Junto com a linguagem, observamos também outras ações e atitudes culturais, as quais resultam de forças coletivas. Em qualquer comunidade, cobra-se fidelidade de seus membros aos diferentes padrões culturais, aí incluída a língua. Sem adesão a esses padrões, o indivíduo é um estranho em seu grupo.

460 Pequena gramática do português brasileiro

Numa sociedade em rápido processo de mudança como é a brasileira, há uma natural flutuação nas aspirações da classe escolarizada com respeito à adequação em matéria linguística. Foi por isso inevitável a flutuação da norma culta ao longo dos tempos. Durante o Brasil Colônia, o português padrão brasileiro coincidia com o português padrão lusitano. Até aquela época não havia diferenças entre o português de aquém e de além-mar.

Com a Independência e a ascensão dos brasileiros a cargos governamentais, configurou-se outra variedade de prestígio, e com isso o português culto do Rio de Janeiro, capital da Colônia, e depois do Império e da República, foi considerado um novo padrão, passando a ser utilizado nos materiais didáticos como a modalidade a ser adotada por quem quer que buscasse prestígio linguístico em sua comunidade. Com a mudança da capital para Brasília e o desenvolvimento de outras regiões, passou a ocorrer no Brasil uma situação de policentrismo cultural, estabelecendo-se mais de um português brasileiro culto. Ou seja, também a famosa norma culta varia em nosso país.

> ### ATIVIDADE 3
>
> Aproveitando as entrevistas realizadas para atender à Atividade 1, relacione separadamente as formas pronominais e as construções de suas personagens, em que você identificou diferenças. Quando às construções, observe a concordância e a transitividade dos verbos. Comparando os resultados assim obtidos, responda: é muito diferente o português culto do português popular em seus dados?

10.3.3 VARIAÇÃO INDIVIDUAL: PORTUGUÊS FORMAL *VERSUS* PORTUGUÊS INFORMAL

Um conjunto de parâmetros permite observar a variação individual na execução do português brasileiro: os registros, a idade, o sexo. Outro parâmetro de caráter individual, o do nível socioeconômico, foi estudado no item anterior. Também aqui, características do falante ou do escritor deixam marcas em sua execução linguística.

Diferentes graus de intimidade caracterizam o espaço social interindividual. A língua produzida segundo esse eixo é denominada *registro*, em que se reconhece o português brasileiro informal (ou coloquial) e o português brasileiro formal (ou refletido).

Falamos inteiramente "à vontade" com nossa família e com nossos amigos. Falamos com mais cuidado, escolhendo as palavras e refletindo mais sobre a impressão que vamos dar, quando falamos com pessoas desconhecidas. Em consequência, escolhemos os recursos linguísticos adequados a essas situações. Veja como um mesmo indivíduo escreve um bilhete para sua namorada ou se dirige ao seu superior:

Quadro 6: Amostras do português brasileiro informal e do português brasileiro formal

PORTUGUÊS BRASILEIRO INFORMAL	PORTUGUÊS BRASILEIRO FORMAL
Bilhete para a namorada	Carta para o patrão
Oi Bia:	Senhor gerente:
Seguinte. A gente combinou de ir no cinema amanhã, sessão da tarde. Não vai dar. Me esqueci que tem uma prova no colégio, e se eu não estudar minha velha me pega pelo pé. Eu, hein? Tô fora. Você me entende. Beijocas, Pedrão	Terei de faltar amanhã ao trabalho em razão de uma prova bem difícil, no colégio. Precisarei estudar, pois se eu for mal nessa prova minha mãe vai ficar muito nervosa. Espero que o senhor compreenda minha situação e que me desculpe. Atenciosamente, Pedro

ATIVIDADE 4

1. Compare os dois textos do Quadro 6 e verifique você mesmo quais são as diferenças entre o registro formal e o registro informal.
2. Depois, compare a linguagem dos blogueiros com a linguagem utilizada nos editoriais dos jornais e verifique se jovens e adultos se expressam da mesma forma, na língua escrita. Mostre se jovens e de adultos falam muito diferente, e em que aspectos da língua há essas diferenças: na fonética? Na morfologia? Na sintaxe? Aproveitando o embalo, compare também a linguagem da Turma da Mônica para crianças com a linguagem da Turma da Mônica para jovens. Verifique se aí também há variação.
3. Finalmente, separe blogueiros de blogueiras e verifique se meninos e meninas se expressam do mesmo modo. O que haveria de típico na escrita de uns e de outros? Pode-se falar numa variação de gênero no português brasileiro?

10.3.4 VARIAÇÃO DE CANAL: PORTUGUÊS FALADO *VERSUS* PORTUGUÊS ESCRITO

A comunicação linguística pode ocorrer em presença do interlocutor, quando falamos, ou na sua ausência, quando escrevemos. Isso nos leva à variação de canal, ao português brasileiro falado e ao português brasileiro escrito.

Em qualquer uma dessas situações, o locutor não está sozinho na construção de seus enunciados, que são, de certa forma, controlados pelo interlocutor, presente ou ausente. As línguas naturais são, portanto, constitutivamente dialógicas.

A documentação, a transcrição das entrevistas, a descrição e a interpretação da língua falada marcaram profundamente a Linguística moderna.

A compreensão da especificidade da língua falada e da língua escrita cindiu as pesquisas em três direções:

- Apenas a língua falada tem estatuto próprio, sendo a língua escrita uma transposição da primeira.
- O surgimento da escrita teria constituído uma modalidade autônoma em relação à língua falada. Na língua falada o sentido está no contexto, ao passo que na língua escrita o sentido está no texto. Ao sequenciar as letras que constituem as palavras, e ao sequenciar as palavras que constituem o texto, vamos criando sentidos inteiramente dependentes desse *medium*. O mesmo não se dá na língua falada, em que o sentido é construído dialogicamente, e não pode ser inteiramente encontrado, por exemplo, nas transcrições dessa modalidade.
- Língua falada e língua escrita se dispõem num *continuum* de usos, integrados por diversos pontos focais, não se aceitando as posições anteriores.

As duas primeiras direções têm a deficiência de situar a língua escrita e a língua falada em polos distintos. O exame da documentação oral ou escrita do português brasileiro não comprovou essa polarização. Na verdade, as duas variedades se dispõem num *continuum*, indo da oralidade para a escrituralidade, percorrendo diferentes graus de formalidade.

A linha a seguir tenta captar esse *continuum*:

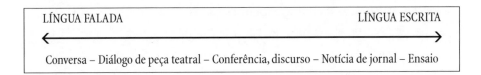

> **ATIVIDADE 5**
>
> 1. Grave uma conversa espontânea sobre uma partida de futebol ou de outro esporte qualquer. Transcreva a gravação e compare com o texto de uma notícia de jornal sobre o mesmo assunto. Que diferenças entre a língua falada e a língua escrita você encontrou nesses dois documentos?
> 2. Crie um blog para a discussão dessas diferenças.

10.3.5 VARIAÇÃO TEMÁTICA: PORTUGUÊS CORRENTE *VERSUS* PORTUGUÊS TÉCNICO

Outra característica que leva à variação linguística é o modo como tratamos o assunto que está sendo desenvolvido. Podemos falar de assuntos do dia a dia, e teremos o *português corrente*. Podemos falar de assuntos especializados, e aí teremos o *português técnico*. Essas variedades distinguem a linguagem do cidadão comum da linguagem dos cientistas, dos clérigos, dos políticos etc.

Para dar só um exemplo: o paciente procura o médico e diz que está com *dor de cabeça*. O médico prescreve um remédio para *cefalalgia*. A dor é a mesma, mas *cefalalgia* é como ela é representada na linguagem técnica, ao passo que *dor de cabeça* é uma expressão usada correntemente. Muitas piadas são construídas sobre o jogo "linguagem corrente/linguagem técnica", e você deve conhecer várias.

Veja outro exemplo no quadro a seguir.

Quadro 7: Comparando a linguagem corrente com a linguagem técnica

CONTEXTO	
A pele é formada pelo epitélio e pelo tecido conjuntivo. As células de cada uma dessas partes dispõem de características próprias. As células epiteliais, por exemplo, são mais unidas, para evitar a perda de água e a invasão de bactérias.	
LINGUAGEM CORRENTE	**LINGUAGEM TÉCNICA**
Em alguns casos de câncer de boca, as células da pele perdem funções próprias, ganhando funções típicas das células conjuntivas. Quando isso acontece, elas produzem proteínas específicas das células conjuntivas. Várias coisas acontecem então, tais como a perda de sua coesão e a invasão das células conjuntivas (em busca dos vasos sanguíneos), promovendo o espalhamento do câncer pela boca.	A transição epitélio-mesenquimal é um processo-chave na invasão e metástase em carcinomas, sendo responsável pela ativação de genes mesenquimais como a Vimentina e pela inibição de genes epiteliais como as Citoqueratinas. Uma série de eventos segue a transição epitélio-mesenquimal, como a perda da adesão celular, a síntese de componentes exclusivos da matriz extracelular como a glicosaminoglicana Fibronectina e a síntese de proteases como a Estromelisina-1. Fonte: Moraes de Castilho, Rogério. *Transição epitélio-mesenquimal em carcinomas epidermoides bucais.* São Paulo, 2003. Tese (Doutorado) – Universidade de São Paulo.

Note que vocábulos e expressões da linguagem técnica, do futebol, por exemplo, podem generalizar-se, integrando a linguagem corrente. No Brasil, a linguagem do futebol e do carnaval forneceram termos e expressões da linguagem técnica que se difundiram, passando a ser usados em contextos correntes:

> *Vocês são um time unido, parabéns!*

Pode-se dizer de qualquer grupo, mesmo não integrando um clube de futebol.

> *Coitado, ficou para escanteio a vida toda.*

Chutar *para escanteio* é não conseguir que a bola entre no gol; diz-se de alguém que não atingiu seus objetivos, vistos metaforicamente como um gol. Essa palavra foi emprestada ao inglês *goal* ("alvo").

> *Sabe aquele cara de mau hálito? Foi chegando e, para escapar, dei o maior chapéu. Sai fora!*

A expressão *dar um chapéu* significa jogar a bola por cima do jogador adversário, escapando de sua tentativa de tomá-la. No exemplo, alguém escapou de uma pessoa de mau hálito.

> *Você ganhou no quesito paciência.*

O termo *quesito* aparece na lista de exigências feitas a uma escola de samba durante um desfile de carnaval. Os juízes pontuam a escola a partir desses quesitos, para obter uma apreciação comparável depois do desfile e conferir o prêmio. Daqui ele se generalizou para outras situações que não o julgamento de uma escola carnavalesca.

ATIVIDADE 6

A atividade náutica foi muito importante em Portugal. Generalizaram-se a partir daí expressões tais como **não meter prego sem estopa** ("ser cauteloso"), **ir de vento em popa** ("ter sucesso"), **lançar/levantar âncoras**, **desfraldar as velas** ("principiar uma trajetória") etc.

Depois de se inteirar sobre seu sentido técnico, construa pequenos contos em que essas expressões apareçam. Depois, escreva outros contos em que elas sejam usadas fora do seu sentido técnico.

SUMARIZANDO:
A HORA E A VEZ DO PORTUGUÊS BRASILEIRO

Escrevendo sobre o povoamento das Américas, o antropólogo Darcy Ribeiro mostrou em seu livro *As Américas e a civilização* que três tipos de povos se organizaram por aqui: os povos testemunho, sobreviventes de grandes impérios indígenas, pré-europeus (México, América Central, Andes), os povos novos, que resultaram de combinações étnicas diversas (brasileiros, colombianos, antilhanos, chilenos) e os povos transplantados, que preservaram a matriz europeia (anglo-americanos, rio-platenses).

Como um povo novo, multirracial, os brasileiros abandonam progressivamente sua baixa autoestima, assumindo sua identidade, transitando de uma sociedade rural para uma sociedade urbana, de uma economia local para uma economia global, assumindo progressivamente um papel de importância no mundo.

O português brasileiro é uma das maiores características de nossa identidade como povo. Ele merece ser estudado. Os autores deste livro convidam você e seus colegas a prosseguirem nas reflexões sobre nossa língua!

QUERO MAIS

ILARI, Rodolfo; BASSO Renato. *O português da gente*: a língua que falamos, a língua que estudamos. São Paulo: Contexto, 2006.

BIBLIOGRAFIA

ALONSO, Amado. Estilística y gramática del artículo en español. *Estudios Lingüísticos, temas españoles.* 3. ed. Madrid: Gredos, 1967, pp. 125-60. (1. ed. 1933)

ALVES, Ieda Maria. *Neologismos. Criação lexical.* 3. ed. São Paulo: Ática, 2007. (1. ed. 1990)

BARROS, João de. *Gramática da língua portuguesa: cartinha, gramática, diálogo em louvor de nossa linguagem diálogo da viciosa vergonha.* 4. ed. reprodução fac-similar, leitura, introdução e anotações por Maria Leonor Carvalhão Buescu, 1439-1540. Lisboa: Publicações da Faculdade de Letras da Universidade de Lisboa, 1971. (1. ed. 1540)

BAKHTIN, Mikhail. Os gêneros do discurso. In: *Estética da criação verbal.* Tradução de M. Ermantina G.G. Pereira. São Paulo: Martins Fontes, 1992.

BASÍLIO, Margarida. Morfológica e Castilhamente: um estudo das construções X-mente no Português do Brasil. *D.E.L.T.A.* São Paulo, n. 14, 1998, pp. 15-26. (número especial)

_____. *Formação e classes de palavras no português do Brasil.* São Paulo: Contexto, 2004.

BECHARA, Evanildo. *Moderna gramática portuguesa.* 37. ed. rev. e ampl. Rio de Janeiro: Lucerna, 1999. (1. ed. 1992)

BORTONI-RICARDO, Stella Maris. *The urbanization of rural dialect speakers.* Cambridge: Cambridge University Press, 1985. Tradução para o português: *Do campo à cidade: estudo sociolinguístico de redes sociais.* São Paulo: Parábola, 2011.

BRAGA, Maria Luíza. Os enunciados de tempo no português falado no Brasil. In: NEVES, Maria Helena de M. (org.). *Gramática do português falado.* São Paulo/Campinas: Humanitas/ Ed. Unicamp, 1999, v. 7, pp. 443-60.

CAGLIARI, Luiz Carlos. *Questões de morfologia e fonologia.* Campinas: Edição do Autor, 2002.

CÂMARA JR., Joaquim Mattoso. *Princípios de linguística geral.* 3. ed. Rio de Janeiro: Acadêmica, 1954. (1. ed. 1942)

_____. *Estrutura da língua portuguesa.* Petrópolis: Vozes, 1970.

CASTELEIRO, João Malaca. *Sintaxe transformacional do adjetivo.* Lisboa: Instituto Nacional de Investigação Científica, 1981.

468 Pequena gramática do português brasileiro

Castilho, Ataliba T. de. *A língua falada e ensino do português*. 6. ed. São Paulo: Contexto, 2005. (1. ed. 1998).

_____. *Nova gramática do português brasileiro*. São Paulo: Contexto, 2010.

_____ et al. O advérbio. In: Ilari, Rodolfo; Neves, Maria Helena M. (orgs.) *Gramática do português culto falado no Brasil*. Coord. geral de Ataliba T. de Castilho. Campinas: Ed. Unicamp, 2008, v.2, pp. 403-506.

Castro, Yedda P. *Falares africanos na interação social do Brasil-Colônia*. Salvador: UFBA, 1980. (Publicação n. 89)

_____. *Falares africanos na Bahia: um vocabulário afro-brasileiro*. Rio de Janeiro: Academia Brasileira de Letras/Topbooks, 2001.

Costa, Sônia Bastos Borba. *O aspecto em português*. São Paulo: Contexto, 1997.

Cunha, Celso Ferreira da; Cintra, Luis Felipe Lindley. *Nova gramática do português contemporâneo*. Rio de Janeiro: Nova Fronteira, 1985.

Daneš, František. On defining the theme in functional sentence analysis. *Travaux de Linguistique de Prague*, v.1, 1966, pp. 225-40.

Dascal, Marcelo. *Interpretação e compreensão*. São Leopoldo: Ed. da Universidade do Vale dos Sinos, 1999/2005.

Dias de Moraes, Lygia Corrêa. *Nexos de coordenação na fala urbana culta de São Paulo*. São Paulo, 1987. Tese (Doutorado) – Universidade de São Paulo.

Elias, Vanda Maria (org.). *Ensino de língua portuguesa*: oralidade, escrita e leitura. São Paulo: Contexto, 2011.

Ferreira Netto, Waldemar. *Introdução à fonologia da língua portuguesa*. 2. ed. rev. São Paulo: Paulistana, 2011.

Fiorin, José Luiz (org.). *Introdução à Linguística*. São Paulo: Contexto, 2002-2003, 2 v.

Franchi, Carlos; Negrão, Esmeralda Vailati; Viotti, Evani. Sobre a gramática das orações impessoais com *ter/haver*. *D.E.L.T.A*. São Paulo, n. 14, 1998, pp. 105-32. (número especial)

Fuchs, Catherine. *Paraphrase et énontiation*. Paris: Ophrys, 1994.

_____. *La paraphrase*. Paris: Presses Universitaires de France, 1982.

Gil, Beatriz Daruj Gil; Cardoso, Elis de Almeida; Condé, Valéria Gil. *Modelos de análise linguística*. São Paulo: Contexto, 2009.

Gonçalves, Carlos Alexandre. *Iniciação aos estudos morfológicos*: flexão e derivação em português. São Paulo: Contexto, 2011.

Gonçalves, Sebastião Carlos; Sousa, Gisele Cássia de; Casseb-Galvão, Vânia Cristina. As construções subordinadas substantivas. In: Ilari, Rodolfo; Neves, Maria Helena de M. (orgs.). *Gramática do português culto falado no Brasil*. Coord. geral de Ataliba T. de Castilho. Campinas: Ed. Unicamp, 2008, v. 2, pp. 1021-88.

Hilgert, José Gaston. *A paráfrase*: um procedimento de constituição do diálogo. São Paulo, 1989. Tese (Doutorado) – Universidade de São Paulo.

_____. Parafraseamento. In: Jubran, Clélia S.; Koch, Ingedore G. V. (orgs.). *Gramática do português culto falado no Brasil*. Coord. geral de Ataliba T. de Castilho. Campinas: Ed. Unicamp, 2006, v. 1, pp. 275-300.

Ilari, Rodolfo. *A expressão do tempo em português*. São Paulo: Contexto, 1997.

_____. *Introdução à semântica*: brincando com a gramática. 5. ed. São Paulo: Contexto, 2001.

_____. *Introdução ao estudo do léxico*: brincando com as palavras. São Paulo: Contexto, 2002.

_____; Basso, Renato. *O português da gente*: a língua que estudamos, a língua que falamos. São Paulo: Contexto, 2006.

_____; Geraldi, João Wanderley. *Semântica*. São Paulo: Ática, 1985.

_____; Neves, Maria Helena Moura (orgs.). *Gramática do português culto falado no Brasil*. Coord. geral de Ataliba T. de Castilho. Campinas: Ed. Unicamp, 2008, v. 2.

_____ et al. Considerações sobre a posição dos advérbios. In: Castilho, Ataliba T. de. (org.). *Gramática do português falado*. Campinas: Ed. Unicamp, 1991, v.1, pp. 63-142.

_____ et al. A preposição. In: Ilari, Rodolfo; Neves, Maria Helena de M. (orgs.). *Gramática do português culto falado no Brasil*. Coord. geral de Ataliba T. de Castilho. Campinas: Ed. Unicamp, 2008, v. 2, pp. 623-808.

Jubran, Clélia Cândida Spinardi; Koch, Ingedore Grunfeld Villaça (orgs.). *Gramática do português culto falado no Brasil*. Coord. geral de Ataliba T. de Castilho. Campinas: Ed. Unicamp, 2006, v. 1.

Kewitz, Verena. *Gramaticalização e semanticização das preposições a e para no português brasileiro (sécs. XIX a XX)*. São Paulo, 2007. Tese (Doutorado) – Universidade de São Paulo.

Kleppa, Lou-Ann. *Vamo de a pé no carro do vovô?* Campinas: 2004. Dissertação (Mestrado) – Universidade Estadual de Campinas

Koch, Ingedore G. Villaça. *Linguística aplicada ao ensino do português*. Porto Alegre: Mercado Alegre, 1987.

_____. *A coesão textual*. São Paulo: Contexto, 1989.

_____. *A inter-ação pela linguagem*. São Paulo: Contexto, 1992.

_____. *O texto e a construção dos sentidos*. São Paulo: Contexto, 1997.

_____. *Desvendando os segredos do texto*. São Paulo: Cortez, 2002.

_____; Elias, Vanda Maria. *Ler e compreender os sentidos do texto*. São Paulo: Contexto, 2006.

_____; Elias, Vanda Maria. *Ler e escrever*: estratégias de produção textual. São Paulo: Contexto, 2009.

Labov, William. The transformation of experience in narrative syntax. In: *Language in the inner city*. Philadelphia: Philadelphia University Press, 1972, pp. 354-396.

Lakoff, George. *Women, fire and dangerous things*. What categories reveal about the mind. Chicago: The University of Chicago Press, 1987.

Leão, Ângela Vaz. *O período hipotético iniciado por se*. Belo Horizonte: Imprensa da Universidade de Minas Gerais, 1961.

Lemle, Miriam. *Análise sintática*. São Paulo: Ática, 1984.

Longobardi, Giuseppe. I quantificatori. In: Renzi, Lorenzo. *Grande grammatica italiana di consultazione.*Milano: Il Mulino, 1988, v. 1, pp. 645-98.

Love, Joseph. *A locomotiva*. São Paulo na federação brasileira, 1889-1937. Rio de Janeiro: Paz e Terra, 1982.

Luft, Celso Pedro. *Moderna gramática brasileira*. Porto Alegre: Globo, 1974.

Marcantonio, Angela; Pretto, Anna M. Il nome. In: renzi, Lorenzo. *Grande grammatica italiana di consultazione*. Milano: Il Mulino, 1988, pp. 315-332.

Marcuschi, Luiz Antonio. *Análise da conversação*. São Paulo: Ática, 1986.

_____. A repetição na língua falada como estratégia de formulação textual. In: Koch, Ingedore G. V. (org.). *Gramática do português falado*. Campinas: Ed. Unicamp, 1996, v. 6, pp. 95-129.

_____; Koch, Ingedore G. Villaça. Hesitação. In: Jubran, Clélia S.; Koch, Ingedore G. V. (orgs.).

470 Pequena gramática do português brasileiro

Gramática do português culto falado no Brasil. Coord. geral de Ataliba T. de Castilho. Campinas: Ed. Unicamp, 2006a, v. 1, pp. 48-70.

_____; Koch, Ingedore G. Villaça. Repetição. In: Jubran, Clélia S.; Koch, Ingedore G. V. (orgs.). *Gramática do português culto falado no Brasil*. Coord. geral de Ataliba T. de Castilho. Campinas: Ed. Unicamp, 2006b, v. 1, pp. 219-54.

_____; KOCH, Ingedore G. Villaça. Referenciação. In: JUBRAN, Clélia S.; KOCH, Ingedore G. V. (orgs.). *Gramática do português culto falado no Brasil*. Coord. geral de Ataliba T. de Castilho. Campinas: Ed. Unicamp, 2006c, v. 1, pp. 381-99.

MAURER JR., Theodoro Henrique. *Gramática do latim vulgar*. Rio de Janeiro: Acadêmica, 1959.

MIRA MATEUS, Maria Helena et al. *Gramática da língua portuguesa*. 5. ed. rev. e aum. Lisboa: Caminho, 2005. (1. ed. 1989)

MÓDOLO, Marcelo. *Gramaticalização das conjunções correlativas*. São Paulo, 2004. Tese (Doutorado) – Universidade de São Paulo.

MOSCA, Lineide do L. S. *A subjetividade no editorial. Uma análise retórico-argumentativa da adjetivação*. São Paulo, 1990. Tese (Doutorado) – Universidade de São Paulo.

NARO, Anthony J.; SCHERRE, Marta M. P. *Origens do português brasileiro*. São Paulo: Parábola, 2007.

NEGRÃO, Esmeralda V. et al. O adjetivo. In: ILARI, Rodolfo; NEVES, Maria Helena de M. (orgs.). *Gramática do português culto falado no Brasil*. Coord. geral de Ataliba T. de Castilho. Campinas: Ed. Unicamp, 2008, v. 2, pp. 371-402.

NEVES, Maria Helena de M. Estudo das construções com verbo-suporte em português. In: KOCH, Ingedore G. V. (org.). *Gramática do português falado*. Campinas: Ed. Unicamp/ Fapesp, 1996, v. 6, pp. 201-230.

_____. *Gramática de usos do português*. São Paulo: Editora da Universidade Estadual Paulista, 2000.

OITICICA, José. *Teoria da correlação*. Rio de Janeiro: Simões, 1952.

OLIVEIRA E SILVA, Giselle Machline de; SCHERRE, Maria Marta P. (orgs.). *Padrões sociolinguísticos*. Rio de Janeiro: Tempo Linguístico, 1996.

PERINI, Mário Alberto. *Para uma nova gramática do Português*. São Paulo: Ática, 1985.

PEZATTI, Erotilde G.; LONGHIN-THOMAZI, Sanderléia R. As construções coordenadas. In: ILARI, Rodolfo; NEVES, Maria Helena de Moura (orgs.). *Gramática do português culto falado no Brasil*. Campinas: Ed.Unicamp, 2008, v. 2, pp. 865-936.

PONTES, Eunice. *O tópico no português do Brasil*. Campinas: Pontes, 1987.

ROBERTS, Ian; KATO, Mary Aizawa (orgs.). *Português brasileiro*: uma viagem diacrônica. Campinas: Ed. Unicamp, 1993.

RODRIGUES, Aryon Dall'Igna. *Línguas brasileiras*: para conhecer as línguas indígenas. São Paulo: Loyola, 1986.

_____. Línguas indígenas: 500 anos de descobertas e perdas. *D.E.L.T.A.*, v. 9, n. 1, 1993, pp. 83-103.

ROSA, Maria Carlota. *Introdução à morfologia*. São Paulo: Contexto, 2006.

SAID ALI IDA, Manuel. *Gramática histórica da língua portuguesa*. Ed. rev. por Mário E. Viaro. São Paulo: Melhoramentos, 2002. (1. ed. 1964)

SAUSSURE, Ferdinand de. *Curso de Linguística geral*. Tradução de A. Chelini; J. P. Paes; Izidoro Blickstein; prefácio à edição brasileira por Isaac Nicolau Salum. São Paulo: Cultrix, 1917/1972.

SCHERRE, Marta M. Pereira. *Reanálise da concordância nominal em português*. Rio de Janeiro, 1988. Tese (Doutorado) – Universidade Federal do Rio de Janeiro.

_____. Norma e uso – o imperativo no Português Brasileiro. In: DIETRICH, W.; NOLL, V. (orgs.) *O Português do Brasil. Perspectivas da pesquisa atual*. Frankfurt am Main/Madrid: Vervuert/Iberoamericana, 2004, pp. 230-60.

_____. Aspectos sincrônicos e diacrônicos do imperativo gramatical no português brasileiro. *Alfa*, v. 51, 2007, pp. 189-222.

SCHRIFFIN, Deborah. *Discourse markers*. Cambridge: Cambridge University Press, 1987.

SILVA, Thaïs Cristófaro. *Fonética e fonologia do português*. São Paulo: Contexto, 1999.

_____. *Fonética e fonologia do português*: roteiro de estudos e guia de exercícios. 10. ed. São Paulo: Contexto, 2010.

_____. *Exercícios de fonética e fonologia*. São Paulo: Contexto, 2003.

URBANO, Hudinilson. *A frase na boca do povo*. São Paulo: Contexto, 2011.

VARGAS, Maria Valíria. *Verbos e práticas discursivas*. São Paulo: Contexto, 2011.

VIARO, Mário Eduardo. *Por trás das palavras*: manual de etimologia do português. São Paulo: Globo, 2003.

_____. *Etimologia*. São Paulo: Contexto, 2011.

OS AUTORES

Ataliba T. de Castilho
Professor titular da Universidade de São Paulo. Foi também professor titular da Unicamp e da Unesp. Livre-Docente pela USP. Foi professor visitante na University of Texas at Austin e pesquisador de pós-doutorado na Cornell University (Estados Unidos), na Université d'Aix-Marseille (França), na University of New México (Estados Unidos) e na Università degli Studi di Padova (Itália). Dirigiu projetos como o Nurc e o Gramática do Português Falado. Fundou e presidiu o Grupo de Estudos Linguísticos do Estado de São Paulo. Criou o Sistema de Blibiotecas e o Sistema de Arquivos da Unicamp. Presidiu, de 1983 a 1985, a Associação Brasileira de Linguística. É autor de vários livros e dezenas de artigos publicados em revistas científicas no Brasil e no exterior.

Vanda Maria Elias
Doutora em Língua Portuguesa pela PUC-SP, onde atua em cursos de graduação, no curso de Especialização em Língua Portuguesa e no Programa de Estudos Pós-Graduados em Língua Portuguesa. Realizou estudos de pós-doutorado no IEL – Unicamp. É membro do GT Linguística do Texto e Análise da Conversação, da Associação Nacional de Pesquisa em Letras e Linguística (ANPOLL), e líder do grupo de pesquisa (CNPq) Texto, Hipertexto e Ensino de Língua Portuguesa. Coordena a coleção Linguagem & Ensino da Editora Contexto, é autora de vários artigos e coautora dos livros *Ler e compreender: os sentidos do texto* e *Ler e escrever: estratégias de produção escrita*.

LEIA TAMBÉM

NOVA GRAMÁTICA DO PORTUGUÊS BRASILEIRO
Ataliba T. de Castilho

A *Nova gramática do português brasileiro* não é "mais uma gramática". Esta obra assume ser a gramática do português falado por quase 200 milhões de indivíduos no Brasil; é a obra da vida de um dos mais importantes linguistas que o país já produziu, Ataliba Castilho; não é uma gramática-lista, cheia de classificações, que começam pela Fonética, atravessam a Morfologia e perdem o fôlego na Sintaxe. Nesses textos, não se vê uma língua, vê-se uma gramática. Nesta obra, o autor focalizou o que se esconde por trás das classificações, identificando os processos criativos do português brasileiro.

GUIA PRÁTICO DA NOVA ORTOGRAFIA
Maurício Silva e *Elenice Alves da Costa*

Nos jornais, revistas, livros, escolas e repartições, o novo acordo ortográfico já é uma realidade. Embora implantado em 2009, as regras ainda causam confusão na hora de redigir cartas, documentos e outros textos. Afinal, como se escreve "micro-ondas"? "Mão de obra" não tem hífen, mas "cana-de-açúcar" sim? Não moro mais na Pompéia, e sim na Pompeia? E é verdade que "ideia" perdeu o acento? Este guia responde de forma objetiva e rápida às dúvidas sobre acentuação, hífen e outras normas. É um aliado precioso para todos que escrevem em português, desde textos complexos até simples bilhetes.

LEIA TAMBÉM

LER E COMPREENDER

Ingedore Villaça Koch e *Vanda Maria Elias*

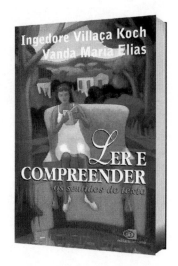

Escrito, principalmente, para professores do ensino fundamental e médio, *Ler e compreender* simplifica sem banalizar as concepções da professora Ingedore. A leitura de um texto exige muito mais que o simples conhecimento linguístico compartilhado pelos interlocutores: o leitor é, necessariamente, levado a mobilizar uma série de estratégias, com o fim de preencher as lacunas e participar, de forma ativa, da construção do sentido. O objetivo deste livro é apresentar, de forma simples e didática, as principais estratégias que os leitores têm à sua disposição para construir um sentido que seja compatível com a proposta apresentada pelo seu produtor.

LER E ESCREVER

Ingedore Villaça Koch e *Vanda Maria Elias*

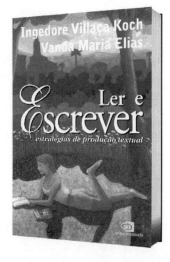

Estabelecer uma ponte entre teorias sobre texto e escrita e práticas de ensino, com o diferencial de estudar a teoria com exemplos práticos: essa é a proposta de Ingedore V. Koch e da professora Vanda Maria Elias em *Ler e escrever*. A escrita requer a mobilização de conhecimentos referentes à língua, a textos, a coisas do mundo e a situações de comunicação. Com base em exemplos comentados, as autoras demonstram a aplicação dos conceitos teóricos abordados, favorecendo a sua compreensão e ressaltando as peculiaridades de cada gênero textual. Dessa maneira, a obra complementa e dialoga com *Ler e compreender*, das mesmas autoras e publicado pela Editora Contexto.

Cadastre-se no site da Contexto
e fique por dentro dos nossos lançamentos e eventos.
www.editoracontexto.com.br

Formação de Professores | Educação
História | Ciências Humanas
Língua Portuguesa | Linguística
Geografia
Comunicação
Turismo
Economia
Geral

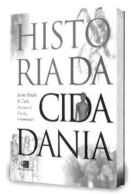

Faça parte de nossa rede.
www.editoracontexto.com.br/redes

Promovendo a Circulação do Saber